国家社科基金后期资助项目

江西赣方言历史文献与历史方音研究

李军 著

商务印书馆
创于1897 The Commercial Press
2015年·北京

图书在版编目(CIP)数据

江西赣方言历史文献与历史方音研究/李军著.—北京:商务印书馆,2015
ISBN 978-7-100-11108-9

Ⅰ.①江… Ⅱ.①李… Ⅲ.①赣语—方言学—文献—研究—江西省②赣语—语音—方言研究—江西省 Ⅳ.①H175

中国版本图书馆 CIP 数据核字(2015)第 047063 号

江西赣方言历史文献与历史方音研究
李军 著

商 务 印 书 馆 出 版
(北京王府井大街 36 号 邮政编码 100710)
商 务 印 书 馆 发 行
北京市松源印刷有限公司印刷
ISBN 978-7-100-11108-9

2015年6月第1版 开本 787×1092 1/16
2015年6月北京第1次印刷 印张 19 $^{3}/_{4}$
定价:55.00元

国家社科基金后期资助项目
出版说明

后期资助项目是国家社科基金设立的一类重要项目，旨在鼓励广大社科研究者潜心治学，支持基础研究多出优秀成果。它是经过严格评审，从接近完成的科研成果中遴选立项的。为扩大后期资助项目的影响，更好地推动学术发展，促进成果转化，全国哲学社会科学规划办公室按照“统一设计、统一标识、统一版式、形成系列”的总体要求，组织出版国家社科基金后期资助项目成果。

全国哲学社会科学规划办公室

“新语音史”研究的一个突破

——序《江西赣方言历史文献与历史方音研究》

刘晓南

汉语语音史研究肇始于宋代古音学。自从宋儒吴棫在《毛诗补音》中偶然涉及中古麻韵从叚声的“瑕”等字有秦晋读如胡、魏晋读如何的古读，试图从时间维度辨析复杂的字音变化之后，过了几百年，直到明末陈第“时有古今”“音有转移”的表述出现，这种偶然提及的时代语音发展猜想，才成为一种理性的认识。此后，随着古音学长足的发展，语音史的轮廓也愈见清晰。到民国初期，1918 年钱玄同《文字学音篇》首次提出了划分为六期的语音史框架。自此之后语音史作为传统音韵学的一个重要内容，不但扩展了研究领域，而且进一步促动了传统音韵学的脱胎换骨的改造，成为催生现代音韵学的强大动力。

从清初至今，几百年间语音史研究高潮迭起，不同历史时期的语音都有深入的研究，大著佳作如雨后春笋层出不穷。今人综括总结前贤成果，结合自己的研究连缀完成的语音史，迄今已达十种之多。然而，“语音史”的一个“史”字，似乎先天就框定了它只关注时间维度上“史”的变迁。展望已面世的各种著述，无论这个“史”的分期有多少，确实都是顺着时代更替做历史纵向的叙述，于是所谓“一线制”框架遂成定式。至于“史”上各个分期的共时层面，往往只有孤零零的一个音系（或曰“时代音系”）独自支撑着场面。

“时代音系”固然可以代表一个时代的语音，但能否全面表达一个时代的语音细节与各种不同的表现？我们知道，汉语从来就充满着方言差异。“九州之人，言语不同，生民以来，固常然矣”，生活在南北朝时期的大儒颜之推的这句名言，简明地表述了这个人尽共知的事实。可是，语音史从一开始似乎就对历史方言语音不感兴趣。以至于现在我们能看到的任何一种语音史著作，都只有一个一个音系依时代次序递进，而看不到具体时代方音的全方位描述。

其实，历史方音问题并非人为地有意遗忘，清代古音学之父顾炎武很早就试图利用古方音来解说《诗经》及群经中的特殊押韵,在《音学五书》中提出了古方音的假说。但不幸的是,在他的古音学说大为成功的同时,他的古方音说却黯然失色。究其原因恐怕就是推测的成分居多,证据不足,无法对历史方音做定性、定位的论证,反而是十五国风用韵大同小异"无间风雅"的表现,使得"同文之治,不囿方言"之说盛行。于是有清一代,赞成古方音说虽然仍大有人在,具体研究却无实质性进展。

20世纪初,现代学者林语堂、罗常培等反思了传统研究的不足。林语堂尖锐批评了传统音韵学:"中国音韵之学,有清以来,如顾、江、段、王等考古非不博,用工非不勤,但所得之结果,实无甚足观。"如何才能走出困境?他接着说:"新的音韵学,非利用方言的调查以为佐证不可。"又说:"凡古书都有浓厚的方音色彩,要在我们能用适当的方法去考求他。"(语见林语堂《语言学论丛》)所谓"新的音韵学"实际就是"新语音史",明确提出要以适当的方法去考求古书中浓厚的方音,以佐证新的音韵学,实际是企图构建有别于"一线制"框架的、能体现空间维度的新语音史。罗常培更进一步说:"纵的方面,想把中国旧来关于方言的材料,除去别有专书者以外,如《公羊传》,《周礼》,《淮南子》,《世说新语》,唐宋人笔记,五代和宋人的词,元明人的南北曲,禅宗和宋明儒的语录,宋元平话和近代白话小说,旁及史传文集中参用语体的篇章等,凡是有关方言的零金碎玉,都结集起来,作一番方言学史的研究。"(见1929年国立中山大学语言历史学周刊之《方言专号》罗常培《卷头语》)总而言之,依这一批接受了现代语言学熏陶、又有着扎实国学基础的学术大师看来,音韵学或语音史的出路在于方音史。他们发掘资料,旁搜博证,殚精竭虑,在兹念兹,于是有了《陈宋淮楚歌寒对转考》等先秦方音系列论文、有了汉代《方言》的方言分区研究、有了《唐五代西北方音》等等著作,先秦两汉、魏晋六朝、隋唐五代等上古、中古方音的研究有了重大突破,历数十年之艰辛,终于成功地将"空间维度"研究引入了语音史领域。时至于今,我们再也不能想当然地以"天下同文"来否认历史方音在文献中的存在。毫无疑问,旧有"一线制"语音史框架需要更新,新的语音史框架必将包含两个层次:上位层是通语音系,下位层是历史方音。新的语音史研究必须面对复杂的历史方音,必定要包括历史方音的内容。语音史的更新在于方音史,语音史的突破更在于方音史。

改革开放以来,随着近代语音史的兴起,以鲁国尧先生宋词用韵研究为代表的宋代通语及方音史研究异军突起。在一大批学者共同努力下,大宋王朝版图许多区域的方音得到了系统的研究,10到13世纪的汉语历史方音特色及分布逐渐明朗。然而宋代方音研究者无时不感到一个严重的先天缺陷:研究材料不足。尽管宋代编纂了语言学史上最为重要的韵书,但却没有成体系的方音韵书或字书,使得今人做历史方音研究难以得到系统、集中的材料,从宋人诗词用韵、诗话词话、笔记小说、经传注疏等文献中收集到的方音语料,揭示的往往是"零金碎玉"式的方音特征,无法归纳具体方言的音系。夏汉对音的研究虽然有所突破,但仍然困难重重。况且公元10到13世纪的宋代距离现代仍然非常遥远,近乎千年的时间跨度,仍然存有大量的空白,这也是为什么语音史研究进展到现阶段,明清方音的重要性更加突显的原因所在。明清方音史如果没有重大突破,新语音史的成功绝无可能。构建全新的语音史依然任重道远。

李军同志《江西赣方言历史文献与历史方音研究》(下文简称"李著")一书就是在语音史研究这一节骨眼上,填补明清方音史研究一项空白的佳作、力作、有突破的新作。

我首先要赞赏的是该书对于研究对象的文献语料系统的发掘与开拓。与宋元不同,明清两代的韵书编纂,虽然突破了传统经典韵书体系的束缚,出现了许多描写实际语音的甚至是纯粹方音的作品,但发掘这些文献用于研究并非易事。因为对于一片尚未开垦的方音史"处女地"而言,发掘新的有价值的系统语料,决不是去图书馆找一本书这么简单。罗常培曾说,"有一种'不登大雅之堂'而我们现在必须另眼相看的东西,这就是流行于民间的方言韵书,这种书流行于各地的很多,然而搜集起来也颇不易"(语见《方言研究小史》)。说它们"流行于民间"难以搜寻,其实大多数应当说是散落于民间,就算大型图书馆偶有收藏,因其"不登大雅之堂"也往往被束之高阁,难见天日。使得这批前人留给我们的珍贵遗产,不但缺乏研究,更是少有著录、整理与介绍。偶有人介绍一两种,坊间书肆既难见到,收藏在什么地方亦鲜有人知,更遑论还有许多不为学者所知。就像探矿,遥望茫茫大地,富矿何在?探寻不到矿藏,何谈开采、冶炼、产出成品?因此要做好明清方音研究,深入发掘文献乃为第一要务,能否开发出原始语料,在当下甚至成为是否能够获得研究成功、并取得突破的关键的第一步。李著的成功首先就在于原始语料开拓方面有所突破,发掘出多种明清赣方音系统文献语料,不但为该书近代赣方音史研究的顺利推进奠定了坚实的基础,也为推动近代语音史的深入提供了有益的经验,此实为本书一大亮点。

深山探宝,沙里淘金,除了知宝识宝,更需要有毅力与耐性,历险涉深,在所不惜。为了发掘方音文献,作者几乎遍访江西各种公私藏书机构,花大时间下大气力泡图书馆,一张张卡片检索,一本本资料排查,埋头苦干,细心搜寻,终于从故书堆甚至是废纸中搜寻觅得系统的赣方音历史文献。请看作者是如何叙述发现涂镃《国音四种》稿本的："涂镃是真正意义上最早对江西境内赣方言进行研究的学者。惜乎此书为稿本，未得以广泛流传开来，作者也默默无闻，故而其学不显，其名不彰。后来有多位学者在介绍江西方言研究概况时，都没有提到他。笔者在江西省图书馆看到该书时，竟几成片片稿纸一叠，张张布满蠹眼，幸可卒读。"读这段文字，字里行间，是不是仍可触摸到故纸堆上压着的厚厚尘灰，闻到飘浮在纸面的蠹味、霉味？个中甘辛，谁能体会！

凭着这种执着，作者获得四种三百年来的赣音系统语音文献，它们是：

(1)成书于乾隆二十二年(公元1757年)的江西临江方言韵书式的字书《辨字摘要》；这是目前为止研究者所见到的最早最完整的记录江西赣方言历史语音系统的文献材料。

(2)成书于1815年左右，记录南昌话的童蒙识字课本《类字蒙求》。

(3)清代末年江西南丰刘孚周九叔所著《翻切指掌空谷传声》。

(4)民国初年(20世纪20年代初)，江西高安人士涂镃用注音字母记录高安土音的《国音四种》。

这四种赣方言历史文献除《辨字摘要》《翻切指掌》曾有人做过介绍外，其余两种之前均不为研究者所知，属于首次发掘，时代涵盖了三个世纪，所记方音分布于江西赣方言的临江、南昌、南丰、高安，包含了现代赣方言的代表点在内，时空定位准确，内容丰富翔实，有效弥补了宋元方音研究缺乏方音韵书字书系统材料的缺陷，使考求历史方音系统成为可能。

通过细致研究四种文献，分析其结构，归纳其音类，比较异同，破解隐含其中的语音信息，李著首次提出了18世纪以来直到20世纪初近三百年间江西赣方音三个音系：

一是《辨字摘要》反映的距今两个半世纪以前的江西临江方言文读音系；

二是《类字蒙求》直音记录的近两百年前赣方言代表点南昌话的语音音系；

三是《国音四种》所记录的20世纪初高安方言语音系统。

充分展示了三大历史方音音系的细节与特征，提出了声韵配合表，尽可能详细地列举了同音字汇，完成了方音的细节展示。无异于通过这些文献做了三次跨越世纪的赣方言语音调查，将这些历史方音有血有肉、鲜明生动地展现在今人面前。几个世纪以后的人们，通过这项研究成果竟可与转瞬即逝的百年甚至几百年前的方音零距离接触，这怎能不是赣方音研究史上破天荒的事情！

其"破天荒"还表现在，树立了有时空定位的方音系统之后，就在语音发展的历史长河中确立了一个准确的方音坐标，几百年来赣方音演变的轨迹首次得以准确描写。这非常有利于历史语言学现代方言比较研究的转型与深化，改变传统的以平面比较为基础的纯音理推演的单一模式。在确凿的时空坐标定位支持下，时间维度与空间维度有机结合，以历史事实为基础，对照比较现代的分布与差异，合乎逻辑地演绎方音的历时发展进程。在这种思路指导下，李著吸收前修时贤宋元江西方音研究成果，进一步系统研究宋元江西文人用韵，勾勒宋元江西方音特征，开发明代江西医家歌括语料中的赣音，下联清代、民国初年的赣方言韵书字书音系，再到现代江西赣音，宋元明清民国环环相扣直到现代，千余年来，江西赣方音的发展脉络初具规模。由此得出现代赣方言形成年代至迟不下于宋代的重要观点，我认为这个观点有充分的语言事实支持，是言之成理的。

准确的历史方言音系的出现，不但可以揭示这个方言语音的陈年遗迹，梳理其演变脉络，更大的意义在于它提供的历史事实，足以证实或证伪音理推阐的各种理论，以澄清历史真相。如现代赣方音存在中古知章组读舌尖塞音现象，非常类似“古无舌上音”，确实也有学者依据现代赣语排比语料，比较研究，得出这是残存于赣方音中的上古遗迹的观点，但也有不同意见，以致出现争论，莫衷一是。李著根据赣音历史文献得出赣方言早期的舌齿音格局是精庄知二ts、ts^h、s：知三章tɕ、$tɕ^h$、ɕ型。确认了在三四百年前赣音知章组就没有了上古残余，现代知章组声母读t、t^h的现象，不是古音的遗留，而是晚近知三章组声母向舌尖音演变的过程中所产生的语音内部调整的结果。应当说，由于有了文献的支持，这个论点是颇有说服力的。

通过扎实的文献考证与历史比较相结合研究，李著无疑获得了很大的成功，书中对近代赣音系统以及方音特征的全面描写，许多都是原创性的，这将极大地推动赣方言史的发展，学术价值不容低估。但是我们仍须指出，对于赣方音史特别是“新语音史”来说这还不够。就拿文献开掘来说，虽然有重大发现，但也不妨反躬自问一下是否还有遗漏？是否还有更早时代如明代的赣方言韵书，或近代传教士所记方音资料有无值得挖掘的材料，或是否还应当扩大发掘范围，除韵书字书外，其他民间文献，如地方戏曲、乡贤诗文、家谱族谱等等都应当考虑收集整理。再说，书中行文还有或可商榷之处，个别观点或提法还可推敲，特别是赣方音的历史源流，赣语与通语的关系，客赣方言的联系等等，可能还有许多问题并未涉及，仍然还有很大的研究空间。说到此，笔者曾有与古代赣音相关的两条疑惑，借此提出与李军探讨。

其一，书中论证赣方言至迟形成于宋代，这与闽方言相似，但又有一点很不相似。闽以及吴、蜀等南方方音，宋人口语中早就有“闽音”“吴音”“蜀音”等术语称之，充分显示在宋人看来这就是地方特色浓厚的方音。这是宋人从自己语感得出的方音称谓，这种称谓为何同时代的赣方言没有？宋人包括江西人虽然都认为江西人语音特别，但笔者至今尚未从宋人文献中读到有谁像称呼“闽音”那样称“赣音”或“江西音”。如北宋临川人谢逸《溪台集》卷十有一段记述云：“儒有游学于北而归者，父老幸其归也，且近谒之。顾丐其语，以为子弟之训。既语，为北人音。父老不熟于耳也。皆相顾惊愕而退，骂且笑曰：‘而祖而父与而兄弟，未尝北其人也；而母而妻与而姑姊妹，固南其音也。而曩之音家人若也，至于去其乡而易之，可乎？’”（见影印四库全书第1122分册，558页）从这段话可以看出江西人排斥北音，说明方音差异很大，但他仅自称“南音”，而不称“赣音”或“江西音”。丁传靖辑《宋人佚事汇编》卷十七记载了一条佚事，南宋江西吉水诗人杨万里亦因乡音太重，被当时皇帝讥为“杨江西人，声言不清”。南宋皇族是南迁的汴洛人，他们排斥江西音，但他也不直说是“赣音”。这似乎表明虽然赣方言成熟较早，人们愿意把它看作一种方言却相当滞后，这又是为什么？方音是语言现象，也与历史文化与人文心理等现象密切相关，或许宋人罕说或不说“赣音”并非是纯语言问题。

其二，北齐颜之推（531～590之后）《颜氏家训音辞》篇云：“其谬失轻微者，则南人以钱为涎，以石为射，以贱为羡，以是为舐；北人以庶为戍，以如为儒，以紫为姊，以洽为狎。”奇特的是南北朝时的北人混音，笔者现今家乡湖南平江话也全都是混的，而当时南人混读的字音，现代属南音的平江话却大多不混，大概仅有“射”与“石”在读入声时两音混同，但“射”读去声时与“石”不混。平江话属于湖南省的赣方言，这种外省的赣音却与1600余年前的北音相对应，而绝不类当时之南音，这种“时空大挪移”又该如何解释？它与赣音史有何关系？

汉语有个词叫“落成”，出于《左传·昭公七年》：“楚子成章华之台，愿以诸侯落之”，杜预注：“宫室始成，祭之为落。”后世“落”与“成”连文成词，久之同义，大厦构成叫落成，大功告成。但我们更应当注意“落”的另一个古义，即出于中国最早的词汇著作《尔雅》开篇第一条的“落，始也”。以此看来“落成”之“成”绝非终结，“落”即“始”也。几千年前先贤早已指出，成功不是结束，而是新的开始，这体现了中华文化的智慧。同样，近代赣方音史虽然取得了成就，但绝不应当看作是“结束”，而应当是新的“始也”。学问无止境，成绩只是新的起点，我们期待赣方音史研究因李著的出现而得到深入与拓展，同时更期待作者继续跟进，为新语音史做出新的探索与贡献。

目　录

第一章　绪　论

第一节　江西赣方言的形成历史与分布

一　赣方言的分立

“赣方言”，在方言学上是指“湘方言以东，粤方言、客方言以北，闽方言以西，官话方言以南的这一地区的方言”，“由于这一区大部分落在江西省境内，所以我们自然称之为‘赣方言’”。（何大安 2004：93～94）赣方言在地域分布上以江西为主，但在江西周边省份，如湖南、安徽、湖北、福建都有分布，这些省份的赣方言区多与江西省接壤。由于移民原因，以上一些省份的其他地区，如湖南中西部地区邵阳市洞口县、绥宁县（西北角）、隆回县（北部）也分布着赣方言，使用人口较多，内部语音特征比较统一。乃至远离江西的四川、陕西等地也零星地分布着赣方言岛（参见崔荣昌 1986、郭沈青 2008）。赣方言作为一种源出江西的方言，随着移民的迁徙，成为汉语方言中一种极具魅力与神秘色彩，也极具辐射力的方言。

不过，“赣方言”确立为汉语主要方言之一的时间比较晚。1948 年，上海申报馆出版发行的《中国分省新图》（第五版）“语言区域图”，把汉语分为“北方官话、西南官话、下江官话、吴语、湘语、赣语、客家话、粤语、闽南话、闽北话、徽州方言”等 11 个单位。这是赣方言最早的得名，并取得和其他汉语方言平等的地位。在此前后，赣方言的分属问题一直存有很大的争议，主要有两种不同的意见。一种意见是主张把赣方言划归“官话区”。如 1934 年上海申报馆出版发行的《中华民国新地图》第五图乙“语言区域图”中，赣语被划归华南官话区；1939 年上海申报馆出版发行的《中国分省新图》第四版“语言区域图”中，赣语则被划归下江官话。主张把赣方言划归官话方言的学者主要有章太炎、黎锦熙、赵元任等。黎锦熙曾就前“中央研究院”历史语言研究所给上海申报馆《中国分省新图》拟定的《中国语言区域图》做了一个略加调整的说明表，主张把中国境内的汉语方言分为五大系、十七区，其中赣语与湘语合为江湖区，附于下江官话（参见黎锦熙 1963：12～13）。另一种意见认为赣语与客家话是同系异派的方言，罗常培《临川音系》（1940）与《语言与文化》（1950）对此问题进行了论述，李方桂《中国的语言和方言》（《中国年鉴》1937）有“赣客家”之说，赵元任（1948）也提出了“客赣方言”的称谓（1934 年赵元任先生署名的《中华民国新地图》第五图“语言区域图”中，曾主张把赣语区划归华南官话区。1948 年《国语入门》则主张把汉语方言分为十区，其中就包括“赣客”方言）。这种主张客、赣方言合一的观点直到现在还得到很多学者的赞同，如王福堂先生《关于客家话和赣方言的分合问题》一文，通过对客、赣两种方言的共同语音特征和不同语音特征的比较分析，认为“客家话和赣方言不存在真正能成为方言分区的依据的语音差异”（王福堂 1998：18）。

之所以对赣方言能否独立为汉语方言之一的问题存在如此大的分歧，主要原因是“赣方言据目前的了解，缺乏独立突出的方言特征。赣东南接近客家话，赣北接近下江官话，赣西跟湘语不易划分界限，赣东一小部分地区接近吴语”。（袁家骅 2001：21）但无论从语音、词汇等语言学的角度，还是自我意识方面，赣方言不仅与其他方言有本质的区别，具有自身的方言特征，与相邻的赣南客家话也有一定的区别。赣方言不仅有独立为汉语方言之一的必要，也应该与客家话分立为两种不同的方言，不应混为一谈。随着调查的深入，学术界一般认同将赣方言独立为汉语主要方言之一。丁声树、李荣（1955）提出汉语八大方言区理论，就主张将“赣语”与“客家话”分立。各种通论性教材在谈到汉语方言分区时，大多采用七大方言区的说法，其中赣方言区就是七大方言区之一。《中国语言地图集》（中国社会科学院、澳大利亚人文科学院 1987/1989）把汉语分为十大方言区，赣方言与客家话也是各自作为独立的方言区的。

二　江西赣方言形成的历史

（一）江西的地理位置与江西方言的形成历史

江西的地理位置，史籍上称之为“吴头楚尾”，亦称为“南楚之地”。西汉初年立豫章郡，属扬州六郡之一。唐代著名诗人王勃《滕王阁序》有“南昌故郡，洪都新府。星分翼轸，地接衡庐”之句。“翼轸”乃楚之分野，可见古代江西地区与吴越荆楚属同一文化体系。但史籍对江西方言鲜有记录，中国第一部方言论著西汉扬雄《方言》，并没有对江西地区的方言词汇有明确记录。

最早对江西方言进行记录的当为东汉许慎《说文解字》，《说文解字·茻部》："莽，南昌谓犬善逐兔草中为莽。"但亦属吉光片羽。现代江西周边地区方言自上古以来，就有史籍记载，有源头可溯。如"楚语"、"楚声"、"吴语"、"吴音"之名，多见经史以及其他文献之中。

孟子谓戴不胜曰："子欲子之王之善与？我明告子。有楚大夫于此，欲其子之齐语也，则使齐人傅诸？使楚人傅诸？"曰："使齐人傅之。"曰："一齐人傅之，众楚人咻之，虽日挞而求其齐也，不可得矣；引而置之庄岳之间数年，虽日挞而求其楚，亦不可得矣。"——《孟子·滕文公下》

居楚而楚，居越而越，居夏而夏，是非天性也。——《荀子·儒效篇》

王大将军年少时，旧有田舍名，语音亦楚。——《世说新语·豪爽》

可见楚地方言特色是非常明显的，不仅有别于中原语音，与相邻吴越地区相比，亦特征明显。西汉扬雄《方言》对楚地方言多有记载，如

攉，詹，戾，楚语也。(《方言》卷一)

讓，极，吃也，楚语也。或谓之轧，或谓之蹑。(《方言》卷十)

古代史册典籍中，"吴语"、"吴音"之名更屡见不鲜。

宋世江东贵达者，会稽孔季恭、季恭子灵符、吴兴丘渊之及琛，吴音不变。——《宋书·顾琛传》

刘真长始见王丞相，时盛暑之月，丞相以腹熨弹棋局，曰："何乃淘！"刘既出，人问："见王公云何？"刘曰："未见他异，唯闻作吴语耳！"——《世说新语·排调》

吴越毗邻，语音亦当相近，《方言》以"吴越"连言，记载其方言词汇，多达十次之多，如：

胥、由，辅也。吴越曰胥，燕之北鄙曰由。(《方言》卷六)

怜职，爱也，言相爱怜者。吴越之间谓之怜职。(《方言》卷七)

煦煅，热也，干也。吴越曰煦煅。(《方言》卷七)

但与吴越楚连为一体的江西方言，在上古、中古，乃至近代都缺乏明确的定位与特定的称谓。史籍上最早对江西方言名称进行记录的，当为《南史·胡谐之传》：

> 胡谐之，豫章南昌人也。祖廉之，书侍御史。父翼之，州辟不就。谐之仕宋，为邵陵王左军咨议。齐武帝为江州，以谐之为别驾，委以事任。建元二年，为给事中、骁骑将军。上方欲奖以贵族盛姻，以谐之家人语傒音不正，乃遣宫内四五人往谐之家教子女语。二年后，帝问曰："卿家人语音已正未？"谐之答曰："宫人少，臣家人多，非唯不能得正音，遂使宫人顿成傒语。"

"傒音"、"傒语"当为史册上第一次对古代江西地区通行方言名称的明确记载。但这种不以地域名称命名，且带有嘲讽、轻鄙色彩的方言称谓，自然不可能被江西民众所接受，也不可能成为江西方言的代称。

江西方言在古代之所以缺乏明确定位，当在于其"吴头楚尾"独特的地理位置。方言属于社会文化的范畴，近年来，有学者主张从文化区域的角度对古代汉语方言进行分区。如邓晓华根据文化区域和语言区域理论，认为自新石器时代以来，中国有许多区域性的文化，"我们可以根据史前存在的南北二大文化区域的传统，根据南北汉语的不同语言特质，把汉语分成南北汉语二大区域。又可以在南方汉语中的各个文化小区中，如吴越文化、楚文化、东南百越文化，划分南方汉语方言区域"。（邓晓华 1993：175）江西方言无疑属于南方汉语方言区域，但其"吴头楚尾"的地理位置，使我们难以确认江西方言到底属于哪一种文化范畴，属于南方方言哪一具体方言区域。

林语堂《前汉方音区域考》根据《方言》所引地名进行综合分析，推定汉代方言可分为 14 系 36 个小片（参见《林语堂名著全集》第十九卷《语言学论丛》第 34 页）。其中扬雄《方言》对"南楚"之地的方言记录甚详，据林语堂统计，《方言》"共言南楚八五次，（中言南楚之外，南楚以南十次）单言南楚，不并引他地共四二次"。（同上，第 40 页）其次数之多，在全书仅少于中原的"秦晋"。

可见，"南楚方言"在秦汉时期已经形成了自己鲜明的方言特色，至于其范围，林语堂认为当包括"沅、湘、湘潭、九嶷、苍梧、湘源"等地。（同上，第 40 页）

刘纶鑫先生（1999a）提出，江西方言在秦汉时期，亦当属于楚语，即"南楚系"的范畴。《史记·货殖列传》明确记载："衡山、九江、江南、豫章、长沙，是南楚也，其俗大类西楚。”则汉代江西方言亦当属“南楚系”无疑。我们认为，这一观点应当比较符合汉代以前江西方言与文化的实际情况。

汉代江西作为南楚方言的一大区域，其语音特征如何，现已无从考证。那么，他与现代江西方言的关系如何？是否现代江西“赣方言”的直接源头？答案应当是否定的。

方言的变化与人类历史的变迁、人类社会的活动是密切相关的。某一地域的现代方言与其历史方言的关系是非常复杂的：有的是在其历史方言的基础上，传承演变而来；有的由于战争、人类迁徙等原因，其历史方言已成为失落的方言；有的虽可以从现代方言发现其历史方言个别特征的遗留，但其历史方言的基本特征已发生显著的变化。因此，探讨江西方言的形成，探讨江西赣方言与客家方言的形成，一定要把现代赣方言、客家方言与江西地区历史方言的关系明确定位，将二者作为不同历史时期的事物区别开来，在此基础上对二者的关系进行明确分析。

语言是人类的交际工具，语言的产生与人类活动密切相关。从历史文化源头看，江西地区开发历史非常悠久①。经考古发现，江西自旧石器时代、特别是从新石器时代开始到商周时代就已有比较先进的文明。自商代开始，江西地区的瓷业、铜矿开采与冶炼铸造技术已经非常发达。西周时期，周王朝在江西地区设立了邦国(1958 年，余干县黄金埠出土“雁监甗”一件，内壁有铭文六个。经郭沫若考证，为“雁监作宝尊彝”。“雁”即应国之“应”，“监”是周王朝派来的监国者)。商周时代，江西文化已纳入中原文化的一部分，与吴、楚一样，江西地区的通用语言也应当是汉语的分支。

江西地区的语言第一次受到中原语音的影响，当在秦王朝建立之初。秦始皇二十六年(公元前 221 年)，使尉屠睢发卒五十万南下，“一军守南野之界，一军结余干之水”(《淮南子·人间训》)。后来又增派一万五千女子来为将士们做内勤。据《南越笔记》卷二、《元和郡县志》卷二十八记载，汉因秦旧制，派庾胜兄弟带领军队驻守大庾岭，“大庾岭”之名由此而来。

东汉豫章郡空前繁荣兴旺。根据公元 2 年和公元 140 年的人口统计资料，当时全国总人口减少，但豫章郡人口由公元 2 年的 351965 人猛增至公元 140 年的 1668906 人，净增 1316941 人；户数由公元 2 年的 67462 户猛增至公元 140 年的 400496 户，净增 333034 户。在当时全国 100 多个郡中，豫章郡的人口名次由 53 位跃居第 4 位。在扬州部的 6 个郡中，也由第 5 位跃居第 1 位。当时，扬州部总人口的五分之二都住在豫章郡，足见当时豫章郡

① 本小节以下部分考古材料与移民数据参考了刘纶鑫《客赣方言史简论》。

的昌盛景象。这当与江西优越的自然条件，特别是鄱阳湖平原肥沃的土地，相对安定的社会环境，人民安居乐业、人口繁衍生息等因素息息相关，属于江西地区人口的自然增长。秦汉驻军推动了江西地区的开发，但对江西方言的影响却并不是很大，江西方言在秦汉时期，仍当属于南楚方言区的一支。

江西方言受中原语言的冲击，并逐渐融合，当始于东汉末。时值中原大乱，士民纷纷南下，江西接纳了不少移民。继之以公元316年五胡乱华，西晋灭亡，加剧了中原大乱的局面。江南相对安定，中原士民纷纷南渡避难。"俄而洛京倾覆，中州士女避乱江左者十六七"（《晋书·王导传》）。据谭其骧《晋永嘉丧乱后之民族迁徙》一文考证，当时江苏接收的中原移民最多，其次为安徽，再次为湖北、四川、河南南部、陕西北部及山东北部。至于江西，谭其骧认为："江西、湖南二省处皖、鄂之南，距中原已远。故流民之来处者较少，且其地域仅限于北边一小部分。"（谭其骧 1987:211）许怀林《江西史稿》说："当时进入江西的流民主要在寻阳郡"，"在寻阳郡内先后设置的侨郡有西阳郡、新蔡郡、安丰郡、松滋郡、弘农郡、太原郡等。"（许怀林，1998:59）这次中国历史上规模浩大的移民迁徙，对江右（江西）地区的影响虽远不及江左，但开启了之后的移民路线。

江西地区的南楚方言受到中原移民方言的影响，也将面临方言属性改变的命运。这种改变，当最终形成于唐代后期。唐代安史之乱，带来的是中国历史上第二次中原大乱，士民南逃。此次移民浪潮，很自然地扩散到了江西地区。据《元和郡县志》载，唐代后期全国户口普遍减少，唯独鄱阳湖地区、赣江中游地区户口大增。江西人口，隋朝时为85638户，盛唐开元时为205973户，元和时增至293180户，历五代至宋初猛增至591870户。（参见《江西通史》第4卷第88页）除去人口自然增长，江西地区人口增长主要还是受移民因素的影响。

移民因素所带来的江西地区人口的快速增长，对江西地区的社会政治、经济、文化诸方面产生了深远的影响。其中，对江西地区方言的影响就是其中主要的方面之一。谈论江西客、赣方言的形成，必须将唐季移民对江西方言所产生的分水岭作用进行深入探讨，把江西方言分为两个不同的历史时期进行综合分析。

（二）江西赣方言形成的年代

关于江西赣方言的形成年代问题，学界争议较多。罗常培（1940），袁家骅（1959），周振鹤、游汝杰（1986），沙加尔（1988），陈昌仪（1991），周静芳（1998），刘纶鑫（1999），颜森（见袁家骅 2001）等都有过论述。比较一致的看法认为，赣方言与客家话有过共同的源头，即"原始客赣语"。罗常培先生

《临川音系》最早提出了赣方言、临川话与客家话是“同系异派”方言的观点。此后的学者基本认同这一观点。

关于“原始客赣语”形成的年代及其形成的原因，当前客赣方言研究学者存在分歧，主要有“汉代说”、“唐代说”两种不同的见解。

持“汉代说”的学者，以江西本土客赣方言研究者为主，如陈昌仪、颜森、刘纶鑫等。刘纶鑫（1999a）一方面认为东汉之前江西豫章郡方言属于南楚方言的一支，同时又认为汉代豫章郡方言就是客、赣方言的古代形式，并称之为“古客赣方言”。发展到唐代，江西地区的赣方言已经和现在相差无几了。

陈昌仪（1991）从人口历史、社会文化与语言特征两方面出发，把赣语的形成分为两个阶段。第一阶段为汉代，这是江西历史上第一次人口增速最快的时期，“两汉县的设置在赣语形成的第一阶段起了决定性的作用。中原人第一次大批涌入，促使了中原文化的传播，促进了中原汉语与土著语言的融合。这一融合过程大约到东汉末期才完成”。第二阶段在唐、宋、元时期，这三个时期分别是江西历史上继汉代之后，人口增速最快的三个时期。这三次人口增长的主要因素以人口迁移等外来因素为主，这三次人口大增长的结果是“客家先民的大迁徙对赣语产生了深刻的影响，使赣语再次经历了中原文化、语言与土著文化、语言融合的过程。这一过程大约在宋元之际就完成了”。（陈昌仪 1991：4）

陈昌仪的观点除建立在社会文化、人口迁徙等历史文化的基础之上外，还基于三点语言事实：

1. 余干、宜春、永新、宁冈梗摄的两种白读音分属不同的历史层次，如余干、宜春：

文读 1	文读 2
en in ən	in iŋ
白读 1	白读 2
aŋ iaŋ uaŋ	en eŋ

其他韵摄部分字，也有特殊的白读现象，如余干“尿”有 si^{33}、$ȵieu^{13}$ 两个读音。并认为，梗摄阳声韵白读为 aŋ、iaŋ、uaŋ 的，大约代表两宋及宋元之间中原汉语的读音，来源于客家话，是汉语第三次大迁移大批涌入赣语区，给赣语留下的印记之一。梗摄阳声韵字无白读音，或白读音为 en、eŋ 的，代表着更早的原始赣语的读音。

2. 湖南、湖北的赣语片是江西向两湖移民造成的，从五代开始，明代达到高峰。赣语先民进入两湖时间上下五六百年，所操方言内部仍有较大的一致性。湖南赣语片的新化和湘阴深入到湘语腹地且迁入时间较早，更为典型。“如果不存在原始赣语,上述新化、湘阴方言系统中的赣语特征就难以做出令人信服的解释”。

3. 赣语区在相当大的范围内残存或折射了上古汉语“古无舌上音”的特点。如知三组、章昌母,精清从、庄初崇开口一二等大部分字或部分字读 t、t^h 的现象几乎遍及全赣语区;“在知组三等字及章昌二母全部或大部分读 t、t^h 的代表点中,抚州、南城、奉新、高安、修水、吉安、吉水等,都是汉代建县的”。(以上参见陈昌仪 1991:4～7)

刘纶鑫先生(1999a)则认为江西“古客赣方言”起源于汉代,是唐宋乃至现代客赣方言的直接源头。这一观点恐不符合江西方言发展的实际情况。现代客赣方言与古代(唐以前)的江西地区方言是否具有源流关系很难确定。现代“客赣方言”作为方言学的名词,是与其区别性特征“全浊声母清化送气”相联系的。如果认为汉代江西就存在“古客赣方言”,就必须承认这种特征是在其古代固有语音特征的基础上产生的,具有传承性。但语言学界普遍的看法是:现代江西客赣方言形成的主要原因是受中原移民语音的影响。因此将客赣方言产生之前的江西方言称之为原始客赣方言,恐不符合江西方言的实际情况。刘纶鑫曾提出过,东汉之前的江西方言属于“南楚方言”的范围,这与其提出的“古客赣方言”似乎存在矛盾。

陈昌仪先生提出赣语形成的两阶段说,比较合理地解释了江西方言发展的阶段性。但他把东汉时期的江西方言定位为原始客赣方言,并从语言事实的角度,论证了东汉时期形成的方言就是现代江西方言原始形式的观点,亦有值得商榷之处。

首先,如上所述,东汉江西方言与现代客赣方言并不具备直接的源流关系。现代客赣方言不是在古代(唐以前)江西方言的基础上直接演变而来,而是受中原语音的影响而产生的。方言学意义上的赣方言与代表地理概念的“赣方言”应当严格区别开来。显然,刘纶鑫先生与陈昌仪先生并不是把“赣方言”作为一种地理概念的名词来给方言定位的。

其次,陈昌仪先生虽提出了三点语言事实证明了自己的观点,但这三点语言事实都有可商榷之处。

1.“梗摄阳声韵白读为 aŋ、iaŋ、uaŋ 的,大约代表两宋及宋元之间中原汉语的读音,来源于客家话”,这不符合汉语方言的实际情况。这种白读现象,不仅存在于客家方言、赣方言,也存在于吴方言、湘方言等南方方言区,很难说是客家话带来的中原汉语的读音。余干、宜春、永新等地存在的两套文白读形式,是不同时期方言影响产生的叠置现象。很难断定某一白读音一定代表了早期的语音形式。此外,余干“尿”有 si^{33} 、$ȵieu^{13}$ 两个读音并不能作为论据，宋元之际戴侗《六书故》就有"尿，息遗切"一音。《说文·尾部》："尿，小人便也。"清番禺人徐灏注笺："今俗语尿，息遗切，读若绥。"余干"尿"音 si^{33}，当来自此音。

2. 湖南新化、湘阴赣语区内部语音特征存在一致性特点，是因为这些地区的方言是在江西赣方言形成以后，由于移民原因所造成的。江西地区向湖广移民，虽始于五代，但大规模的移民却发生在元明之际，此时赣方言已经形成，其语音特征与现代赣方言已相去无几。

3. 至于第三点，江西方言知三组、章昌母，精清从、庄初崇洪音声母读 t、t^h 的现象，并不能反映"古无舌上音"的特点。这一点，孙宜志(2002)《江西赣方言中古精庄知章组字的今读研究》一文有深入论述。他认为，江西赣方言中的精庄知章组声母在江西赣方言中读 t、t^h 的现象并不是古音的遗留，而是语音演变的结果。以知三章组字为例，"赣方言知三章组今读 t、t^h 是声母擦音成分失落，而不是古音保留"。为论证这一观点，该文以方言事实为依据，提出了两点理由：

(1)从方言音系结构本身来看，同一方言点声母今读 t、t^h 的知三章组字，与同中古来源的其他声母字的韵母不同。如修水古知三章组字声母今读 t、t^h、s，韵母为洪音，但同韵的其他声组韵母读细音。

(2)赣方言的峡江、南城、金溪、临川、南丰等方言点透、定母有今读擦音 h、ɕ 的现象，但是从知三章组来的 t、t^h 今不读 h、ɕ。可见这些方言点知三章读 t、t^h 的现象一定是发生在透、定母今读 h、ɕ 之后的语音现象。（参见孙宜志 2002：26）

因此，赣方言形成的"汉代说"，目前还缺乏有力的证据。江西方言形成的第一阶段与第二阶段都是江西方言形成的两个关键时期，但产生的方言属性发生了很大的变化。我们不宜简单地把这两个时期的江西方言联系起来，而应当以方言名称加以区别。不妨把第一阶段方言称之为"古江西方言"，第二阶段方言称为"古客赣方言"。

持"唐代说"的学者以法国学者沙加尔(Laurent Sagart，1988)为代表。沙加尔从方言现象出发，通过对不同时期江西历史人口统计结果的对比，描述了客、赣方言的形成过程。他把赣方言分为"前赣北语"与"前赣南语"两个阶段。沙加尔认为，唐朝初年，中国北方移民涌入鄱阳湖平原地区，带来了一种接近早期中古汉语的语言。这种语言与唐朝前期原居民所说的南方方言进行融合，形成了今赣北方言的祖先语言——前赣北语。唐代中、后期，涌入江西的移民达到高峰，并多定居于赣中。这些移民所带来的中原语音进一步与前赣北语融合，形成了以前赣北语为基础，而带有浓厚北方色彩的新方言——前赣南语。前赣南语是今赣中方言的祖先语。（转引自谢留

文 2003：119）

沙加尔的观点虽然“更多的是一种推测，但其中有合理的成分”。（同上）首先，沙加尔把“赣语”定位为现代方言学意义上的概念，即具有现代赣方言本质特征的方言。其次，从人口统计与语言演变理论的角度对赣方言形成时代的确定，比较符合社会、历史的事实与语言演变的规律。随着对唐宋语音研究的深入，越来越多的事实已经说明，赣方言基本特征宋代就已经形成，但不可能早于唐代。赣方言形成的“唐代说”应当比较符合历史的事实。

作为客赣方言标志性特征，“全浊声母清化送气”特征的形成，早在北宋时期的江西文人音注中就已经出现（参见孙建元 1997《宋代音注研究》），南宋时期就已经非常普遍（参见李无未、李红 2008《宋元吉安方音研究》）。现代江西赣方言韵母系统的显著特征，在宋代江西文人诗、词、文用韵中已经屡见不鲜（参见鲁国尧 1992a、杜爱英 1998 相关论文）。元代江西文人用韵所反映的入声韵的演变格局已经与现代赣方言大体一致（李军 2010a）。因此，江西赣方言至少两宋之际就已经非常成熟了。

三　江西境内赣方言的分布

赣方言的中心地带在江西赣江中下游流域、抚河流域以及鄱阳湖地区。湘东、鄂东南、皖西南、湘西南等地区也有赣语。赣语分布在这四个省的 101 个市县中，说赣语的人口约有 4000 万。（参看侯精一 2002：141）据颜森调查研究，江西境内赣方言区有 62 个县市，分为昌靖、宜萍、吉莲、抚广、鹰弋五个方言片，人口与面积占全省的三分之二。（参看颜森 1986：19）陈昌仪（1991）则把江西境内这 62 个县市的赣方言分为南昌、余干、抚州、吉安、宜春五个方言片，具体是：

南昌片（昌靖片）：南昌市、南昌县、新建、永修、德安、星子、都昌、湖口、安义、奉新、靖安、武宁、修水；

余干片（鹰弋片）：余干、万年、乐平、景德镇、澎泽、贵溪、余江、鹰潭、波阳（现重新改名“鄱阳”）、横峰、弋阳、铅山；

抚州片（抚广片）：抚州、临川、崇仁、宜黄、乐安、东乡、进贤、金溪、南城、黎川、资溪、南丰、广昌；

吉安片（吉莲片）：吉安市、吉安、吉水、峡江、泰和、永丰、万安、遂川、安福、永新、莲花、宁冈、井冈山；

宜春片（宜萍片）：宜春、萍乡、分宜、新余、万载、宜丰、上高、高安、新干、清江、丰城。

其中，高安市颜森划归昌靖片，陈昌仪划归宜春片。除此之外，两人的分区大体一致。

第二节　现代江西赣方言语音研究概况

赣方言的得名比较晚，对赣方言语音的研究，跟与她相邻的吴、闽、客家话相比，也相对较晚。一般认为，罗常培《临川音系》(1940)是对江西境内赣方言最早的研究。罗常培不仅完整地分析了临川方言的语音系统，把临川方言与中古音、北京话进行了对比，而且把临川方言与梅州客家话进行了比较，从移民文化史的角度对江西临川方言与客家话的关系进行了讨论。毋庸置疑，罗常培对赣方言的研究是具有开拓之功的。

不过，值得补充的是，在罗常培《临川音系》发表之前，江西本土学者就开始对江西方言进行初步研究，并且最早使用了“赣方言”这一名称。这就是江西南康人邬心普《赣方言考》。《赣方言考》是一部稿本，前有民国二十五年(公元 1936 年)奉新人周蔚生的序言，可知当成稿于 1936 年之前。邬心普，字荣治，江西南康人，生卒年不详。据周蔚生序言介绍，邬心普“早岁于音韵训诂之学，获窥堂奥。已负笈北平，研习国音，于发音之学，治之亦精”。邬氏在其另一部稿本《赣南方音考》①之“赣南方音考述”中明确记载：“民国九年夏，我往京都研究国音学。”可知他曾参加了 1920 年北京举办的国语讲习所的培训。

邬氏《赣方言考》用注音符号对“赣方言”进行了对比研究。该书分三部分：甲，赣方言字考；乙，赣方言新考；丙，古音新考。分别对江西境内，主要是赣南地区的方言词汇进行考释；用注音字母对赣南地区的语音与国音的差异进行对比；并利用方言语音特征对古音进行考证，提出了“古无晓匣母”的观点。不过邬氏的“赣方言”与我们今天所说的“赣方言”还是有很大的区别。虽然在这本书中，作者提到了南昌、安福、萍乡等各地的方音，但邬氏的“赣方言”主要是指他家乡的方言，也就是“赣南方言”，具体来说是“南康土音”。因此，作者在此书扉页内又题为《赣南方言考》。南康方言属客家话，邬氏的“赣方言”当然不是真正意义上的“赣方言”了。不过，邬氏在“赣方言新考”中，以注音字母为工具，并借助“闰音字母”，把南康方言与国音的差异以图表的形式进行了对比研究，已经可以说是真正意义上的现代方言研究了。(参见李军 2012)

邬心普《赣方言考》虽然不是真正意义上对赣方言的研究，不过在他之

① 藏江西省图书馆，为“江西省立第二师范学校丛刊之一”。

前，还有江西本土学者对江西境内的赣方言进行过深入研究，并且比邬心普对南康方言的研究、罗常培对临川方言的研究还要早，这就是高安人涂铿的《国音四种》。

《国音四种》也是稿本，作者涂铿的具体情况我们还知之甚少。“发端”中，他自己介绍说是一位小学教员，热衷于国音的推广与普及工作，曾“编过一本《注音字母要义》，便于初学的用”。“国音四种”实际上是指书中的四大纲，即：（一）国音和旧音韵及罗马字的比较；（二）发音学补义；（三）拼音群说；（四）改正土音法。从内容上看，主要是为推广国语服务的，具有讲义的性质。书中没有注明写作年代，但根据书的内容，以及书中介绍，我们仍然可以推断大致的时间。作为一种对新生事物进行介绍和研究的著作，一定不会滞后于新生事物出现的时间很久。注音字母和国音方案早在 1913 年就已经通过，不过直到 1918 年才公布，这一套国音后来称为“老国音”。为推广国音，“早从一九一五年北京设立‘注音字母传习所’，一九二〇年起又陆续开办全国性的‘国语讲习所’，各省区每年多开办暑期国语讲习所”。（黎锦熙 1963：72）20 世纪 20 年代初，全国掀起了推广普及国语的热潮。作者在第一篇“国音和旧音韵以及罗马音的比较”中就提到：“近年教育部公布了三十九个注音字母，风行全国，我也遇间研究一下。”可见此书的写作时间当在 1918 年后。1932 年，“新国音”——《国音常用字汇》出版，其特点是“万、兀、广不用咯，ㄗㄘㄙ无齐撮，ㄛ只合口ㄝ不开，入声分到四声来”。从内容上看，《国音四种》所依据的语音体系还是老国音，而不是新国音。综合以上情况，我们认为此书写作年代当在 20 世纪 20 年代初。

《国音四种》前三篇主要是对注音字母音值的说明、发音方法的解说、国音拼法与旧反切的比较等，只能算一般的语音知识介绍。对我们来说，最有价值的是第四篇“改正土音法”。虽然作者写作这一篇的目的仍然是希望“我国四万万人，都用我的法子，各自改正他们的土音，那么各地的方音，不难慢慢统一起来，尽变成国音了”，但他的主要方法是“用注音字母作媒介，寻找他们相差的条理”。也就是通过对土音与国音的对比，从中发现二者的对应规律，因此已经是一篇非常有价值的方言研究的学术论著了。在比较过程中，作者不仅完整地归纳了高安土话的声韵调系统，而且在“国音与土音的差异”部分从“甲、声母的变动”，“乙、韵母的变动”，“丙、声母韵母共同的变动”，“丁、平仄的变动”四方面总结了高安方言与国音之间的差异，共计 51 条条例，也就是方言与标准语之间的 51 条对应规律。可以说，涂铿是真正意义上最早对江西境内赣方言进行研究的学者。惜乎此书为稿本，未得以广泛流传，作者也默默无闻，故而其学不显，其名不彰。后来有多位学者在介绍江西方言研究概况时，都没有提到他。笔者在江西省图书馆看到该书时，竟几成片片稿纸一叠，张张布满蠹眼，幸可卒读，八九十年前的高安方言资料得以重见。

涂铿的著作没有引起学术界对赣方言的关注，而罗常培以其在学术上的影响，《临川音系》第一次向学术界揭开了赣方言的神秘面纱。此后，越来越多的学者投入到了对江西方言，尤其是对江西赣方言的研究中。关于江西赣方言的研究历史与概况，颜森(1995)，刘纶鑫、田志军(2003)有专文讨论。这里我们综合上述几位学者的讨论，对江西赣方言的研究概况进行简单介绍。

中华人民共和国成立以前，有关赣方言语音的研究还应当提到赵元任与李方桂两位先生。1935 年春，两位先生来到南昌，以全省各地在南昌的青年学生为调查对象，调查了 52 个点的方言，可惜用铝片录制的音档在抗日战争中被锈蚀损毁，材料未能发表。直到 1982 年杨时逢根据剩下的材料整理发表了《江西方言的内部分歧现象》(《清华学报》新 14 卷)。中华人民共和国成立之前，有关赣方言研究的单篇文章还有：张为纲(1943)《南昌方言的声调变化和实验研究》(《中山大学研究院文科研究所集刊》1 期)、《泰和透定二母的两种特殊变化之研究》(《中山学报》1 卷 8 期)，严学宭(1943)《分宜方言述略》(《中山大学师范学院季刊》1 卷 1 期)。

20 世纪 50 年代，为配合普通话的推广工作，全国开展大规模的汉语方言普查。江西师范学院余心乐等于 1957 年、1958 年的两个暑假，通过暑期培训的方式，组织了百余人对江西各地的方言进行了调查，积累了丰富的材料，可惜于“文化大革命”中丢失殆尽，大部分未能发表。中华人民共和国成立后至“文化大革命”这段时间有关赣方言的文章主要有：胡经修(1958)《南昌方言与北京语音对应关系的探索》(《方言与普通话集刊》第 4 本)，王练(1960)《吉安语音概述》(《井冈山大学学报》第 1 期)，余心乐、何资文(1964)《江西方音辨正》(《争鸣》2 期)。台湾发表的赣方言论文有杨时逢(1969)《南昌音系》(史语所集刊三十九本)。

“文化大革命”后，江西赣方言研究蓬勃发展，成果显著。无论是研究的广度还是深度，都是前所未有的，主要表现在三方面：

一、继续对赣方言与客家话的分合问题进行讨论，上文已有所涉及，这里略去。

二、对赣方言的历史进行探讨。其中有两种不同的研究倾向，一种倾向是从移民文化史的角度，即从“语文发展和社会发展联系起来”(罗常培，

1989:1,吴玉章题词)的角度,探讨赣方言的形成,探讨客、赣方言在历史上的相互关系、相互影响,基本上是罗常培所提倡的研究方法的进一步深化。如周振鹤、游汝杰(1986)《方言与中国文化》,沙加尔(Laurent Sagart)(1988)《论赣语与客家话》(*On Gan-Hakka*),刘纶鑫(1999)《客赣方言史简论》等。鲁国尧先生(1992b)《客、赣、通泰方言源于南朝通语说》从“语文发展和社会发展联系起来”的角度,运用历史比较的方法,论证了客、赣方言同源于南朝通语,观点与方法令人耳目一新。另一种研究倾向以何大安(1987)《论赣方言》为代表,注重从语言的接触和语音演变的内在规律对原始赣方言语音特征进行推测。何大安根据赣方言与周边地区方言的比较,根据音韵发展的内在秩序,用过滤的方法推测了原始赣语的七点特征。

三、对现代江西赣方言进行描写与研究。这方面的研究也有两个不同的侧重点,一是侧重现代赣方言的本体描写与研究。比较重要的综述性论文有颜森(1986)《江西方言的分区》(《方言》第1期),颜森通过实地调查江西92个方言点,对江西方言进行了分区,把赣方言区的62个县市分为6个方言片,介绍了各片的语音特征。这是第一次对赣方言的整体描写和分片研究,具有填补空白的学术价值。综述性的论著有陈昌仪(1991)《赣方言概要》,不仅探讨了赣方言的起源,更主要的是讨论了赣方言的分区,并且对各方言区的声韵调系统、各代表点的同音字汇进行了详细记录,对现代江西赣方言整体面貌进行了比较详细的描写与研究,为学术界了解赣方言、研究赣方言提供了第一手材料。2005年,陈昌仪主持编写的《江西省方言志》出版,该方言志从全省90多个市县中选出70个县市,从语音、词汇、语法三个层面进行调查描写,其中赣方言区有48个县市。这对江西赣方言研究,乃至整个汉语方言的研究来说,都具有重大意义。

比较重要的博士论文有万波(1998)《赣方言声母的历史层次研究》(香港中文大学中国语言及文化部哲学博士论文),蔡宝瑞(1998)《赣语昌瑞片的几个音韵问题》(上海师范大学博士论文),孙宜志(2002)《江西赣方言语音研究》(山东大学博士论文),刘泽民(2004)《客赣方言历史层次研究》(上海师范大学博士论文)。以上大部分博士论文均已出版,如万波《赣方言声母的历史层次研究》(商务印书馆,2009年),孙宜志《江西赣方言语音研究》(语文出版社,2007年),刘泽民《客赣方言历史层次研究》(甘肃民族出版社,2005年)。

研究描写单一音系的论著有余直夫(台湾,1975)《奉新音系》、魏刚强(1990)《萍乡方言志》、颜森(1993)《黎川方言研究》,以及《现代汉语方言大词典》中赣方言三个代表点的方言词典:颜森(1994)《黎川方言词典》,熊正辉(1995)《南昌方言词典》,魏刚强(1998)《萍乡方言词典》。作为客赣方言研究的重镇,"南昌大学客赣方言与语言应用研究中心"完成了一系列的客赣方言代表点的调查研究,并出版了"客赣方言研究系列丛书",其中有关江西赣方言研究的专著有:付欣晴(2006)《抚州方言研究》,张燕娣(2007)《南昌方言研究》,卢继芳(2007)《都昌阳峰方言研究》,刘纶鑫(2008)《芦溪方言研究》,胡松柏(2008)《铅山方言研究》等。

其他研究赣方言语音的单篇文章更是不胜枚举。毋庸置疑,现代江西赣方言研究已经取得了令人瞩目的成果。

另一个侧重点是现代客、赣方言的对比研究。其中代表性的专著有李如龙、张双庆(1992)《客赣方言调查报告》、刘纶鑫(1999)《客赣方言比较研究》。这些成果可以说是对客、赣方言分合问题的进一步深入研究。此外,谢留文(2003)《客家方言语音研究》也有客赣方言对比研究的内容。

第三节 江西赣方言历史语音研究概况

从目前的研究来看,基本上可以肯定的是,晚唐五代时期江西赣方言应当已经形成。但从现阶段的研究来看,这一时段以来的江西赣方言历史语音研究还很不够。"具体语言的历史的研究,不但可以发现语言的特殊内部发展规律,也可以发现一般的内部发展规律"。(王力,1996:2)方言的研究也是如此,赣方言历史语音研究应当在赣方言研究中占据重要地位。

最早从文献方面对宋元江西方言历史语音进行研究的,是鲁国尧先生(1992a)《宋元江西词人用韵研究》。鲁先生通过穷尽式地归纳宋元两代江西词人用韵,发现宋代江西词人用韵中普遍存在萧豪与尤侯通押的现象,并且"宋元江西词人中,这种通叶现象则显得颇为突出,达 35 例,不少著名作家亦然,范围遍布全省"。(参见鲁国尧 2008:156)支微与鱼模的通押也已经出现,南宋姜夔词中就有三首。鲁国尧先生从研究材料和方法两方面为赣方言历史语音研究开辟了道路。杜爱英(1998)循此途径,对北宋江西诗人用韵进行了穷尽式的研究,进一步拓宽了宋代江西方音的研究范围。其他材料方面,孙建元先生博士论文《宋人音释研究》(1997)通过对董衡、萧常音释的研究,发现了宋代江西方言语音的若干特点。李无未先生对南宋孙弈《九经直音》、《示儿篇》的研究,深入探讨了宋元江西吉安方音。其研究论文集《音韵文献与音韵历史》,收集了大部分有关孙奕音注研究的论文。李红(2002)《元代吉安籍文人诗用韵中的阳声韵尾混叶问题》,对元代吉安方言阳声韵尾的变化进行了探讨。李无未、李红(2008)合著的《宋元吉安方音研究》是宋元吉安方言语音研究的最终成果。

对宋元以后的江西方言研究,有古屋昭弘(1992)对江西宜春人张自烈《正字通》反切的研究。古屋昭弘通过对《字汇》与《正字通》反切的比较研究,认为《正字通》全书的反切基本上反映了张自烈自己的字音系统,其基础音系很可能是17世纪的赣方言。宁忌浮先生(2008)研究了新发现的韵书熊晦《类聚音韵》,该书反映了非常显著的赣方言特征,宁先生认为此书的语音基础应当就是16世纪的明代赣方言。此外,丁邦新(1978)《〈问奇集〉所记之明代方音》对明代赣方言也进行过讨论。

以上成果和方法为系统研究江西赣方言历史语音提供了有益的借鉴。不过,江西赣方言历史语音研究,仍有待进一步加强。现阶段大部分有关江西方言历史层次与演变规律的研究论文与论著,主要依靠的还是现代方言材料与历史比较的方法。相对忽略了历史文献,没有利用文献考证法,通过对赣方言历史语料的挖掘,探索赣方言语音的内部发展规律。究其原因,主要是直接记录江西赣方言的历史文献材料非常少见。耿振生先生(1992)《明清等韵学通论》可谓目前为止搜集明清两代各种方言韵书、韵图最丰富的著作,但其中没有一部直接记录反映赣方言语音的。正因为如此,迄今为止,比较完整系统地研究赣方言历史语音的成果还比较缺乏,赣方言语音历史层次研究和历史比较还只能建立在现代方言的基础之上。因此赣方言历史语音研究,需要在材料方面有所突破,更需要在赣方言历史语音研究的系统性方面有所加强。

第四节　课题研究的目的、意义与研究材料

一　课题研究的目的、意义

"音韵学的研究也有两方面,一方面是研究声音之纵的、历史的、时间的变迁——这便是音韵沿革;另一方面是研究声音之横的、地理的、空间的变迁——这便是方言研究","关于纵的方面……关于全部汉语音韵演变史的完成,或者也就为期不远了,至于谈到横的方面,那可还差的多呢!"(参见罗常培 2004:163)这是罗常培先生七十年前说过的话,时过境迁,情况发生了很大的变化。如今,这两方面的研究均取得了长足的进展,尤其是方言研究,俨然成为"显学"。改革开放以来,各方言区的方言调查研究工作、各方

言的对比研究工作都取得了前所未有的成果。“对现代方言的研究必须以对现代方言的了解为前提，所以方言普查是必要的。但到了一定的程度，平面描写就现出其弱点。因为它不能说明方言之间的关系，不能深入了解方言的本质，调查的点越多，也只是显示了掌握方言数据的‘量’的扩张而已”。(刘晓南 2005a:165)各种方言的语音特征都是历史演变的结果，平面的语音特征必须从历史的角度得到解释。音韵学的研究现在还要更多地注重第三方面，即方言语音发展的纵的、历史的过程中各个横断面的研究和各横断面的对比研究。这就是“历史方言学”，或“方言史”的研究。

近年来，越来越多的方言音韵学者开始注重对方言历史的研究。现代方言材料对方言历史研究来说，当然具有不可忽视的作用，但是“现代方言语料有三个大的缺陷。其一，从现代方言内部差异拟测古代方音，所得仅是一个合理的假说，立足点不同即可以得出不同的假说，所以，假说是有必要证实的。现代方音语料无法做到确证古代语音的现实。其二，现代方音不具备古代文献语料的历史断代的功能，也无法仅凭现代方言去判断其所保留古音的历史层次。因而对历史比较得出的古代方言做大致准确的断代还得依靠古代文献。其三，通过对现代方音口语内部差异的比较研究，可以推知其历史上的形式，但若历史上曾经出现过的某一方言现象在现代方言中没有留下痕迹，则这种比较就无从下手了。所以，历史方言学利用现代方音进行历史比较研究，仍然离不开历史文献。”(刘晓南 2005a:166)鲁国尧先生一直在提倡：“研究方言史，主要依据文献；要精确地断代，更非得依靠文献，舍此别无他路。”(刘晓南 1999:8，鲁国尧序)

从赣方言的研究现状来说，利用文献来研究赣方言历史还做得不够。江西独特的地理位置与人文历史，使得赣方言一直被认为是一种“较少独特风貌的语言”(詹伯慧 1981:138)。但是作为汉语主要方言之一，她有自己的方言特征与演变规律，她的方言特征也是历史形成的结果。那么江西赣方言历史语音特征表现如何？历史上她发生了哪些规律性的变化？所有这些都需要我们以历史文献考察为基础，结合历史比较法进行综合研究。

本课题研究目的：(一)通过对江西赣方言历史文献的搜集整理与研究，比较全面系统地揭示江西赣方言部分代表点的历史语音面貌，为学术界了解江西赣方言的历史语音面貌提供材料，为现代江西赣方言的历史比较提供更早的证据与佐证。(二)在对江西历史方言文献进行全面考察的基础上，结合对宋元以来江西文人诗词文用韵、音注材料、医籍歌括用韵的研究，以点带面，探讨宋元以来江西地区方言的语音特征，了解宋元以来江西地区方言语音特征的分布状况，钩稽宋元以来江西地区方言语音演变的一些基本规律。从而揭示江西赣方言语音特征形成的历史过程、演变线索，为整个赣方言史的研究，客赣方言的对比研究提供有益的参考。

二　课题研究材料

（一）江西赣方言历史文献

1.方言韵书——《辨字摘要》

这是我们研究的主要材料之一。关于《辨字摘要》的基本情况，罗常培在《方言研究小史》中有所介绍。他说："有一种'不登大雅之堂'而我们现在必须另眼相看的东西，这就是流行于民间的方言韵书，这种书流行于各地的很多，然而搜集起来也颇不易。我所知道的有……江西清江一带的《辨字摘要》……"（罗常培 2004:178）何耿镛的《汉语方言研究小史》也有同样的介绍（参见何耿镛 1984:80）。但直至目前，还没有学者对该韵书进行系统研究。此书作者为潇水饶应召，编订者为潇水卢绍麒、杨吉鳌。书前有饶应召自序与凡例，时间为"乾隆二十二年丁丑洪岁孟秋月"，即公元 1757 年农历七月①。关于此书具体介绍，见后文讨论，这里简要介绍我们所知道的版本：

（1）《新增详注辨字摘要》不分卷，清乾隆二十二年玉川弘农氏三让堂刻本；

（2）《辨字摘要》一卷，清咸丰十年刻本；

（3）《辨字摘要》不分卷，清刻本，两宜堂梓；

（4）《辨字摘要》四卷，清光绪二十一年澹雅书局刻本；

（5）《辨字摘要》四卷，清刻本，同文堂藏版。

研究过程中，我们以咸丰十年本为底本，并搜集了其他四种版本，进行了互校。

2.启蒙书《类字蒙求》与《重订〈类字蒙求〉》直音材料

《类字蒙求》是一部清木刻本童蒙识字课本，主要供童蒙识字、熟悉名物制度，刊订者为"南州燕毅果安"。我们通过考察认为，燕果安所称"南州"当为南昌。编订时间为光绪元年（1875），燕氏前言指出："此先师齐掌衡、何蕡阶两夫子苦度金针，藏之秘箧，几六十年。"则其成书年代至迟在 1815 年，距今近两百年。此书分上下两册，二十六类目。每一类目分别列出相关名物

① 魏建功《古音系研究》之"研究古音系的材料"中也提到"《辨字摘要四卷》，清光绪丁未潇水饶应召辑，按此书为江西清江一带通俗韵书，计平声三十七韵，上声十八韵，去声十九韵，入声七韵"。（1996:49）时间有误。

制度的词语,“凡系难认之字,即旁标一同音小字”(前言)。注音方法除直音外,还包括部分纽四声法,两种注音共计 2040 条,其中直音 1855 条,此外还有注明被注字四声的 6 条,有一字多音者则同时注上两个或两个以上的音。

《重订〈类字蒙求〉》是“师竹斋主人”对“燕果安先生”所编《类字蒙求》的重编,由南昌广文书局刊行。师竹斋主人重订的时间当在光绪年间。师竹斋主人在序目中说:“旧有《类字蒙求》两卷,燕果安先生刻之,颇便童蒙检阅,乡塾中几于家置一部。”可见此书的受欢迎程度。此书除将《类字蒙求》二十六类目重新编排之外,主体内容以及音注大都没有改动,但也有少数删补现象。

因为此书服务对象是童蒙,目的只是为了帮助童蒙识字,而不是正音,因此书中所注直音自然是注者和童蒙都很熟悉的乡音。通过对直音所反映的语音特征的分析,并和现代南昌方言进行对比,我们确认,直音所反映的方言基础就是两百年前的南昌方言。这对研究两百年前南昌方言的语音面貌、两百年来南昌方言的历史演变来说,无疑具有非常重要的意义。

3. 清末南丰无名氏《翻切指掌空谷传声》及刘孚周旁注所反映的南丰土音

《翻切指掌空谷传声》是 19 世纪末江西南丰人刘孚周“九叔”以《直图》为蓝本,以反映官话语音为宗旨而编制的带有同音字汇性质的韵图。韵图虽然以反映官话语音为宗旨,但韵图列字在一定程度上受到方言的影响,反映了清末南丰方言的部分语音特点。更重要的是,刘孚周将韵图所列字的土话读音与官话音进行了对比,在读音有差异的声母位加了旁注。这就为我们勾勒清末南丰方言语音特征提供了非常难得的材料。

4. 民国高安涂镃《国音四种》所记录的高安“土音”

关于涂镃与《国音四种》的情况,前文已做了简单介绍,这里谈谈它的研究价值。《国音四种》第四篇“改正土音法”,总结了高安土话与国音差异的 51 条“条例”,也就是 51 条对应规律。这是涂镃对当时高安话深入研究的结果,也是对八九十年前高安话的真实记录。虽然涂氏没有对高安话的语音系统进行详细的描写,不过他在把土音与国音进行对比的过程中,举了不少的例证,其中就反映出了一个完整的音系。这对探讨近百年前高安方言的语音状况、近百年来高安方言的语音演变具有很高的价值。

(二)记录反映宋元以来江西历史方言语音特征的文献材料

1. 用韵材料

这些材料主要包括宋、元两个时期的江西文人诗词文用韵材料,以及明代江西医学家的医籍歌括用韵材料。

(1)宋代江西文人诗词文用韵材料有两方面的来源:一是已有的研究成果。主要有鲁国尧先生(1992a)《宋元江西词人用韵研究》,杜爱英(1998)博士论文《北宋江西诗人用韵研究——附南宋杨万里诗韵研究》,以及其他单篇宋代江西诗人、词人用韵研究的论文。二是宋代江西文人用韵的补充研究。主要包括两大方面:一方面是南宋江西诗人用韵研究。杜爱英曾以此为题申报了国家社科基金,但系统的成果没有发表。我们在研究过程中,对《全宋诗》南宋江西诗人用韵情况重新进行了系统考察。共计诗人348人,诗歌10013首,其中古体诗1944首,近体诗8069首,总计韵段数12944个。另一方面是《全宋文》江西文人用韵研究。我们对《全宋文》所收集的宋代江西文人的韵文材料进行了全面研究,对其中反映方言语音特征的材料进行了全面钩稽。共计文人161人,韵文2827篇,总计韵段数10062个。

(2)元代江西文人诗词文用韵材料。除参考鲁国尧先生有关元代江西词人用韵研究的成果外,我们对《全元文》、《四库全书》、《续修四库全书》所收元代江西籍文人诗歌和韵文用韵材料进行了系统的搜集研究,对其中反映元代江西方言语音特征的材料进行了全面钩稽。共计古体诗3658首,近体诗6550首,韵文605篇,总韵段数15192个。

我们对上述材料进行研究,主要目的是对用韵材料所反映的方言特征进行钩稽,不做韵部系联,因此对那些符合押韵规则以及通语特征的材料没有详细讨论。所谓符合通语特征,大体上就是指符合鲁国尧先生所归纳的宋代通语十八部,和元代《中原音韵》十九部的押韵现象。对其他不符合押韵规则以及通语特征的诗文用韵材料,我们再根据用韵情况进行处理。具体的办法是"首先通过语料中表现的共性,判断其属于通语部分;然后看是否有特殊的、个别的现象存在,如果存在着特殊个别现象,就采用文献考证与现代方音比较的办法判断其是否为当时方言现象"。(刘晓南2005a:178)

(3)明代江西医学家医籍歌括用韵材料。除宋元两代江西文人诗词文用韵材料外,我们还对明代江西医学家的医籍歌括用韵材料进行了搜集整理研究。文人用韵多拘守诗韵,从诗词文用韵中去发现方言信息,需要有爬罗剔抉的功夫,最后的收获是"披沙拣金",虽然珍贵,但显得零碎。而一些通俗的用韵材料,则往往能给我们提供作者方言比较详细系统的信息。我们在搜集江西历史方言研究材料时,就注意搜集了这样一些材料。主要有宋元以来江西医学家医籍中的歌括用韵材料,以明代为主,清代以来没有搜集。医学家撰写歌括在元明时期非常流行，关于歌括的特点，元代名儒吴澄是这样说的："歌诀浅近，世人能知。"[①]医家撰写歌括的目的就是用浅近的、口语化的语言来总结经验，以便师徒口耳相传，易识易记。因而在很大程度上反映了当时的实际语音状况，是研究历史方言非常可靠的材料。江西近代历史上各行各业人才辈出，医学方面就有江西"十大名医"之说，明代金溪人龚廷贤与南丰人李梴是其中突出的代表。

龚廷贤(1522～1619)，明代著名的医学专家，字子才，又字云林，江西金溪县十一都下澌里人，时称"医林状元"。一生所著颇富，有《种杏仙方》4卷，《万病回春》8卷，《云林神彀》4卷，《鲁府禁方》4卷，《寿世保元》11卷，《小儿推拿方脉活婴秘旨全书》2卷，《济世全书》8卷，《古今医鉴》16卷等。这些医书多用歌括形式概括药性、症状，介绍药方，即所谓"括俚言，切病情，选方择味"[②]。其目的是要做到"辞浅句俗，正欲人一目了然，对证投剂，庶无差谬"[③]。这些歌括虽然是诗歌形式，但并不遵守诗韵，也不完全按照当时的官话系韵书，如《洪武正韵》、《韵略易通》等韵书的韵部系统押韵，而是大多数情况下以方言入韵。这无疑是我们探讨明代赣方言，尤其是明代金溪一带方言非常宝贵的材料。

我们以"明清名医大成"系列《龚廷贤医学全书》所认定的七种医籍为研究对象，尽可能选用单行校注本，同时以《龚廷贤医学全书》作为参考。我们所依据的版本为：

《种杏仙方》4卷(1581年，下文简称"杏")，我们用《〈故宫珍本丛刊〉精选整理本丛书·中医》张镐京等人校注本为研究底本，海南出版社2000年；

《万病回春》8卷(1587年，下文简称"万")，我们研究的底本是《明清中医临证小丛书》李秀芹校注本，中国中医药出版社，1998年；

《云林神彀》4卷(1591年，下文简称"云")，我们的研究以《中国医学大成续集》万历茅氏刻本的校注本为底本；

《鲁府禁方》4卷(1594年，下文简称"鲁")，我们依据的是《实用中医古籍丛书》田代华等人的校注本，天津科学技术出版社，2000年；

《寿世保元》11卷(1615年，下文简称"寿")，我们所依据的是王均宁等人的校注本，天津科学技术出版社，1999年；

此外还有《小儿推拿方脉活婴秘旨全书》2卷(下文简称"推")，《济世全

① 吴澄《吴文正集·脉诀刊误集解序》，文渊阁《四库全书》第1197册，207页。

② 《种杏仙方·序》，张镐京等校注，海南出版社，2000年。

③ 同上。

书》8卷(1616年,下文简称“济”),均以《龚廷贤医学全书》为研究底本。

我们从以上所介绍的医籍中共辑录了2130首歌括,2336个韵段。

李梴,生卒年不可考,字健斋,江西南丰人,大致生活在明嘉靖至万历年间,其医学著作为《医学入门》。李氏早年行医于江西福建等地,晚年“闭户四祀,寓目古今方论,论其要,括其词,发其隐而类编之,分注之”①,编成是书,于明万历三年(1575年)刊行于世。“书中采用歌赋形式为主文,而以注文形式加以阐释说明,其歌赋与注文均根据前人的著作内容自行编写”②。因此对探讨明代南丰方言特征具有一定的价值。我们使用的版本为《实用中医古籍丛书》田代华等人的校注本(天津科学技术出版社,1999年),共计有1257个韵段。

2.明清时期其他韵书或论著对江西方言的记录

明清时期的方言韵书与笔记小说对江西方言特点也偶有记录,这些韵书与笔记的记载比较零碎,但非常珍贵。这些资料中有江西籍人士所著的音韵学著作,也有其他地区学者所著音韵学著作。如明代江西新建人张位《问奇集》所记“各地方音”部分记载了自己的方音,清代奉新人涂谦《音学秘书》、郭师古《音学偶存》则对赣方言声母系统特征,尤其是全浊声母清化规律有明确记载。其他地区人士如明代袁子让《字学元元》“方语呼声之谬”,清代劳乃宣《等韵一得·外篇杂论》等,也有对江西方言部分语音特征的记录。

3.时彦的研究成果

除上文提到的用韵研究之外,孙建元先生对宋代江西籍人士的音注研究,李无未先生对南宋孙弈《九经直音》与《示儿篇》音注的研究,古屋昭弘对《正字通》反切的研究等,都是我们重要的参考资料。

4.现代方言材料

现代赣方言的调查研究成果非常丰富,为我们进行历史比较提供了很大的便利。研究过程中,我们主要参考了陈昌仪(1991)《赣方言概要》,熊正辉(1998)《南昌方言词典》,刘纶鑫(1999)《客赣方言比较研究》,陈昌仪等(2005)《江西省方言志》等著作。此外,我们亲自到《辨字摘要》作者所在地樟树市临江镇进行了实地方言调查,获得了第一手的方言材料。

---

① 李梴《医学入门·引》。

② 此为田代华点校说明。

第二章　18世纪江西临江方音

——《辨字摘要》音系研究

第一节　《辨字摘要》简介与音系结构表

一　《辨字摘要》的作者、编撰目的与体例

《辨字摘要》，"潇水"饶应召著。饶应召，其人其事史志均无记载，对他的情况我们还知之甚少。书中唯一提供给我们的信息是他在自序结尾的落款——"潇水饶应召题于漱芳斋"。"漱芳斋"应当是他书舍的雅号，"潇水"当是他的出生地。罗常培先生已经指出《辨字摘要》是江西清江县一带的地方韵书，但语焉不详。今查清江县（今樟树市）地名，并无叫"潇水"者，"潇水"应当是清代清江县某一地域的代名词。文人一般喜欢以山水之名或古地名称呼自己的家乡，"潇水"二字给我们提供的应当就是这样的线索。据《清江县志》记载，清江县的建制在南唐升元2年（公元937年），原名潇滩镇，即今樟树市临江镇。地处赣江中游与袁水交汇处，是唐宋以来江西地区重要的交通枢纽。宋代为临江军治所，元代为临江路治所，明清两代则为临江府府治。临江古名"潇滩"，当与其境内"潇水"关系密切。"潇水"或作"萧水"，在今临江镇西，又名小阳水，绕城而过。由此我们可以推断，饶应召应当是今樟树市临江镇人。

《辨字摘要》成书时间，据卷首饶应召自序与凡例末所署，为"乾隆二十二年丁丑洪岁孟秋月"，即公元1757年农历七月。此书之所以名曰《辨字摘要》，作者在自序中说："谓之辨字，解其理也，谓之摘要，反之约也。"说明此书的主要任务是解析字义，其特点是"简约"。作者"凡例"自言"此书与《字汇》相表里"，与《字汇》的区别在于"《字汇》该括，而此书从简约耳"。以该书

正文第一字“天”字为例,《辨字摘要》解释仅四字:“气也,理也。”《字汇》除反切与辨析古叶音外,仅释文就有237字。

此书的主要读者对象是“幼学”,即自序所谓“执此以诏幼学,厥功非浅”。作者编撰此书的原因与目的,序言中也说得很清楚:“甚矣,字义之浩繁也。非独幼学不能尽识,即白首穷经萤窗静习之士,而执笔茫然往往有之。抑无论出于经史之难者,辨之不悉,即日用常谈,偶索其字形而百思不得,比比皆然。余尝欲立少观多,使无繁苦之憾。”作者想通过简单的词义概括,帮助幼学理解字义。此书收字范围比较广博,但有一定的倾向性,“凡系五经诸史,以暨常用必需之字,载之简中,其余无与于举业,无益于家务国政者,则一概弗录”。

编排方法上,与《字汇》按部首和笔画列字的做法不同,《辨字摘要》采用的是按韵排字的方法。

全书分为“目次图形”和正文两部分。正文按平、上、去、入的顺序分为四卷,分别以“天”、“子”、“圣”、“哲”四字为四卷首字。每一卷中,“音韵相同者编为一科,则用阴文以别之”(《辨字摘要》“凡例”第一条)。也就是先按平、上、去、入四声分为四卷,一卷之内再按韵列字。同一韵的首字用阴文表示,相当于韵书中的韵目,下文为方便故,亦称“韵目”(为与《广韵》韵目相别,行文中加“”表示)。一韵之内,再把他认为同音的字排列在一起,相当于韵书中的小韵,下文为方便故,亦称“小韵”。同音字组首行顶格,另行空格,以与别的同音字组相区别。

“目次图形”实际上就是作者编排的检字表,这是编撰者独具匠心的地方,全书的编排体例与音系实际上也就反映在“目次图形”中。

“目次图形”第一部分是韵目版次表,按平、上、去、入四声的顺序分为四张图表,每一图表分别把平、上、去、入四卷所包含的韵目在书中的版次(即页码)进行了标识。如平声卷第一个韵是“天”韵,“天”韵的字排在第一至三页,“目次图形”则在“天”字右边注上带圈的㊀、㊁、㊂,余类此。这样就可以据韵以检字,对音系研究来说,则提供了平、上、去、入声韵的韵目,见表2—1①。

① 韵目右下角数目表示各韵目的版次,此表对“目次图形”第一部分略加改造,改竖排为横排,数字不加圈。另,本文写作正文使用简体字,但为与原文献资料一致,下文所引用的材料均保留繁体字。

表 2—1 《辨字摘要》韵目与版次

四声	韵目与版次
平	天一,二,三 皆三 盤三,四,五 唆五,六 奇六,七,八,九 陶九 黃九,十,十一 凡十一,十二 章十二,十三 俄十三,十四 靈十四,十五,十六 周十六,十七 消十七,十八 高十八,十九 基十九,二十,二一 因二一,二二,二三 山二三,二四 加二四,二五 甘二五、二六 同二六,二七 遙二七,二八,二九 熏二九,三十 湖三十,三一 茶三一 工三一,三二 慈三二,三三 台三三 余三三,三四 由三四 崖三五 爹三五 夫三五,三六 姿三六 朱三六,三七 云三七,三八 才三八 員三八,三九
上	子四十 宇四十,四一 李四一,四二,四三 免四三,四四,四五 友四五,四六 往四六,四七,四八 斗四八,四九 丙四九,五十,五一 古五一,五二 馬五二,五三 果五三,五四 保五四,五五 覽五五 采五六 遠五六,五七 勇五七,五八 永五八,五九 乃五九
去	聖六十,六一 代六一,六二 詠六二,六三 地六三,六四,六五,六六 位六六,六七,六八 丈六八,六九 善七十,七一,七二 豆七二,七三,七四 坐七四 父七五,七六 介七六,七七 駕七七,七八 但七八,七九 動七九,八十,八一 汗八一,八二 士八二 裕八二,八三 道八三,八四 右八四,八五
入	哲八六,八七,八八,八九 一八九,九十,九一,九二,九三 叔九三,九四,九五 決九五,九六 達九七,九八 佛九八,九九 樂一百,一百零一

共计平声37韵,上声18韵,去声19韵,入声7韵。平声韵多,是因为平声韵实分阴平与阳平两类,中古来源相同的两韵,因声母清浊不同,存在对立关系,如"工":"同"①,"基":"奇"。因此,凡例中所说"音韵相同者编为一科"中的"音韵",实际上包含有韵与调的概念在里面。平声卷实际上分阴平19韵,阳平18韵(表2—1中以黑体字表示)。上、去、入声不分阴阳。

"目次图形"第二部分是小韵版次表。编撰者在小韵版次表中,按以上所列图表的顺序罗列了每一韵目以及韵目所包含的小韵所在的版次。如平声"小韵版次表"第一行的内容是"一 [天]曾占生堅烹尖庚煙,二 ……",表示第一版有"天"韵的"天、曾、占、生、堅、烹、尖、庚、煙"九组同音字或九个小韵。平、上、去、入声"小韵版次表"引述如下(韵目以外加□表示):

平聲

一 [天]曾占生堅烹尖庚煙 二 邊撐官坑千慫蔹崩偏恩仙拈歡 三 寬覘豌顛亨登彝[皆]釵②乖齋揩騃歪籭[盤] 四 萌炎乾行弘連田岑蟬 五 綿胼③廛賢然稜言前丸旋[唆]磋柯阿科 六 窩波坡戈哥多呵拖[奇]夷葵 七 黎雷持槌為提 八 眉梅回宜兮皮尼齊時肥頹摧垂隨 九 危[陶]毫毛曹勞袍敖[黃] 十 羊忙唐郎良常旁杭詳薔攘長 十一 王狂昂強藏娘房[凡]談蘭還殘閑 十二 巒④顏[章]相

① ":"表对立,下文同。

② 原误作"跋"。

③ 原误作"盼"。

④ 原作"蠻"。

倉綱薑莊當央[十三]匡霜商鏘邦昌光方湯汪鄉荒將滂康[俄]①[十四]駝羅婆②摩禾河和[靈][十五]平辰名琴丞盈廷[十六]吟形情人旬[周]秋憂休修鳩丟丘收[十七]抽啾[消]③標搜蕉嚣鄒刁夭挑嬌飄[十八]蹺謳勾招兜摳搊超鍬偷燒[高]叨搔[十九]蒿遭刀敲凹包拋撓操猱[基]希笞[廿]知丕衣溪西屍妻梯低卑[廿一]疽奎圭威非雖追崔吹灰推[因][廿二]珍精今辛兵青[廿三]申稱欣卿聽丁砯[山]番間丹灘[廿四]餐扳班彎關斂嚐[加]哇巴沙丫叉咱瓜呀[廿五]嗟花誇遮他車蝦葩奢髭[甘]喧安涓冤專[廿六]堪酸端川參簪貪憨圈[同]容蒙瓏[廿七]龍朋窮紅逢農顒熊崇戎從[遥]調[廿八]寥謀朝婁喬苗樵浮韶侯投愁饒[廿九]堯瓢[熏]分屯坤昏君敦孫奔氳春村尊裩[卅]溫傾吞[胡]盧扶徂徒吾蒲[卅一]無模[荼]華牙爺杷麻伽遐拿邪蛇[工]封中[卅二]充雍蔥宗松兄空通翁烘聾蹤冬[慈][卅三]祠[台]鰓開栽哀該[余]渠如除[卅四]魚殊[由]求流囚柔紬繆牛[卅五][崖]柴排懷埋鞋[爹]些靴[夫]姑踈烏初[卅六]租呼鋪都枯[姿]司雌[朱]虛居[卅七]書區於姝[云]倫焚純文門群[卅八]魂存盆豚[才]來臺孩呆[員]拳元寒[卅九]團鸞玄傳蠶

上聲

[四十][子]史此[字]主女許舉耳[四一]暑處去[李]諉蟻止起以[四二]斐矢比屢米灑嘴揣痞已侈毀[四三]乳餒鬼水跪取腿你體喜泚氏[免]遣愆[四四]莞肯宛鮮冉冷撿耿忝輦[四五]管顯狠滿匾儼典省淺閃諂剪展款等怎逖[友][四六]紐九帚柳手醜朽酒煣[往]養爽恍訪[四七]掌榜康莽黨敞倘享強獎曩搶賞講廣創想[四八]兩壤沆[斗]渺杳鳥皎苟剖偶某叟漂吼[四九]否沼表走擾簍悄小少曉窕口剿肇屌[丙][五十]整閔景引忍頂領審挺請[五一]品悻醒井逞[古]府母武魯祖[五二]普覩五苦所楚虎土補[馬]寡假把雅打廈耍槎[五三]擄鮓野且扯惹捨寫者姐[果]裸挫瑣朵跛荷[五四]娜妥顆火我左可[保]好稿早倒老巧襖嫂草[五五]討卯[覽]亶簡喊反斬剗板產赧眼橄晚綰坦[五六][采]愷藹改宰海蕫④[遠]敢坎暖鉉犬罕阮噲舛轉[五七]纂短卷愴撰揞[勇]拱塚總懵憧竦寵捧桶冗[五八]熔哄孔恐壟酗[永]衮窘捆本盾頃忖刎粉準[五九]渾蠢損本[乃]駭夬派解買灑楷矮歹擺跐

---

① 原误作“倒”。
② 原误作“姿”。
③ 原作“肖”。
④ 原作“蕫”。

去聲

[六十]【聖】任敬正印近聘秤信[六一]盡晉命併吝迎訂定釁【代】害亥愛[六二]賚蓋帥在再戴艾【咏】①忿鈍問混巽舜頓[六三]訓閏郡困論逩寸悶棍圳椕【地】志[六四]利意被世[六五]氣義計係治閉[六六]寐祭費帝細婜【位】惠[六七]歲罪內貴愧瑞退隊銳最[六八]對偽泥【丈】蕩帳狀亢巷旺當向降[六九]誑糨亮況釀樣讓象王放匠浪上喪傍醬盎[七十]【善】練薦殿片奐貫念賤[七一]恨欠店現泮羡厭練覔戰甑贈硬滲面半[七二]孟淩偏埂見【豆】蕁料跳茂湊[七三]叩俏要陋召瘦奏漚紹尿照弔俵醮阜笑叫[七四]票廟竅鬭【坐】惰剁貨破播過臥磨箇賀佐課懦[七五]【父】戶故務素步杜助路[七六]悟慕布庫妬【介】蔡械賴敗帶曬艾[七七]外怪賣壞債拜快【駕】乍亞嚓霸髮卦化[七八]罵柘謝跨借下怕詐藉夜社廈【但】暫犯[七九]諫贊散宦慢慣濫辦闞雁限旦萬扮髭②【動】[八十]凍汞奉控訟仲眾甕宋粽餴弄嗅貢夢縱用[八一]共【汗】眷纂縣岸幹倦看串斷願鑽怨蒜[八二]亂斷颷【士】字恣【裕】去二[八三]句著恕住禦【道】造冒號[八四]傲躁抱到告撈靠報哨【右】受秀救[八五]臼紂嗅謬就溜晝

入聲

[八六]【哲】帖雪業末結[八七]仄宅葉葉竭色白[八八]列百革或國妾黑滅接客[八九]徹涉厄特別勒闊德熱跌【一】[九十]習即立[九一]十尺必執吉[九二]匹迪吸七的[九三]逆日及【叔】欲伏逐讀[九四]速木祿六穀竹肉哭僕[九五]菊促旭曲斛族蔔篤夙足玉屋【決】割[九六]盒納曰闕拙月撮渴掇血奪雜刷遏捋啜[九七]說【達】甲答殺洽法臘紮[九八]察鴨拔乞八恰滑刮【佛】域孛勿[九九]屈突忽③率④述出骨橘窋矞咄窟洫訥猝卒沒兀[一百]【樂】薄洛託各昨約作[一百一]莫酌博確鶴腳索霍杓爵略擴瘧勺[一百二]鵲郭削若卻學椓

《辨字摘要》"目次图形"实际上相当于现代字典的音节检字表,"韵目版次"相当于韵母表(与严格意义上的韵母有所区别),"小韵版次表"相当于音节表。传统韵书的基本编排方法也是音序法,即以四声分卷,以声统韵,以韵为基本单位,分韵列字。《辨字摘要》在传统韵书编排方式的基础上有了很大程度的突破。虽然传承了传统韵书四声分韵的方式,但卷首的"目次图形",已经具备了现代字典"音节检字表"的雏形。编排方式由传统韵书的

① 原作"永"。

② 原作"鬐"。

③ 原误作"刎"。

④ 原误作"卒"。

"以声统韵"进一步细化到"以声调统韵母"、"以韵母统音节"，这是古代韵书不曾具备的。因此，《辨字摘要》也可以看作一部比较成熟的音节检字法字典。以音节检字法编撰的《辨字摘要》与以部首笔画检字法编撰的《字汇》，可以说是中国古代字典编撰史上的双璧。无怪乎饶应召认为此书可以与《字汇》相表里，"凡例一"说："此书与《字汇》相表里，凡字有形而不能识认者，则用《字汇》考之。用字而不知其形与义者，则举此书阅之，而一览了然。"

"凡例三"对韵书的查阅方式进行了详细说明："欲查'先'字，须知'先'字是与'天'字同韵。看'天'字第一版，则从第一版阅之。欲查'冉'字，须知'冉'字是上声，与'免'字同韵，看'免'字在几十版，则从几十版阅之。余俱仿此。"

用现代字典的检字方式说，检字时先查韵母在哪几页，再查该韵母包含的具体某一音节的字在哪一页。如"先"与"天"同韵母，则在"目次图形"第一表"韵目版次表"中找"天"韵在第一版。再查"目次图形"平声第二表"小韵韵目及版次"，找到"天"韵内与"先"同音的音节"仙"小韵，"仙"小韵在正文第二版，则在第二版"仙"小韵内，就可以找到"先"字。

"目次图形"第二部分"小韵版次表"实际上列出了《辨字摘要》音系的所有音节代表字，共计平声 464 小韵①，其中阴平 264 小韵，阳平 200 小韵；上声 294 小韵，去声 319 小韵，入声 163 小韵，共计 1240 个小韵，也就是 1240 个音节。下文《辨字摘要》音系结构表就是参照"小韵版次表"来编排的。

《辨字摘要》是以解释字义为主要目的的韵书，释义方式有的是直接释义，如"天：气也，理也"，往往寥寥数字。大部分情况是通过组词的方式，通过词义解释字义。如"增：、添②，重也"。所释字有正体、俗体、古体之别的，正文的处理方式是："如正字，凡顶头者即是，至俗与古则上注曰古曰俗，在人随便用之，总以科场所尚者为佳。"（"凡例八"）如"天[古]靝兲靔"，表示"天"为正字，余为古字。《辨字摘要》正文所释字共有 9093 个，其中古体和俗体 477 字。对于多音多义字的处理方式，"凡例五"是这样说明的："有同一字而二、三音者，音异而义亦异，则各类俱列之。如'为'字，平声则与'惟'字同列，读去声则又与'谓'字同列是也。余俱仿此。或字有音异而义不异，亦间

---

① 本 463 小韵，漏阳平"蟲"小韵，今补。

② "、添"中，"、"代表所解释的字，相当于韵书、字书中的韵藻，即"凡例六"所说："注内凡有用点者，即系本文大字。"

有列于各类者，在人详查得之。”即多音多义字，根据其读音分别列在不同的同音字组内。如“为”字，有平去两读，平声列在“惟”小韵下，去声列在“谓”小韵下。

《辨字摘要》本身是按音节编排的韵书，因此各小韵首字一般不注反切或直音。但对一些生僻字，间或也注了音。“凡例七”指出：“注内所音与大字旁有音者，皆难认之字，而以音明之也。”如平声“戲，‘斩’平声”，就是以纽四声的方式，对生僻字“戲”注音。

我们考察发现，《辨字摘要》分韵列字所反映的音系特征与明清官话音系，如《韵略易通》、《韵略汇通》、《五方元音》、《李氏音鉴》等官话韵书音系有很大的差别。《辨字摘要》的作者是江西临江人，那么《辨字摘要》在编韵排字的时候，所依据的语音基础是什么？是不是自己的方言？《辨字摘要》成书时间在18世纪中叶，那么它所反映的音系是不是两个半世纪以前的临江话？如果是，它反映了两个半世纪以来临江方言语音演变的哪些规律？和其他江西赣方言历史文献材料所反映的语音特征相比，有哪些共同点和不同点？这些都是我们通过分析《辨字摘要》音系所要解决的问题。

二 《辨字摘要》音系的研究方法

《辨字摘要》是韵书，也是字书。正文虽然以韵排字，但每一韵内并没有按声母的顺序编排小韵，各小韵没有注反切或直音，编排方法与《中原音韵》有类似之处。罗常培曾经用“归纳法”对《中原音韵》的声类进行过考察，取得了很大的成果，但还有不当的地方。（参见宁继福1985：205～212）宁继福先生运用“内部分析法”，依据音位对立原则，以图表的形式对《中原音韵》重新进行了研究，弥补了前人的缺陷。我们在研究《辨字摘要》音系的过程中，综合了“归纳法”与“内部分析法”，运用“图表归纳分析法”对《辨字摘要》音系进行系统研究。具体来说，在分析其语音特征、归纳其语音系统之前，先利用归纳法和音系结构分析法，把舒声韵，即阴平19韵，阳平18韵，上声18韵，去声19韵，以及各韵所列小韵按阴、阳、上、去相承的顺序，以图表的形式重新进行了排列，操作过程如下。

第一步，首先通过和《广韵》对比，确定每一韵所列字的中古声韵调地位。将平、上、去三卷有共同中古来源的韵，按阴、阳、上、去相承的顺序排列，我们称之为**韵系**。以平声“朱”韵为例，这一韵所辖的小韵有“朱、虚、居、書、區、於、姝”，这些小韵所辖字均来自《广韵》遇摄三等鱼虞韵系平声韵，声母为知章组、见系清声母。平声与“朱”韵具有相同来源的还有“余”韵，所辖的小韵有“余、渠、如、除、魚、殊”，与“朱”韵的区别是：这些小韵所辖字均为知章组见系浊声母字，并包括部分止摄开口三等日母字。上声与“朱”、“余”两韵具有共同来源的是“宇”韵，所辖小韵有“宇、主、女、許、舉、耳、暑、處、去”，有清声母字，也有次浊声母字。去声与上述几韵有共同来源的是“裕”韵，所辖小韵有“裕、去、二、句、著、恕、住、禦、酗”，从声母来源看，清浊音声母字都有，从声调条件看，有全浊声母上声字，也有去声字。因此，我们把“朱”、“余”、“宇”、“裕”四韵相承，称之为“朱”韵系。通过这种方式共归纳出《辨字摘要》20 个舒声韵系，各韵系相承关系如表 2—2。

表 2—2 《辨字摘要》舒声韵系

声调	阴	阳	上	去	声调	阴	阳	上	去	声调	阴	阳	上	去
韵系	工	同	勇	動	韵系	台	才	采	代	韵系	高	陶	保	道
	章	黄	往	丈		皆	崖	乃	介		肖	遙	斗	豆
	基	奇	李	地		因	靈	丙	聖		唆	俄	果	坐
				位		熏	云	永	詠		加	茶	馬	駕
	姿	慈	子	士		甘	員	遠	汗		爹			
	夫	胡	古	父		山	凡	覽	但		周	由	友	右
	朱	余	宇	裕		天	盤	免	善					

然后，根据各韵系内每一小韵所辖字的中古来源，确定每一小韵阴、阳、上、去的相承关系。如“朱”韵系平声“朱”小韵，所辖字有“朱珠硃侏咮$_{\text{章虞}}$[①]諸櫧$_{\text{章鱼}}$誅株邾蛛$_{\text{知虞}}$潴猪豬$_{\text{知鱼}}$洙銖$_{\text{禅虞}}$”，除“洙铢”为特殊情况外，其余字均为鱼虞韵系平声知章母字。上声“宇”韵与平声“朱”小韵有相同中古来源的是“主”小韵，所辖字有“主麈$_{\text{章麌}}$渚煮煑$_{\text{章语}}$楮褚$_{\text{知语}}$”。去声“裕”韵与上述小韵有相同中古来源的是“著”小韵，所辖字有“著$_{\text{知御}}$軴駐$_{\text{知遇}}$註注蛀炷羿鋳$_{\text{章遇}}$”。因此，我们把“朱”、“主”、“著”三个小韵，按平、上、去的顺序相承。

需要说明的是阳平小韵相承关系的问题。(1)今读塞音塞擦音的全浊声母平声小韵的相承关系问题。如“朱”韵系阳平“余”韵“除”小韵所辖字有“除篨儲躇$_{\text{澄鱼}}$蹰厨$_{\text{澄虞}}$蜍$_{\text{禅鱼}}$”，从中古来源看，既可以和韵母来源相同的全清声母阴平小韵“朱”小韵相承，也可以和韵母来源相同的次清声母阴平小韵“姝”小韵相承。我们把阳平“除”小韵与次清声母阴平小韵“姝”小韵相承，因为去声“裕”韵知章组全浊声母字和次清声母字同见于“住”小韵，所辖字

① “章虞”指前所列字为古虞韵章母字，此为笔者所加，小韵所辖字排列顺序已根据其声韵调地位进行调整，下同。

有“住$_{\text{澄遇}}$柱跓$_{\text{澄麌}}$宁苎紵竚$_{\text{澄语}}$箸$_{\text{澄御}}$處$_{\text{昌御}}$”，可见全浊声母与次清声母关系密切。其他今读塞音塞擦音的全浊声母小韵也有相同的特点，如“甘”韵系去声“汗”韵“段”小韵所辖字有“段^{俗}叚$_{\text{定换}}$緞$_{\text{定缓}}$探$_{\text{透勘}}$彖$_{\text{透换}}$”，有全浊声母定母字，也有次清声母透母字。因此我们把来源于全浊声母的阳平小韵与来源于次清声母的小韵按阴、阳、上、去的顺序相承。如以上所举“除”小韵的相承关系为：“姝”（阴）“除”（阳）“处”（上）“住”（去）。（2）平声浊擦音声母小韵和次浊音声母小韵的相承关系问题。我们把来源于平声浊擦音的小韵和来源于清擦音的小韵相承，因为去声小韵中，浊擦音声母字与清擦音声母字同见。平声次浊音声母小韵则根据上去声小韵同见的规律确定相承关系，具体情况见声母讨论部分。

最后，以图表的形式把每一小韵阴、阳、上、去相承的关系进行排列。编排时按照各小韵系声母顺序以及韵母开合洪细的特征进行了排列。

入声韵相对简单，我们只是把各韵所辖小韵按声母与等呼的顺序重新进行排列。这样就归纳出了整个《辨字摘要》的音系结构表，这是第一步工作。第二步的工作，是对各韵系进行具体分析。以音系结构表为纲，通过归纳与分析的方法，运用音位对立的原则，分析《广韵》声类与韵类在《辨字摘要》中的分化、合流关系，归纳《辨字摘要》的声韵系统。出现在同一小韵中的声类或韵类，可决定其合；同一声类或韵类在同一韵系中有对立的，可决定其分。但要注意两方面的问题：确定声类的分合要考虑韵的等与呼的关系，确定韵类的分合要考虑与声母的搭配关系。同时要注意音系结构的平衡性与一致性。

三 《辨字摘要》音系结构表

按照上文韵系归纳方法，我们将《辨字摘要》各舒声韵系及其所包含的小韵韵系以“音系结构表”的方式进行了编排。编排顺序根据各韵系的中古来源，大致按照传统韵书各韵摄的先后顺序排列（根据《辨字摘要》编排特征，古宕、江摄合流，深、臻摄合流，咸、山摄合流）。

“音系结构表”横列各韵系韵目代表字，以黑体字表示。同一韵系下，竖列各韵所包含的小韵，横表各小韵阴、阳、上、去的相承关系。同一韵系内部有开、合、洪、细之分的，则按中古来源，首列开口洪音，次列开口细音，再次列合口洪音，最后为合口细音，无则阙如。同等呼的小韵基本上按照声母发音部位以及韵书所反映的各组声母之间的相互关系进行排列，即按照古帮、非组，古端组、来母，古精组、知二庄组，古见组、晓组，知三章组、日母的顺序排列。（见表2—3）

表 2—3　舒声韵音系结构表

声调	阴	阳	上	去
韵系	**工**	**同**	**勇**	**動**
小韵		朋	捧	韸
		蒙	懵	夢
	封	逢		奉
	冬		懂	凍
	通	同	桶	動
		農		
	龔	瓏		弄
	宗		總	粽
	匆	崇		
				宋
	工			貢
	空		孔	控
	烘	紅	哄	汞
	翁		蓊	甕
		龍	壟	
	蹤			縱
		從		
	松		竦	訟
			拱	
		窮	恐	共
	兄	熊	酗	嗅
		顒		
	雍	容	勇	用
	中		塚	衆
	充	蟲	寵	仲
		戎	冗	
韵系	**章**	**黃**	**往**	**丈**
小韵	邦		榜	謗
	滂	旁		傍
		忙	莽	
	方	房	訪	放
	當		黨	當
	湯	唐	倘	蕩
		郎	曩	浪
	莊			壯
	倉	藏	創	狀
	霜		爽	喪
	綱		講	降
	康		慷	亢
		杭	沆	巷

声调	阴	阳	上	去
小韵		昂		盎
		娘		釀
		良	兩	亮
	將		奬	醬
	鏘	薔	搶	匠
	相	詳	想	象
	薑			誑
	匡	強	強	糨
	鄉		享	向
			仰	
	央	羊	養	樣
	章		掌	帳
	昌	長	敞	丈
	商	常	賞	上
		攘	壤	讓
	光		廣	
		狂		況
	荒	黃	恍	
	汪	王	往	旺
韵系	**基**	**奇**	**李**	**地**
小韵	卑		比	閉
	丕	皮	痞	被
		眉	米	寐
	非	肥	斐	費
	低		氐	帝
	梯	提	體	地
		尼	你	
		黎	李	利
	疽		泚	祭
	妻	齊	取	娶
	西		灑	細
	基		己	計
	溪	奇	起	氣
	希	兮	喜	系
		宜	蟻	義
	衣	夷	以	意
	知		止	志
	笞	持	侈	治
	屍	時	矢	世
		梅		
	堆			

声调	阴	阳	上	去
小韵	推	頹	腿	
			餒	
		雷	屢	
			嘴	
	崔	摧	揣	
	雖	隨		
	圭		鬼	
	奎	葵	跪	
	灰	回	毀	
		危		
	威	爲	諉	
	追			
	吹	槌		
		垂	水	
			乳	
韵系				**位**
小韵				對
				退
				泥
				內
				最
				罪
				歲
				貴
				愧
				惠
				僞
				位
				隊
				瑞
				銳
韵系	**姿**	**慈**	**子**	**士**
小韵	姿		子	恣
	雌	慈	此	字
	司	祠	史	士
韵系	**夫**	**胡**	**古**	**父**
小韵			補	布
	鋪	蒲	普	步
		模	母	慕
	夫	扶	府	父
	都		覩	妬

续表

声调	阴	阳	上	去
小韵		徒	土	杜
		廬	魯	路
	租		祖	
	初	徂	楚	助
	踈		所	素
	姑		古	故
	枯		苦	庫
	呼	胡	虎	戶
		吾	五	悟
	烏	無	武	務
韵系	朱	余	宇	裕
小韵		魚	女	禦
	居		舉	句
	區	渠	去	去
	虛		許	酗
	於	余	宇	裕
	朱		主	著
	姝	除	處	住
	書	殊	暑	恕
		如	耳	二
韵系	台	才	采	代
小韵				戴
	台	臺		代
		來		賚
	栽		宰	再
		才	采	在
	鰓		薹*	帥
	該		改	葢
	開		愷	咳
		孩	海	害
	哀	呆	藹	愛
				艾
韵系	皆	崖	乃	介
小韵			擺	拜
		排	派	敗
		埋	買	賣
			歹	帶
			乃	賴
	皆		解	介
	揩		楷	
		鞋	駭	械

声调	阴	阳	上	去
小韵	騃	崖	矮	艾
	齋		跐	債
	釵	柴		蔡
	籭		灑	曬
	乖		夬	怪
				快
		懷		壞
	歪			
				外
韵系	因	靈	丙	聖
小韵	兵		丙	倂
	砯	平	品	聘
		名	閔	命
	丁		頂	訂
	聽	廷	挺	定
		靈	領	吝
	精		井	晉
	青	情	請	盡
	辛	旬	醒	信
	今		景	敬
	卿	琴		近
	欣	形	悻	釁
		吟		迎
	因	盈	引	印
	珍		整	正
	稱	丞	逞	秤
	申	辰	審	聖
		人	忍	任
韵系	熏	雲	永	詠
小韵	奔		本	逩
		盆	不	
		門		悶
	分	焚	粉	忿
	敦			頓
	吞	豚		鈍
		倫		論
	尊			
	村	存	忖	寸
	孫		損	巽
	裩		袞	棍
	坤		捆	困

声调	阴	阳	上	去
小韵	昏	魂	渾	混
	溫	文	刎	問
	君		窘	
	傾	群	頃	郡
	熏			訓
	氳	云	永	詠
	屯		准	圳
	春		蠢	
		純		舜
				閏
韵系	甘	員	遠	汗
小韵	甘		敢	幹
	堪		坎	看
	憨	寒	罕	汗
	安		揞	岸
	端		短	斷
	貪	團	嗿	段
		鸞	暖	亂
	簪		纂	鑽
	參	蠶	愴	篹
	酸		撰	蒜
	涓		卷	眷
	圈	拳	犬	倦
	喧	玄	鉉	縣
		元	阮	願
	冤	員	遠	怨
	專		轉	颴
	川	傳	舛	串
韵系	山	凡	覽	但
小韵	班		板	扮
	扳			辦
		蠻		慢
	番	凡	反	犯
	丹		亶	旦
	灘	談	坦	但
			赧	
		蘭	覽	濫
	攲		斬	贊
	餐	殘	剗	暫
	山		產	散
	間		簡	諫

续表

声调	阴	阳	上	去
小韵			橄	闞
		顔	眼	雁
		閑	喊	限
	關			慣
		還	綰	宦
	彎		晚	萬
	喒[1]			
韵系	**天**	**盘**	**免**	**善**
小韵	崩			半
	烹	盤		泮
		萠	滿	孟
	登		等	凳
			逬	
		棱	冷	淩
	曾		怎	甑
	撐	岑		贈
	生		省	滲
	庚		耿	埂
	坑		肯	
	亨	行	狠	恨
	恩			硬
	邊		匾	徧
	偏	胼		片
		綿	免	面
	顛		典	店
	天	田	忝	殿
	拈	言	儼	念
		連	輦	練
	尖		剪	薦
	千	前	淺	賤
	仙	旋	鮮	羨
	堅		撿	見
	愆	乾	遣	欠
	薟	賢	顯	現
	煙	炎	衍	厭
	占		展	戰
	覘	廛	諂	縺
	羴		閃	善
		然	冉	
	官		管	貫
	寬		款	

声调	阴	阳	上	去
	歡	弘	莞	奐
	豌	丸	宛	
韵系	**高**	**陶**	**保**	**道**
小韵	包		保	報
	抛	袍		抱
		毛	卯	冒
	刀		倒	到
	叨	陶	討	道
	猱			
	撓	勞	老	撈
	遭		早	躁
	操	曹	草	造
	搔		嫂	哨
	高		稿	告
	敲		巧	靠
	蒿	毫	好	號
	凹	敖	襖	傲
韵目	**肖**	**遥**	**斗**	**豆**
小韵			剖	
		謀	某	茂
		浮	否	阜
	兜		斗	鬬
	偷	投		豆
		婁	簍	陋
	鄒		走	奏
	搊	愁		湊
	搜		叟	瘦
	勾		苟	冓
	摳		口	叩
		侯	吼	
	謳		偶	漚
	標		表	俵
	飄	瓢	漂	票
		苗	渺	廟
	刁		屌	吊
	挑	調	窕	跳
			鳥	尿
		寥	了	料
	蕉		剿	醮
	鍬	樵	悄	俏
	消		小	笑

声调	阴	阳	上	去
小韵	嬌		皎	叫
	蹺	喬	撟	竅
	囂		曉	
		堯		
	夭	遙	杳	要
	招		沼	照
	超	朝		召
	燒	韶	少	紹
		饒	擾	
韵系	**唆**	**俄**	**果**	**坐**
小韵	波		跛	播
	坡	婆	頗	破
		摩		磨
	多		朵	剁
	拖	駝	妥	惰
			娜	
		羅	裸	懦
			左	佐
	磋		挫	坐
	唆		瑣	
	哥			個
	柯		可	
	呵	河	荷	賀
	阿	俄	我	臥
	戈		果	過
	科		顆	課
		和	火	貨
	窩	禾		
韵系	**加**	**茶**	**馬**	**駕**
小韵	巴		把	霸
	葩	杷		怕
		麻	馬	罵
			打	
	他			
		拿		鬖
	咱		鮓	詐
	叉	茶	槎	乍
	沙		耍	廈
	加		假	駕
	鰕	遐	廈	下
	丫	牙	雅	亞

续表

声调	阴	阳	上	去	声调	阴	阳	上	去	声调	阴	阳	上	去
	呀					蛙		摦	嗎		修			秀
	嗟		姐	借		髩[2]					鳩		九	救
			且	藉	**韵系**	**爹**					丘	求		臼
		邪	寫	謝	小	爹				小	休		朽	嗅
小		伽				些						牛		
		爺	野	夜	韵	靴					憂	由	友	右
	遮		者	柘	**韵系**	**周**	**由**	**友**	**右**	韵	周		帚	晝
	車		扯				繆		謬		抽	紬	醜	紂
	奢	蛇	舍	社	小	丢					收		手	受
			惹					紐				柔	煣	
韵	瓜		寡	卦			流	柳	溜					
	誇			跨	韵	啾		酒						
	花	華		化		秋	囚		就					

说明：1."咱"原音注"眥平声"，当与"戠"同音，暂附此。

2."髩"音不详，暂附此。

入声韵单列"入声韵音系结构表"，横为声母之别，竖为开、合、洪、细之分；声母的顺序与舒声韵相同，无亦阙如。竖则依次为开口洪音、开口细音、合口洪音、合口细音，无则空行表示。（见表2—4）

表2—4　入声韵音系结构表

韵	小韵																			
叔																				
	卜	仆	木	伏	篤	讀		祿		族	速	谷	哭	斛		屋				
							玉	六	足	促	夙	菊	曲	旭		欲	竹	逐	叔	肉
	博	薄	莫		椓	托		洛	作	昨	索	各	碓	鶴	樂					
樂							虐	略	爵	鵲	削	脚	卻	學		約	酌	勺	杓	若
												郭	擴	霍						
一	必	匹	密		的	迪	逆	立	即	七	習	吉	及	吸		一	執	尺	十	日
佛																				
		孛	沒	佛	咄	突		訥	卒	猝	率	骨	窟	忽	兀	勿				
							矞					橘	屈	洫		域	窋	出	述	
												割	渴	盒	遏					
決																				
					掇	奪	納	捋	撮	雜	刷									
							月					決	闕	血		曰	拙	啜	說	

续表

韵	小韵																			
達	八	拔		法	答	達		臘	紮	察	殺	甲	恰	洽	鴨					
												刮		滑		穵				
哲	百	白	末		德	特		勒	仄	宅	色	革	客	黑	厄					
	別		滅		跌	貼	業	列	接	妾	雪	結	竭	叶		葉	哲	徹	涉	熱
												國	闊	或						

音系结构表中，同一韵系内，舒声韵各小韵横则声母韵母皆同，仅有声调的对立；竖则声韵不尽相同，或为声母对立，或为韵母对立，或声母韵母双重对立；入声韵横则各小韵之间声母存在对立关系，竖则为韵母的开、合、洪、细的对立。

根据所列两个"音系结构表"，虽然可以完整归纳《辨字摘要》音系的声类与韵类，但对每一声类与韵类的具体来源，以及由此反映出来的音系特点，还得结合各小韵所辖字以及与韵书基础方言的比较，进行综合讨论。

第二节 《辨字摘要》声母系统

本节讨论《辨字摘要》的声母系统，以《广韵》声类为参照系，为研究方便起见，区分轻、重唇，不区分于母和以母、泥母与娘母，故而三十九声类：

重唇：帮滂並明　　轻唇：非敷奉微

舌头音：端透定泥（娘）来　　舌上音：知徹澄

齿头音：精清从心邪　　正齿音：庄初崇生，章昌船书禅日

牙音：见溪群疑　　喉音：晓匣影喻

罗常培先生《〈中原音韵〉声类考》提出的分析《中原音韵》声类的原则是："凡一音之中而括有等韵三十六母二纽以上者，即可据以证其合并，偶有单见，不害其同。"（2004：85）这是研究韵书声母系统行之有效的方法之一，对《辨字摘要》声母系统的研究来说，也是非常适用的。根据这一原则，我们对《辨字摘要》声母系统语音特征分析如下。

一　全浊声母清化

全浊声母在《辨字摘要》中已经清化，但塞音、塞擦音声母与擦音声母的表现不同。下文分别从两方面来讨论《辨字摘要》全浊声母的清化现象与规律。

（一）全浊塞音、塞擦音声母的清化规律

这里主要讨论並母、定母、从母、崇母、澄母与群母等全浊塞音、塞擦音声母的清化规律。《辨字摘要》有一个非常显著的特点：去声与入声小韵中，全浊塞音、塞擦音声母字与送气清声母字同音。全浊声母与送气清声母同见小韵如表2—5。

表2—5　全浊声母与送气清声母同见小韵情况

同见现象		並、滂	定、透	从$_{一}$、澄$_{二}$、崇、清$_{一}$、徹$_{二}$、初	从$_{一}$、清$_{一}$	从$_{三四}$、清$_{三四}$	澄$_{三}$、徹$_{三}$、昌	群、溪
小韵数量	去声	9	14	8	3	4	7	7
	入声	4	6	3	1	3	3	5
小计		13	20	11	4	7	10	12

全浊塞音、塞擦音声母与送气清声母同见的小韵以及小韵所辖字列举如下①。

1. 並母与滂母同见的小韵：

去声小韵：傍、被、敗、辧、泮、片、抱、票、怕

傍：傍$_{\text{並宕}}$蚌棒$_{\text{並讲}}$磅$_{\text{滂唐}}$胮$_{\text{滂绛}}$

被：被庳$_{\text{並纸}}$避$_{\text{並寘}}$比紕備僃糒奰贔$_{\text{並至}}$狴$_{\text{並荠}}$薜$_{\text{並霁}}$倍蓓棓$_{\text{並贿}}$背佩珮焙悖誖$_{\text{並队}}$裨$_{\text{並支}}$幣弊敝獘$_{\text{並祭}}$旆$_{\text{並泰}}$屁淠$_{\text{滂至}}$睥俾$_{\text{滂霁}}$譬$_{\text{滂寘}}$霈沛$_{\text{滂泰}}$配$_{\text{滂队}}$嬖$_{\text{幫霁}}$柀$_{\text{帮纸}}$筕$_{\text{《字汇》蒲害}}$篦$_{\text{《字汇》毗意}}$畀$_{\text{帮至}}$柹$_{\text{《龙龛手镜》芳废}}$

敗：敗唄退$_{\text{並夬}}$稗$_{\text{並卦}}$憊$_{\text{並怪}}$派$_{\text{滂卦}}$湃$_{\text{滂怪}}$

辧：辧^{俗}办瓣$_{\text{並裥}}$盼$_{\text{滂裥}}$襻$_{\text{滂谏}}$靽$_{\text{帮换}}$

泮：泮判牉胖$_{\text{滂换}}$伴拌$_{\text{並缓}}$叛畔$_{\text{並换}}$

片：片$_{\text{滂霰}}$騗騙$_{\text{滂线}}$辮$_{\text{並铣}}$辨辯$_{\text{並狝}}$弁卞汴忭抃便$_{\text{並线}}$窆$_{\text{帮艳}}$

抱：抱$_{\text{並晧}}$暴毦鵯$_{\text{並号}}$鮑$_{\text{並巧}}$皰$_{\text{並效}}$雹$_{\text{並觉}}$皰泡砲炮$_{\text{滂效}}$

票：票驃$_{\text{並笑}}$嫖瞟漂$_{\text{滂笑}}$

怕：怕帕$_{\text{滂祃}}$罷$_{\text{並蟹}}$耙杷$_{\text{並祃}}$

入声小韵：白、匹、僕、薄

白：白帛舶鲌$_{\text{並陌二}}$鈸茇撥$_{\text{並末}}$匐葍$_{\text{並德}}$魄拍珀$_{\text{滂陌二}}$潑醱$_{\text{滂末}}$嚉$_{\text{《篇海类编》滂末}}$搉$_{\text{滂麥}}$

匹：匹疋鳴$_{\text{滂质}}$僻癖$_{\text{滂昔}}$霹劈澼$_{\text{滂锡}}$辟闢擗躃$_{\text{並昔}}$擘甓$_{\text{並锡}}$弼弼鮅腷苾$_{\text{並质}}$

① 小韵所列字根据中古声母来源重新进行了排列，少数特殊声母字及声韵不明的字列小韵末。部分讹误现象进行了校勘，〔〕内为讹字，（）内为所改字。

愎並職 鼻[痺](庳)並至

僕:僕樸曝瀑暴並屋 撲扑朴滂屋 璞滂覺 蹼襆濮幫屋 幞奉烛 襮幫沃

薄:薄礴簿欂泊箔亳魄並铎 雹撲並觉 樸朴擈墣圤璞烞滂觉 粕滂铎

2. 定母与透母同见的小韵:

去声小韵:動、蕩、地、退、杜、代、定、段、鈍、但、殿、道、跳、惰

動:動硐定董 迵慟侗洞筒恫定送 痛透送

蕩:蕩盪璗定荡 踼碭宕定宕 攩拕透荡

地:地定至 弟娣悌遞遆定荠 第睇梯棣禘締杕逮定霁 涕剃替洟揥禵透霁 隸來霁

諦啻嚔端霁 禵《字汇》透霁 禔定齐

退:退透队 蜕駾透泰 兑定泰 隊譈憝懟定队

杜:杜肚定姥 度渡鍍定暮 兔菟透暮

代:代岱黛袋玳靆定代 待怠迨殆定海 貸透代

定:定錠定径 聽聴透径

段:段俗叚定换 緞定缓 探透勘 彖透换

鈍:坉沌囤腯芚定混 遯遁鈍定慁 褪《韵会举要》透混

但:但蛋誕定旱 淡皻澹憺定阚/敢 憚彈定翰 炭叹歎嘆透翰 餡《篇海类编》匣鑑

殿:殿電畋靛佃甸奠墊鈿定霰 簟定忝 瑱透霰

道:道稻定晧 導蹈悼纛盜幬翿翿燾定号 套透号

跳:跳蓧調掉銚定啸 眺覜糶佻透啸

惰:惰隳墮定果 柁舵栕定哿 大定箇 唾透过

入声小韵:特、帖、迪、奪、達、託

特:特蟘螣定德 忒慝忑透德

帖:帖怗貼蝶呫透帖 鐵铁驖餮透屑 碟堞諜蹀喋渫楪疊疉定帖 絰耋垤咥叠

軼瓞佚定屑 媟心薛

迪:迪笛翟糴籊覿狄荻滌敵定锡 倜惕剔逖踢睹趯躍透锡

奪:奪定末 脫透末

達:達定曷 闒蹋定盍 遝黯定合 撻澾闥獺透曷 塔塌榻溻遢透盍 潔謺嚃踏透合

轄匣轄 鞳《龙龛手鉴》透曷 劼溪黠

託:託托飥袥魄籜擇柝拓橐透铎 鐸度踱定铎

3. 从母一等、澄母二等、崇母与清母一等、徹母二等、初母同见的小韵:

去声小韵:字①、狀、助、蔡、篡、暫、贈、造

① "字"小韵为止摄开口三等从母、清母与崇母、初母同见的小韵,附于此。止摄开口三等精庄组字韵母性质见下文讨论。

字：字羚牸从志 自从至 疵从支 巳邪止 諫朿刺莿䰍清寘 次茨佽清至 玼清纸 廁初志 柹崇止

狀：狀崇漾 藏臟奘从宕 撞艟幢澄绛 鬃戇知绛 鑶《集韵》从唐

助：助崇御 醋措厝清暮 祚胙阼从暮

蔡：蔡清泰 瘵庄怪 豸澄蟹 蠆徹夬 瘥初卦 嘬初夬 眥崇卦 呰寨崇夬

篹：篹初谏 爨竄攛清换 饌撰譔崇潸 縓清线

暫：暫鏨蹔从阚 粲璨燦清翰 湛澄豏 賺澄陷 懺初鑑 綻澄裥 棧崇产

贈：贈从嶝 蹭清嶝 櫬䞋齔初震 鋥澄映二

造：造皂阜从皓 漕槽譜从号 糙慥操清号 鈔耖初效 櫂澄效 犃徹效 噪心号 啅

入声小韵：察、宅、昨

察：察初黠 刹初鎋 插臿扱鍤喢初洽 擦清曷 牐閘渞崇洽 鍘崇鎋 歃生洽

宅：宅擇澤蘀澄陌二 測惻畟初职 策筴冊册柵初麦 賊蠈从德 拆坼徹陌

昨：昨柞鑿怍譥从铎 錯清铎 濁濯擢澄觉 浞籗鷟崇觉 齪初觉

4. 从母一等与清母一等同见的小韵：

去声小韵：在、凑、坐

在：在从海 采菜清代

湊：湊輳腠簇潹清候 驟僽崇宥 甃庄宥 艛

坐：坐从果 座从过 剉銼莝挫清过 錯清铎/暮

入声小韵：族

族：族鏃从屋 蔟簇清屋

5. 从母与清母三、四等同见的小韵：

去声小韵：娶、盡、賤、俏

娶：娶趣清遇 妻砌清霁 覷清御 脆清祭合 翠清至合 聚从麌 萃悴顇瘁从至合 嚌清霁

盡：盡盡尽贐从轸 靜靖从静 淨从劲 圊清清 沁清沁 靚清径 倩清劲 藎邪震

賤：賤諓从线 踐从狝 漸从琰 瀳从霰 塹清艳 倩蒨茜清霰 鏇邪线合 颷邪仙合《字汇》邪愿 旋邪仙合

俏：俏陗峭清笑 嚼噍誚从笑

入声小韵：促、鵲、七、妾

鵲：鵲碏清药 嚼从药

七：七漆桼清质 戚慼清锡 刺清昔 緝咠諿葺清缉 疾蒺嫉鏃从质 籍藉从昔 寂从锡 集輯戢从缉 濈庄缉

妾：妾緁睫婕清葉 切窃竊清屑 截从屑 捷踕崨譂倢从葉 絕从屑

6. 澄母三等与徹母三等、昌母同见的小韵：

去声小韵：仲、丈、治、住、秤、串、紂

仲：仲澄送 重澄肿 銃昌送

丈：丈杖仗澄养 唱倡昌漾 昶韔畼鬯徹漾

治：治澄志 稚稺穉澄至 雉薙澄旨 峙畤痔澄止 滯彘澄祭 饎昌志 翅书寘 殢透霁

住：住澄遇 柱跓澄麌 宁苧紵竚澄语 箸澄御 處昌御

秤：秤稱昌证 朕澄寝 鄭澄劲 陳陣澄震 鴆沈澄沁 趂疢徹震 闖徹沁 酖《韵会举要》澄沁

串：串釧昌线 傳澄线 篆澄狝 彖透换

紂：紂澄有 宙胄冑酎澄宥 臭昌宥

入声小韵：徹、尺、逐

徹：徹撤哲徹薛 澈轍澄薛 掣昌薛

尺：尺赤斥昌昔 叱昌质 直值澄职 擲躑澄昔 蟄澄缉 秩銕抶帙眣袠姪侄柣澄质 植殖湜禅职 敕憨鶒遫飭徹职 彳徹昔

逐：逐蓫軸妯舳柚澄屋 觸歜昌烛 躅蹢澄烛 畜矗徹屋 束书烛

7. 群母与溪母同见的小韵：

去声小韵：氣、愧、去、近、倦、欠、竅

氣：氣溪未 器噐棄溪至 跂企溪寘 愒溪祭 亟溪志 契鍥挈溪霁 忮芰群寘 技妓伎群纸 跽群旨 屐群陌三 偈群祭 暨塈群至 忌諅惎群志 悸痵群至

愧：愧见至 餽匱櫃蕢闠簣群至 喟溪至 憒見队 瞶见未

去：去欫溪御 巨鉅秬詎拒距苣炬虡簴群语 窶群麌 懼惧具颶群遇

近：近群隐 僅瑾覲墐廑饉群震 慶溪映 罄磬謦溪径 靳見焮 瑾膸

倦：倦鬈群线 券綣勸溪愿 棬溪仙 楥晓愿 棬

欠：欠溪酽 箝《集韵》溪㮇 芡群俨 件鍵群狝 儉群琰 健[俗] 徤群愿 楗群阮 孅心盐

竅：竅𩐁溪笑 轎嶠簥群笑 蕌匣篠 𩐁

入声小韵：曲、及、闕、屈、竭

曲：曲溪烛 麯溪屋 局跼侷群烛

及：及芨群缉 劇屐群陌 極群职 吃喫溪锡 乞溪迄 泣溪缉 蛣詰溪质

闕：闕溪月 闋缺溪屑 蚗《集韵》溪薛 掘群月 橛见月

屈：屈詘溪物 倔崛群物 絀《集韵》徹術,《正字通》与“诎屈”通

竭：竭碣揭群月 搩桀傑杰群薛 挈溪屑 抾怯法溪业 慊箧溪帖 愒朅溪月

除少数特殊情况外，《辨字摘要》上声韵中，很少有全浊塞音塞擦音声母字与送气清声母字同见的小韵。因为大部分全浊上声字已经归入去声，与去声送气清声母、去声全浊声母字同音。如以上所举“地”韵“娶”小韵“盡盡尽贐从轸 靜靖从静”，“丈”韵“丈”小韵“丈杖仗澄养”等字（详见声调讨论部分）。也就是说，以上中古全浊仄声塞音塞擦音声母，在《辨字摘要》中都已经与送气清声母合流。

根据罗常培先生所提出的“凡一音之中而括有等韵三十六字母二纽以上者，既可据以证其合并，偶有单见，不害其同”的原则，可以判断，《辨字摘要》全浊仄声塞音、塞擦音声母都已清化。清化规律与《中原音韵》全浊仄声塞音塞擦音声母清化读不送气清声母不同，《辨字摘要》全浊仄声塞音塞擦音声母清化读送气的清声母。

但是，平声全浊塞音塞擦音声母独为一个小韵，与同韵系中的平声全清不送气声母小韵以及次清送气声母小韵对立。列举如下（所举小韵分别为同一韵系平声全浊塞音塞擦音声母小韵、平声全清不送气声母小韵、平声次清送气声母小韵。“○”表示无相应的清声母小韵。每一种对立现象各举两例）。

1. 並母小韵与帮母小韵、滂母小韵对立：

旁：邦：滂　皮：卑：丕　蒲：○：鋪　平：兵：砯
盆：奔：○　盤：崩：烹　胼：邊：偏　袍：包：抛
瓢：標：飄　婆：波：坡　杷：巴：葩

旁傍徬螃膀彷$_{\text{並唐}}$ 龐$_{\text{並江}}$：邦梆$_{\text{帮江}}$ 鞤幫幚$_{\text{帮唐}}$ 榜$_{\text{帮蕩}}$：滂磅$_{\text{滂唐}}$ 痒鞶$_{\text{滂江}}$

瓢薸螵嫖$_{\text{並宵}}$：標摽幖鏢麃臕儦穮瀌猋^{俗} 飈飇$_{\text{帮宵}}$ 彪$_{\text{帮幽}}$：飄漂僄熛$_{\text{滂宵}}$ 縹$_{\text{滂小}}$

2. 定母小韵与端母小韵、透母小韵对立：

同：冬：通　唐：當：湯　提：低：梯　頹：堆：推
徒：都：○　臺：○：台　廷：丁：廳　豚：敦：吞
團：端：貪　談：丹：灘　田：顛：天　陶：刀：叨
投：兜：偷　調：刁：挑　駝：多：拖

同仝銅峒筒桐衕童僮瞳艟幢穜膧潼犝獞罿$_{\text{定东}}$ 佟彤螯鼕$_{\text{定冬}}$：冬$_{\text{端冬}}$ 東$_{\text{端东}}$ 鼕$_{\text{定冬}}$：通蓪樋痌侗$_{\text{透东}}$

談痰郯惔澹$_{\text{定谈}}$ 檀驒弹壇$_{\text{定寒}}$ 譚$_{\text{定覃}}$：丹單^{今} 单簞鄲殫襌$_{\text{端寒}}$ 眈耽^{俗} 躭酖$_{\text{端覃}}$ 擔$_{\text{端谈}}$ 聃$_{\text{透谈}}$：灘攤嘽幝癱$_{\text{透寒}}$

3. 从母一等、澄母二等、崇母小韵与清母一等、徹母二等、初母小韵对立：

崇：宗：匆　藏：莊：倉　摧：○：崔　徂：租：初
才：栽：○　柴：齋：釵　存：尊：村　蠶：簪：參
殘：餕：餐　岑：曾：撐　曹：遭：操　愁：鄒：搊
茶：咱：叉

藏$_{\text{从唐}}$ 牀床$_{\text{崇阳}}$：莊庄裝粧^{俗} 妝$_{\text{庄阳}}$ 牂臧贓贜$_{\text{精唐}}$ 樁$_{\text{知江}}$：倉蒼滄鶬瑲$_{\text{清唐}}$ 瘡愴$_{\text{初陽}}$ 牕窓$_{\text{初江}}$

曹漕艚螬槽嘈䐬鏪$_{\text{从豪}}$ 巢漅䫉$_{\text{崇肴}}$：遭糟$_{\text{精豪}}$ 抓樔$_{\text{庄肴}}$ 嘲$_{\text{知肴}}$：操$_{\text{清豪}}$ 抄鈔杪$_{\text{初肴}}$

4. 从母三四等小韵与精、清母三四等小韵对立：

從:蹤:○　薔:將:鏘　齊:疽:妻　情:精:青

前:尖:千　　樵:蕉:鍬　　囚:啾:秋

情晴$_{\text{从清}}$秦蓁螓篆$_{\text{从真}}$:精腈睛蜻晶旌珒$_{\text{精清}}$璡津$_{\text{精真}}$遵$_{\text{精谆}}$逡$_{\text{清谆}}$:青菁$_{\text{清青}}$清圊$_{\text{清清}}$親$_{\text{清真}}$侵駸祲綅鋟$_{\text{清侵}}$

樵譙顦憔瞧$_{\text{从宵}}$:蕉焦燋噍鷦醮纗膲嶕椒$_{\text{精宵}}$:鍬$_{\text{清宵}}$

5. 澄母三等小韵(含部分船禅母字)与知三、章母小韵，徹三、昌母小韵对立：

蟲：中：充　　長：章：昌　　持：知：笞　　槌：追：吹

除：朱：姝　　傳：專：川　　廛：占：覘　　朝：招：超

紬：周：抽

持治$_{\text{澄之}}$跱踟池馳趍篪$_{\text{澄支}}$墀遲蚔泜$_{\text{澄脂}}$剭$_{\text{《字汇》澄支}}$:知蜘茹$_{\text{知支}}$之芝$_{\text{章之}}$枝支肢卮梔$_{\text{章支}}$伎$_{\text{章寘}}$脂祗$_{\text{章脂}}$揩$_{\text{《正韵》章之}}$:笞痴癡$_{\text{徹之}}$絺$_{\text{徹脂}}$摛螭魑$_{\text{徹支}}$褫$_{\text{徹纸}}$瞝眵$_{\text{昌支}}$鴟$_{\text{昌脂}}$蚩媸嗤齝$_{\text{昌之}}$

傳椽$_{\text{澄仙}}$舡船$_{\text{船仙}}$:專甎^{俗}磚顓$_{\text{章仙}}$:川穿$_{\text{昌仙}}$

6. 群母小韵与见母小韵，溪母小韵对立：

強：姜：匡　　奇：基：溪　　葵：圭：奎　　渠：居：區

琴：今：卿　　群：君：傾　　拳：涓：圈　　乾：堅：愆

喬：嬌：蹺　　求：鳩：丘

渠蕖磲籧醵璩蘧$_{\text{群鱼}}$劬瞿鸜鴝臞朦衢氍$_{\text{群虞}}$:居琚據裾涺車$_{\text{见鱼}}$拘俱駒$_{\text{见虞}}$:區軀駆嶇$_{\text{溪虞}}$祛阹$_{\text{溪鱼}}$

求逑毬球絿俅捄裘銶賕艽仇厹朹$_{\text{群尤}}$觩璆虯$_{\text{群幽}}$:鳩鬮^{俗}阄$_{\text{见尤}}$樛$_{\text{见幽}}$:丘邱蚯坵$_{\text{溪尤}}$抷$_{\text{《龙龛手镜》“抵”之俗字}}$

同一韵系中的平声全浊声母小韵同时与平声送气清声母小韵、平声不送气清声母小韵对立，反映了《辨字摘要》古平声根据古音清浊的不同，具有阴阳分调的特点，这一点我们在第一节已经进行了讨论。那么平声全浊声母是保留浊音，还是已经清化？如果清化的话，是读送气清声母，还是读不送气清声母？

上文我们分析了《辨字摘要》古仄声全浊塞音、塞擦音声母清化读送气清声母的现象。根据语音演变的一般规则，《辨字摘要》平声全浊声母也应当已经清化。根据目前的调查研究，汉语方言中，平声全浊声母没有清化，而仄声全浊声母清化的只有湘方言的部分地区，如永绥、古丈、沅陵、泸溪、干城、辰溪、湘乡以及邵阳、永顺、保靖等地，但这些地区的仄声全浊声母都读不送气清音。(参看许宝华 1997:224)《辨字摘要》所反映的浊音清化现象与这些地区不符。大部分汉语方言中，仄声全浊声母清化的，平声全浊声母也同样已经清化。因此，《辨字摘要》平声全浊声母已经清化应当是没有疑问的。至于清化的结果,我们可以结合中古全浊声母在现代方言中的演变特征来确定。

许宝华通过对现代汉语方言的观察比较,把现代汉语方言全浊声母清化与否的种种现象归纳为七种类型。(参看许宝华 1997:233～231)其中浊音清化,平声送气的有官话方言、客家话、赣语、粤语。但官话方言、粤语仄声全浊声母清化不送气,仄声全浊声母清化送气的只有客家话与赣方言。《辨字摘要》仄声全浊声母的清化规律与客、赣方言一致。从编撰者饶应召的里籍来看,饶氏为江西临江人,今属赣方言区。赣方言全浊塞音塞擦音声母清化,平仄一律送气。《辨字摘要》仄声全浊声母的清化规律反映的应当就是赣方言特点。因此,《辨字摘要》平声全浊塞音与塞擦音也应当清化为送气清声母。也就是说,《辨字摘要》全浊塞音塞擦音声母都已经清化,清化的规律是"平仄皆送气"。这一特点是我们判断《辨字摘要》语音基础及其归属的最主要的依据,详见下文讨论。

(二)全浊擦音声母的清化

为讨论方便,这里的全浊擦音声母包括奉母、匣母、邪母、船母与禅母。《辨字摘要》去声与入声小韵中,全浊擦音声母字与清擦音声母字同见。同见情况见表 2—6。

表 2—6　全浊擦音与清擦音同见小韵情况

同见现象		奉、非、敷	匣、晓	邪、心	船、禅、书
小韵数量	去声	6	11	8	9
	入声	3	11	2	4
小计		9	22	10	13

以上浊擦音声母与清擦音声母字同见的去声、入声小韵列举如下。

1. 奉母与非、敷母同见的小韵共 9 个:

去声小韵:奉、費、父、忿、犯、阜

奉:奉$_{\text{奉肿}}$ 俸$_{\text{奉用}}$ 鳳$_{\text{奉送}}$ 風諷$_{\text{非送}}$ 賵$_{\text{敷送}}$

費:費$_{\text{敷未}}$ 肺$_{\text{敷废}}$ 芾沸$_{\text{非未}}$ 廢$_{\text{非废}}$ 吠$_{\text{奉废}}$ 跸$_{\text{奉未}}$

父:父輔腐$_{\text{奉麌}}$ 賻附駙鮒祔跗$_{\text{奉遇}}$ 傅賦付$_{\text{非遇}}$ 富$_{\text{非宥}}$ 副$_{\text{敷宥}}$ 訃$_{\text{敷遇}}$ 負婦媍$_{\text{奉有}}$
蕧$_{\text{《集韵》奉遇}}$ 咐$_{\text{《字汇补》奉蒲,今读去声}}$

忿:忿噴濆$_{\text{敷问}}$ 分$_{\text{奉问}}$ 蚡憤$_{\text{奉吻}}$ 奮僨糞$_{\text{非问}}$

犯:犯範范$_{\text{奉范}}$ 梵$_{\text{奉梵}}$ 飯$_{\text{奉阮}}$ 氾汎泛$_{\text{敷梵}}$ 嬔販$_{\text{非梵}}$

阜:阜$_{\text{奉有}}$ 覆$_{\text{奉宥}}$ 缶$_{\text{非有}}$

入声小韵:伏、法、佛

伏:伏茯服菔鵩復馥虙複袱奉屋 福幅蝠輻腹複非屋 覆蝮敷屋

法:法非乏 發髮非月 伐筏閥罰奉月 乏奉乏

佛:佛咈物奉 弗彿髴沸紼紱帗黻非物 茀拂艴祓由敷物

2.匣母与晓母同见的小韵共22个:

去声小韵:系、惠、釁、訓、汗、縣、現、號、货、下、化

系:系係繫盻匣霁 餼愾愳墍晓未 戲晓寘 咥屭晓至 洎群至

惠:惠蕙慧匣霁 會襘檜匣泰 匯匣贿 潰讃匣队 穗邪至 彗邪祭 嘒晓霁 嘒《集韵》晓霁 喙晓废
諱卉晓未 誨悔晦頮鍭晓队 翽噦譺晓泰 澮見泰

釁:釁衅晓震 興眷晓证 詗晓劲 脛匣径

訓:訓晓问 馴晓焮 迴匣迴

汗:汗扞捍垾悍骭旰銲豻翰瀚閈匣翰 旱匣旱 琀憾匣勘 暵漢熯晓翰

縣:縣炫眩玹袨衒眩匣霰 絢晓霰

現:現莧見匣霰 晛匣铣 俔《集韵》匣铣 憲獻献晓愿 憓晓阮

號:號[俗]号匣号 浩皓匣晧 效傚校恔斆効匣效 耗託好晓号 孝晓效

货:貨晓过 禍匣果 和匣过

下:下夏匣马/祃 暇匣祃 罅嚇謼晓祃

化:化晓祃 話匣夬 畫画匣卦 樺華魱吴樺匣祃

入声小韵:鶴、學、霍、吸、忽、合、血、洽、黑、叶、或

鶴:鶴涸貉匣铎 鷽學匣觉 壑熇郝曉铎

學:學[俗]斈匣觉 謔晓药

霍:霍癨藿擢晓铎 矆晓药 穫匣铎 縛奉药 蠖影铎

吸:吸翕晓缉 鬩晓锡 赩晓职 肸晓质 虩晓陌三 隙綌溪陌三 闃溪錫合 汔溪迄 檄覡匣锡

忽:忽笏囫颮晓没 縠匣沒 紇齕晓物

合:合盒匣合 盍嗑闔熆匣盍 曷褐匣曷 欱晓合 喝晓曷

血:血晓屑 穴匣屑

洽:洽袷峽狹匣洽 狎柙[俗]匣匣狎 鞈匣鎋 瞎晓鎋

黑:黑晓德 赫嚇晓陌二 核覈翮匣麦 劾匣德 齕匣沒

叶:叶協俠挾匣帖 纈頡匣屑 脅脇拹晓业 歇蠍猲晓月 愜溪帖

或:或惑匣德 獲畫劃匣麦 活匣末 豁晓末

3.邪母与心母同见的小韵共10个:

去声小韵:象、細、士、信、羨、謝、秀、歲

象:象像邪养 相心漾

細:細壻婿心霁 蓿絮心御 醑心语 祟心至 緒序敘邪语

士：士仕$_{\text{崇止}}$事俟涘$_{\text{崇志}}$四泗駟肆$_{\text{心至}}$思伺$_{\text{心志}}$寺飼嗣飤$_{\text{邪志}}$似姒汜祀粈$_{\text{邪止}}$兕冩$_{\text{邪旨}}$賜$_{\text{心寘}}$使$_{\text{生志}}$

信：信訊汛迅卂囟$_{\text{心震}}$姓性$_{\text{心劲}}$隼$_{\text{心准}}$濬浚$_{\text{心稕}}$燼$_{\text{邪震}}$殉$_{\text{邪稕}}$穽$_{\text{从劲}}$瑩$_{\text{影劲}}$矾

羡：羡$_{\text{邪线}}$旋漩淀$_{\text{邪线合}}$線$_{\text{心线}}$釩先$_{\text{心霰}}$選$_{\text{心线合}}$暹$_{\text{心盐}}$

謝：謝榭$_{\text{邪祃}}$卸瀉$_{\text{心祃}}$

秀：秀琇繡绣鏽宿$_{\text{心宥}}$岫袖$_{\text{邪宥}}$

歳：歳嵗$_{\text{心祭}}$碎誶$_{\text{心队}}$睟邃祟$_{\text{心至}}$遂穟璲鐩隧澻襚旞燧檖穗$_{\text{邪至}}$晬$_{\text{精队，又同“睟”}}$

入声小韵：夙、習

夙：夙宿肅鷫驌$_{\text{心屋}}$粟$_{\text{心烛}}$俗續$_{\text{邪烛}}$

習：習槢襲隰$_{\text{邪缉}}$席夕汐穸蓆$_{\text{邪昔}}$昔惜臘舄$_{\text{心昔}}$恤卹賉戌$_{\text{心術}}$侐$_{\text{晓职}}$析蜥颸晰晳錫煬裼$_{\text{心锡}}$悉蟋膝藤$_{\text{心质}}$息熄媳瘜$_{\text{心职}}$

4. 船、禅母与书母同见的小韵共13个：

去声小韵：世、恕、舜、聖、善、紹、社、受、瑞

世：世貰勢$_{\text{书祭}}$式弑試$_{\text{书志}}$施蚳籂$_{\text{书寘}}$侍恃$_{\text{禅志}}$是諟氏$_{\text{禅纸}}$市$_{\text{禅止}}$視嗜$_{\text{禅至}}$筮噬逝誓$_{\text{禅祭}}$豉$_{\text{禅寘}}$示謚$_{\text{船至}}$

恕：恕庶$_{\text{书御}}$戍$_{\text{书遇}}$澍樹$_{\text{禅遇}}$豎竪$_{\text{禅麌}}$曙署$_{\text{禅御}}$

舜：舜蕣$_{\text{书稕}}$順$_{\text{船稕}}$

聖：聖$_{\text{书劲}}$勝$_{\text{书证}}$瘮$_{\text{书沁}}$盛晟$_{\text{禅劲}}$剩$_{\text{禅证}}$腎$_{\text{禅轸}}$慎$_{\text{禅震}}$甚$_{\text{禅寝}}$葚$_{\text{船寝}}$乘$_{\text{船证}}$

善：善鱔鱣墠$_{\text{禅狝}}$饍膳繕鄯禪單擅$_{\text{禅线}}$贍$_{\text{禅艳}}$扇煽謆搧$_{\text{禅线}}$樀

紹：紹$_{\text{禅笑}}$邵召$_{\text{禅小}}$少$_{\text{书笑}}$

社：社$_{\text{禅马}}$舍赦$_{\text{书祃}}$射麝$_{\text{船祃}}$

受：受綬壽寿$_{\text{禅有}}$授售$_{\text{禅宥}}$獸狩首$_{\text{书宥}}$

瑞：瑞睡$_{\text{禅寘}}$稅說帨$_{\text{书祭}}$

入声小韵：涉、十、叔、杓

涉：涉鉟$_{\text{禅葉}}$揲舌折$_{\text{船薛}}$葉攝囁懾歙$_{\text{书葉}}$設$_{\text{书薛}}$跡$_{\text{《广韵》並铎，《集韵》並暮}}$

十：十什拾$_{\text{禅缉}}$石碩鼫$_{\text{禅昔}}$食蝕$_{\text{船职}}$實寔^{俗}实$_{\text{禅质}}$射$_{\text{禅昔}}$溼濕湿$_{\text{书缉}}$失室$_{\text{书质}}$識式軾拭栻$_{\text{书职}}$釋奭適螫遪褅$_{\text{书昔}}$妬$_{\text{《字汇》禅昔}}$隰隰$_{\text{邪缉}}$餙$_{\text{书职}}$

叔：叔菽倏$_{\text{书屋}}$束$_{\text{书烛}}$淑婌孰塾$_{\text{禅屋}}$蜀蔔屬屬$_{\text{禅烛}}$俶$_{\text{船屋}}$贖$_{\text{船烛}}$

杓：杓芍$_{\text{书药}}$爍鑠$_{\text{禅药}}$

与全浊塞音塞擦音声母字一样，上声韵中，除少数情况外，全浊擦音声母字不与清擦音声母字同音。因为全浊擦音声母上声字已经与去声字读音合流，如以上所举“聖”韵“聖”小韵中的“腎$_{\text{禅轸}}$甚$_{\text{禅寝}}$葚$_{\text{船寝}}$”等字。这

些现象说明,《辨字摘要》仄声全浊擦音声母清化,与同发音部位的清擦音声母读音合流。

同韵系的平声全浊擦音声母小韵同样与清擦音声母小韵对立,这些对立的小韵列举如下(举例前为浊擦音声母小韵,后为清擦音声母小韵)。

1.奉母小韵与非敷母小韵的对立:

逢:封　房:方　肥:非　扶:夫　焚:分　凡:番

逢縫$_{\text{奉钟}}$ 馮$_{\text{奉东}}$:封葑$_{\text{非钟}}$ 風楓瘋$_{\text{非东}}$ 豐烽鋒峰蜂$_{\text{敷钟}}$ 酆豐霻$_{\text{敷东}}$

肥淝痱腓$_{\text{奉微}}$:非誹緋扉騑蜚飛妃$_{\text{非微}}$ 霏$_{\text{敷微}}$

2.匣母小韵与晓母小韵的对立:

紅:烘　熊:兄　黃:荒　兮:希　回:灰　胡:呼

形:欣　魂:昏　玄:喧　行:亨　賢:莶　弘:歡

毫:蒿　河:呵　遐:蝦　華:花

毫豪豪濠壕譹號唬嗥$_{\text{匣豪}}$ 殽肴餚淆崤爻$_{\text{匣肴}}$:蒿薃薅$_{\text{晓豪}}$ 哮虓嗃$_{\text{晓肴}}$

賢贒舷弦弦$_{\text{匣先}}$ 嫌$_{\text{匣添}}$:莶$_{\text{晓盐}}$ 杴$_{\text{晓严}}$

3.邪母小韵与心母小韵的对立:

詳:相　隨:雖　祠:司　旬:辛　旋:仙

詳祥庠翔$_{\text{邪阳}}$:相箱緗葙廂湘鑲瓖纕驤$_{\text{心阳}}$

旋還漩璿璇涎$_{\text{邪仙}}$ 撍$_{\text{邪盐}}$:仙僊鱻鮮$_{\text{心仙}}$ 先$_{\text{心先}}$ 孅纖暹暹$_{\text{心盐}}$ 瑄宣$_{\text{心仙合}}$

4.船禅母小韵与书母小韵的对立:

常:商　時:屍　殊:書　辰:申　韶:燒　蛇:奢

常嘗甞鱨裳瑺徜$_{\text{禅阳}}$ 嫦$_{\text{禅阳《改并四声篇海》市羊切}}$:商蔏螪傷殤鬺$_{\text{书阳}}$

辰晨宸$_{\text{禅真}}$ 成誠晟珹郕城盛$_{\text{禅清}}$ 諶忱疣$_{\text{禅侵}}$ 乘繩^{俗} 绳澠塍$_{\text{船蒸}}$ 神$_{\text{船真}}$:申伸呻紳身娠$_{\text{书真}}$ 深$_{\text{书侵}}$ 勝升陞昇$_{\text{书蒸}}$ 聲殸^{俗} 声$_{\text{书清}}$ 枡

和平声全浊塞音塞擦音声母小韵、送气清塞音塞擦音声母小韵的对立一样,这种对立也只是声调的对立。

《辨字摘要》各小韵列字特征反映,全浊声母在《辨字摘要》中均已清化,清化规律可以概括为:全浊塞音塞擦音声母清化,无论平仄一律送气;浊擦音声母清化,与同发音部位的清擦音声母读音合流。

但是,全浊声母船、禅母的清化,并不完全符合这一规律。关于船母与禅母的性质,学术界有不同看法。《韵镜》、《七音略》等切韵图,都把船母放在全浊塞擦音声母位,把禅母放在全浊擦音声母位;现代学者如陆志韦(1985)、邵荣芬(1982)等认为,船母与禅母的位置应该颠倒一下。现代汉语船母与禅母都有部分读塞擦音的现象,但没有一定的规律。《辨字摘要》船、

禅母字也有与塞擦音声母字同小韵的现象，其中以禅母与塞擦音声母同见的小韵居多，船母与塞擦音声母同见的小韵极少。如，

禅母与澄母、徹母、昌母同见的小韵共有 9 个：槌、除、丞、舛、廛、召、紬、勺、尺：

槌：槌椎鎚$_{\text{澄脂}}$錘$_{\text{澄支}}$箠陲棰$_{\text{禅支}}$搥$_{\text{《字汇》直追切}}$

除：除篨儲躇$_{\text{澄鱼}}$躕廚$_{\text{澄虞}}$蜍$_{\text{禅鱼}}$

丞：丞承$_{\text{禅蒸}}$臣$_{\text{禅真}}$呈程裎酲$_{\text{澄清}}$沈沉$_{\text{澄侵}}$陳塵$_{\text{澄真}}$澄懲$_{\text{澄蒸}}$

舛：舛喘$_{\text{昌狝}}$湍$_{\text{透桓}}$遄$_{\text{禅仙}}$

廛：廛纏$_{\text{澄仙}}$蟬嬋禪澶$_{\text{禅仙}}$蟾$_{\text{禅盐}}$

召：召$_{\text{澄笑}}$兆旐肇趙$_{\text{澄小}}$劭$_{\text{禅笑}}$

紬：紬儔躊疇檮裯籌譸鸐稠綢$_{\text{澄尤}}$讎讐酧醻酬$_{\text{禅尤}}$售$_{\text{禅宥}}$惆$_{\text{徹尤}}$

勺：勺$_{\text{禅药}}$綽［淖］（婥）$_{\text{昌药}}$繳$_{\text{章药}}$

尺：尺赤斥$_{\text{昌昔}}$叱$_{\text{昌质}}$直值$_{\text{澄职}}$擲躑$_{\text{澄昔}}$蟄$_{\text{澄缉}}$秩鉄抶帙眏袠姪侄柣$_{\text{澄质}}$植殖湜$_{\text{禅职}}$敕慗鷘遫飭$_{\text{徹职}}$彳$_{\text{徹昔}}$

船母与澄母同见的小韵只有 1 个：傳：

傳：傳椽$_{\text{澄仙}}$舡船$_{\text{船仙}}$

禅母与澄母、徹母、昌母同见的 9 个小韵中，有 5 个平声小韵。根据上文分析，澄母与徹母、昌母合流，读送气清声母，因此，这 5 个平声小韵中的禅母字也应当读送气清塞擦音声母。现代汉语中，以上 5 个平声小韵中的禅母字同样读送气塞擦音声母。

去声“召”小韵禅母字“劭$_{\text{禅笑}}$”与澄母字同小韵，入声“尺”小韵禅母字“植殖湜$_{\text{禅职}}$”、“勺”小韵禅母字“勺$_{\text{禅药}}$”与昌、徹、澄母同小韵。这 3 个仄声小韵中的禅母字也当读送气清塞擦音声母。

也就是说，以上所举禅母字在《辨字摘要》中读塞擦音的现象与现代汉语普通话基本一致，只是在仄声送气与否方面存在差异。船母字只有“舡船”两字与澄母字同见，其余字都与禅母、书母字同见，并与塞擦音声母小韵对立（见上文举例）。

以上现象说明，《辨字摘要》语音系统中，禅母与塞擦音声母关系密切，而船母与擦音声母关系密切。但大多数情况下，船母与禅母都清化为擦音，与书母读音合流。因此，上文我们把船、禅母作为浊擦音进行了讨论。

此外，崇母在大多数情况下与清母、初母等送气清声母合流，但在“士”小韵中与心母、邪母合流，读清擦音：

士：士仕$_{\text{崇止}}$事$_{\text{崇志}}$俟涘$_{\text{崇(俟)志}}$使$_{\text{生志}}$四泗駟肆$_{\text{心至}}$思伺$_{\text{心志}}$賜$_{\text{心寘}}$寺飼嗣飤$_{\text{邪志}}$

似姒汜祀耜$_{\text{邪止}}$ 兕$_{\text{邪旨}}$

全浊声母的清化现象，反映了並母、定母、从母、崇母、澄母、群母与奉母、邪母、船母、禅母、匣母等全浊声母在《辨字摘要》音系中已经消失，与送气清声母以及清擦音声母合流。

二　舌齿音的分化与合流

《辨字摘要》舌齿音精、庄、知、章组声母根据等的不同产生了分化与合流现象。其中精组一等与知组二等、庄组合流，知组三等与章组合流。分别讨论如下。

（一）精组一等与知组二等、庄组声母合流

精组一等与知组二等、庄组声母同见的小韵共60个，同见关系见表2—7。

表2—7　精组一等与知组二等、庄组声母同见小韵

同见现象	精$_{一}$、庄$_{二}$	精$_{一}$、知$_{二}$、庄$_{二}$	精$_{一}$、庄$_{三}$	精$_{一}$、庄$_{二、三}$	精$_{一}$、知$_{二}$、庄$_{二、三}$	精$_{一}$、知$_{二}$、庄$_{三}$
同见小韵	斩、曾、甑、早、餐、钗、柴、操、草、残、刬、山、产、散、曹、搔、嫂、哨、索、刷、杀	贊、遭、躁、作、紮、蔡、宅、造、昨、暂、察	崇、壮、祖、鄒、奏、助、徂、藏、初、楚、怆、崔、揣、爽、踈、素、帅、搜、瘦、色	倉、霜、生	仄	莊、岑、贈、状
小计	21	11	20	3	1	4

以上精组一等与知组二等、庄组声母同见现象举例如下：

1. 精组一等、庄组二等声母同见小韵：

早：早澡藻棗蚤$_{\text{精晧}}$ 爪$_{\text{莊巧}}$ 找

刬：刬鏟$_{\text{初产}}$ 棧$_{\text{崇产}}$ 潹$_{\text{生产}}$ 惨$_{\text{清感}}$

索：索綀捺$_{\text{心铎}}$ 朔槊數$_{\text{生觉}}$

2. 精组一等、庄组二等、知组二等声母同见小韵：

贊：贊賛讚瓉禶酇$_{\text{精翰}}$ 站$_{\text{知陷}}$ 蘸$_{\text{庄陷}}$

蔡：蔡$_{\text{清泰}}$ 瘵$_{\text{庄怪}}$ 豸$_{\text{澄蟹}}$ 蠆$_{\text{徹夬}}$ 瘥$_{\text{初卦}}$ 嘬$_{\text{初夬}}$ 眥$_{\text{崇卦}}$ 砦寨$_{\text{崇夬}}$

昨：昨柞鑿怍礊$_{\text{从铎}}$ 錯$_{\text{清铎}}$ 濁濯擢$_{\text{澄觉}}$ 浞篧鷟$_{\text{崇觉}}$ 齪$_{\text{初觉}}$

3. 精组一等、庄组三等声母同见小韵：

鄒：鄒^{俗} 邹騶鄹$_{\text{庄尤}}$ 陬諏緅鯫$_{\text{精侯}}$

藏：藏$_{\text{从唐}}$ 牀床$_{\text{崇阳}}$

色：色嗇濇穡骰生职 虱瑟璱生栉 塞心德 鏾生缉 廝《集韵》生支

4. 精组一等与庄组二、三等声母同见小韵：

倉：倉蒼滄鶬瑲清唐 瘡愴初阳 牕窓初江

霜：霜孀驦騻鸘鷞生阳 雙生江 喪桑心唐

生：生牲笙甥珄生庚 森参[古] 蔘生侵 莘甡生臻 鬙僧心登

5. 精组一等，知组二等，庄组二、三等声母同见小韵：

仄：仄昃側庄职 窄舴蚱嘖庄陌 責幘簀庄麦 則精德 磔知陌二 摘謫知麦 賾崇陌二 賾《篇海类篇》音责 砨《字汇补》苦绀

6. 精组一等、知组二等、庄组三等声母同见小韵：

莊：莊庄裝粧[俗] 妝庄阳 牂臧賍贓精唐 樁知江

岑：岑崇侵 睜从静/《集韵》庄耕 曾層嶒从登 橙澄耕 棖澄庚二

贈：贈从嶝 蹭清嶝 櫬䞋齓初震 鋥澄映二

此外，知组二等在 4 个小韵中与庄组二等声母同见：

撐：撐牚瞠徹庚二 掙琤錚初耕 鐺初庚二 崢崇庚二

茶：茶樣澄麻二 查槎崇麻二 嗏《篇海类篇》旧音茶 搽

槎：槎崇马 奼姹徹马

乍：乍蠟褯崇祃 詫徹祃 汊初祃 吒知祃 笮庄祃

知组二等，庄组二、三等与精组一等字同小韵的现象说明，知组二等，庄组二、三等与精组一等字读音合流，声母相同，韵母读洪音。除以上小韵外，知组二等字不与其他声母字同小韵。庄组三等字除与精组一等字同小韵外，分别在“雖、姿、子、雌、字、司、史、士”等 8 个小韵中与精组三等字同见，列举如下：

雖：雖心脂 衰生支

姿：姿咨諮資粢穦齊齋禨精脂 孜耔孖嗞孳茲滋鎡鼒精之 貲髭郡精支 菑淄緇輜椔錙庄之 趦清脂

子：子仔耔梓精止 呰紫訾訿茈精纸 秭姊精旨 滓胏笫庄止

雌：雌清支 麄清模 差嵯初支

字：字羘牸从志 自从至 疵从支 巳邪止 諫朿刺莿䖈清寘 次茨佽清至 玼清纸 廁初志 柹崇止

司：司笥思緦罳颸偲絲鷥蕬心之 私心脂 斯廝凘鵬心支 師獅褦螄篩生脂 釃生支

史：史使蚼生止 死死心旨 兕邪旨

士：士仕崇止 事俟涘崇志 四泗駟肆心至 思伺心志 寺飼嗣飤邪志 似姒汜祀耜邪止 兕咒邪旨 賜心寘 使生志

这 8 个精、庄组三等字同见的小韵都比较特殊。其中“虽”小韵字均来源于古止摄合口三等。《辨字摘要》来源于古止、蟹摄合口三、四等的字，多与古蟹摄合口一等字同小韵，韵母读洪音。因此，“虽”小韵心母、生母三等字同小韵的性质，与精组一等、庄组三等字同小韵的性质一致，都属于精、庄组声母合流，韵母读洪音的现象。

其他 7 个小韵均属于“姿”、“慈”、“子”、“恣”韵系。这一韵系所辖字都为古止摄开口三等精、庄组字。止摄开口三等精、庄组字独立为一个韵系，与同来源于止摄开口三等的“基”、“奇”、“李”、“地”韵系对立，其韵母性质当有区别。联系《辨字摘要》庄组三等字一般与精组一等字读音合流，韵母读洪音的现象分析，来源于古止摄开口三等精、庄组的“姿”韵系韵母也当读洪音(详见韵母讨论部分)。

从以上精、庄、知二组声母同见的特征来看，全清声母精母一等(含止摄三等，下同)、庄母、知母二等字多出现在同一小韵，说明这几个不送气的全清声母已经合流为同一声母，我们称之为“精”母。

平声韵中，次清声母清母一等、初母、徹母二等同见，全浊声母从母、崇母、澄母二等同见(因为声调有阴阳之别，这两组声母没有同见现象)；仄声韵中，次清声母清母一等、初母、徹母二等与全浊声母从母、崇母、澄母二等同见。根据上文分析，《辨字摘要》全浊声母已经清化，读送气清声母(见上文举例)，以上声母当合流为同一声母，我们统称为“清”母。

生母无论二三等，都与心母一等同见，说明生母已经与心母一等合流，我们统称为“心”母。

综合以上分析，《辨字摘要》精组一等声母(含止摄开合口三等)、庄组声母以及知组二等声母已经合流为“精”、“清”、“心”三个洪音声母。

(二)知组三等与章组声母合流

知组二等在《辨字摘要》中与精组洪音及庄组声母合流，除与精组洪音及庄组同见外，知组二等不与其他声母同见，知组三等则只与章组同见。知三、章组同见小韵见表 2—8。

表 2—8　知三、章组同见小韵

同见现象		知$_{三}$、章	徹$_{三}$、昌	澄$_{三}$、徹$_{三}$、昌	澄$_{三}$、禅	澄$_{三}$、船
小韵	平	中章知追朱珍屯占招周	充昌笞姝 稱春超抽		槌除丞廛紬	传
	上	塚掌止主	敞侈處諂		舛	
	去	衆帳志著正戰	晝	仲丈治住秤串纣	召	
	入	竹酌執哲拙		徹尺逐	勺尺	
小计		25	13	10	9	1

知三、章组全浊声母与清声母同见小韵，见上文举例。这里将清声母知母三等与章母，徹母三等与昌母同见小韵各举3例如下。

1. 知母三等与章母同见小韵：

中：中忠衷$_{\text{知东}}$ 終螽$_{\text{章东}}$ 鍾鐘忪鍾$_{\text{章钟}}$

正：正政証$_{\text{章劲}}$ 證$_{\text{章证}}$ 侲震振娠賑$_{\text{章震}}$ 枕$_{\text{章沁}}$ 症$_{\text{知证}}$ 鎮$_{\text{知震}}$

執：執汁$_{\text{章缉}}$ 職織$_{\text{章职}}$ 桎蛭郅質騭礩$_{\text{章质}}$ 炙跖蹠摭隻$_{\text{章昔}}$ 縶馽$_{\text{知缉}}$ 窒秷銍$_{\text{知质}}$ 陟$_{\text{知职}}$

2. 徹母三等与昌母同见小韵：

稱：稱穪再$_{\text{昌蒸}}$ 嗔瞋$_{\text{昌真}}$ 檉蟶赬偵$_{\text{徹清}}$

笞：笞痴癡$_{\text{徹之}}$ 絺$_{\text{徹脂}}$ 摛螭魑$_{\text{徹支}}$ 褫$_{\text{徹纸}}$ 瞝眵$_{\text{昌支}}$ 鴟$_{\text{昌脂}}$ 蚩媸嗤齝$_{\text{昌之}}$

侈：侈$_{\text{昌纸}}$ 齒齿藞$_{\text{昌止}}$ 恥耻褫$_{\text{徹止}}$

从知组三等与章组声母同见的规律来看，知母三等只与章母同见，两声母当合流为同一声母，统称为“章”母。

徹母三等与清声母昌母、全浊声母澄母同见（“尺”小韵中还与禅母同见），这三声母合流为同一声母，我们统称为“昌”母。“昌”母包括与澄母三等同小韵的部分禅母字、少数船母字声母。

章组声母除部分禅母及少部分船母字声母清化为送气清声母“昌”母外，其余船、禅母字多与书母字同见。其中去、入声韵同见的小韵共计13个（见上文举例），说明这个三声母合流，读清擦音，统称为“书”母。

因此，《辨字摘要》知三、章组声母也合流为三个声母，即“章”母（包括章母与知母三等）、“昌”母（包括昌母、徹母三等、澄母三等，以及部分禅母字、少数船母字声母）、“书”母（包括书母，大部分船、禅母字声母）。

以上分析说明，《辨字摘要》古精组一等（包括部分读洪音的精组三等）、知组、庄组与章组四组舌齿音声母，合流为“精、清、心”与“章、昌、书”两组舌齿音声母。

三　精组细音声母与见系声母

（一）精组细音声母

古精组声母除与古一等韵相拼外，还与古三四等韵相拼。《辨字摘要》除来源于古止摄开口三等的“姿”韵系，以及部分止摄合口三等小韵外，精组三四等小韵与精组一等、庄组以及知组二等小韵均存在对立关系，如：宗：蹤，崇：從，宋：頌，速：夙，

宗棕$_{\text{精冬}}$ 豵騣$_{\text{精东}}$ 琮悰鬃$_{\text{从冬}}$ ：蹤縱$_{\text{精钟}}$

崇$_{\text{崇东}}$ 琮$_{\text{从冬}}$ 叢藂$_{\text{从东}}$ ：從$_{\text{从钟}}$

宋$_{\text{心宋}}$送鬆鬃$_{\text{心送}}$ ：訟誦頌$_{\text{邪用}}$傯$_{\text{从送}}$

速遬蔌樕餗觫簌$_{\text{心屋}}$蓿$_{\text{心屋三}}$謖縮蹜$_{\text{生屋三}}$觪$_{\text{心没}}$碿 ：夙宿肅鷫驌$_{\text{心屋}}$粟$_{\text{心烛}}$俗續$_{\text{邪烛}}$

这种对立有三种可能：1. 声母与韵母的双重对立；2. 声母对立，韵母相同；3. 声母相同，韵母洪细的对立。

从精组细音在现代汉语中的演变特点来看，大多数汉语方言精组细音已经腭化，与见组细音合流。但在《辨字摘要》中，精组细音还没有发生这种变化，精组细音小韵与见组、晓组细音小韵存在对立关系，如“妻 ：溪，西 ：希；精 ：今，青 ：卿，辛 ：欣；尖 ：堅；前 ：乾；羨 ：現，薦 ：見；吉 ：即”等。

这说明《辨字摘要》还存在尖团对立现象。许宝华等认为，汉语腭化问题的一种规律性的现象是，“见系比精组更容易腭化。在现代方言中，一般的趋势是精组腭化了，见系一定已经腭化；见系已经腭化了的，精组不一定腭化”。（许宝华，潘悟云，1985：32）《辨字摘要》既然存在尖团对立现象，精组细音字应当还没有腭化。

因此《辨字摘要》精组三四等小韵与精组一等、庄组以及知组二等小韵的对立，可能是韵母洪细的对立，而不是声母的对立。精组声母在《辨字摘要》中还没有产生分化现象，只是由于与洪、细音韵母的拼合关系不同，存在以等为条件分组的现象。

精组精清从母细音声母与洪音声母的演变结果一致，其中精母三、四等不与其他声母同见；清母与从母平小韵对立、去入声小韵同见，从母清化与送气声母清母合流。邪母的演变规律比较特殊，大部分情况下，在去声、入声小韵中与心母同见，读清擦音“心”母；少部分情况下，在去声、入声小韵中与清母、从母同见，读送气清声母。邪母与清母、从母同见的小韵有：字、前、賤、囚、就，

字：字羚牸$_{\text{从志}}$自$_{\text{从至}}$疵$_{\text{从支}}$巳$_{\text{邪止}}$諫朿刺莿莿$_{\text{清寘}}$次茨欿$_{\text{清至}}$玼$_{\text{清纸}}$廁$_{\text{初志}}$柹$_{\text{崇止}}$

前：前$_{\text{从先}}$潛$_{\text{从盐}}$錢^{俗}銭$_{\text{从仙}}$全牷泉$_{\text{从仙合}}$燖$_{\text{邪盐}}$次涎$_{\text{(又音旋,義同)邪仙}}$

賤：賤諓$_{\text{从线}}$踐$_{\text{从狝}}$漸$_{\text{从艳}}$瀳$_{\text{从线}}$塹$_{\text{清艳}}$倩蒨茜$_{\text{清霰}}$鏇$_{\text{邪线合}}$颴旋$_{\text{邪仙合}}$

囚：囚$_{\text{邪尤}}$酋遒$_{\text{從尤}}$

就：就鷲$_{\text{从宥}}$袖$_{\text{邪宥}}$

（二）见系声母

见系声母，这里我们只讨论“见、溪、群、晓、匣”五个声母，其他声母后文讨论。同一韵中，见系声母小韵也存在对立现象，如“綱 ：薑，康 ：匡；巷 ：向；各 ：腳”等，

綱剛岡崗鋼见唐 罡《正字通》居康切 扛杠釭茳肛江豇见江 缸匣江 犅：薑畺疆韁繮殭僵蠕姜见陽 韁

康糠穅溪唐：匡筐眶恇劻框筐溪阳合 羌蜣溪阳 腔[俗] 羫溪江 誆群陽合

巷匣绛 行匣宕 項匣讲 䟘：向嚮鄉鄉晓漾 貺晓漾合 餉书漾

各閣擱见铎 角捔桷榷覺玨較確见觉 屩见药：腳蹻见药 矍攫钁躩见药合

《辨字摘要》见系声母与其他声母没有同见现象，因此这种同声母小韵的对立性质和精组声母小韵一样，属于韵母洪细的对立。《辨字摘要》见系声母根据韵母中古来源，以等为条件分为洪、细两组，即见系声母一、二等合流为洪音声母，三、四等合流为细音声母。古见系一、二等同见的小韵见表2—9。

表2—9　古见系一、二等同见小韵

同见现象		见一、见二	溪一、溪二	晓一、晓二	匣一、匣二	晓一、二，匣一、二
同见小韵	平	綱官高庚	敲	歡蒿亨	弘毫行	
	上	稿耿	巧		莞	好
	去	降告埂	快闞		巷奂恨	喊號
	入	各甲國	確客			鶴黑或

以上见系一、二等同见小韵各举2例如下：

1. 见母一、二等同见小韵：

高：高膏篙羔糕餻皋皐槹滜鼛櫜见豪 交茭郊蛟咬膠嘐鮫艽教见肴

各：各閣擱见铎 角捔桷榷覺玨較见觉

2. 溪母一、二等同见小韵：

快：快駃噲筷溪夬 塊蒯溪怪 儈见泰

客：客喀溪陌二 克尅刻溪德 楔见黠，当为"鍥溪屑"之讹，"刻舟求剑"或作"鍥舟求剑"

3. 晓母一、二等同见小韵：

歡：歡懽[俗] 歓欢讙驩晓桓 轟晓耕 薨晓登

蒿：蒿薃薅晓豪 哮虓嗃晓肴

4. 匣母一、二等同见小韵：

弘：弘匣登 宏閎鋐竑竤紘浤匣耕 綋《篇海内编》音宏 横匣庚二 萑完桓瓛芄匣桓 泓影耕

巷：巷匣绛 行匣宕 項匣讲 䟘

5. 晓、匣母一二等同见小韵：

喊：喊嚂晓敢 闞晓豏 僩匣潸 艦匣槛

鶴：鶴涸貉匣铎 翯學匣觉 壑熇郝晓铎

见系一、二等字同音，说明《辨字摘要》古开口二等见系声母没有腭化，与见系一等读音合流。

见组一、二等没有全浊声母，其中见母与溪母洪音小韵存在对立关系，这两个声母与其他声母也都存在对立关系。因此，见、溪母一二等在《辨字摘要》中独立为两个声母，我们仍称为“见”母与“溪”母。匣母洪音已经清化，与晓母洪音合流，我们通称为“晓”母。

部分见系二等字独为一小韵，不与见系一等字同音，如“皆”韵系、“山”韵系、“加”韵系大部分见系声母小韵，入声“達”韵“甲、恰、洽”等小韵。之所以出现这种情况，是因为《辨字摘要》中，与这些见系字同韵摄的一等字或一等见系字独立为韵，与其他一等字以及二等字主元音有别，或保留古一、二等韵主元音的对立。如古蟹摄一等见系字归“台”韵系，二等见系字归“皆”韵系，因此古蟹摄一、二等见系声母小韵对立，即“該、開、孩：皆、揩、鞋”。古山咸摄开口一等见系字归“甘”韵系与“决”韵，山咸摄开口二等见系字归“山”韵系与“達”韵，因此古山咸摄开口一二等见系声母小韵对立，即“割、渴、合：甲、恰、洽”。各举 1 例如下：

該垓剴$_{\text{见咍}}$：皆階堦喈偕$_{\text{见皆}}$街$_{\text{见佳}}$

寒韓邯$_{\text{匣寒}}$含函鋡顄瓴涵$_{\text{匣覃}}$酣$_{\text{匣谈}}$：閑閒嫺鷳騆$_{\text{匣山}}$鹹諴咸醎$_{\text{匣咸}}$衔^{俗}啣$_{\text{匣衔}}$

渴$_{\text{溪曷}}$瞌磕$_{\text{溪盍}}$：恰掐殎$_{\text{溪洽}}$鬜鬝$_{\text{溪黠}}$

与其他见系二等字一样，这些见系二等小韵也读洪音。因为这些小韵所属韵系一般只有一个韵母，所列字除二等见系字外，还包括一等韵字或其他声母二等韵字，如“皆”韵系与“山”韵系；少数虽有两个韵类，但二等见系声母小韵与三等见系声母小韵对立，如“加”韵系。

见系细音声母包括大部分与古三四等韵相拼的见、溪、群、晓、匣母，其中见母三四等不与其他声母同小韵，溪母在去声、入声韵中与群母三等同小韵，晓母三四等同样在去声、入声韵中与匣母四等同小韵，见全浊声母清化讨论部分。

因此，从演变结果来看，见系细音声母在《辨字摘要》中也已经合并为“见”、“溪”、“晓”三个声母。

《辨字摘要》见系洪、细音声母的对立，除韵母洪细的对立之外，是否还有可能是见系细音声母腭化后产生的声母对立？后一种可能性不大，因为《辨字摘要》中的这种对立只反映在韵母的洪细方面，见系声母与其他声母没有相混现象。并且稍前的官话韵书，如《五方元音》（1664 年前）、《音韵阐微》（1724 年）所反映的音系中，精组与见系声母都还没有腭化，（参看叶宝奎 2001）《辨字摘要》只晚于《音韵阐微》不到二十年，见系细音声母腭化的可能性不大。见系洪细音声母的对立，与精组洪细音声母的对立一样，也只是与洪细音韵母拼合关系上的对立。见系洪细音声母在《辨字摘要》中并没有分化，而是合并为“见”、“溪”、“晓”三个声母。

一般情况下，见系三、四等声母不与见系一、二等声母同见，但部分韵系中，见系三、四等字与见系一、二等字同小韵，主要出现在以下小韵中：工、貢、況、圭、灰、奎、跪、毀、貴、愧、惠、霍，举例如下，

工：工功攻玒紅刊公蚣$_{\text{见东}}$供恭龔$_{\text{见钟}}$弓宫躬$_{\text{见东三}}$

況：況$_{\text{晓漾}}$曠纊壙$_{\text{溪宕}}$礦獷$_{\text{見梗二}}$

圭：圭閨$_{\text{见齐}}$規嬀$_{\text{见支}}$歸$_{\text{见微}}$龜亀$_{\text{见脂}}$瑰$_{\text{见灰}}$

愧：愧$_{\text{见至}}$餽匱櫃蕢闠簣$_{\text{群至}}$喟$_{\text{溪至}}$憒$_{\text{見队}}$瞶$_{\text{见未}}$

霍：霍癨藿擢$_{\text{晓铎}}$矆$_{\text{晓药}}$穫$_{\text{匣铎}}$縛$_{\text{奉药}}$蠖$_{\text{影铎}}$

从这些小韵所辖字的中古来源看，均来自古通摄一、三等，止蟹摄合口一、三四等，宕摄合口一、三等（含部分梗摄合口二等）。这说明古通摄合口三等见系字、宕摄合口三等见系字以及古止蟹摄合口三、四等见系字韵母读洪音。这种语音演变是近代汉语一种比较普遍的现象，如宋代诗词用韵中，灰韵字多与止摄字通押；元代《中原音韵》中，通摄摄合口三等见系字与一等见系字同小韵，古蟹摄合口一等见系字与止蟹摄合口三、四等见系字同小韵。

四　帮组声母与非组声母

（一）帮组声母

帮组声母包括中古的“帮、滂、並、明”四个声母。《辨字摘要》除舒声韵“位”、“姿”、“朱”、“台”、“甘”、“爹”、“周”韵系，入声“决”韵之外，其他十三个舒声韵系和六个入声韵都有帮组声母小韵。从这组声母出现的小韵情况来看，帮母、明母小韵与其他声母小韵均存在对立关系，因此帮母与明母当为两个独立的声母。

並母已经清化，与滂母合流，去声、入声小韵中与滂母同见，我们统称为“滂”母（详见全浊声母讨论部分）。因此，帮组声母在《辨字摘要》中，合并为三个声母：“帮”母、“滂”母、“明”母。

（二）非组声母

非组声母包括“非、敷、奉、微”四个声母，这里只讨论非、敷、奉三母的关系，微母后面单独讨论。

非母与敷母在阴平、上声小韵同见，在去声与入声小韵中与奉母同见（见全浊声母讨论部分）。非、敷母同见的小韵有：封、方、非、夫、分、訪。

封：封葑$_{\text{非钟}}$風楓瘋$_{\text{非东}}$豐烽鋒峰蜂$_{\text{敷钟}}$酆豐霻$_{\text{敷东}}$

方：方坊枋祊非阳 昉非养 芳妨敷阳

非：非誹緋扉騑蜚飛妃非微 霏敷微

夫：夫鈇趺麩姇膚砆非虞 孚郛莩俘桴稃罦敷痡旉敷虞

分：分饙餴非文 芬紛棻雰氛敷文 棼枌奉文

訪：訪敷养 紡彷髣昉敷漾 倣昉非养 舫非漾

因此，非组非、敷、奉母在《辨字摘要》当合流为一个声母，我们统称为“非”母。

五　端组声母

除舒声韵“姿”、“朱”、“皆”、“周”韵系之外，端组声母出现于其他十六个舒声韵系和所有入声韵中。其中端母与其他声母均存在对立关系，在《辨字摘要》中独立为一个声母。定母已经清化，与送气声母透母合流，我们统称为“透”母。不过，古定母、透母在《辨字摘要》中与晓、匣母关系密切，详见后文讨论。

因此端组声母在《辨字摘要》中合并为两个声母：“端”母与“透”母。

六　其他声母的分化合流

（一）泥（娘）母、来母的分化合流

泥母与来母在《辨字摘要》中有分有合，除少数例外现象外，来自古一、二等的小韵中，泥母与来母不分；来自古三、四等的小韵中，泥母与来母不混。泥、来母的分混关系见表 2—10。

表 2—10　古泥、来母相混与对立的小韵

<table>
<tr><td rowspan="3">泥来母相混的小韵</td><td rowspan="3">郎廬魯賴撈鸞暖蘭濫棱勞老囊陋羅內勒洛</td><td rowspan="3">泥来母对立的小韵</td><td>韵</td><td>黄</td><td>丈</td><td>基</td><td>李</td><td>善</td><td>斗</td><td>豆</td><td>友</td></tr>
<tr><td>泥母小韵</td><td>娘</td><td>釀</td><td>尼</td><td>你</td><td>念</td><td>嫋</td><td>尿</td><td>紐</td></tr>
<tr><td>来母小韵</td><td>良</td><td>亮</td><td>黎</td><td>李</td><td>練</td><td>了</td><td>料</td><td>柳</td></tr>
</table>

泥、来母相混与对立的小韵各举两例如下：

1. 泥、来母相混的小韵

郎：郎廊瑯榔螂浪稂琅狼鋃来唐 囊瓤泥唐

洛：洛落硌簬烙絡酪雒馲鱳樂駱擽落来铎 犖来觉 踷泥陌二 諾泥铎 醸

2. 泥、来母对立的小韵

娘泥阳 ：良蜋糧粮梁踉涼量涼粱来阳

念唸泥掭 舩《字汇》奴店切 彥諺喭唁疑线 硯豜疑霰 釅疑酽 掾喻线 廿日缉 恁㤁日沁

驗《改并四声篇海》同验 ：練鍊湅煉来霰 戀孌攣来线 瀲殮斂歛蘞獫来艳 瀲

从《辨字摘要》泥、来母的关系来看，二者大致具有“洪混细分”的特点。来母

的发音从古到今都比较稳定。泥母细音与来母有别，说明细音中泥母还保留鼻音的读法；泥母洪音与来母不分，说明洪音中泥母已失去鼻音的发音特征，与来母合流。泥、来母在《辨字摘要》中虽然仍然保留为两个声母，但内涵发生了变化。来母包括了所有的来母与泥母一、二等，我们统称为“来”母；泥母仅包括泥母三、四等，我们仍称为“泥”母。

例外的情况是，细音“因”韵系平上去声韵中，少数泥、来母三四等字同小韵，同时又没有其他泥、来母三四等小韵与之对立。列举如下：

霛：霛醽櫺酃灵龗伶羚鈴鴒翎瓴齡聆蛉朎囹苓零蕶舲泠軨笭$_{\text{来青}}$林琳霖淋痳臨$_{\text{来侵}}$鄰鱗麟轔嶙粼璘磷遴潾[粦刂]瞵驎磷$_{\text{来真}}$淩綾陵鯪菱輘$_{\text{来蒸}}$寧嚀$_{\text{泥青}}$獰$_{\text{泥庚二}}$

領：領嶺袊$_{\text{来静}}$笭$_{\text{来迥}}$廩廪凜懍$_{\text{来寝}}$濘$_{\text{泥迥}}$

吝：吝藺躪$_{\text{来震}}$令另$_{\text{来径}}$佞寗濘$_{\text{泥径}}$

这种泥、来母细音相混的现象，是来母读“泥”母，还是泥母读“来”母？《辨字摘要》泥、来母细音相混的现象只出现在阳声韵“因”韵系中，“因”韵系来自古臻深曾梗摄三四等韵，这些韵摄的性质都属于“弇”音，主元音发音部位较高。我们认为，这种相混现象应当是来母受到鼻韵尾逆同化的影响，读同“泥”母。

此外，入声细音“一”韵“立”小韵与“叔”韵“六”小韵中，也有泥来母同见的现象：

立：立粒笠菈$_{\text{来缉}}$歷曆嚦瀝癧櫪矋藶[風歷]礫櫟瓅轢酈靂櫪$_{\text{来锡}}$栗溧慄瑮$_{\text{来质}}$力$_{\text{来职}}$率繂膟律葎$_{\text{来術}}$惄溺$_{\text{泥锡}}$匿$_{\text{泥职}}$尼$_{\text{泥质}}$

六：六陸[艹陸]稑蓼戮勠$_{\text{来屋三}}$綠籙[艹錄]醁録菉$_{\text{来烛}}$忸$_{\text{泥屋三}}$

这种相混现象与“因”韵系泥、来母三四等同小韵的性质不同。这两个入声小韵中的泥、来母细音相混，很可能是泥母受到入声韵尾逆同化的影响，泥母细音失去鼻音成分，故而与来母细音读音相同。

与泥、来母细音一样，少数情况下，泥、来母洪音小韵也存在对立现象，如“農：瓏，赧：覽，娜：裸”。

農膿儂噥$_{\text{泥冬}}$穠醲濃$_{\text{泥钟}}$：瓏籠礲礱朧轆櫳壟$_{\text{来东}}$

赧戁$_{\text{泥潸}}$：覽攬欖爁爦$_{\text{来敢}}$懶$_{\text{来旱}}$濫$_{\text{来感}}$

娜那$_{\text{泥哿}}$：裸羸蓏$_{\text{来果}}$砢$_{\text{泥哿}}$

从中古来源看，这三组小韵都来自古一二等韵，（其中“穠醲濃”三字当为受“字形类化”影响的结果）同列一韵，韵母应当相同，对立的原因一定是声母有别。不过，与这些小韵相承的小韵中，泥、来母字同见，并没有对立现象。如“山”韵系除上声韵泥母“赧”小韵与来母“览”小韵对立外，平声、去声韵泥

来母字同见,如,

蘭:蘭闌瀾欄襴攔爛来寒 儖藍籃来谈 嵐婪来覃 難泥寒

濫:濫爁纜来阚 爛瓓来翰 婪来感 難泥翰 欄来寒 艦匣槛

可见,《辨字摘要》泥、来母洪音实际上已经不分,以上几组泥、来母洪音不混的小韵只是特殊现象。

(二)疑母在《辨字摘要》中的性质及其分化

疑母是牙音见组声母的鼻音,早在元代《中原音韵》中就已经大部分与影、喻母合流,只在少数韵中保留其古代读音。明代官话韵书,如《韵略汇通》、《合并字学篇韵便览》等,疑母已经完全与影、喻母合流。现代大部分北方方言中,疑母读零声母,而在南方方言,如闽、客、赣、湘方言中,疑母还部分保留舌根鼻音的读音。《辨字摘要》疑母具有以下特点。

1. 疑、影母开口洪音同见,合口洪音对立。疑、影母同见与对立的洪音小韵如表2—11。

表2—11　疑、影母同见与对立的小韵

疑影母同见的洪音小韵	愛岸眼雁襖傲偶雅亞厄押樂	疑影母对立的洪音小韵立的小韵	韵	奇	位	胡	古	父	佛
			疑母小韵	危	僞	吾	五	悟	兀
			影(喻、微)母小韵	爲	位	無	武	悟	勿

疑、影母同见的小韵举例如下:

岸:岸疑翰 玩翫忨疑换 按案影翰 暗闇影勘

亞:亞婭稏影祃 掗影马 迓砑訝枒疑祃

樂:樂嶽岳鸑疑觉 咢萼鶚鄂齶諤愕噩鱷疑铎 惡堊影铎 喔齷握幄渥影觉

押:押鴨壓影狎 揠影黠 哈疑合 歺疑曷

现代汉语方言中,影母大部分情况下读零声母。那么开口洪音小韵疑影母同见的现象,反映的是疑母与影母合流读零声母,还是影母与疑母合流读舌根鼻音声母?我们认为,后一种可能性更大。如果疑母已经演变为零声母,那么不论开合洪细,都会与影母合流。但是,同一韵中,疑母合口洪音小韵与影母合口洪音小韵(含部分读洪音的影喻母三等字与微母字,这些古三等韵读洪音的现象详见下文讨论)对立,举例如下:

危疑支 桅疑灰 巍嵬疑微 :爲喻支 唯惟維喻脂 帷幃闈帏韋圍違褘喻微 微薇微微 虺匣灰

僞疑寘 魏疑未 :位喻至 爲喻寘 胃謂緭蝟蔔渭緯喻未 衛喻祭 恚影寘 畏尉慰蔚罻影未 穢影废 薈影队 飫影御 喟溪至 鏸睿喻祭 未味菋微未 螅匣霁 磑疑队 餵影寘

五伍午忤仵疑姥 :武鵡碔舞侮嫵膴憮儛微麌 塢鄔影姥

吾梧鋙珸珸齬鼯鋘吳蜈疑模 捂疑暮 :無[俗]无蕪毋亡巫誣微麌

悟晤寤誤悞疑暮 ：務霧誣婺鶩鶩微遇 惡汙影暮 絚笠匣暮

兀杌阢虺疑没 ：勿物沕微物 核[俗音黑]《集韵》匣没

合口洪音小韵影母与喻母、微母同见，说明影母读零声母；疑母与影喻微母合口洪音小韵对立，说明疑母并没有演变为零声母。因此，我们有理由相信，开口洪音小韵疑、影母同见的性质，是影母读舌根鼻音，而不是疑母读零声母。

2. 疑母细音小韵与影喻母等零声母细音小韵对立，部分细音小韵中疑母与泥母同见。只有“基”韵系中，疑母小韵不仅和零声母影喻母小韵对立，也与泥母小韵对立。细音小韵中，疑母与影喻母、泥母的对立关系如表 2—12。

表 2—12　疑母、影喻母、泥母细音小韵的对立关系

韵	同	黄	往	丈	奇	里	地	余	宇	裕	灵	丙	圣	员	远	汗	天
疑母小韵	顒		仰		宜	蚁	义	鱼	女	禦	吟		迎	元	阮	愿	
泥母小韵		娘		酿	泥	你											拈
影喻母小韵	容	羊	养	样	夷	以	意	余	宇	裕	盈	引	印	员	远	怨	烟
韵	盘	免	善	遥	斗	豆	由	友	叔	乐	一	哲	决				
疑母小韵				尧			牛		玉	虐	逆	业	月				
泥母小韵	言	俨	念		鸟	尿		纽									
影喻母小韵				遥	杳	要	由	友	欲	约	一	葉	曰				

除“基”韵系疑母小韵与泥母小韵存在真正的对立之外，其他韵中，疑母与泥母要么同见，要么不存在对立。“基”韵系疑母与泥母及影喻母小韵的对立列举如下：

宜宜儀疑支 倪霓麑猊輗鯢疑齐 嶷疑疑之 沂疑微 ：尼呢妮怩秜旎泥脂 泥泥齐 坭泥荠 ：夷荑姨胰痍咦跠洟珆彝喻脂 栘移扅迻拪訑迆貤匜喻支 遺怡台飴鍚粭詒貽頤圯喻之

蟻[古] 螘檥艤錡疑纸 擬薿疑止 顗疑尾 ：你泥纸 禰薾泥荠 ：以苡已矣喻止 倚椅掎旖猗影纸 扆影尾

“朱”韵系、“天”韵系以及入声“哲”韵疑母与泥母同见的小韵举例如下：

女：女泥语 禦籞薁語齬敔圄圉疑语 麌俁疑麌

禦：女泥御 禦馭疑御 遇寓疑遇 玉疑烛

言：言疑元 嚴[俗] 厳疑严 妍揅研疑先 黏[俗] 粘泥盐 鮎泥添 年泥先

儼：儼疑俨 碾輾泥弥 撚蹨涊泥铣

念：念唸泥掭 舩《字汇》奴店 彥諺喭唁疑线 硯豜疑霰 釅疑酽 掾喻线 廿日緝 恁恴日沁 驗《改并四声篇海》同验

業：業鄴疑业 蠥櫱孼糵钀瀻疑薛 齧疑屑 聶聂躡鑷泥葉 涅捏泥屑 撚臬鯢闑籋泥帖 讘囁日葉

《辨字摘要》疑母细音小韵与影喻母细音小韵对立，说明疑母细音并没有演变为零声母。“基”韵系疑母与泥母、影喻母小韵对立，说明古止蟹摄开口三四等疑母还保留读舌根鼻音的读音。“朱”韵系、“天”韵系以及入声“哲”韵疑母与泥母细音同小韵的现象，则说明这些韵中的疑母发音部位转移，与泥母细音读音合流。

其他韵系中，疑母细音虽然独立为小韵，不与泥母同见，但是二者并没有对立关系。这些韵中，疑母与泥母之所以没有同见现象，有两个原因：(1)同声调的韵中，没有疑母字或泥母字。如“肖”韵系阳平“遥”韵；“甘”韵系阳平“員”韵，上声“遠”韵，去声“汗”韵，有疑母细音小韵，没有泥母细音小韵，因此，疑母与泥母不同见，也没有对立。(2)“因”韵系阳平“靈”韵，去声“聖”韵，入声韵“一”韵，有疑母小韵也有泥母小韵，但泥母与来母同小韵，因此疑母独为一小韵。以上细音小韵中疑母与泥母虽不同见，但读音当与“朱”韵系、“天”韵系以及入声“哲”韵中的疑母一样，与泥母细音合流。其性质应当是疑母受韵母介音发音部位靠前的影响，发音部位改变，从而与泥母细音读音一致。

从以上的分析来看，疑母细音在《辨字摘要》中已经处于不稳定的状态。“基”韵系中还保留舌根鼻音的读音，其他细音小韵中已经与泥母细音读音相同。因此疑母在《辨字摘要》中既有分化的现象，又有合流的现象。根据上文的分析，我们把疑母开、合口洪音，部分细音以及影母开口洪音统称为“疑”母，与泥母同见的疑母细音归入“泥”母。

(三)影母的分化以及与微母、喻母的合流

影母在《辨字摘要》中以开合洪细为条件产生了分化，开口洪音与疑母开口洪音合流。通过上文分析我们认为，合流的性质是影母开口洪音与疑母洪音同读舌根鼻音声母。影母合口洪音与微母以及喻母合口洪音同见，与疑母合口洪音小韵对立。影母、微母、喻母同见的合口洪音小韵见表2—13。

表2—13　影母、微母、喻母同见的合口洪音小韵

同见现象		影母、微母	喻母、微母	影母、微母、喻母
同见合口洪音小韵	平		王爲	
	上	武刎		往諉晚
	去	務	旺	位
	入	乞		

1. 影母与微母同见的小韵，

武：武鵡碔舞侮嫵膴憮儛微廙 塢鄔影姥

刎：刎抆脗唔微吻 穩影混 蚴妢嫚

務：務霧誣婺鶩騖$_{\text{微遇}}$ 惡汙$_{\text{影暮}}$ 絔笠$_{\text{匣暮}}$

空：空$_{\text{影黠}}$ 襪$_{\text{微月}}$

2. 喻母与微母同见的小韵，

王：王$_{\text{喻阳}}$ 亡亾忘忩$_{\text{微阳}}$

爲：爲$_{\text{喻支}}$ 唯惟維$_{\text{喻脂}}$ 帷幃闈帏韋圍違禕$_{\text{喻微}}$ 微薇$_{\text{微微}}$ 蚘$_{\text{匣灰}}$

旺：旺王$_{\text{喻漾}}$ 望朢妄諺熿忘$_{\text{微漾}}$

3. 影母、微母与喻母同见的小韵，

往：往$_{\text{喻养}}$ 徃$_{\text{喻阳}}$ 枉$_{\text{影养}}$ 罔網魍輞惘$_{\text{微养}}$

諉：諉委萎$_{\text{影纸}}$ 猥$_{\text{影贿}}$ 偉瑋韙葦煒暐韡$_{\text{喻尾}}$ 洧鮪唯$_{\text{喻旨}}$ 蔿闖$_{\text{喻纸}}$ 尾亹[俗] 亹娓$_{\text{微尾}}$ 頠隗$_{\text{疑贿}}$

晚：晚挽娩$_{\text{微阮}}$ 綰$_{\text{影潸}}$ 綄$_{\text{喻狝}}$

位：位爲$_{\text{喻至}}$ 胃謂緭蝟膏渭緯$_{\text{喻未}}$ 衛$_{\text{喻祭}}$ 恚$_{\text{影寘}}$ 畏尉慰蔚螱餵$_{\text{影未}}$ 穢$_{\text{影廢}}$ 薈$_{\text{影队}}$ 飫$_{\text{影御}}$ 喟$_{\text{溪至}}$ 鏸睿$_{\text{喻祭}}$ 未味菋$_{\text{微未}}$ 螝$_{\text{匣霁}}$ 磑$_{\text{疑队}}$

微母在语音发展过程中，经历了由《切韵》时代的 m→唐末宋初的 ɱ(mv)→14 世纪的 v→17 世纪以后的半元音 w→元音 u(韵头或全韵)的发展过程。(参看王力 1996:131)从《辨字摘要》微母与影母合口洪音同小韵的情况来看，微母已经发展到了最后一个阶段，即元音[u](韵头或全韵)的阶段。如"刎"小韵既有微母字"刎"，又有影母合口洪音字"穩"；"務"小韵中既有微母"務霧"等字，又有影母合口洪音"惡汙"等字。

上文我们指出，古止蟹摄合口三四等见系字与蟹摄合口一等字同小韵，古阳韵合口三等见系字与唐韵合口一等见系字同小韵。以上止蟹摄合口三等喻母、影母、微母同小韵的现象，同样反映了这些合口三等韵字已经读合口洪音。同时也说明影母合口洪音和微母、喻母合流，读零声母。微母除与影、喻母合口洪音同见外，不与其他声母同见。部分韵中，微母虽然独立为一个小韵，但声母亦当读零声母。

影母细音(不论开、合)，均与喻母同见，这些同见的小韵见表 2—14。

表 2—14 影母细音与喻母同见的小韵

影、喻母细音同见的小韵	上	去	入
	勇以引永遠衍友	怨意裕印詠厭要右	欲約一域葉

举数例如下：

意：意薏鷾$_{\text{影志}}$ 饐$_{\text{影至}}$ 噎殪瞖翳堅$_{\text{影霁}}$ 衣$_{\text{影未}}$ 扆$_{\text{影尾}}$ 瘞$_{\text{影祭}}$ 臆憶億$_{\text{影職}}$ 蠮$_{\text{影屑}}$ 傷易施$_{\text{喻寘}}$ 異异$_{\text{喻志}}$ 肄勩$_{\text{喻至}}$ 枻泄曳洩裔袣$_{\text{喻祭}}$ 劓$_{\text{疑至}}$

引：引靷蚓紖廴$_{\text{喻轸}}$ 潁穎$_{\text{喻静合}}$ 郢$_{\text{喻静}}$ 隠檃濦$_{\text{影隐}}$ 影$_{\text{影梗三}}$ 飲$_{\text{影寝}}$ 淦$_{\text{影侵}}$

域:域棫魊閾罭淢緎喻职 熨欝[俗] 欝鬱菀爩影物 役炈疫喻昔

汉语史上于母和以母合流为喻母的时间很早,至迟10世纪就已经完成了。(王力1996:130)它们是现代汉语零声母的主要来源,和同样是零声母主要来源之一的影母的合流则至迟在14世纪《中原音韵》中就已经完成。《辨字摘要》于母与以母不分,与影母(不含开口一二等)、微母一起合流为零声母。我们统称为“喻”母。

影母是清声母,在《辨字摘要》平声韵中列阴平小韵;疑、喻、微母都是次浊声母,在《辨字摘要》平声韵中列阳平小韵。因此平声小韵中,影母不与疑母以及于母、以母、微母同见,以上举例均属仄声小韵。根据“四声相承”的原则,平声韵中各声母的分化合流结果应当与仄声韵一致。

(四)日母的分化

上古音日母与泥、娘母关系密切。现代汉语方言日母也有很多读同泥母的现象,如闽方言以及部分赣方言。《辨字摘要》日母除很少一部分与泥母合流外(见下文分析),大部分情况下,同一个韵内,日母小韵与疑母、泥母小韵对立,见表2—15。

表2—15 日母与泥母、疑母对立的小韵

<table>
<tr><td>声调</td><td colspan="7">平</td><td colspan="5">上</td><td colspan="3">去</td><td colspan="2">入</td></tr>
<tr><td>韵</td><td>同</td><td>黄</td><td>餘</td><td>盤</td><td>遙</td><td>靈</td><td>由</td><td>往</td><td>李</td><td>友</td><td>斗</td><td>宇</td><td>丈</td><td>裕</td><td>聖</td><td>一</td><td>叔</td></tr>
<tr><td>泥母小韵</td><td></td><td>娘</td><td></td><td rowspan="2">言</td><td></td><td></td><td></td><td></td><td>餒</td><td>紐</td><td>嫋</td><td rowspan="2">女</td><td>釀</td><td></td><td></td><td></td><td></td></tr>
<tr><td>疑母小韵</td><td>顒</td><td></td><td>魚</td><td>嶢</td><td>吟</td><td>牛</td><td>仰</td><td></td><td></td><td></td><td></td><td>禦</td><td>迎</td><td>逆</td><td>玉</td></tr>
<tr><td>日母小韵</td><td>戎</td><td>攘</td><td>如</td><td>然</td><td>饒</td><td>人</td><td>柔</td><td>壤</td><td>乳</td><td>煣</td><td>擾</td><td>而</td><td>讓</td><td>二</td><td>任</td><td>日</td><td>肉</td></tr>
</table>

因此,《辨字摘要》日母当独立为一个声母,我们仍称为“日”母。

但部分小韵中,日母与泥母、疑母有同见的现象。日母与疑母、泥母同见的小韵有:迎、阮、念、虐、業。

迎:迎疑证 憖疑震 肕日震

阮:阮疑阮 輭日狝

念:念唸泥掭 舩《字汇》奴店 彥諺喭唁疑线 硯趼疑霰 釅疑酽 掾以线 廿日緝 恁㤖日沁 驗《改并四声篇海》同验

虐:虐瘧疑药 箬蒻日药

業:業鄴疑业 蠥蘖孽櫱讞瀻疑薛 齧疑屑 聶聂躡鑷泥葉 涅捏泥屑 撚臬篞闑籋泥帖 讘囁日葉

不过这些与泥母、疑母字同小韵的日母字都属于个别读音例外的现象。因为同一韵中,还有部分日母小韵与以上小韵对立,如“聖”韵中,日母“任”小韵与“迎”小韵对立,“哲”韵中,日母“熱”小韵与“業”小韵对立。“欒”韵中,日母"若"小韵与"虐"小韵对立。因此以上日母字与泥母、疑母字同小韵的性质，当为部分日母字发生例外音变，与泥母、疑母字读音合流。

《辨字摘要》还有少数喻母读同日母的现象，这就是"锐睿叡"三个祭韵合口字。它们与日母字"芮蚋祭合去"同见于"位"韵"鋭"小韵中，并与"位"小韵对立。部分喻母读同日母的现象，早在《中原音韵》中就有记载，如"鋭"字《中原音韵》中就已经与"芮蚋"同音。《辨字摘要》反映的部分喻母合口三等读同日母的现象与《中原音韵》一致，也与现代汉语一致。

此外，《辨字摘要》还有部分日母读同来母的现象，均为止摄合口三等字，

雷：雷櫑罍瓃靁罍擂来灰 虆樏縲嫘蔂藟蘲来脂合 羸来支合 蕤甤綏日脂合

七　声母特殊读音现象

（一）少数透、定母读擦音的现象

《辨字摘要》有少数透、定母和晓匣母洪音同见，现将这些小韵和所辖字列举如下：

械：械薤瀣匣怪 邂解匣卦 獬藓匣蟹 懈見卦 泰汏太透泰 態透代

亨：亨亨哼曉庚二 吞透痕

行：行珩衡桁蘅匣庚二 恆恒匣登 莖匣耕 痕匣痕 滕螣縢騰縢藤籐定登 疼定冬

恨：恨匣恨 行匣映二 荇杏匣梗二 幸倖匣耿 鄧定嶝

偷：偷透侯 齁晓侯

豆：後后郈厚垕匣厚 逅候堠睺匣候 豆荳逗餖痘竇讀定候 透鋀透候

以上六个透、定母字和晓、匣母洪音字同见的小韵中，是透定母读同晓匣母，还是晓匣母与透定母读音相同？从对立情况来看，以上小韵在同一韵中均没有对立的透（定）母小韵。除"吞"字在"熏"韵中有透母的读音（与"昏"小韵对立，但意义有别），"鄧"字在"善"韵中有端母的读音（属"凳"小韵）外，其余定、透母字均无两读的现象。从音理上分析，定母在《辨字摘要》中已经清化，与送气塞音透母合流。匣母在《辨字摘要》中也已经清化，与晓母合流，晓母是送气擦音。透母与晓母的共同特点是送气，送气塞音失去塞音成分而保留送气特征，远比送气擦音演变为塞音又保留送气特征容易得多，也更符合言语交际的省力原则。因此以上几个小韵中透定母与晓匣母同见的性质，应当是透定母合流后，失去塞音成分而读同晓母洪音。

从透、定母与晓、匣母合流的特征来看，以上小韵都属于开口洪音小韵。细音以及合口洪音小韵中我们没有发现透、定母与晓、匣母同见的现象。

不过，《辨字摘要》开口洪音小韵中，透、定母与晓、匣母同见的现象也只占一小部分。除以上所举小韵外，其他透定母洪音小韵与晓匣母洪音小韵

存在对立，举例如下：

動硐迵$_{\text{定董}}$慟侗洞詷恫$_{\text{定送}}$痛$_{\text{透送}}$：汞銾$_{\text{匣董}}$哄閧$_{\text{匣宋}}$

蕩盪璗$_{\text{定荡}}$踼碭宕$_{\text{定荡}}$攩挡$_{\text{透荡}}$：巷$_{\text{匣讲}}$行$_{\text{匣宕}}$項$_{\text{匣讲}}$

杜肚$_{\text{定姥}}$度渡鍍$_{\text{定暮}}$兔菟$_{\text{透暮}}$：戶戽扈祜岵怙$_{\text{匣姥}}$護濩互冱綛瓠頀$_{\text{匣暮}}$

代岱黛袋玳靆貸$_{\text{定代}}$待怠迨殆$_{\text{定海}}$：害$_{\text{匣泰}}$亥$_{\text{匣海}}$

託托飥魄籜擇柝拓橐$_{\text{透铎}}$度踱$_{\text{定铎}}$：鶴涸貉壑熇郝$_{\text{晓铎}}$鷽學$_{\text{匣觉}}$

因此，透定母洪音在《辨字摘要》中读擦音，还不是一种普遍现象。不过这可能与《辨字摘要》的性质有关。《辨字摘要》是一部供读书人识字的韵书，因此更多倾向于记录读书音。不过，个别匣母洪音字掺入透定母小韵，并与同韵的晓匣母洪音小韵对立，似乎反映了实际语音中，透定母开口洪音在口语层面读同晓匣母了。如：

達$_{\text{定曷}}$闒蹋$_{\text{定盍}}$遝黭$_{\text{定合}}$撻澾闥獺$_{\text{透曷}}$鞑$_{\text{透曷《龙龛》}}$塔塌榻溻遢$_{\text{透盍}}$漯謽嚃踏$_{\text{透合}}$轄$_{\text{匣辖}}$劼$_{\text{溪黠}}$：洽袷峽狹$_{\text{匣洽}}$狎柙^{俗}匣$_{\text{匣狎}}$礬$_{\text{匣鎋}}$瞎$_{\text{晓鎋}}$

尤其上文所举“吞”、“邓”的两读现象，更暗示了《辨字摘要》透定母开口洪音很可能存在文白两读现象。

（二）其他少数字声母的特殊读音现象

1. 来母字“隸”读同透母的现象，如：

地：地$_{\text{定至}}$弟娣悌遞逓$_{\text{定荠}}$第睇梯棣禘締杕逮$_{\text{定霁}}$涕剃替洟揥禘$_{\text{透霁}}$隸$_{\text{來霁}}$

这一小韵包括三类声母的字：定母“地弟娣悌遞逓第睇梯棣禘締杕逮”、透母“涕涕剃替洟揥禘”、来母“隸”。定母与透母合流为“透”母，“隸”也应当读“透”母。“隸”在现代方言中读塞音的现象比较多，如苏州音 di$^{\supseteq}$，双峰文读 t^{h}i$^{\supset}$，白读 di$^{\supseteq}$；潮州音$^{\subseteq}$ti，南昌音 t^{h}it$_{\supseteq}$。①

2. 部分古戈韵见母、匣母字读零声母，如：

窩萵倭矮$_{\text{影戈}}$鍋$_{\text{见戈}}$：戈咼$_{\text{见戈}}$

和^{古}龢$_{\text{匣戈}}$：禾$_{\text{匣戈}}$：河何荷$_{\text{匣歌}}$柯$_{\text{見歌}}$

“窩”等字为影母字，“鍋”为见母字，“窩”、“鍋”同音，应当是见母“鍋”读同影母“窩”。因为在这一韵中，还有见母“歌”小韵与“戈”小韵与之对立。“鍋”读为零声母的现象在南方方言中也比较常见，如潮州音$_{\subset}$ue，建瓯音$_{\subset}$ua，南昌音$_{\subset}$uɔ。

“和”与“禾”同为匣母戈韵字，但在“俄”韵中为两个对立的小韵，读音存

① 所举例字在各方言中的读音依据《汉语方音字汇》第二版重排本，语文出版社，2003 年。下文同。

在区别。这有两种可能，或者其中一字韵母读开口韵母，或者其中一字丢失了声母，读零声母。第一种可能性不成立，因为“和”、“禾”两小韵与匣母“河”小韵对立。那么只可能是其中一字读为零声母。联系现代方言的表现来看，“禾”读零声母的可能性最大，如南昌“禾”音 uɔ꜄，厦门“禾”文读꜁o，建瓯音 o꜄，长沙音꜁o，双峰音꜁əu。

除以上特殊情况之外，《辨字摘要》还存在许多例外读音现象，大部分是由于生僻、训读、误读引起的，限于篇幅，不再一一讨论。

八 《辨字摘要》声母表

根据以上分析，我们把《辨字摘要》二十声母归纳如下：

表 2—16 《辨字摘要》声母表

声母	与中古音的对应关系
帮	帮
滂	滂、並
明	明
非	非、敷、奉
端	端
透	透、定
泥	泥（细音）、疑（部分细音）、日（少数），少数泥母洪音，来（臻深曾梗摄开口细音舒声韵字）
来	来、泥（洪音，臻深曾梗摄开口细音入声韵字）
精	精、庄、知二
清	清、从、崇、澄二
心	心、生、邪、崇（少数）
章	章、知三
昌	昌、徹三、禅（部分），船（个别）
书	书、船（大部分）、禅（少数）
日	日
见	见
溪	溪、群
晓	晓匣、透定（少数开口洪音）
疑	疑（洪音，少数细音）、影（开口洪音）
喻	于、以、影（合口洪音，细音）、微

第三节 《辨字摘要》的韵母系统和声调系统

我们以《广韵》206 韵为参照系，按阴声韵、阳声韵、入声韵的顺序，分析《辨字摘要》每一韵系所对应的《广韵》韵类以及每一韵系所包含的韵母。

《辨字摘要》"凡例二"说:"此书以平、上、去、入为四类,而以'天子圣哲'冠其首。一类之中,其音韵相同者编为一科。"这里的"音韵"与传统韵书中的"韵"相类似。"一科"相当于韵书中的一韵。每一韵之内,编者再根据声母与韵母开合洪细的不同,编排同音字组,相当于传统韵书中的小韵。因此,同一韵系的主元音与韵尾必定相同。同一韵中,声母相同的小韵的对立,必定是韵头的区别,或为开合之分,或为洪细之别。以下我们结合音系结构表,以音位对立为原则,分析《辨字摘要》的韵母系统,确定每一韵系所包含的韵母。舒声韵韵母代表字首选零声母阴平声小韵首字,次选零声母阳平、上声和去声小韵首字,没有零声母小韵的则选其他声母平声小韵首字;入声韵韵母代表字同样首选零声母小韵首字,次选其他声母小韵首字。

在讨论《辨字摘要》韵母系统之前,我们先讨论《辨字摘要》几组声母字的韵母性质问题。

一 《辨字摘要》帮、非组与知三章组字的韵母性质问题

(一)来源于古合口韵的唇音字韵母的开合问题

《切韵》唇音字韵母在现代汉语方言中有不同的表现,大多数北方方言除韵母为 u 的唇音字之外,其他唇音字韵母都读开口。但粤、闽等方言中,中古唇音字韵母多读合口。那么《辨字摘要》唇音字的韵母性质如何?

1. 帮组字的韵母性质

《辨字摘要》帮组字分布于 14 个韵系以及 6 个入声韵中:

韵系:"工"、"章"、"基"、"夫"、"皆"、"因"、"熏"、"山"、"天"、"高"、"肖"、"唆"、"加"、"周"

入声韵:"叔"、"橥"、"一"、"佛"、"達"、"哲"

以上来自古开口韵的共计 8 个韵系,3 个入声韵,分别是:

韵系:"章"、"皆"、"因"、"山"、"高"、"肖"、"加"、"周"

入声韵:"橥"、"一"、"達"

这些韵系中的帮组字韵母应当读开口,我们不予讨论。需要讨论的是其他 4 个韵系与 2 个入声韵中,来自中古合口韵的帮组字韵母的开合问题。这 4 个韵系、2 个入声韵分别是:

韵系:"工"、"夫"、"熏"、"唆"

入声韵:"叔"、"佛"

这 4 个舒声韵系、2 个入声韵中的帮组声母小韵没有对立关系,无法根据其中古来源判断其韵母的开合性质。

《辨字摘要》来源于古合口韵的帮组字有与开口韵字同音的现象,如"基"韵系"卑"、"寐"小韵,"天"韵系"崩"、"烹"、"萌"小韵,以及入声"哲"韵

"百"、"白"、"末"小韵，举例如下：

卑：卑罤碑椑俾陂$_{\text{帮支}}$螕$_{\text{帮齐}}$屄$_{\text{《字汇》帮齐}}$悲$_{\text{帮脂}}$杯桮盃$_{\text{帮灰}}$

寐：寐媢$_{\text{明至}}$沬佅$_{\text{明泰}}$妹昧眛痗$_{\text{明队}}$媚魅$_{\text{明至}}$瑂$_{\text{明脂}}$袂$_{\text{明祭}}$謎謎$_{\text{明霁}}$

崩：崩痭$_{\text{帮登}}$搬般$_{\text{帮桓}}$祊$_{\text{帮庚二}}$伻$_{\text{帮耕}}$絣$_{\text{帮清}}$

烹：烹澎胓$_{\text{滂庚二}}$怦砰^{古}甹抨抨$_{\text{滂耕}}$拌^{俗}拚潘$_{\text{滂桓}}$膨$_{\text{並庚二}}$

萌：萌氓甍$_{\text{明耕}}$墁謾饅槾鰻漫瓁鞔$_{\text{明桓}}$瞞盲宝虻甿莔$_{\text{明庚二}}$宗$_{\text{明唐}}$

百：百佰伯柏迫$_{\text{帮陌二}}$擘蘗$_{\text{帮麦}}$北$_{\text{帮德}}$撥襏鉢$_{\text{帮末}}$蕟$_{\text{非月}}$

白：白帛舶鮊$_{\text{並陌二}}$鈸茇撥$_{\text{並末}}$匐蔔$_{\text{並德}}$魄拍珀$_{\text{滂陌二}}$潑醱$_{\text{滂末}}$嚩$_{\text{《篇海类编》滂末}}$掴$_{\text{滂麦}}$

末：末抹鮇茉沫秣$_{\text{明末}}$墨默冒萬$_{\text{明德}}$脈脉霡麥$_{\text{明麦}}$陌貊貉驀$_{\text{明陌二}}$

"基"韵系帮组声母小韵不仅列了止蟹摄开口三四等字，也列了蟹摄合口一等灰韵(举平以赅上去，下同)以及开口一等泰韵字，说明灰韵帮组字韵母由合口洪音演变为了开口细音。更直接的证据是，"基"韵系去声只有开口韵，没有合口韵，合口韵归入"位"韵。如果"基"韵系去声韵帮、非组字韵母读合口呼，则也应当归入"位"韵。"位"韵无唇音声母小韵，说明"基"韵帮、非组声母小韵均读开口细音。

"天"韵系与"哲"韵系帮组声母小韵中，同样既列了古开口韵字，又列了古合口桓韵与末韵字。因此《辨字摘要》"基"、"天"、"哲"三个韵系中，来源于中古合口韵的帮组字韵母与现代北方方言一样，同样读开口。

既然《辨字摘要》根据实际语音将部分古帮组开、合口韵字列同一小韵，那么，以上"工"、"夫"、"熏"、"唆"4 个韵系与"叔"、"佛"2 个入声韵中，来自古合口韵的帮组声母小韵如读开口，也应当分别与相应的开口帮组字同列。如古臻摄合口一等帮组字列"熏"韵系，开口一等字列"天"韵系，如果古臻摄合口一等帮组字读开口，则应当列"天"韵系 ，与"崩"、"烹"、"朋"等小韵同列。《辨字摘要》没这么做，当是因为古臻摄合口一等帮组字，即"熏"韵系帮组字仍读合口。并且以上来自古合口韵的帮组声母小韵所在的韵系与入声韵，除"唆"韵系列了古开口一等韵字外，其他韵系以及入声韵都只列了古合口韵字。将以上合口韵系或合口入声韵中的帮组字韵母拟为开口，无疑使韵母系统更加复杂，是否符合实际语音的状况，也很难确定。因此，我们将以上韵系中的帮组声母小韵韵母均拟为合口。

2. 非组声母小韵的韵母性质

微母字在《辨字摘要》读合口洪音，则非组字韵母也应当已经由细音演变为洪音。因此非组声母小韵的韵母性质，应当与同韵的帮组洪音小韵相同。不过，"基"韵系古一等灰韵帮组字读细音，则"基"韵系非组字也应当读细音。

非组声母在现代汉语方言中，尤其在南方方言中，多与晓匣母合口洪音相混。大致的表现形式有两种：1. 非组声母混同晓匣母的，非组字韵母保留合口读音；2. 晓匣母混同非组声母的，非组声母与晓匣母字韵母有读合口的现象，也有读开口的现象（韵母为[u]者除外）。非组声母与晓匣母不混的方言中，一般情况是非组字韵母读开口。下面我们把湘语、闽语、粤语、客语、赣语、徽语代表点中非组字与晓匣母字的读音①举例对比如下：

表 2—17　湘语、闽语、粤语、客语、赣语、徽语代表点中非组字与晓匣母字读音举例

代表字	非组声母字						晓组声母字				
方言点	飞	凡	繁	方	坟	粉	灰	挥	还	荒	魂
福州	꜀xi	꜁xuaŋ	꜁xuaŋ	꜀hɔŋ	꜁xuŋ	꜁xuŋ	꜀xuei	꜀xuei	꜁xuaŋ	꜀xuɔŋ	꜁xuŋ
厦门	꜀hui	꜁huan	꜁huan	꜀huaŋ	꜁hun	꜂hun	꜀hue	꜀hui	꜀huan	꜀hɔŋ	꜁hun
双峰	꜀xui	꜁ɣua	꜁ɣua	꜀xɒŋ	꜁ɣuan	꜂ɣuan	꜀xue	꜀xui	꜁ɣua	꜀xɒŋ	꜁ɣuan
梅县	꜀fi	꜁fam	꜁fan	꜀fɔŋ	꜁fun	꜂fun	꜀fɔi	꜀fi	꜁fan	꜀fɔŋ	꜁fun
南昌	꜀fəi	fan꜄	fan꜄	꜀fɔŋ	fən꜄	꜀fən	꜀fəi	꜀fəi	fan꜄	꜀fɔŋ	fən꜄
萍乡	fi^{13}	帆 fã^{13}	煩 fã^{44}	fõ^{13}		fẽ^{35}	fi^{13}		fã^{44}	fõ^{13}	fəŋ^{44}
长沙	꜀fei	꜁fan	꜁fan	꜁fan	꜁fən	꜂fən	꜀fei	꜀fei	꜃fan	꜀fan	꜁fən
广州	꜀fei	꜁fan	꜁fan	꜀fɔŋ	꜁fɐn	꜂fɐn	꜀fui	꜀fɐi	꜁wan	꜀fɔŋ	꜁wɐn
黟县	fɛi^{31}	foɐ^{44}	foɐ^{44}	foŋ^{31}	fɑŋ^{44}	fɑŋ^{53}	xuaɯ^{31}	xuɛi^{31}	xuːɐ^{44}	xoŋ^{31}	xuɑŋ^{44}
扬州	꜀fei	꜁fæ̃	꜁faŋ	꜀faŋ	꜁fən	꜂fən	꜀xuəi	꜀xuəi	꜁xuæ̃	꜀xuaŋ	꜁xuən
宁波	fi^{53}	帆 vɛ^{24}	煩 vɛ^{24}	fɔŋ^{53}	vəŋ^{24}	fəŋ^{35}	hueɪ53		ɦuɛ^{24}	huɔ̃53	渾 ɦuəŋ^{24}

《辨字摘要》属于非组声母与晓匣母不混型，因此大部分情况下，非组声母当读开口洪音，具体情况后文分析。

（二）《辨字摘要》知三章组字韵母的性质问题

知组声母在《辨字摘要》中，以等为条件分为两类：知组二等与精组洪音及庄组声母合流，与洪音韵母相拼；知组三等与章组声母合流。

现代汉语方言中，知章组读卷舌音的，韵母一般由细音演变为洪音，其中止蟹摄开口三等（以及臻深曾梗摄开口三等入声）字韵母读舌尖后元音ʅ，与止摄开口三等见系字韵母 i 有别。《辨字摘要》止摄开口三等精庄组字独立为“姿”韵系，说明这些声母字与其他止摄开口三等字韵母主元音不同。但止摄开口三等知章组字与止摄开口三等帮系、见系、泥来母字，以及蟹摄

① 以下萍乡方言材料来自魏刚强《萍乡方言词典》，江苏教育出版社，1998；黟县方言材料来自平田昌司《徽州方言研究》，日本好文出版社，1998；宁波方言材料来自汤珍珠等编纂《宁波方言词典》，江苏教育出版社，1997；其余语料来自《汉语方音字汇》第二版重排本，语文出版社，2003 年。

开口三四等字同列“基”韵系。根据《辨字摘要》的编排原则，同韵系字韵母主元音相同，“基”韵系止蟹摄开口三等知章组字当与其他声母字一样，韵母读细音。

《辨字摘要》其他韵系中的知三章组声母同样多与细音韵母相拼。如同来源于古遇摄的字，《辨字摘要》分列“夫”韵系与“朱”韵系。其中遇摄三等知章组字与见系字同列“朱”韵系，与“夫”韵系所列遇摄一等以及遇摄三等非组、庄组字对立，说明遇摄三等知章组字韵母当读细音。下文在分析过程中，大部分情况下把知三章组字韵母归入细音。

二　《辨字摘要》韵母系统分析

（一）《辨字摘要》韵母系统分析——阴声韵

1.“基”韵系、“位”韵系与“姿”韵系

这三个韵系列古止蟹摄三、四等字（止摄开口三等日母字除外），蟹摄合口一等字以及遇摄三等来母、精组字。其中，止摄开口三等精庄组字列“姿”韵系；其他止摄字（除日母字外）以及蟹摄三四等、蟹摄合口一等字列“基”韵系（去声只列以上韵摄的开口韵字）；止蟹摄合口三四等去声字以及蟹摄合口一等去声字列“位”韵。“位”韵只有去声韵，从中古来源看，与“基”韵系去声韵具有开合互补关系。

（1）“基”韵系

1）“基”韵系包含开口细音与合口洪音两个韵母。“基”韵系除帮组声母（不包括明母）小韵外，同声母小韵均有开合对立关系。以平声“基”韵为例，对立的小韵有：

表 2—18　“基”韵各小韵的开合对立

声母		端组		精组		见系				知章组	
小韵	开口	低	梯	妻	西	基	溪	希	衣	知	笞
	合口	堆	退	崔	雖	圭	奎	灰	威	追	吹

其中开口小韵列古止蟹摄开口三、四等字以及部分遇摄三等精组字（见下文讨论），合口小韵除列止蟹摄合口三四等字外，还列有来自古蟹摄合口一等的灰韵、泰韵字。古止蟹摄合口三四等与蟹摄合口一等见系字合流，韵母读合口洪音的现象，上文已进行了讨论。这里再列举部分止蟹摄合口三等与蟹摄合口一等精组、来母字同小韵的现象：

雷：雷櫑罍讄靁罍来灰 擂《玉篇》来灰 纍樏縲嫘虆虆藟来脂 羸来支 蕤甤綏日脂

揣：揣初纸 漼璀清贿

崔：崔催縗清灰 衰榱初支

《辨字摘要》庄组与精组一等字读音合流，以上止蟹摄合口三等精庄组字与蟹摄合口一等灰韵精组字同小韵的现象，反映了止蟹摄合口三等精组字读合口洪音的特征。这一特征与《中原音韵》一致。

“基”韵系知三章组声母合口小韵虽然均来源于止蟹摄合口三等，但其他声母止蟹摄合口三四等小韵多读合口洪音，知三章组声母小韵也当读合口洪音。据此可以大体确定“基”韵系包含有两个韵母——开口细音韵母与合口洪音韵母，分别称为“衣”韵母与“威”韵母。

除明母平声外，古蟹摄合口一等灰泰韵与止蟹摄开口三四等帮组声母字没有开、合对立关系，说明灰韵帮组字与止蟹摄开口三四等字一样读开口细音，举例如下：

卑：卑卑碑椑俾陂帮支 螕帮齐 屄《字汇》帮齐 悲帮脂 杯桮俗 盃帮灰

被：被庳並纸 避並寘 比紕備俻精奰贔並至 狴並荠 薜並霁 背佩珮焙悖誖並队 倍蓓棓並贿 裨並支 幣弊敝斃並祭 旆並泰 屁淠滂至 睥俾滂霁 譬滂寘 霈沛滂泰 配滂队 襞帮霁 柀帮纸 筏《字汇》蒲害 俾《集韵》滂霁 篦《字汇》毗意 畀帮至 柹《龙龛手镜》芳废

寐：寐媢明至 沬泰妹昧眛痗佅明队 媚魅明至 瑂明脂 袂明祭 謎明霁 滐

不过，阳平“奇”韵“眉”小韵中，古灰韵明母“梅”小韵与止蟹摄开口三、四等明母“眉”小韵对立：

眉㥍湄嵋瑂郿蘪麋明脂 縻醿縻瓕瓕冞明支 麛迷慸明齊 ：梅鋂脢枚玫禖媒煤莓霉明灰 徽楣明脂

除“徽、楣”两字为脂韵字外（“徽”一为队韵字），“梅”小韵字均为蟹摄合口一等灰韵字，“眉”小韵则均为止蟹摄开口三四等字。这两个小韵的字在元代《中原音韵》中就已经同音。不过这种对立只发生在阳平“奇”韵中，相承的上声、去声韵中没有类似的对立现象。这种对立有两种可能：一是编者疏忽，没有将本来同音的两小韵合并；或因编者拘泥于古音的洪细对立，偶然有意为之；另一种可能是，灰韵唇音字正处于不稳定的状态，大部分唇音字已经读开口细音，只有明母平声字还保留合口洪音的读法。我们暂把“梅”小韵韵母归纳到合口洪音“威”韵母。

2）鱼虞韵精组、来母字与蟹摄开口三四等精组、止蟹摄开口三四等来母以及止蟹摄合口三等精组字同小韵的现象。“基”韵系精组、来母开口小韵除列有止蟹摄开口三、四等字外，还列有古遇摄三等精组、来母字，以及部分止、蟹摄合口三等字。止、蟹摄开口三四等字与遇摄三等同音的小韵有：

祭：祭際精祭 擦濟霽精霁 癠[又同劑]精荠 足精遇 劑从荠

疽:疽睢趄咀蟗菹胆清魚 趨俗 趋清虞 虀齎精齐 且沮蛆狙苴砠精鱼

妻:妻萋淒凄悽緀清齐 蟗清魚 趨清虞

黎:黎犁蔾瓈藜黧黎来齐 閭蘆廬驢藘来鱼 蔞来虞 梩釐厘氂嫠斄耊貍狸来之 離璃漓籬篱褵鸝罹驪蘺来支 蜊梨鑗来脂

利:利筣浰俐痢唎莅来至 蜊来脂 莉来齐 例厲癘礪濿禲勵糲来祭 吏来志 詈儷麗荔戾離唳来霁 慮濾鑢來御 屢來遇

以上遇摄三等精组来母字与蟹摄开口三四等精组以及止蟹摄开口三、四等来母同小韵的现象,说明遇摄三等精组来母字韵母在《辨字摘要》中读细音"衣"韵母。

不过,遇摄三等精组来母字除与以上止蟹摄开口三四等字同小韵外,部分小韵中还同时与止蟹摄合口三等同见,甚至还有部分蟹摄合口一等字掺入,如:

娶:娶趣清遇 妻砌清霁 覻清御 脆清祭合 翠清至合 聚清麌 萃倅顇瘁清至合

西:西栖棲犀澌嘶撕劚恓心齐 胥糈諝稰湑醑心鱼 需繻須媭鬚心虞 荾綏心脂合 鏏

灑:灑心荠 壐徙心纸 髓瀡心纸合 葸枲心止 齭心语 蓰屣心纸 泚清纸

細:細壻婿心霁 蕠絮心御 醑心语 祟心至合 緒序敘邪语

李:李里理鯉俚娌裏裡来止 禮古 礼醴澧蠡来荠 履来旨 邐来纸 吕侣旅膂来语 縷褸僂来麌 瘰来贿 纍来纸合

遇摄三等精组、来母字与止蟹摄开、合口三四等字同音,说明部分止蟹摄合口三等精组字韵母读开口细音。因为以上小韵还有合口洪音小韵与之对立,如"李"小韵与"屢"小韵(屢来遇 累纍来纸 瘰磥櫑磊蕾儡来贿 壘藟櫐誄讄蜼来至 蘽来脂)对立,"西"小韵与"虽"小韵(雖心脂合 衰生支)对立;"娶"小韵与"细"小韵本韵系虽然没有对立的小韵,但与"基"韵系互补的"位"韵中,分别有"罪"小韵(罪从贿 焠从队 萃倅瘁顇从至 蕞从泰 翠清至 脺脆清祭 粹心至)、"岁"小韵(歲嵗心祭 碎誶心队 睟邃祟心至 遂檖璲鐆隧澻襚旞燧樤穗邪至 晬精队,又同"睟")与之对立。因此以上遇摄三等精组、来母字,止蟹摄开合口三四等字同音的小韵,韵母也当为开口细音"衣"韵母。

不过,以上读开口细音的止蟹摄合口韵字,大部分有合口洪音的异读现象。如"娶"小韵的"脆翠萃倅顇瘁"等字同时见于"位"韵"罪"小韵,"细"小韵的"祟"字同时见于"位"韵"岁"小韵。也就是说,古止、蟹摄合口三等精组字在《辨字摘要》中有开口细音与合口洪音两读,而遇摄三等精组字则没有类似现象(个别遇摄三等来母字有读合口细音的现象,如"屢"字)。因此,以下遇摄三等精组与止摄合口三等精组、蟹摄开口四等精组同音的小韵,尽管没有对立的合口小韵，其韵母也当读开口细音：

嘴：嘴觜觜$_{\text{精纸合}}$蹪$_{\text{精霁}}$濟擠$_{\text{精荠}}$沮齟$_{\text{从语}}$

隨：隨^{俗}随隋$_{\text{邪支}}$徐$_{\text{邪魚}}$

以上现象说明，《辨字摘要》音系具有“支鱼相混”的特点。从表现形式来看属于“鱼＞支”（“鱼”韵读入“支”韵。“鱼”代表古遇摄字，“支”代表古止蟹摄三四等字。这是参照宋元诗词用韵的术语，详见下文），但只局限于精组与来母字。古合口三等精组来母字韵母读开口细音的现象，在《辨字摘要》中比较普遍，详见后文分析。

（2）“位”韵系

“位”韵系只有去声韵，且均来源于古止、蟹合口三四等以及蟹摄合口一等，与“基”韵系平、上声韵中的合口小韵来源和性质大体一致。实际上就是与“基”韵系去声开口细音韵母相对应的合口洪音韵母。如：

位：位爲$_{\text{喻至}}$胃謂緭蝟蒷渭緯$_{\text{喻未}}$衛$_{\text{喻祭}}$恚$_{\text{影寘}}$畏尉慰蔚螱$_{\text{影未}}$穢$_{\text{影廢}}$薈$_{\text{影队}}$
飫$_{\text{影御}}$喟$_{\text{溪至}}$鏸睿$_{\text{喻祭}}$未味菋$_{\text{微未}}$螅$_{\text{匣霁}}$磑$_{\text{疑队}}$

退：退$_{\text{透队}}$蜕駾$_{\text{透泰}}$兑$_{\text{定泰}}$隊譈憝懟$_{\text{定队}}$

这一韵除“飫”为遇摄字外，与“基”韵系去声韵相比，唯一的不同是多了古蟹摄独立去声祭、废韵合口字。根据《辨字摘要》编撰的基本体例——开合口同韵的原则，应当将“位”韵编入“基”韵系去声。编撰者没有将它们编入“基”韵系，可能是疏忽，也可能有别的原因。本韵只有一个韵母，我们称之为“位”韵母。根据“位”韵的来源，其韵母应当与“基”韵系合口韵母相同，这里遵从韵书体例从名称与拟音方面予以区分。

（3）“姿”韵系

“姿”韵系列古止摄开口三等精、庄组字，举阴平声小韵为例：

姿：姿谘諮資粢穦齊齋禌$_{\text{精脂}}$孜秄孖犕孳兹滋鎡鼒$_{\text{精之}}$貲髭郪$_{\text{精支}}$菑淄緇
輜椔錙$_{\text{庄之}}$趦$_{\text{庄脂}}$

雌：雌$_{\text{清支}}$麄$_{\text{清模}}$差嵯$_{\text{清支}}$

司：司笥思緦罳颸偲絲鷥蕬$_{\text{心之}}$私$_{\text{心脂}}$斯廝澌鷈$_{\text{心支}}$師獅褲螄篩$_{\text{生脂}}$釃$_{\text{生支}}$

止摄开口三等精庄组字独立为韵，与同摄其他开口三等声母字有别，韵母性质应当不同。“姿”韵系的性质与《中原音韵》“支思”部相似，但又与《中原音韵》“支思”部有很大区别。《中原音韵》“支思”部包括止摄开口三等章组字，《辨字摘要》止摄开口三等章组字列“基”韵系，韵母读“衣”韵母。《中原音韵》“支思”部止摄开口三等精组、庄组字读音有别，《辨字摘要》读音合流。

《辨字摘要》"姿"韵系的产生，应当与《古今韵会举要》一样是受舌尖元音"北音南扩的结果"（刘晓南 2005b：170）。舌尖元音在不同的方言中，有不同的表现形式。如闽方言厦门、建瓯话中，止摄开口三等精庄组字韵母文读 u，福州话中文读 y。而在吴、湘方言以及赣方言南昌方言中韵母读舌尖元音 ɿ。

《辨字摘要》"姿"韵系内部没有对立关系，只有一个韵母，称为"姿"韵母。

《辨字摘要》古遇摄一等字列"夫"韵系，但"麄$_{\text{清模}}$"字列入了"姿"韵系，与止摄开口三等"雌、差"等字同音，这是否偶然现象？我们探讨"姿"韵母音值时，应该引起足够的重视。

2."夫"韵系与"朱"韵系

"夫"韵系与"朱"韵系同来源于古遇摄。其中"夫"韵系列古遇摄一等字，遇摄三等庄组、非组字，以及少数流摄三等尤韵唇音字；"朱"韵系列庄组、非组声母以外的其他遇摄三等字，以及古止摄开口三等日母字。"夫"韵系与"朱"韵系各举有代表性的三个小韵如下：

"夫"韵系

父：父輔腐$_{\text{並麌}}$賻附駙鮒袝跗$_{\text{並遇}}$蒴咐傅賦付$_{\text{非遇}}$富$_{\text{非宥}}$訃$_{\text{敷遇}}$副$_{\text{敷宥}}$負婦媍$_{\text{奉有}}$

素：素愫訴愬溯遡塑$_{\text{心暮}}$數数$_{\text{生遇}}$疏$_{\text{生御}}$

戶：戶戽扈祜岵怙$_{\text{匣姥}}$護濩互沍縍瓠$_{\text{匣暮}}$

"朱"韵系

住：住$_{\text{澄遇}}$柱跓$_{\text{澄麌}}$宁苎紵竚$_{\text{澄麌}}$箸$_{\text{澄御}}$處$_{\text{昌御}}$

去：去呿$_{\text{溪御}}$巨鉅秬詎拒距苣炬虡簴$_{\text{群语}}$窶$_{\text{群麌}}$懼惧具颶$_{\text{群遇}}$

如：如洳茹$_{\text{日魚}}$儒孺嚅襦鴽薷輀$_{\text{日虞}}$而$_{\text{日之}}$兒$_{\text{日支}}$

明代官话韵书《韵略汇通》已经有"居鱼"与"呼模"之别。成书稍早于《辨字摘要》的官话韵书《五方元音》中，遇摄三等精组见系字列"地"韵，其他遇摄三等字与一等字同列"虎"韵。说明明清官话语音中，古遇摄有洪细分韵的特征。《辨字摘要》古遇摄字同样分列两个韵系，从来源上看，"夫"韵系与"朱"韵系也具有洪细分韵的特征，其性质与上述官话韵书反映的特征基本一致。说明《辨字摘要》古遇摄字以韵母洪细为条件，主元音分化。我们把"夫"韵系的韵母称为合口洪音"乌"韵母，把"朱"韵系的韵母称为合口细音"於"韵母。

遇摄三等庄组字读洪音，是《辨字摘要》音系的基本特征，这里不予讨论。古流摄三等唇音字读同遇摄一等，则早自晚唐五代就有反映。朱翱反切"富，福务反"，白居易《琵琶行》以"妇"与遇摄字相押，就是最明显的例证（见王力 1996:236）。《中原音韵》除古流摄三等唇音字列“鱼模”部外，一等明母字也列“鱼模”部，与遇摄一等明母字同音。《辨字摘要》只有少数几个流摄一等明母字列“夫”韵系，并且其中几个同时列“肖”韵系，比较如下：

《辨字摘要》

“夫”韵系:【陽】模謨摹嫫明模【上】母拇砰畆明厚 姥明姥 姆《集韵》明姥【去】慕暮墓募莫明暮

“肖”韵系:【陽】謀矛蝥鍪牟侔麰眸蛑明尤(集韵:明侯)【上】某牡畝畆明厚丘[特例]【去】茂楙懋貿姆瞀苺戊袤明厚

《中原音韵》

“鱼模”部:【陽】模谟明模 摸明铎 谋明尤【上】母某牡亩明厚 姥明姥【去】慕暮墓募明暮

可见古流摄明母字在《辨字摘要》读同遇摄一等的现象只有少数几个，远不如《中原音韵》普遍。

《辨字摘要》止摄开口三等日母字与遇摄三等日母字同音，均列“朱”韵系。平声字见上文所举“如”小韵，上、去声字列举如下：

耳:耳駬餌珥緝日止 爾尔邇日纸 乳日麌 汝茹日语

二:二貳弍佴樲日至 餌咡珥誀日志 濡孺薷日遇 茹日御 袽日魚

止摄开口三等日母字与遇摄三等日母字同音的现象非常特殊，与《中原音韵》止摄开口三等日母字读“支思”部的特征大不相同，明清官话韵书也没有类似记载。止摄开口三等日母字列“朱”韵系，说明其韵母读合口细音。这是《辨字摘要》“支鱼相混”的另一种表现形式，即“支＞鱼”的形式。

3.“台”韵系与“皆”韵系

“台”韵系与“皆”韵系均来源于古蟹摄。其中“台”韵系列古蟹摄开口一等咍韵字以及泰韵见系字，例外的只有一个脂韵合口去声字“帥”。“皆”韵系列蟹摄开合口二等佳皆夬韵字，以及少数开口一等咍韵、泰韵舌齿音字，这些开口一等字包括：精组声母字“猜才咍蔡泰”，端组声母字“泰太汰泰態咍”（读同晓母字），泥来母字“乃廼海 賴癩藾籟鱴瀨奈榛泰 耐耏鼐螚褦代”。《辨字摘要》韵母系统洪细二分，洪音包括了古一二等韵。因此“皆”韵系也应当为开口洪音，部分开口一等咍泰韵字列入“皆”韵系更说明了这一特点。“台”韵系与“皆”韵系的对立，是两个洪音韵系的对立，反映了《辨字摘要》保留了古蟹摄开口一二等主元音的区别。“台”韵系内部没有对立的小韵，只有一个开口洪音韵母。我们把“台”韵系韵母称之为“哀”韵母。

“皆”韵系见系声母小韵开合对立，如：

皆：乖，鞋：懷，介：怪

皆階堦喈偕$_{\text{见皆}}$街$_{\text{见佳}}$：乖乖$_{\text{见皆合}}$

鞋$_{\text{匣佳}}$諧骸$_{\text{匣皆}}$：懷懐淮槐$_{\text{匣皆合}}$

介芥界炌玠價疥尬屆戒誡忦$_{\text{见怪}}$解廨$_{\text{见卦}}$鏁鎅：怪硁$_{\text{见怪合}}$

因此“皆”韵系包含开口洪音与合口洪音两个韵母，我们把“皆”韵系开口洪音韵母称为“挨”韵母，把“皆”韵系合口洪音韵母称为“歪”韵母。

4.“高”韵系与“肖”韵系

“高”韵系和“肖”韵系列古效摄字、流摄一等字以及流摄三等庄组字。其中“高”韵系列古效摄一等豪韵与二等肴韵字。“肖”韵系列效摄三四等字、流摄一等侯韵字、三等尤韵庄组字以及少数幽韵唇音字（“彪滮”两字）。

效摄字根据洪细不同分列两个不同的韵系，主元音当有区别，而不是简单的洪细对立。因为“肖”韵系所列古效摄三四等小韵本身就与流摄一等小韵、流摄三等庄组声母小韵有洪细的对立。

“高”韵系古一等豪韵与二等肴韵同小韵，韵系内部没有同声母小韵的对立，如：

保：保褓堡賲葆鸨寶$_{\text{帮晧}}$飽$_{\text{帮巧}}$

早：早澡藻棗蚤$_{\text{精晧}}$爪$_{\text{庄巧}}$找

稿：稿暠縞槀杲$_{\text{见晧}}$筊絞姣狡攪疝$_{\text{见巧}}$

號：號^{俗}号$_{\text{匣号}}$浩皓$_{\text{匣晧}}$效傚校恔斅効$_{\text{匣效}}$耗託好$_{\text{晓号}}$孝$_{\text{晓效}}$

因此“高”韵系只有一个韵母，我们称之为“凹”韵母。

“肖”韵系列流摄一等侯韵字、三等尤韵庄组字、三等幽韵唇音字，效摄三等宵韵字、四等萧韵字。如：

鄒：鄒邹騶鄹$_{\text{庄尤}}$陬諏緅鯫$_{\text{精侯}}$

標：標摽幖鑣麃臕儦穮瀌猋飈颷$_{\text{帮宵}}$彪$_{\text{帮幽}}$滮$_{\text{並幽}}$

《辨字摘要》庄组字与精组洪音字读音合流，因此，来源于效摄三四等的宵萧两韵字，不与来自流摄三等的庄组字同音。“肖”韵系同声母小韵存在洪细对立关系，以平声“肖”韵为例：

兜：刁，鄒：蕉，搊：鍬，搜：消，勾：嬌，摳：蹺，謳：夭

兜蔸䪷$_{\text{端侯}}$：刁凋雕彫琱鵰貂袦船舠鯛$_{\text{端萧}}$弴䶭

鄒^{俗}邹騶鄹$_{\text{庄尤}}$陬諏緅鯫$_{\text{精侯}}$：蕉焦燋嶕鷦醮䌨膲嶣椒$_{\text{精宵}}$

勾鉤鈎溝篝$_{\text{见侯}}$：嬌驕鷮$_{\text{见宵}}$僥澆徼$_{\text{见萧}}$

因此“肖”韵系实际上包括洪细两个韵母，我们把来源于流摄一等侯韵以及

三等尤韵庄组字韵母称为“讴”韵母；来源于效摄三四等宵萧韵以及幽韵唇音字韵母称为“夭”韵母。幽韵唇音“彪滮”两字属特殊音变现象，与现代汉语演变规律相同。

根据清代学者“弇侈说”，流摄属弇音韵摄，效摄属侈音韵摄。明清官话韵书不混，现代汉语主元音不同。《辨字摘要》古流摄与效摄字同韵，反映了其语音系统具有弇侈相混的特点。

5.“周”韵系

除一等侯韵字、三等尤韵庄组字，以及幽韵“彪滮”二字归入“肖”韵系，少数三等尤韵唇音字归入“夫”韵系之外，其余流摄三等字均列“周”韵系。流摄三韵都是开口独韵，《辨字摘要》分列“肖”、“周”两个不同的韵系，主元音应当有别。“周”韵系内部没有对立的小韵，因此本韵系只有一个细音韵母，我们称为“憂”韵母。

6.“唆”韵系

“唆”韵系列古果摄一等歌、戈两韵字。歌韵为开口一等韵，戈韵为合口一等韵。但在“唆”韵系中，歌、戈两韵只有牙喉音声母小韵（不包括疑母小韵）存在对立，舌齿音声母小韵均不存在对立。举部分端精组声母小韵如下：

朵：朵垜埵躲聜$_{\text{端果}}$䢇$_{\text{端哿}}$

惰：惰堕隳$_{\text{定果}}$柁舵袉$_{\text{定哿}}$大$_{\text{定箇}}$唾$_{\text{透过}}$

羅：羅蘿籮鑼囉灑$_{\text{来歌}}$騾螺腡$_{\text{来戈}}$儺挪那$_{\text{泥歌}}$挼^{俗}捼$_{\text{泥戈}}$

䲞$_{\text{《改并四声篇海》引《俗字背篇》音鲁}}$

磋：磋蹉瑳搓$_{\text{清歌}}$嵯$_{\text{清戈}}$鹾醝$_{\text{从歌}}$鎈

唆：唆梭莎蓑$_{\text{心戈}}$桫娑莎溑傞$_{\text{心歌}}$

歌、戈韵牙喉音声母小韵对立情况如下：

表 2—19　歌、戈韵牙喉音小韵的对立

小韵	哥		箇	柯	可		呵	河	荷	贺	阿	俄	我	卧		
	戈	果	过	科	颗	课		和	火	货					窝	禾

见、溪、晓（匣）母小韵各举一组对比如下：

箇個个$_{\text{见箇}}$ ：過$_{\text{见过}}$

柯$_{\text{见歌}}$舸哿$_{\text{见哿}}$轲珂$_{\text{溪歌}}$坷$_{\text{溪哿}}$苛$_{\text{晓歌}}$ ：科蝌窠薖$_{\text{溪戈}}$

河何荷$_{\text{匣歌}}$柯$_{\text{见歌}}$ ：和^{古}龢$_{\text{匣戈}}$

《辨字摘要》古歌、戈韵牙喉音声母小韵的对立，当为韵母开合口的对立。因此，“唆”韵系包含两个韵母，古戈韵一等唇牙喉音小韵韵母为合口韵母，我们称为“窝”韵母；古歌韵、古戈韵一等舌齿音韵母为开口韵母，我们称之为“阿”韵母。

果摄帮组声母只有戈韵有字，因此没有对立关系。但从戈韵牙喉音仍保留合口的特征来看，同为软音的戈韵帮组声母字也当保留合口的语音特征。

上文声母讨论部分指出，《辨字摘要》古影母开口一二等字声母读“疑”母，合口一二等字声母读零声母“喻”母。“唆”韵系古合口一等戈韵影母“窝”小韵与开口一等歌韵影母“阿”小韵对立，说明“阿”小韵声母读“疑”母，而“窝”小韵以及“禾”小韵声母读零声母“喻”母。对比如下：

阿婴妸屙影歌 猗影歌上 ：窩萵倭烸影戈 鍋见戈

不过，同为牙喉音的古戈韵疑母字并不读合口，而是和古歌韵疑母字同见，读开口。如：

俄：俄娥峨莪哦蛾鵝疑歌 訛吪囮疑戈

卧：臥疑过 餓疑箇 握疑觉

7.“加”韵系与“爹”韵系

“加”韵系列古麻韵二三等字、少数戈韵三等字和蟹摄二等字。其中戈韵只有“伽、茄”两字；蟹摄二等包括佳韵开口二等字“佳、罷”，佳韵合口二等字“娃、卦、詿、罣、掛、挂、絓、畫”，以及夬韵合口二等字“話”。

“加”韵系小韵有两种对立现象。第一种对立是古麻韵开口二等（含两佳韵字）与麻韵开口三等（含部分戈韵开口三等）小韵的对立。对立情况如表2—20：

表2—20 “加”韵系古麻韵开口二、三等小韵的对立

二等小韵	雜	鲊	詐	要	廈	牙	雅	亞
三等小韵	嗟	姐	借	寫	謝	爺	野	夜

其中前五个小韵属于韵母的对立，后三个小韵有韵母的对立，也有声母的区别（开口二等小韵声母为“疑”母，开口三等小韵声母为“喻”母），举例如下：

叉杈差初麻二 槎崇麻二 摣庄麻二 ：嗟瘥罝精麻三

廈庥 嗄曬生祃二 ：謝榭邪祃三 卸瀉心祃三

亞婭稏影祃二 掗影马二 迓砑犽犽疑祃二 ：夜喻祃三

古麻韵二、三等在《中原音韵》中主元音产生了分化，其中麻韵二等字（含部分蟹摄二等字）属“家麻”部，麻韵三等字（含戈韵三等字）属“车遮”部。《辨字摘要》古麻韵二、三等同列“加”韵系，说明主元音并没有分化。《辨字摘要》二等韵都读洪音，因此“加”韵系古麻韵开口二、三等小韵的对立实质上就是韵母洪、细音的对立。其他“加”韵系小韵虽然没有对立，但同样应当根据其中古来源，分别属于洪、细不同的韵母。

“加”韵系包括两个开口韵母：古麻韵开口二等（含部分佳韵字）组成的开口洪音韵母，称为“丫”韵母，开口三等麻韵与部分开口三等戈韵组成的开口细音韵母，称为“爷”韵母。

第二种对立现象从中古来源看，是古二等麻、佳韵开、合口小韵的对立，如表2—21：

表2—21 “加”韵系古二等韵开、合口小韵的对立

二等开口小韵	加	假	駕	鰕	遐	下	丫	雅	亞
二等合口小韵	瓜	寡	卦	花	華	化	蛙	掝	喍

其中“丫”与“蛙”除韵母开、合口的对立，还有声母的区别（开口二等小韵声母为“疑”母，合口二等小韵声母为“喻”母）。举例如下：

加跏珈枷袈迦痂笳嘉家葭豭$_{\text{见麻开二}}$佳$_{\text{见佳开}}$ ：瓜媧蝸騧顝$_{\text{见麻合二}}$

下夏$_{\text{匣马开二}}$暇$_{\text{匣祃开二}}$罅嚇謼$_{\text{晓祃开二}}$ ：化$_{\text{晓祃合二}}$話$_{\text{匣夬合}}$畫画$_{\text{匣卦合}}$檴華魱吴樺$_{\text{匣祃合二}}$

丫椏啞鵶鴉$_{\text{影麻开二}}$ ：蛙哇洼漥汙窊洿$_{\text{影麻合二}}$乭$_{\text{影黠合}}$娃$_{\text{影佳合}}$

因此“加”韵系还包括一个合口洪音韵母，我们称为“蛙”韵母。

“爹”韵系非常特殊，只有平声有字，并且一共只有三个字：靴、爹、些。从中古来源看，“靴”是古戈韵合口三等字，“爹、些”是古麻韵开口三等字。根据“加”韵系古麻韵二、三等（含戈韵三等）同韵的特点，这三字应当归入“加”韵系。编撰者特意为这三个字立了一个韵，一定是它们的读音特殊，主元音与“加”韵系有别。“靴”是北方民族鞋具的称呼，“爹”是北人对父亲的称谓，“些”表少义。这些字在南方方言中非常少见，它们进入南方地区的词汇系统以后，可能连字带音与义一起进入，因此出现了这一奇特的韵系。《中原音韵》中，这三个字同为“车遮”部平声字。根据中古声韵地位，“靴”与“爹、些”有开合的对立。因此“爹”韵系包括两个细音韵母：合口细音称为“靴”韵母，开口细音称为“爹”韵母。

（二）《辨字摘要》韵母系统分析——阳声韵

1.“因”韵系与“熏”韵系

从中古来源看，“因”韵系与“熏”韵系大致具有开合互补的关系，两韵系中古来源见表2—22。

表2—22 “因”韵系与“熏”韵系中古来源

	“因”韵系		“熏”韵系	
	开 口	合 口	开口	合 口
一等				魂

续表

	“因”韵系		“熏”韵系	
	开　口	合口	开口	合　口
二等	耕(影母)、庚二(泥母)			
三等	真、欣、臻(例外)、侵蒸、庚三、清	谆(精组)		真、文、谆(一精组)、庚三、清
四等	青			青

从两韵系中古来源可以看出，“因”韵系大部分来源于古臻深曾梗摄开口三、四等韵，部分梗摄开口二等韵，以及臻摄合口三等谆韵精组。《辨字摘要》合口三、四等精组字多读开口细音，“因”韵系古谆韵精组字与臻深曾梗摄开口三、四等字同小韵，说明谆韵精组字同样读开口细音，如：

精：精腈睛蜻晶旌$_{\text{精清}}$ 琎琎津$_{\text{精真}}$ 遵諄逡$_{\text{精谆}}$

晉：晉[俗] 晋縉搢瑨進$_{\text{精震}}$ 浸祲$_{\text{精沁}}$ 峻晙駿畯餕狻俊雋儁浚$_{\text{精稕}}$ 悛逡$_{\text{清谆}}$

辛：辛新薪$_{\text{心真}}$ 騂$_{\text{心清}}$ 星腥鯹猩惺$_{\text{心青}}$ 心芯$_{\text{心侵}}$ 詢荀洵郇殉徇狗$_{\text{心谆}}$ 莘侁詵駪牲$_{\text{生臻}}$

信：信訊汛迅卂囟$_{\text{心震}}$ 姓性$_{\text{心劲}}$ 隼$_{\text{心准}}$ 濬浚$_{\text{心稕}}$ 燼$_{\text{邪震}}$ 殉$_{\text{邪稕}}$ 穽$_{\text{从劲}}$ 瑩$_{\text{影清}}$ 矴

“因”韵系列有少部分二等字，包括泥母字“獰$_{\text{泥庚二}}$”，匣母字“行$_{\text{匣庚二}}$”（“獰”、“行”二字有“天”韵开口洪音的异读），以及影母字“櫻罌罃鸚鶯$_{\text{耕影}}$”，这些字均与开口三四等字同音。如：

形：形刑邢型鉶硎陘$_{\text{匣青}}$ 行$_{\text{匣庚二}}$

因：因婣姻闉氤絪駰堙湮禋茵$_{\text{影真}}$ 慇殷磤$_{\text{影欣}}$ 嬰䙬纓瓔攖$_{\text{影清}}$ 陰音喑瘖$_{\text{影侵}}$ 櫻罌罃鸚鶯$_{\text{影耕}}$ 媖英瑛鍈$_{\text{影庚三}}$ 應鷹膺$_{\text{影蒸}}$

“因”韵系内部各小韵没有对立关系，因此，“因”韵系只有一个开口细音韵母，我们称为“因”韵母。

“熏”韵系则全部来源于古合口韵，包括臻摄合口一等魂韵，以及臻梗摄合口三四等韵。其中，一等魂韵字不与其他韵字相混，同声母的魂韵小韵与臻梗摄合口三四等小韵存在对立关系，如表2—23：

表2—23　“熏”韵系合口小韵的对立

一等合口小韵	裩	衮	棍	坤	捆	困	昏	混	温	文	刎	問
三四等合口小韵	君	窘		傾	頃	郡	熏	訓	氲	雲	永	詠

举例对比如下：

衮滚輥蓘鯤緄鲧$_{\text{見混}}$ 掍：窘$_{\text{群轸}}$ 炯坰$_{\text{見迥}}$ 駉$_{\text{見青}}$ 泂$_{\text{見静}}$ 烱$_{\text{見梗三}}$ 絅扃褧$_{\text{溪迥}}$

坤髠$_{\text{溪魂}}$ 昆崑琨錕鯤鵾$_{\text{見魂}}$：傾頃$_{\text{溪清}}$

昬[俗] 昏閽婚惛惽睧$_{\text{晓魂}}$ 葷$_{\text{晓文}}$：熏燻勳薰曛纁獯醺矄焄$_{\text{晓文}}$

文紋雯蚊忟玟炆聞$_{\text{微文}}$：雲芸耘云紜沄鄖篔$_{\text{喻文}}$ 筠$_{\text{喻真}}$ 瑩榮[俗] 荣$_{\text{喻庚}}$ 熒瀯濴

螢塋營喻清 匀昀喻諄 縈影清

这种对立应当是韵母主元音相同的合口洪、细音的对立。因此“熏”韵系包含两个韵母：我们把来源于合口一等魂韵的洪音韵母称为“温”韵母；来源于合口三四等韵的细音韵母称为“氲”韵母。“熏”韵系中，还有来源于合口一等魂韵的帮组声母小韵与合口三等谆韵的非组声母小韵，这些帮、非组小韵韵母当相同。上文我们分析指出，《辨字摘要》非组声母与晓组合口洪音声母不混，则其韵母当读开口洪音。如“熏”韵系非组字读开口洪音，则必须增设一韵母。这里暂根据上文分析将唇音声母字归入合口洪音“温”韵母。具体情况还必须与其语音基础比较之后确定。

“因”韵系与“熏”韵系的来源，同时也反映了《辨字摘》古深摄-m 韵尾消失，臻摄-n 尾与曾梗摄-ŋ 尾不分，-m、-n、-ŋ 尾韵合流的特征。从现代汉语方言的表现来看，南方方言中这些古阳声韵韵尾多合流为-n 尾。《辨字摘要》的编撰者是江西人，因此，这三种不同韵尾合流的结果很可能为-n 尾。

“因”韵系来自深臻曾梗摄开口韵，“熏”韵系来自臻梗摄合口韵，从来源上看，具有开合对立关系，可以归纳为同一韵。但编撰者将它们分为两个韵系，一定是因为它们之间的主元音存在对立。

2.“甘”韵系、“山”韵系与“天”韵系

“甘”韵系与“山”韵系主要来源于中古的山、咸两摄。“天”韵系来源复杂，除包括山、咸摄字外，还有臻摄开口一等字、开口三等庄组字，深摄开口三等庄组字，曾梗摄开合口一、二等字。这三个韵系的具体来源见表 2—24。

表 2—24 “甘”韵系、“山”韵系与“天”韵系中古来源

	“甘”韵系		“山”韵系		“天”韵系	
	开口	合口	开口	合口	开口	合口
一等	寒谈牙喉覃多数	桓舌齿	寒谈舌齿覃少数 谈部分牙喉音		登痕	桓唇牙喉登
二等			山删咸衔	山删	庚二耕	庚二耕
三等	仙晓母部分	元牙喉、舌齿、仙一精组、一来母		元凡非组	臻侵庄组、仙元凡盐严	仙精组、来母
四等	先晓母部分	先			先添	

(1)从中古来源看，“甘”韵系既有来自古山咸摄开口一等韵的字，也有来自山摄合口一等韵以及合口三四等韵的字。

根据所列字的中古来源，“甘”韵系应当包括洪、细两类韵母。其中洪音韵母来源于古山咸摄一等韵，细音韵母来源于古山摄三、四等韵。

不过，古山、咸摄一等韵字并没有全部归“甘”韵系，本韵系只包括山、咸摄开口一等寒、谈韵牙喉音字，山摄合口一等舌齿音字以及大部分咸摄一等覃韵字。覃韵本属古开口韵，但在《辨字摘要》中并不完全与开口一等寒、谈韵同见。其中覃韵牙喉音与山咸摄开口一等寒、谈韵牙喉音同见，舌齿音与山摄合口一等桓韵同见。“甘”韵系古山咸摄一等牙喉音与舌齿音小韵各举三例如下：

牙喉音小韵

敢：敢$_{\text{见敢}}$篏黶感鱤顩$_{\text{见感}}$稈$_{\text{见旱}}$

堪：堪龕戡$_{\text{溪覃}}$刊看$_{\text{溪寒}}$弇$_{\text{见覃}}$

寒：寒韓邯$_{\text{匣寒}}$含函錎顄䛿涵$_{\text{匣覃}}$酣$_{\text{匣谈}}$

舌齿音小韵

團：團糰糰摶漙剸$_{\text{定桓}}$曇墰甔罎覃潭譚蟫驔$_{\text{定覃}}$甜$_{\text{匣談}}$

鸞：鸞鸾鑾巒欒圞攣$_{\text{来桓}}$男楠南喃諵$_{\text{来覃}}$

簪：簪$_{\text{精覃}}$鑽$_{\text{精桓}}$

“甘”韵系来源于古山、咸摄一等的小韵没有对立关系，因此覃韵与桓韵同见的舌齿音小韵的韵母性质有两种可能：一种可能是韵母为合口洪音，覃韵舌齿音由开口演变为合口；另一种可能是与寒谈韵牙喉音小韵韵母相同，韵母为开口洪音，桓韵舌齿音由合口演变为开口。

古舌齿音一、二等韵由合口演变为开口，我们在《辨字摘要》中没有发现类似现象，精组合口三、四等韵读开口细音在《辨字摘要》中倒是比较普遍。因此，我们认为“甘”韵系洪音韵母应该包括开合对立的两个韵母：覃韵、桓韵舌齿音韵母为合口洪音韵母，称为“酸”韵母；覃韵、寒韵与谈韵牙喉音韵母为开口洪音韵母，称为“安”韵母。

“甘”韵系细音韵母字大多数来自山摄合口三、四等韵（不含合口三等精组来母字），只有少数来自开口三、四等晓母字（不过这些开口三、四等晓母字均与合口三、四等字同音，读合口细音。见“喧”小韵）。这些来源于山摄合口三、四等的小韵与来源于山咸摄开口一等的同声母小韵对立，如：

甘：涓，堪：圈，憨：宣

甘柑疳泔甘$_{\text{见谈}}$乾虷杆榦玕竿肝芉$_{\text{见寒}}$：涓睊䌸$_{\text{见先合}}$娟$_{\text{影仙合}}$

堪龕戡$_{\text{溪覃}}$刊看$_{\text{溪寒}}$弇$_{\text{见覃}}$：圈$_{\text{溪元合}}$

憨$_{\text{晓谈}}$：喧暄煊諠萱藼諼塤壎晅烜$_{\text{晓元合}}$軒掀$_{\text{晓元}}$仚嘕$_{\text{晓仙}}$祆$_{\text{晓先}}$

这种对立包括开合与洪细的双重对立，这些来源于古山摄合口三、四等（及部分开口三、四等晓母字）的合口细音韵母，我们称为“冤”韵母。

（2）“山”韵系列古开口一等寒谈韵舌齿音字、部分覃韵字、少数谈韵牙喉音字、山咸摄开合口二等韵字以及三等非组字。从中古来源看，“山”韵系多来源于古一、二等韵，韵母性质为洪音。古山咸摄非组字列入本韵系，说明其韵母也读洪音。其中来自古一、二等韵的见系声母小韵开合对立：

間：關，諫：慣，閑：還，喊：綰，限：宦，顔：灣，眼：晚，雁：萬

間蕑艱$_{\text{见山}}$姦^{俗}奸菅$_{\text{见删}}$監$_{\text{见衔}}$尲緘$_{\text{见咸}}$檻$_{\text{匣檻}}$擥：關^{俗}関$_{\text{见删合}}$瘝鰥^{俗}鰀$_{\text{见山合}}$

喊$_{\text{晓敢}}$闞$_{\text{晓豏}}$僩$_{\text{匣潸}}$艦$_{\text{匣檻}}$噉：綰$_{\text{患上聲}}$擐$_{\text{匣諫合}}$

眼$_{\text{疑产}}$闇$_{\text{影覃}}$黯黤$_{\text{影覃}}$黶$_{\text{影豏}}$：晚挽娩$_{\text{微阮}}$綰$_{\text{影潸}}$綄$_{\text{喻祢}}$

因此，“山”韵系包含两个韵母：来源于古开口一、二等韵的小韵，韵母读开口洪音；来源于古合口一二等韵的小韵，韵母读合口洪音。古元韵与凡韵微母字和山摄合口二等影母字同音，韵母也应当读合口洪音。我们把开口洪音韵母称为“山”韵母，把合口洪音韵母称为“弯”韵母。

其中元、凡韵非、敷、奉母小韵当读开口洪音。如读合口洪音，当和元韵舌齿牙喉音一样，列“甘”韵系。

(3)“天”韵系来源复杂，开、合口一、二、三、四等韵俱全，分别来源于古臻深曾梗摄与山咸摄。其中古曾梗臻摄一、二等，臻深摄开口三等庄组，山摄合口一等桓韵唇牙喉音韵母为洪音，同声母的小韵具有开合对立关系。古山咸摄开口三、四等韵韵母为细音，小韵之间没有对立关系。也就是说，“天”韵系有开、合口洪音与开口细音三个韵母。

“天”韵系开口洪音来源于臻摄开口一等、臻深摄开口三等庄组、曾梗摄开口一、二等韵以及山摄合口一等帮组。来源于这些韵摄的小韵，与来源于山咸摄开口三、四等的同声母小韵产生对立，以阴平声小韵为例，对比如表2—25。

表 2—25 “天”韵开口小韵的对立

洪音小韵	崩	烹	登	曾	撑	生	庚	坑	亨	恩
细音小韵	邊	偏	顛	尖	千	仙	堅	愆	薟	煙

举例如下：

登簦燈灯登$_{\text{端登}}$：顛巔滇蹎癲$_{\text{端先}}$

曾增憎矰繒罾鄫$_{\text{精登}}$鄫$_{\text{从蒸}}$箏爭争猙琤$_{\text{庄耕}}$蓁榛臻$_{\text{庄臻}}$砧$_{\text{知侵，正音斟}}$：尖杴殲$_{\text{精盐}}$箋戔錢濺$_{\text{精先}}$湔翦煎$_{\text{精仙}}$鐫$_{\text{精仙合}}$

庚鶊更秔賡羹$_{\text{见庚二}}$根跟$_{\text{见痕}}$耕$_{\text{见耕}}$：堅肩幵鈃豣$_{\text{见先}}$兼兼蒹縑鹣搛$_{\text{见添}}$緘$_{\text{见咸}}$汧$_{\text{见先}}$

亨亨哼$_{\text{晓庚二}}$吞$_{\text{透痕}}$哼：薟$_{\text{晓盐}}$杴$_{\text{晓严}}$

除个别特殊字外，开口洪音小韵均来自古曾梗臻摄一、二等韵，以及臻深摄三等庄组，我们把开口洪音韵母称为“恩”韵母；开口细音小韵均来自古

山咸摄三、四等韵，我们把开口细音韵母称为“烟”韵母。

其中，山摄合口一等桓韵帮组字与曾梗摄一二等帮组字同见，说明其韵母由古合口韵演变为开口韵，列举如下：

【陰】崩痭帮登 搬般帮桓 祊帮庚二 伻帮耕 㶁帮清

【陰】烹澎胓滂庚二 怦砰[古] 甹軯㳷荓滂耕 拌[俗] 拚潘滂桓 膨並庚二【陽】盤槃縏般磐鞶盘蹣瘢鬆磻弁胖蹣跘繁蟠嚂礷並桓 蟛並庚二【去】泮判牉胖滂换 伴拌並缓 叛畔並换

【陽】萌氓甍明耕 墁謾饅槾鰻漫鬘鞔明桓 矒 盲宝 虻蝱莔明庚二 宋明唐【上】滿懣明缓 猛艋蜢明梗【去】孟明映二 漫明换

等韵图中曾梗摄一、二等帮组字一般列开口图，部分字也有列合口图的现象（如《四声等子》）。但从《辨字摘要》语音演变的总体趋势看，如这些帮组字韵母读合口，则应当列“因”韵系，与臻摄合口一等帮组字同见。可见曾梗摄一、二等帮组字应当读开口洪音，古山摄合口一等桓韵帮组字与之同见，韵母也应当读开口洪音。

与其他韵系一样，古山摄合口三等精组字与山咸摄开口三、四等字同小韵，韵母读开口细音，如：

千：千阡芊仟扦圩清先 遷迁清仙 僉簽籤竿清盐 峑詮銓絟拴筌荃痊恮跧佺竣悛清仙合 躚心仙

前：前从先 潛从盐 錢銭从仙 全牷泉从仙合 燖邪盐 次涎邪仙

“天”韵系合口洪音来源于曾梗摄合口一、二等韵以及桓韵牙喉音，桓韵与曾梗摄合口一、二等牙喉音同见，并分别与开口洪音以及开口细音见系声母小韵对立，如：

官倌棺冠觀観见桓 肱见登合 觥见庚二合 ：庚鶊更秔賡羹见庚二 根跟见痕 耕见耕 ：堅肩幵鈃豜见先 兼兼蒹縑鶼搛见添 緘见咸 汧溪先

款欵窾溪缓 ： 肯溪等 墾懇齦溪很 ： 遣繾溪狝 歉慊溪忝 譴溪线

“天”韵系合口洪音我们称为“豌”韵母。“天”韵系共包含三个韵母：开口洪音“恩”韵母、合口洪音“豌”韵母、开口细音“烟”韵母。

“甘”韵系、“山”韵系与“天”韵系的来源反映了《辨字摘要》韵母系统具备以下特点：

（1）咸摄与山摄合流，-m尾演变为-n尾；古曾梗摄一二等-ŋ尾演变为-n尾。

（2）部分保留山咸摄一二等主元音的对立，寒、桓韵以及一等重韵覃、谈韵之间也部分保留主元音对立特征。

（3）山摄三四等因开合的不同，受介音影响，主元音分化，分属不同的韵系。

（4）按照清代学者江永的理论，山咸两摄的主元音为“侈”音，臻深曾梗摄的主元音为“弇”音。曾梗臻摄一、二等韵字以及臻侵韵庄组字归入“天”韵系，说明了《辨字摘要》音系具有弇侈同韵的特点。

3.“工”韵系

除“彭嘭黉孟”四字来自庚韵二等外，“工”韵系字均来自古通摄东、冬、钟三韵。除庄组三等字与一等字读音合流外，这一韵系同声母一、三等小韵均存在对立关系，如：

宗：蹤；崇：從；孔：恐；宋：頌

宗棕$_{\text{精冬}}$豵騣$_{\text{精东}}$琮悰鬃$_{\text{从冬}}$：蹤縱$_{\text{精钟}}$

崇$_{\text{崇东三}}$琮$_{\text{从冬}}$叢藂$_{\text{从東}}$：從$_{\text{从钟}}$

孔倥$_{\text{溪董}}$：恐$_{\text{溪肿}}$

宋$_{\text{心宋}}$送鬆鬃$_{\text{心送}}$：訟誦頌$_{\text{邪用}}$傱$_{\text{从送}}$

通摄为合口独韵，因此“工”韵系一、三等小韵的对立，属于合口洪细音的对立。“工”韵系包含两个韵类：合口洪音韵母，我们称为“翁”韵母；合口细音韵母，称为“雍”韵母。

不过“工”韵系合口洪细音的对立不完全对应于古通摄一、三等韵的对立。除庄组三等字外，部分三等见系字与一等见系字同音，说明其韵母已经读洪音。主要包括三等见母平声字“供恭龔弓宫躬”等，这几字与一等字“工功攻玒紅玐公蚣”同列平声“工”小韵。实际上这几字早在《中原音韵》中就已经与一等字“工功”等同音。

这一韵系中的东韵一等帮组小韵，东、钟韵非组声母小韵没有对立关系。上文我们分析认为，非、晓组声母不混的方言中，非组声母字大多数情况下读开口洪音。如此一来，“工”韵系就要多分出一个开口洪音韵母。为音系简便起见，这里暂将帮、非组字韵母纳入合口洪音。具体情况，在后面与其基础方言进行比较之后再确定。

4.“章”韵系

“章”韵系主要来源于古宕、江两摄，例外有“榜、蜢、礦、獷”四个来自庚韵二等的字。江摄在《辨字摘要》中与宕摄开口一等唐韵、三等阳韵庄组字同见，与来自宕摄三等的同声母小韵对立。如：

莊：將，綱：薑

莊庄裝粧[俗]粆$_{\text{庄阳}}$牂臧赃臟$_{\text{精唐}}$樁$_{\text{知江}}$：將漿$_{\text{精阳}}$

綱剛岡崗鋼$_{\text{见唐}}$扛杠釭茳肛江豇$_{\text{见江}}$缸$_{\text{匣江}}$犅罡：薑畺疆韁繮彊僵蠕姜$_{\text{见阳}}$膙

其中开口二等江韵知庄组字、三等阳韵庄组字与一等唐韵精组字同音，韵母读洪音，符合《辨字摘要》语音演变的一般规律。不过与《中原音韵》以及明清官话韵书江韵知庄组与阳韵庄组字韵母读合口洪音不同,《辨字摘要》中,这些声母字韵母均读开口洪音。

“章”韵系古宕摄开口一等韵(含三等阳韵庄组)、江摄开口二等韵与宕摄开口三等阳韵同声母小韵对立,说明“章”韵系包含开口洪、细音两个韵母。我们把开口洪音韵母称为“盎”韵母,开口细音韵母称为“央”韵母。

“章”韵系来自古宕摄合口一、三等的小韵没有对立关系,只有一个合口洪音韵母,我们称为“汪”韵母。这是因为古阳韵合口三等字读音产生了分化,一种情况是,部分阳韵合口三等与开口三等字同音,说明其韵母由合口演变为开口,如:

匡:匡筐眶恇劻框莲$_{\text{溪阳合}}$羌蜣$_{\text{溪阳}}$誆$_{\text{群阳合}}$

“匡”小韵既有阳韵开口字,也有阳韵合口字。这有两种可能,或阳韵开口读合口,或阳韵合口读开口。不过《辨字摘要》两条音注表明,“匡”小韵中的阳韵合口三等字读开口细音。(1)“丈”韵“誆”小韵下有一纽四声的音注:“誆,姜去聲。”(2)“糨”小韵下同样有一纽四声的音注:“糨,匡去聲。”“誆”小韵的纽四声直音“姜”读开口细音(“姜”小韵与“光”小韵对立),则阳韵合口三等字“誆”亦读开口细音。“糨”小韵是开口细音,以“匡”作为其纽四声直音,更明确说明“匡”小韵在《辨字摘要》中读开口细音。

另一种情况是,部分阳韵合口三等字韵母读合口洪音,主要包括阳韵微母字、影喻母字,以及群母字“狂”、晓母字“况”。如:

况:况$_{\text{晓漾}}$矌纊壙$_{\text{溪宕}}$礦獷$_{\text{见梗二}}$

王:王$_{\text{喻陽}}$亡亾忘$_{\text{怂 微陽}}$

往:往陽$_{\text{喻养}}$徍$_{\text{喻陽}}$枉$_{\text{影养}}$罔網魍輞惘$_{\text{微养}}$

旺:旺王$_{\text{喻漾}}$望朢妄$_{\text{誃}}$爌忘$_{\text{微漾}}$

“王”、“往”、“旺”小韵虽然没有与合口一等字同见,但这几个小韵分别与开口小韵“羊”、“养”、“样”对立。且微母字在《辨字摘要》中均读合口洪音,阳韵微母字也当不例外。

《辨字摘要》部分阳韵合口三等见系字读合口洪音,与《中原音韵》以及明清官话韵书一致,但部分阳韵合口三等见系字读开口细音的现象则比较特殊,是《辨字摘要》韵母系统的主要特征之一。

(三)《辨字摘要》韵母系统分析——入声韵

入声韵系共有七个韵,从各韵的中古来源来看,它们与阳声韵系的对应关系非常整齐。阳声韵系与入声韵的平(阴平、阳平)、上、去、入相承关系如下:

(1)“因”、“霻”、“丙”、“聖”、“一”(2)“熏”、“雲”、“永”、“詠”、“佛”

(3)“甘”、“員”、“遠”、“汗”、“決” (4)“山”、“凡”、“覽”、“但”、“答”

(5)“天”、“盤”、“免”、“善”、“哲” (6)“工”、“同”、“勇”、“動”、“叔”

(7)“章”、“黃”、“往”、“丈”、“樂”

我们将入声韵单独讨论，一方面是遵照《辨字摘要》的编排体例，另一方面能够把对入声韵的分析与对阳声韵系的分析结合起来，互相对照，互相印证。

下面通过对“天”韵系与入声“哲”韵中古来源的比较，进一步了解这种阳入相承关系的严整性，以及通过“哲”韵的来源，讨论入声韵尾的性质问题。

表 2—26 “天”韵系与入声“哲”韵中古来源

	“天”韵系		“哲”韵	
	开口	合口	开口	合口
一等	登、痕	桓$_{\text{唇牙喉}}$、登	德	末$_{\text{唇牙喉}}$、德
二等	庚二、耕	庚二、耕	陌二、麦	陌二、麦
三等	仙、元、凡、盐、严、臻侵$_{\text{庄组}}$	仙$_{\text{来母、精组}}$	薛、月、葉、业、职栉$_{\text{庄组}}$	薛$_{\text{来母、精组}}$
四等	先添		屑帖	

从中古来源看，“哲”韵所含各入声韵与“天”韵系所含各阳声韵均具有相承关系，对应非常严整。其中“哲”韵含职韵庄组字，“天”韵系没有蒸韵庄组字，是因为蒸韵庄组字只有崇、生母有字，且均为生僻字，故“天”韵系未列。“天”韵系有凡韵，而“哲”韵没有相应的入声乏韵也是同样的原因。“天”韵系有仙韵合口精组、来母字，读开口细音，“哲”韵所列薛韵合口精组、来母字同样与开口三、四等精组、来母字同小韵。如：

妾：妾緁睫婕$_{\text{清葉}}$ 捷踕崨誱倢$_{\text{从葉}}$ 切竊窃$_{\text{清屑}}$ 截$_{\text{从屑}}$ 絕$_{\text{从屑合}}$

雪：雪$_{\text{心薛合}}$ 媟瞥契薛絏紲痆泄洩渫褻$_{\text{心薛}}$ 屑糏偞$_{\text{心屑}}$ 躞屧欆燮$_{\text{心帖}}$

阳声韵“因”韵系、“熏”韵系以及“天”韵系的来源表明，中古深咸摄-m 韵尾、曾梗摄-ŋ 韵尾，已经与臻山摄-n 韵尾合流。从“哲”韵系的来源看，古深咸摄入声-p 韵尾、曾梗摄入声-k 韵尾，也已经与臻山摄入声-t 韵尾合流。那么，合流以后的入声韵尾是演变为与阳声韵系-n 韵尾发音部位相同的-t 韵尾，还是已经丢失辅音韵尾，只保留喉塞尾呢？从中古来源上的相承关系看，“因”韵系、“熏”韵系、“甘”韵系、“山”韵系、“天”韵系韵尾已经合流为-n，与这些韵系相承的入声韵“一”韵、“佛”韵、“决”韵、“达”韵、“哲”韵韵尾，应当合流为与-n 发音部位相同的-t 尾。

“工”韵系与“章”韵系来源于古-ŋ 尾韵，它们和其他韵尾的阳声韵没有合流的现象，韵尾仍为-ŋ 尾。从来源上看，入声韵“叔”韵、“樂”韵与这两个阳声韵系相承，因此，“叔”韵与“樂”韵韵尾应当为与-ŋ 发音部位相同的-k

尾。不过，实际情况还要结合《辨字摘要》基础方言进行确定，详见下文讨论。下面我们具体分析每一入声韵所包含的韵类。

1. “一”韵与“佛”韵

与“因”、“熏”韵系一样，“一”韵与“佛”韵从中古来源上看，也有开合互补的关系，“一”韵与“佛”韵的中古来源见表 2—27。

表 2—27　“一”韵与“佛”韵的中古来源

	“一”韵		“佛”韵	
	开　口	合　口	开口	合　口
一等				没
三等	质、迄、缉、职、陌三、昔	术精组、来母、以母、职精组		质、物、术－精组来以母、昔、职－精组
四等	锡			

“一”韵来源于古臻深曾梗摄开口三、四等入声韵，臻摄合口三等入声精组、来母字（含个别职韵合口精组字）。与“因”韵系一样，这些古臻摄合口三等入声精组、来母字与开口三、四等韵字同小韵，如：

习：习褶襲隰邪缉 席夕汐穸蓆邪昔 昔惜臘舄心昔 恤卹賉戌心術 侐晓职合 析蜥皙晰晳煬裼心锡 悉蟋膝藤心质 息熄媳瘜心职

立：立粒笠菈来缉 曆歷嚦瀝癧櫪曨蘼飃靂櫪来锡 慄栗溧瑮来质 力来职 率繂膟来质合 律葎来術 礫櫟瓅轢酈来锡 惄溺泥锡 匿泥职 尼泥质 矞繘遹聿䮨霱鷸喻術

说明古臻摄合口三等入声精组、来母小韵韵母同样读开口细音。“一”韵均来源于三、四等入声韵，内部没有同声母小韵的对立。因此，只有一个细音韵母，我们称为“一”韵母。“一”韵系列举了部分古合口三等术韵喻母字，与臻深曾梗摄开合口三、四等入声来母字同音，暂存疑。

“佛”韵来源于古臻摄合口一等入声没韵，以及除精组、来母以外的臻深曾梗摄合口三、四等入声韵。来源于合口一等与合口三、四等入声韵的同声母小韵存在对立关系：

骨：橘，窟：屈，忽：洫，勿：域

骨汩见没：橘见術 譎见屑合

窟矻溪没：屈詘溪物 絀《集韵》徹術，《正字通》与“诎屈”通 倔崛群物

忽笏囫颮晓没 欻匣没 紇齕晓物：洫晓职合

勿物沕微物 核俗音黑《集韵》匣没：域棫魊閾罭淢緎喻职合 熨欝俗 鬱鬱菀爩影物 役炈疫喻昔合

这些小韵的对立性质当为韵母洪细的对立。因此“佛”韵包含两个合口韵母：合口洪音韵母，合口细音韵母。合口洪音韵母我们称为“勿”韵母，合

口细音韵母我们称为“域”韵母。“佛”韵也有来源于一等没韵的帮组字，以及来源于三等物韵的非组字，与相承的“熏”韵系一样，“佛”韵中的唇音字韵母也当读合口洪音。

2.“决”韵、“达”韵与“哲”韵

这三个入声韵来源于古山咸摄入声，曾梗摄一、二等入声和曾臻摄入声庄组，与阳声韵“甘”、“山”、“天”三韵系的中古来源相对应，见表2—28。

表2—28 “决”韵、“达”韵与“哲”韵的中古来源

	“决”韵		“达”韵		“哲”韵	
	开口	合口	开口	合口	开口	合口
一等	曷盍牙喉、合大部分	末舌齿	曷盍舌齿 合少数	末（跋魃）	德	末唇牙喉 德
二等		黠（刷）	辖黠洽狎	辖黠	陌二麦	陌二麦
三等		月牙喉 薛—精组来母		月乏非组	薛月葉、 职栉庄组	薛精组来母
四等		屑			屑帖	

“决”韵古山、咸摄开合口一、二等入声韵小韵之间没有对立关系。其中咸摄开口一等入声合韵，与山摄合口一等入声末韵舌齿音之间既没有对立关系，也少有同小韵的现象。这与相对应的阳声韵“甘”韵系不同，“甘”韵系古咸摄一等覃韵舌齿音与山摄合口一等桓韵同小韵，其性质我们认为应当是古覃韵舌齿音读合口洪音。根据相承关系，入声“决”韵部分古咸摄一等入声合韵舌齿音字尽管独立为一个小韵，不与末韵字同见，其韵母也应当读合口洪音。因为部分合韵舌齿音字与山摄合口二等入声韵字同见，其中“刷”小韵古合口二等生母字与合口一等心母字“靸飒”同音。如：

刷：刷生黠合 靸飒心合

因此“决”韵精组声母“雜”小韵（“雜襍趱”），所列字虽全来自古开口一等合韵，其韵母也当读合口洪音。

“决”韵来源于末韵来母的“捋”小韵，与来源于合韵泥母的“納”小韵对立。“甘”韵系覃韵与桓韵泥来母字同音，因此“捋”、“納”两小韵的对立不可能是韵母的对立。《辨字摘要》泥、来母洪混细分，但部分泥母与来母洪音还保留声母上的对立，这里所反映的应当也是这种对立现象。

与“甘”韵系一样，合韵与曷、盍韵牙喉音同音，如：

割：割见曷 蓋盍见盍 閤蛤韐敆鴿见合

渴：渴溪曷 瞌磕溪盍

盒：盒合$_{\text{匣合}}$ 盍嗑闔熆$_{\text{匣盍}}$ 曷褐$_{\text{匣曷}}$ 欱$_{\text{晓合}}$ 喝$_{\text{晓曷}}$

遏：遏頞閼$_{\text{影曷}}$ 姶$_{\text{影合}}$ 盦$_{\text{影盍}}$

根据相承“甘”韵系的韵母特征，以上牙喉音小韵韵母当读开口洪音。因此“决”韵与“甘”韵一样，包含两个洪音韵母：开口洪音韵母，我们称为“遏”韵母；合口洪音韵母，我们称为“捋”韵母。

“决”韵除有来源于古山咸摄一、二等入声的洪音韵母外，还有来自古山摄合口三、四等入声韵的合口细音韵母，我们称为“曰”韵母。

“达”韵主要来自山咸摄一、二等入声韵以及三等入声非组。《辨字摘要》一、二等韵合流为洪音，因此本韵韵母均为洪音韵母。其中来源于山摄合口二等的入声小韵与来源于山咸摄开口二等（含部分一等字）的入声小韵对立，如：

甲胛$_{\text{见狎}}$ 扴戛稭揳秸$_{\text{见黠}}$ 夾郟裌袷$_{\text{见洽}}$ ：刮$_{\text{见鎋合}}$

洽祫峽狹$_{\text{匣洽}}$ 狎柙[俗] 匣$_{\text{匣狎}}$ 磍$_{\text{匣鎋}}$ 瞎$_{\text{晓鎋}}$ ：滑猾$_{\text{匣黠合}}$

押鴨壓$_{\text{影狎}}$ 揠$_{\text{影黠}}$ 哈$_{\text{疑合}}$ 歺$_{\text{疑曷}}$ ：空$_{\text{影黠合}}$ 襪$_{\text{微月合}}$

因此“达”韵共含有两个洪音韵类：开口洪音韵母，我们称为“鸭”韵母；合口洪音韵母，我们称为“空”韵母。根据上文分析，“达”韵所列部分末韵一等並母小韵以及山咸摄三等非组小韵，韵母当读开口洪音“鸭”韵母。

“哲”韵系的来源与特点，上文已经进行了讨论。这一韵系只有洪音有开合对立，开口洪音来源于曾梗摄开口一、二等入声以及曾臻摄开口三等入声庄组。如：

仄：仄昃側$_{\text{庄职}}$ 窄舴蚱嘖$_{\text{庄陌二}}$ 責幘簀$_{\text{庄麦}}$ 則$_{\text{精德}}$ 磔$_{\text{知陌二}}$ 摘讁$_{\text{知麦}}$ 賾$_{\text{崇陌二}}$

宅：宅擇澤蘀$_{\text{澄陌二}}$ 篘$_{\text{《字汇补》耻格切}}$ 測惻畟$_{\text{初职}}$ 策筴冊册柵$_{\text{初麦}}$ 賊蠈$_{\text{从德}}$ 拆坼$_{\text{徹陌二}}$

黑：黑$_{\text{晓德}}$ 赫嚇$_{\text{晓陌二}}$ 核覈翮$_{\text{匣麦}}$ 劾$_{\text{匣德}}$ 齕$_{\text{匣没}}$ 謋$_{\text{晓陌合二}}$

此外，古山摄合口一等入声末韵帮组字与曾梗摄一、二等入声帮组字同小韵，说明其韵母与相承的阳声韵一样，读开口洪音。如：

百：百佰伯柏迫$_{\text{帮陌二}}$ 擘蘗$_{\text{帮麦}}$ 北$_{\text{帮德}}$ 撥襏鉢$_{\text{帮末}}$ 蕟$_{\text{非月}}$

白：白帛舶鮊$_{\text{並陌二}}$ 鈸茇撥$_{\text{並末}}$ 匐葍$_{\text{並德}}$ 魄拍珀$_{\text{滂陌二}}$ 潑醱$_{\text{滂末}}$ 掴$_{\text{滂麦}}$ 嚩$_{\text{《篇海类编》滂末}}$

末：末抹鮇茉沬秣$_{\text{明末}}$ 墨默冒萬$_{\text{明德}}$ 脉脈霡麥$_{\text{明麦}}$ 陌貊貉驀$_{\text{明陌二}}$

合口洪音来源于曾梗摄合口一、二等入声韵以及末韵牙喉音，如：

國：國$_{\text{见德合}}$ 幗蟈馘$_{\text{见麦合}}$ 括聒適苦$_{\text{见末}}$ 虢$_{\text{见陌合二}}$ 斡$_{\text{影末}}$

闊：闊$_{\text{溪末}}$

或：或惑$_{\text{匣德合}}$ 獲畫劃$_{\text{匣麦合}}$ 活$_{\text{匣末}}$ 豁$_{\text{晓末}}$

细音只有开口韵母，来源于山咸摄开口三、四等入声以及合口三等入声精组来母。因此“哲”韵包含三个韵母：开口洪音韵母，我们称为“厄”韵母；合口洪音韵母，我们称为“国”韵母；开口细音韵母，我们称为“葉”韵母。

3.“叔”韵

“叔”韵来自通摄一、三等入声韵，在《辨字摘要》中有合口洪细的对立。其中合口洪音包括古一等入声韵以及三等入声庄组、非组字，合口细音包括庄组、非组以外的合口三等入声韵。因此“叔”韵只包含洪细两个合口韵母，我们把洪音韵母称为“屋”韵母，细音韵母称为“欲”韵母。

例外的情况是，古三等物韵字“不”列“卜”小韵，读“屋”韵；“騄$_{\text{来烛}}$”、“蓿$_{\text{心屋三}}$”两个三等入声韵字韵母读洪音，其中“騄$_{\text{来烛}}$”列“禄”小韵，“蓿$_{\text{心屋三}}$”列“速”小韵。

4.“樂”韵

“樂”韵来源于宕江摄入声，包括一等铎韵、二等觉韵以及三等药韵。与相承的“章”韵系一样，开、合口三等见组字读音合流，如：

腳：腳蹻$_{\text{见药}}$ 矍攫钁躩$_{\text{见药合}}$

非组声母字“缚”与铎韵晓匣母字同音，如：

霍：霍癨藿擢$_{\text{晓铎合}}$ 矆$_{\text{晓药合}}$ 穫$_{\text{匣铎合}}$ 縛$_{\text{奉药合}}$ 蠖$_{\text{影铎合}}$

这是唯一一处非组声母字与晓匣母字相混的例子。因此“樂”韵有开口细音，没有合口细音。“樂”韵内部还有开口洪、细的对立以及洪音开、合的对立。

开口洪细音小韵的对立：各 ∶ 腳，确 ∶ 卻，鶴 ∶ 學，作 ∶ 爵，索 ∶ 削。举例如下：

各閣擱$_{\text{见铎}}$ 角捔桷権覺玨較确$_{\text{见觉}}$ 屩$_{\text{见药}}$ ∶ 腳蹻$_{\text{见药}}$ 矍攫钁躩$_{\text{见药合}}$

索綀^{同索} 摗$_{\text{心铎}}$ 朔槊數$_{\text{生觉}}$ ∶ 削$_{\text{心药}}$

开口二等觉韵字多与开口一等字同小韵，但匣母字“學”出现了两读现象，即除与铎韵晓匣母字同小韵外，还与药韵晓母字同小韵：

鶴涸貉$_{\text{匣铎}}$ 鷽學$_{\text{匣觉}}$ 壑熇郝$_{\text{晓铎}}$ ∶ 學^{俗} 斈$_{\text{匣觉}}$ 謔$_{\text{晓药}}$

洪音开、合口小韵的对立：各 ∶ 郭，确 ∶ 擴，鶴 ∶ 霍。举例如下：

各閣擱$_{\text{见铎}}$ 角捔桷権覺玨較确$_{\text{见觉}}$ 屩$_{\text{见药}}$ ∶ 郭槨$_{\text{见铎合}}$

确殼慤敲㱿㮲㲉$_{\text{溪觉}}$ 恪$_{\text{溪铎}}$ ∶ 擴廓鞟$_{\text{溪铎合}}$

因此，“樂”韵包含三个入声韵母：开口洪音韵母，我们称为“恶”韵母；合口洪音韵母，我们称为“郭”韵母；开口细音韵母，我们称为“约”韵母。

(四)《辨字摘要》韵母系统及其中古来源表

根据对舒声韵系与入声韵的分析，我们将《辨字摘要》韵母系统及其中古来源归纳如表2—29及表2—30。为便于比较，阴声韵韵母单列为一表，阳声韵与入声韵韵类同列一表。

表2—29 《辨字摘要》阴声韵韵母表

<table>
<tr><th rowspan="2">韵系</th><th rowspan="2">韵母</th><th colspan="2">中古来源</th><th rowspan="2">韵系</th><th rowspan="2">韵母</th><th colspan="2">中古来源</th></tr>
<tr><th>开</th><th>合</th><th>开</th><th>合</th></tr>
<tr><td rowspan="4">“基”</td><td rowspan="2">衣</td><td rowspan="2">支脂之-精庄组，微，祭废齐</td><td rowspan="2">灰泰唇音，支脂祭，鱼虞精组、来母</td><td rowspan="3">“肖”</td><td>讴</td><td>侯、尤庄组</td><td></td></tr>
<tr><td rowspan="2">夭</td><td rowspan="2">宵、萧、幽部分唇音</td><td rowspan="2"></td></tr>
<tr><td rowspan="2">威</td><td rowspan="2"></td><td rowspan="2">支脂微灰平上声，灰明母平声</td></tr>
<tr><td rowspan="2">“周”</td><td rowspan="2">忧</td><td rowspan="2">尤-庄组、-唇音部分，幽</td><td rowspan="2"></td></tr>
<tr><td>“位”</td><td>位</td><td></td><td>支脂微齐去声祭废，灰去声泰-唇音</td></tr>
<tr><td>“姿”</td><td>姿</td><td>支脂之精庄组</td><td></td><td rowspan="2">“唆”</td><td>阿</td><td>歌</td><td>戈-帮组、-见系</td></tr>
<tr><td>“夫”</td><td>乌</td><td>尤唇音部分</td><td>模、虞非组，鱼虞庄组</td><td>窝</td><td></td><td>戈帮组、见系</td></tr>
<tr><td rowspan="2">“朱”</td><td rowspan="2">于</td><td rowspan="2"></td><td rowspan="2">鱼虞-非组，-庄组</td><td rowspan="5">“加”</td><td>丫</td><td>麻二</td><td></td></tr>
<tr><td rowspan="2">爷</td><td rowspan="2">麻三</td><td rowspan="2"></td></tr>
<tr><td rowspan="2">“台”</td><td rowspan="2">哀</td><td rowspan="2">咍、泰见组</td><td rowspan="2"></td></tr>
<tr><td rowspan="2">蛙</td><td rowspan="2"></td><td rowspan="2">麻二</td></tr>
<tr><td rowspan="2">“皆”</td><td>挨</td><td>皆佳夬泰、咍部分</td><td></td></tr>
<tr><td>歪</td><td></td><td>皆佳夬、泰</td><td rowspan="2">“爹”</td><td>靴</td><td></td><td>靴（一字）</td></tr>
<tr><td>“高”</td><td>凹</td><td>豪、肴</td><td></td><td>爹</td><td>爹些（二字）</td><td></td></tr>
</table>

表2—30 《辨字摘要》阳声韵与入声韵韵类表

韵系	韵类	中古来源		韵系	韵类	中古来源	
		开	合			开	合
“因”	因	耕影母 庚二泥母 真欣侵蒸庚三清青	谆来母、精组	“一”	一	质迄职锡昔陌三缉	术来母、精组，职精组
“熏”	温		魂、文非组	“佛”	勿		没、物非组
	氲		真、文-非组、谆-来母、-精庄组、庚三、清、青		域		质、物-非组、术-来母、-精庄组、职-精组、昔
“甘”	安	寒谈覃牙喉		“决”	遏	曷盍合牙喉	
	酸	覃舌齿	桓舌齿		捋	合舌齿	末舌齿
	冤		仙-来母、-精组，先元牙喉、舌齿		曰		薛-来母、-精组，屑，月-非组
“山”	山	寒谈舌齿，覃少数，山删咸衔	元凡非组，-微母	“达”	鸭	曷盍舌齿，合少数，辖黠洽狎	月乏非组，-微母
	弯		山删，元微母		空		辖黠，月微母

续表

<table>
<tr><th rowspan="2">韵系</th><th rowspan="2">韵类</th><th colspan="2">中古来源</th><th rowspan="2">韵系</th><th rowspan="2">韵类</th><th colspan="2">中古来源</th></tr>
<tr><th>开</th><th>合</th><th>开</th><th>合</th></tr>
<tr><td rowspan="3">“天”</td><td>恩</td><td>登、痕、庚二、耕，臻侵庄组</td><td>桓唇音</td><td rowspan="3">“哲”</td><td>厄</td><td>德、陌二、麦，栉庄组</td><td>末唇音</td></tr>
<tr><td>豌</td><td></td><td>桓牙喉，登、庚二、耕</td><td>国</td><td></td><td>末牙喉，德、陌二、麦</td></tr>
<tr><td>烟</td><td>仙元凡盐严先添</td><td>仙来母、精组</td><td>叶</td><td>薛屑月叶业帖</td><td>薛来母、精组</td></tr>
<tr><td rowspan="2">“工”</td><td>翁</td><td></td><td>东一、冬、东三唇音、东三庄组、庚二少数</td><td rowspan="2">“叔”</td><td>屋</td><td></td><td>屋、沃、屋三唇音庄组，烛唇音</td></tr>
<tr><td>雍</td><td></td><td>东三钟－唇音、－庄组</td><td>欲</td><td></td><td>屋三烛－唇音、－庄组</td></tr>
<tr><td rowspan="3">“章”</td><td>盎</td><td>唐江、阳庄组</td><td>阳非组，－微母</td><td rowspan="3">“乐”</td><td>恶</td><td>铎觉</td><td></td></tr>
<tr><td>汪</td><td></td><td>唐、阳微母</td><td>郭</td><td></td><td>铎、药非组</td></tr>
<tr><td>央</td><td>阳－庄组</td><td>阳－非组</td><td>约</td><td>药</td><td>药</td></tr>
</table>

三 《辨字摘要》声调系统特点

《辨字摘要》以平、上、去、入四声为序分为四卷，平声卷实际上根据声母清浊不同分为阴平韵与阳平韵，去声和入声韵中，清声母与全浊声母字同音，上、去、入声韵中影母和次浊音声母同见，这些现象我们在声母部分已经进行过讨论。因此，《辨字摘要》声调系统实际上分为五类：阴平、阳平、上声、去声、入声。

上声韵中，只有少数全浊声母与清声母同见。除少数特例外，《辨字摘要》全浊上声都归入去声。我们以“章”韵系去声“丈”韵为例，了解全浊上声归入去声的现象，“丈”韵古全浊上声与去声同见的小韵如下：

傍：傍并宕 蚌棒并讲 徬并庚二 磅滂唐 胖滂绛

巷：巷匣绛 行匣宕 項匣讲

蕩：蕩盪璗定荡 踼碭宕定宕 攩掮透荡

丈：丈杖仗澄养 唱倡昌漾 昶韔暢鬯徹漾

上：上禅养 尚鞝禅漾

象：象像邪养 相心漾

唐李涪《刊误》批评《切韵》“很、辩、舅、皓”等字不当读上声，说明浊上归去的特点至少晚唐时代就已经产生。《卢宗迈切韵法》“全浊字母下上声去声同呼字图”中，批评时人把全浊上声调作清上字是错误的，变同全浊去声才是对的。说明南宋时期，全浊上归去已经是一种普遍现象。（参见鲁国尧2003：365）不过《辨字摘要》还有少数全浊上声字并没有归入去声，而是与清上声字同音。这些全浊上声字有①：

沆：**沆**$_{\text{匣荡}}$

賞：賞$_{\text{晓养}}$ **上**$_{\text{禅养}}$

史：史$_{\text{生止}}$ 死$_{\text{心旨}}$ **兕**$_{\text{邪旨}}$

處：處$_{\text{昌语}}$ **杼佇竚宁羜苧**$_{\text{澄语}}$

駭：駭$_{\text{匣駭}}$ **蟹嶰瀣獬解**$_{\text{匣蟹}}$

挺：**挺梃艇町**$_{\text{定迥}}$ 珽$_{\text{透迥}}$

渾：**渾混**$_{\text{匣混}}$

蠢：蠢$_{\text{昌准}}$ **盾揗**$_{\text{船准}}$ **蜃**$_{\text{禅轸}}$

鉉：**鉉泫炫琄贙霐**$_{\text{匣铣}}$ 烜(烜)$_{\text{晓阮}}$

喊：喊$_{\text{晓敢}}$ **僩**$_{\text{匣潸}}$ **艦**$_{\text{匣槛}}$

剗：剗$_{\text{初产}}$ **棧**$_{\text{崇产}}$

顯：顯$_{\text{晓狝}}$ **晛**$_{\text{匣狝}}$

忝：忝$_{\text{透忝}}$ **蜓沴餮殄**$_{\text{定铣}}$

剖：剖$_{\text{滂厚}}$ **培瓿**$_{\text{並厚}}$

火：火$_{\text{晓果}}$ **夥**$_{\text{匣果}}$

廈：**廈夏下**$_{\text{匣马}}$

恍：謊$_{\text{晓荡}}$ **晃愰幌**$_{\text{匣荡}}$

矢：矢$_{\text{书旨}}$ **舐**$_{\text{船纸}}$

府：府$_{\text{非麌}}$ **釜輔腐**$_{\text{奉麌}}$

暑：暑$_{\text{书语}}$ **抒**$_{\text{船语}}$

悻：**悻**$_{\text{匣耿}}$

審：審$_{\text{书寝}}$ **蜃**$_{\text{禅轸}}$

窘：**窘**$_{\text{群轸}}$ 炯$_{\text{見迥}}$

罕：罕$_{\text{晓旱}}$ **撼脑頷**$_{\text{匣感}}$

反：反$_{\text{非阮}}$ **飯**$_{\text{奉阮}}$

坦：坦$_{\text{透旱}}$ **誕袒**$_{\text{定旱}}$ **啖啗**$_{\text{定敢}}$

狠：狠$_{\text{溪很}}$ **很**$_{\text{匣很}}$

莞：**莞睆睅**$_{\text{匣潸}}$ **捖浣澣**$_{\text{匣缓}}$

好：好$_{\text{晓晧}}$ **昊鎬顥皞灝**$_{\text{匣晧}}$

窕：**窕**$_{\text{定篠}}$

菏：**荷**$_{\text{匣哿}}$

槎：**槎**$_{\text{崇马}}$ 奼$_{\text{徹马}}$

以上全浊声母上声字，以擦音声母匣母字居多，且多为非常用字。其中一部分字在现代汉语中同样读上声，如"釜輔腐晃愰幌挺梃艇窘袒很睆殄窕夥"等字。有些常用字，除读上声外，又见于去声韵中。如"饭"字又见去声"但"韵"犯"小韵，"辅腐"又见"父"韵"父"小韵。"饭"字《广韵》有奉母上、去两读，这种区别可能还保留在《辨字摘要》编撰者的语音中；"辅腐"两字《广韵》只有奉母上声一读，《韵略易通》等明代官话韵书中也只读上声。

总的来说，全浊上声没有归去声的字只占少数，大部分全浊上声字，特别是常见的全浊声母上声字都已经归去声，全浊上声归去声是《辨字摘要》声调系统的基本特征。《辨字摘要》声调系统特征可以归纳为：平声分阴阳，仄声不分阴阳，全浊上声归去声。

第四节　《辨字摘要》音系的特点与性质

一　《辨字摘要》音系的主要特点

综合以上对《辨字摘要》声韵调系统的分析，我们把《辨字摘要》声母系

① 全浊上声全部列出，以黑体字表示，清声母上声字只列一代表字作为比较。

统、韵母系统和声调系统的特征归纳如下：

(一)声母系统的主要特点

1. 全浊声母清化，今读塞音、塞擦音者无论平仄皆与送气清声母合流，读擦音者与同发音部位的清擦音合流；

2. 庄组声母与精组洪音声母合流；知组声母以等为条件分化，二等与精庄组洪音声母合流，三等与章组声母合流；

3. 区分尖团，同一韵中，精组细音小韵与见系细音小韵对立；

4. 部分透定母洪音丢失塞音成分，与擦音晓匣母洪音合流；

5. 疑母洪音读舌根鼻音声母；疑母细音在“基”韵系中与泥、来母对立，仍然保留舌根鼻音声母的读音，其他韵系中疑母细音与泥母细音合流；

6. 影母开口洪音与疑母开口洪音合流，读舌根鼻音；影母合口以及开口细音与喻母、微母合流；微母读零声母合口洪音；

7. 除少量洪音小韵对立外，大多数泥、来母洪音已经合流；泥、来母细音完全保留对立。泥、来母在《辨字摘要》中的基本特点是“洪混细分”；

8. 日母独立为一个声母，少数字混入泥母；

9. 非组声母与晓匣母合口洪音不混(仅一例，药韵字“缚”与铎韵合口晓匣母同音)；

10. 见母合口字“锅”、匣母合口字“禾”读零声母。

(二)韵母系统与声调系统的主要特点

1. 洪细二分，中古一、二等韵合流为洪音，三、四等韵合流为细音。但庄组三等字，非组声母字、止蟹摄合口三、四等字、部分宕摄合口三等字读洪音；

2. 深咸摄-m 韵尾、曾梗摄-ŋ 韵尾和臻、山摄合流为-n 韵尾；

3. 古入声-p、-t、-k 三种辅音韵尾的对立开始消失，曾梗摄入声-k 尾、臻山摄入声-t 尾、深咸摄入声-p 尾已经合流，但宕摄、江摄、通摄-k 尾入声韵不与其他入声韵混同；

4. 山咸摄部分保留一等重韵以及一、二等韵之间主元音对立的特点。其中山咸摄一等寒、谈韵舌齿音和桓、覃韵舌齿音主元音有别，与山咸摄二等韵韵母相同。山咸摄开口一等寒谈韵牙喉音与覃韵牙喉音韵母相同；山摄合口一等桓韵唇牙喉音与山咸摄细音韵母主元音相同；蟹摄开口一、二等也部分保留主元音的对立，蟹摄开口一等咍韵与二等韵分属不同的韵系；

5. 合口三、四等精组、来母字读开口细音，部分合口三等阳(药)韵见组声母字读开口细音，开口一等覃(合)韵舌齿音读合口洪音；

6. 弇侈音相混，具体表现在曾梗臻深摄庄组字、痕韵字以及曾梗摄一、二等字与山咸摄三、四等字同韵；

7.侯宵同韵，即流摄一等侯韵、三等尤韵庄组字与效摄细音宵萧韵字同韵；

8.支鱼相混，具体表现在鱼虞韵精组、来母字与止摄开口三等以及蟹摄开口三、四等字同韵，止摄开口三等日母字与遇摄三等日母字同音；

9.山摄开口三等晓母字“掀”、“轩”等字读合口细音；

10.《辨字摘要》平声分阴阳，仄声不分阴阳，全浊上声归去声，共有阴、阳、上、去、入五个调类。

二 《辨字摘要》的语音性质

《辨字摘要》的作者饶应召是今江西樟树市（原名清江县）临江镇人，他编撰这本韵书的目的是为了方便童蒙查阅字义。因此他在按韵编排同音字组的时候，所依据的语音系统有三种可能，一是传统韵书音，二是官话音，三是自己的方音。从上文的分析可以看出，《辨字摘要》语音特征与传统韵书音差别较大，其语音基础不是传统的韵书音。剩下的只有两种可能，即“官话音”与自己的方音。因此下文我们将《辨字摘要》语音系统的特征，分别与明代末期的官话韵书《韵略汇通》①(1642年前)、稍晚于《辨字摘要》的《李氏音鉴》②(1810年)、现代临江方言③、现代南昌方言④的语音特征进行比较，以确定《辨字摘要》音系的语音性质和语音基础。比较共分两部分，表2—31为声母特征的比较，表2—32为韵母与声调系统特征的比较。每表左边第一栏列《辨字摘要》音系所反映的语音特征；右边各音系与《辨字摘要》语音特征相同者以“+”表示，不同者以“-”表示。

表2—31 声母特征的比较

《辨字摘要》	《韵略汇通》	《李氏音鉴》	临江方言	南昌方言
全浊声母清化平仄皆送气	-	-	+	+
知二、庄组与精组一等合流	-	-	+	+
知三与章组合流	+	+	+	-
区分尖团	+	-	-	-
透定母洪音读同晓母	-	-	+	-
泥、来母洪混细分	-	-	+	+
疑母洪音保留为舌根鼻音	-	-	+	+
影母开口洪音与疑母洪音合流	-	-	+	+
非组声母与晓匣母合口洪音不混	+	+	-	-
“禾锅”读零声母	-	-	+	+
合计 10	3	2	8	6

① 参考张玉来《韵略汇通音系研究》，山东教育出版社，1995年。

② 参考杨亦鸣《李氏音鉴音系研究》，陕西人民教育出版社，1992年。

③ 临江方言，为笔者2005年暑假实地调查。

④ 参考熊正辉《南昌方言词典》，江苏教育出版社，1995年。

表 2—32 韵母与声调系统特征的比较

《辨字摘要》	《韵略汇通》	《李氏音鉴》	临江方言	南昌方言
-m 韵尾消失	+	+	+	+
部分-ŋ 尾韵与-n 尾韵不分	—	—	+	+
曾梗摄入声 -k、深咸摄入声-p 尾与臻山摄入声-t 尾合流	+	—	+	+
山咸摄一等重韵与一二等韵保留主元音对立特征	—	—	+	+
精组、来母合口细音读开口	—	—	+	—
蟹摄开口一二等主元音保留对立	—	—	+	—
弇侈相混	—	—	+	+
侯宵同韵	—	—	+	+
支鱼相混	—	—	+	+
止摄开口三等精庄组独为一韵	—	—	+	+
止摄开口三等日母字与鱼虞韵日母字同音	—	—	—	—
分阴阳上去入五调，上去入不分阴阳	+	—	+	—
“掀”、“轩”同音，读合口细音	—	—	+	存疑
合计　13	3	1	12	8

从以上声母与韵母特征的比较来看，《辨字摘要》的语音特征与明代末期的官话韵书《韵略汇通》、代表清代前期北京话的《李氏音鉴》均有很大的差别，可见《辨字摘要》所依据的语音系统不是官话音。无论声母系统特征还是韵母系统特征，《辨字摘要》与赣方言南昌方言、临江话都非常接近。尤其是全浊塞音、塞擦音声母清化送气的特征，符合赣方言的标志性特征。可见《辨字摘要》按韵部编排同音字组，所依据的不是官话音系，而是江西赣方言。从接近的程度来看，《辨字摘要》音系与临江话更为接近，其中《辨字摘要》声母系统十点特征，与现代临江方言相同的有八条，与现代南昌方言相同的只有六条。从韵母特征来看，《辨字摘要》十三条特征中，现代临江方言有十二条与之相同，南昌方言只有八条与之相同(另一条存疑)。尤其是声调系统特点，《辨字摘要》与现代临江方言完全一致，而与现代南昌方言相差甚远。从里籍来看，饶应召是清代清江县临江镇人。因此，我们可以确定，《辨字摘要》是一部依据作者方言语音系统编排的韵书，它的语音基础就是两个半世纪以前的临江方言。

不过饶应召所依据的并不完全是口语音，而是以文读音为主。现代临江方言中，梗摄文读舒声韵与曾梗臻深摄同为-n 韵尾，入声韵同为-t 韵尾；白读则梗摄舒声韵为-ŋ 尾，入声韵为-ʔ 尾。这一特点在《辨字摘要》中并没有体现出来。不过《辨字摘要》也在一定程度上对当时临江方言的文白两读现象有所记载，如古透、定母字“吞”与“邓”有“晓”母与“透”母两读，开口二等匣母字“学”有开口洪音与细音两读等。

据此我们认为,《辨字摘要》是饶应召为了帮助童蒙查阅字义,依据自己家乡方言临江话文读音编排的一本方言字书。这是迄今为止所发现的,最早最完整地记录赣方言历史语音的文献材料之一。《辨字摘要》完整地反映了两个半世纪以前的赣方言临江话的语音系统,为我们了解赣方言的历史语音面貌提供了非常宝贵的材料,对考察两个半世纪以来临江话的发展演变规律,乃至赣方言的语音演变规律,具有非常重要的参考价值。

第五节　《辨字摘要》音系构拟及两个半世纪以来临江方言的发展演变

上文我们通过初步比较,确定了《辨字摘要》的语音基础就是两个半世纪以前的临江方言。通过进一步和现代临江方言进行对比,我们发现,《辨字摘要》的语音系统和现代临江方言并不是完全一一对应的,在声类与韵类方面二者还存在一定的差异。这些差异应当是临江方言两个半世纪以来自身发展演变的结果,这对我们了解赣方言语音演变规律,判断赣方言语音特征的形成年代,具有一定的参考价值,尤其对了解两百多年来临江方言的语音演变具有重要意义。下面我们首先通过和现代临江方言的比较,对《辨字摘要》音系进行近距离的“投射式”拟测。然后分别从“声母系统的发展演变”,“声母与韵母系统的共同演变”,“韵母系统的发展演变”三方面,对《辨字摘要》与现代临江方言的语音差异及其所反映的语音演变规律进行探索。

一　《辨字摘要》语音系统构拟

(一)《辨字摘要》声母系统的语音构拟

表2—33　《辨字摘要》声母表

《辨字摘要》			现代临江方言
声类	拟音	与中古音的对应关系	
帮	p	帮	p
滂	p^h	滂、並	p^h
明	m	明	m
非	f	非、敷、奉	f
端	t	端	t

续表

《辨字摘要》			现代临江方言
声类	拟音	与中古音的对应关系	
透	t^h	透、定	t^h，x部分洪音
泥	ȵ[n]	泥细音、疑部分细音、 日少数来细音－n尾韵 泥母少数洪音	ȵ
			l细音－n尾韵 l 泥母少数洪音
来	l	来、泥洪音	l
见	k	见洪音	k
		见细音	tɕ
溪	k^h	溪洪音、群少数合口三四等	k^h
		溪细音、群母	$tɕ^h$，ɕ口语又读
晓	x	晓匣洪音，少数合口细音 透定洪音，少数	x 晓匣开口洪音，透定洪音 f 晓匣合口洪音，少数合口细音 Ø 匣部分合口洪音
		晓细音、匣细音	ɕ
疑	ŋ	疑洪音，少数细音、影开口洪音	ŋ 疑影开口洪音 Ø 疑合口洪音 ȵ 疑细音
精	ts	精洪、庄、知二	ts 精洪、知二、庄
		精细	tɕ 精细
清	ts^h	清从洪、崇、澄二	ts^h 清从洪、澄二、崇
		清细	$tɕ^h$ 清从细
心	s	心、生、崇少数	s 心洪、生、崇少数
		心细、邪	ɕ 心细、邪
章	tɕ	章、知三	tʃ
昌	$tɕ^h$	昌、徹三、船禅部分	$tʃ^h$
书	ɕ	书、船、禅	ʃ
日	ʑ	日	ʒ
喻	Ø	于、以、影合口洪音，细音、微	Ø

说明：

1. 见晓组细音声母在现代临江方言中读舌面音，但在《辨字摘要》中，见晓组细音小韵与精组细音小韵还存在对立。上文我们通过分析认为，《辨字摘要》见晓组洪、细音声母还没有分化，见晓组洪、细音声母小韵的对立是韵母洪细的对立。因此《辨字摘要》见晓组洪、细音声母同拟为舌根音。

2. 疑母在现代临江方言中有三种读音：(1)开口洪音读舌根鼻音 ŋ，(2)合口洪音读零声母 Ø，(3)开、合口细音与泥母细音合流，读舌面鼻音 ȵ。但在《辨字摘要》中，疑母除少数细音与泥母细音合流外，大部分情况下独立为一个声类。疑母合口洪音在现代临江方言中读零声母是鼻音声母脱落的结果，而疑母细音与泥母细音合流，则是《辨字摘要》疑母、泥母细音合流现象的进一步扩散。因此，我们把《辨字摘要》中除与泥母细音合流以外的疑母都构拟为舌根鼻音 ŋ。

3. "章"、"昌"、"书"、"日"四声母，现代临江方言中读舌叶音，《辨字摘要》中，我们构拟为舌面音，详见下文讨论。

4.《辨字摘要》仅少数泥母洪音与来母洪音对立，我们处理为声母 ȵ 的音位变体。

(二)《辨字摘要》韵母系统构拟:阴声韵

表 2—34 《辨字摘要》阴声韵韵母表、中古来源及与现代临江方言的比较

<table>
<tr><th colspan="4">《辨字摘要》</th><th rowspan="3">现代临江方言</th></tr>
<tr><th rowspan="2">韵系</th><th rowspan="2">韵母</th><th colspan="2">中古来源</th></tr>
<tr><th>开</th><th>合</th></tr>
<tr><td rowspan="3">基</td><td>衣 i</td><td>支脂之－精庄组，微祭废齐</td><td>灰泰唇音，
支脂祭鱼虞精组、来母</td><td>i
ʅ止蟹摄开口知三章组</td></tr>
<tr><td>梅 ei</td><td></td><td>灰明母</td><td>i</td></tr>
<tr><td>威 ui</td><td></td><td>灰泰－唇音
支脂之微齐上声</td><td rowspan="2">ui</td></tr>
<tr><td>位</td><td>位 uəi</td><td></td><td>寘至未霁祭废
队、泰－唇音</td></tr>
<tr><td>姿</td><td>姿 ʉ</td><td>支脂之精庄组</td><td></td><td>u</td></tr>
<tr><td>夫</td><td>乌 u</td><td>尤唇音部分</td><td>模、虞唇音
鱼虞庄组</td><td>u</td></tr>
<tr><td>朱</td><td>于 y</td><td></td><td>鱼虞－唇音、－庄组</td><td>u知三章，i见组</td></tr>
<tr><td>台</td><td>哀 ɔi</td><td>咍、泰见组</td><td></td><td>ɔi</td></tr>
<tr><td rowspan="2">皆</td><td>挨 ai</td><td>泰－见组皆佳
夬、咍部分</td><td></td><td>ai</td></tr>
<tr><td>歪 uai</td><td></td><td>皆佳夬、泰</td><td>uai</td></tr>
<tr><td>高</td><td>凹 au</td><td>豪肴</td><td></td><td>au</td></tr>
<tr><td rowspan="2">肖</td><td>讴 ɛu</td><td>侯、尤庄组</td><td></td><td>ɛu，iɛu侯韵k、kh、x、ŋ声母字</td></tr>
<tr><td>夭 iɛu</td><td>肖、萧</td><td></td><td>iɛu，ɛu知三章组</td></tr>
<tr><td>周</td><td>忧 iu</td><td>尤－庄组、唇音部分，幽</td><td></td><td>iu
əu知三章</td></tr>
<tr><td rowspan="2">唆</td><td>阿 o</td><td>歌</td><td>戈－唇牙喉音</td><td>o</td></tr>
<tr><td>窝 uo</td><td></td><td>戈唇牙喉音</td><td>uo</td></tr>
<tr><td rowspan="3">加</td><td>丫 a</td><td>麻二</td><td></td><td>a</td></tr>
<tr><td>爷 ia</td><td>麻三</td><td></td><td>ia，a知三章组</td></tr>
<tr><td>蛙 ua</td><td></td><td>麻二</td><td>ua</td></tr>
<tr><td rowspan="2">爹</td><td>靴 yɛ</td><td></td><td>靴[一字]</td><td></td></tr>
<tr><td>爹 iɛ</td><td>爹些[二字]</td><td></td><td></td></tr>
</table>

(三)《辨字摘要》韵母系统构拟:阳声韵与入声韵

表 2—35 《辨字摘要》阳声韵与入声韵韵母表、中古来源及与现代临江方言的比较

<table>
<tr><th colspan="4">《辨字摘要》</th><th rowspan="3">现代临江方言</th><th colspan="4">《辨字摘要》</th><th rowspan="3">现代临江方言</th></tr>
<tr><th rowspan="2">韵系</th><th rowspan="2">韵类</th><th colspan="2">中古来源</th><th rowspan="2">韵系</th><th rowspan="2">韵类</th><th colspan="2">中古来源</th></tr>
<tr><th>开</th><th>合</th><th>开</th><th>合</th></tr>
<tr><td>因</td><td>因 in</td><td>耕影庚二泥真欣
侵蒸庚三清青</td><td>谆来母精组</td><td>in，
ən知三章</td><td>一</td><td>一 it</td><td>质迄缉
职锡昔陌三</td><td>术来母精组
职精组</td><td>it
ʅt知三章</td></tr>
</table>

续表

《辨字摘要》				现代临江方言	《辨字摘要》				现代临江方言
韵系	韵类	中古来源 开	中古来源 合		韵系	韵类	中古来源 开	中古来源 合	
熏	温 uən		魂 文非组	ən 魂帮组、晓母， 文非组 uən 魂－帮组晓母， 文微母	佛	勿 uət		没、 物非组	ot 没帮组， 物非组 uət 没－帮组， 物微母
	氲 yən		真， 文－唇音 谆－来母精组 庚 三清青	yən		域 yət		质、物－唇音 术－来母精组 职－精组 昔	yət
甘	安 ɔn	寒 谈 覃牙喉		ɔn	决	遏 ɔt	曷盍合牙喉		ɔt
	酸 uɔn	覃舌齿	桓舌齿	uɔn		捋 uɔt	合舌齿	末舌齿	uɔt
	冤 yɔn		仙－来母精组 先 元牙喉舌齿	yɔn		曰 yɔt		薛－来母精组 屑 月－轻唇	yɔt
山	山 an	寒 谈舌齿 覃少数 山 删咸衔	元凡非组	an	达	鸭 at	曷盍舌齿 合少数 辖黠洽狎	月乏非组	at
	弯 uan		山删、元微母	uan		空 uat		辖黠、月微母	uat
天	恩 ɛn	登痕庚二 耕，臻侵庄组	桓唇音	ɛn	哲	厄 ɛt	德陌二麦	末唇音	ɛt
	豌 uɛn		桓牙喉庚二耕	uɛn		国 uɛt		末牙喉德陌二麦	uɛt
	烟 iɛn	仙元凡盐 严先添	仙来母精组	iɛn ɛn知三章		叶 iɛt	薛屑月叶 业帖	薛来母精组	iɛt ɛt知三章
工	翁 uŋ		东三唇音、庄组庚 二少数东一冬	əŋ东钟唇音 uŋ	叔	屋 uk		屋三唇音庄组 烛唇音屋沃	uʔ
	雍 iuŋ		东三钟－唇音庄组	iuŋ， uŋ知三章		欲 iuk		屋三烛－唇音庄组	iuʔ uʔ知三章
章	盎 ɔŋ	唐江、 阳庄组	阳非组	ɔŋ	乐	恶 ok	铎觉		oʔ
	汪 uɔŋ		唐、阳微母	uɔŋ		郭 uok		铎，药非组	uoʔ
	央 iɔŋ	阳	阳	iɔŋ， ɔŋ知三章		约 iok	药	药	ioʔ oʔ知三章

说明：

1. 今临江方言中知三章组字声母读舌叶音，韵母读洪音。但在《辨字摘要》中，我们把知三章组声母构拟为舌面音。因此《辨字摘要》知三章组字韵母，我们相应地构拟为带有 i 介音的韵母。其中“基”韵系与“一”韵中的开口知三章组字韵母分别构拟为 i 与 it，见下文讨论。

2.“姿”韵系韵母构拟为 ʉ，见下文讨论。

3.侯韵见系字以及透定母字在现代临江方言中产生了i介音，但在《辨字摘要》中没有这种现象，因此这些侯韵字韵母仍构拟为洪音。

二 从语音差异看两个半世纪以来临江方言的发展演变

(一)声母的发展演变

1.疑母的演变

《辨字摘要》中，疑母具有以下特点：(1)疑母开合口洪音以及部分细音都保留舌根鼻音的读音，如"吴"："无"，"悟"："雾恶"，"宜"："泥"，"蚁"："你"；(2)部分疑母细音已经与泥母细音合流；(3)影母开口洪音与疑母开口洪音合流，声母同为舌根鼻音。

现代临江方言中，疑母读音特征如下：

(1)疑母开口洪音与影母开口洪音声母仍读舌根鼻音ŋ，如"爱碍"同音ŋɔi^{33}，"呕藕"同音ŋiɛu^{21}，"按岸"同音ŋɔn^{33}；(2)疑母合口洪音多读零声母，与影母合口洪音同音。如"吴无"同音u^{24}，"悟雾恶"同音u^{33}，"外"音uai^{33}，只有常用的"五"字读声化韵ŋ^{21}；(3)疑母细音全部与泥母细音合流，读ȵ。如"语女"同音ȵy^{21}，"宜泥"同音ȵi^{24}，"蚁你"同音ȵi^{21}，"严黏"同音ȵiɛn^{24}。

"《中原音韵》里疑母部分还读ŋ，《易通》(按，指《韵略易通》)则一律读成Ø"。(张玉来1999：26)可见赣方言疑母的演变和官话音系不同。从《辨字摘要》与现代临江方言疑母读音的比较来看，两个半世纪以来，临江方言疑母的演变具有以下特点：疑母以韵母的洪细开合为条件产生分化，细音声母通过进一步扩散，全部与泥母细音合流；洪音声母则以开合为条件，开口洪音仍保留舌根鼻音的读音，合口洪音在临江方言中则有三种演变结果：

(1)丢失声母，演变为合口洪音零声母，如上文所举例；(2)丢失介音u，由合口洪音演变为开口洪音，这种现象在《辨字摘要》中就已经出现，如"马"韵"雅"小韵中，"瓦"与"雅哑"同音，今临江方言中，"瓦"与"雅哑"同音ŋa^{21}；(3)韵母为u元音的疑母字读声化韵，如现代临江方言"五"音ŋ^{21}。

2.f、x相混合晓匣母合口一、二等读零声母的现象

《辨字摘要》非组声母小韵与晓匣母合口洪音小韵存在对立关系。在声母讨论部分，我们根据现代方言的表现形式，认为《辨字摘要》非组字韵母已经由合口细音演变为开口洪音，晓匣母合口一、二等字(含部分止蟹摄合口三、四等字)韵母仍读合口洪音。也就是说，f、x相混的现象在《辨字摘要》中还没有出现。

现代临江方言中，非组声母字与晓匣母合口一、二等字读音合流。主要特点是，晓匣母合口一、二等字读声母为f的开口洪音(止蟹摄合口晓匣母字读齐齿呼i韵母)，与非组声母字读音合流，如：

灰非 fi^{55}，会费 fi^{33}，晃纺 $fəŋ^{21}$，烘风 $fəŋ^{45}$，红逢 $fəŋ^{24}$

但古戈韵与模韵非、晓组声母字，韵母仍为合口，如：

虎府 fu^{21}，互傅 fu^{33}，火 fuo^{21}，货 fuo^{33}

晓匣母在现代临江方言中的另一读音特点是：古匣母合口一、二等读零声母的现象增多。《辨字摘要》中，匣母合口一、二等读零声母的现象不多，除“禾”字外，只有以下小韵有部分匣母合口一等字与零声母字同见，读合口洪音零声母：

務：務霧誣婺鶩騖微遇 惡汙影暮 縠笠匣暮

勿：勿物沕微物 核俗音黑《集韵》匣没

爲：爲喻支 唯惟維喻脂 帷幃闈嵩韋圍違禕喻微 微薇微微 虺匣灰

而现代临江方言中，这种现象非常普遍，如：

和 uo^{24}，胡 u^{24}，換 $uɛn^{33}$，活 uɛt，滑 uat，黄 $uɔŋ^{24}$，横 $uɔŋ^{24}$

晓匣母合口一、二等字在《辨字摘要》与现代临江方言中的两种读音差异不是孤立的，而是有着非常密切的关系，是晓匣母合口洪音在临江方言两百多年的演变过程中，两种不同的演变模式所产生的结果。合口介音 u 具有圆唇的特点，而声母 x 发音部位靠后，于是产生了声母与韵母（主要是与合口介音）的竞争，这种竞争产生了两种结果。一种结果是，在 u 介音的唇化作用下，擦音 x 声母演变为唇音 f 声母，同时介音 u 消失，韵母由合口变为开口。但在模韵与戈韵中，模韵只有主元音 u，而戈韵除了介音 u，还有主元音 o，o 也具有圆唇的特征，因此在这两个韵中，声母与韵母的竞争，以 x 声母被唇化而韵母保持原来的合口而结束。临江方言也由 f、x 不混型演变为 f、x 相混型。另一种语音演变的结果是，为保持合口韵母的特征，选择丢失擦音声母 x，匣母合口洪音读零声母。这种现象在《辨字摘要》中就已经产生，但只有少数字，而在现代临江方言中大量存在。但这种现象只发生在匣母字中，其中原因，还有待研究。

3. 塞音和塞擦音声母读擦音的现象

(1) 塞音读擦音的现象

塞音声母读擦音的现象，在《辨字摘要》中主要表现在少数透定母洪音与晓匣母洪音同音，即 $t^h > x(h)$ 的现象。《辨字摘要》中，与晓匣母同小韵的透定母字比较少，仅“泰汰太透泰 態透代 吞透痕 滕謄臘騰縢藤籐定登 疼定冬 鄧定嶝 豆荳逗餖痘竇讀定候 透斜透候”23 字。《辨字摘要》是以方言文读音编排的字书，但这些字在《辨字摘要》中大部分没有透（定）母的读音，也就是说这些字不是白读音。

现代临江方言中，透定母洪音读擦音声母 x 的现象无论从中古韵的来源还是字数上都比《辨字摘要》要多，可以说是现代临江方言一种比较普遍的读音。如：

拖 xo^{45}，舵 xo^{24}，代 $xɔi^{33}$，討 xau^{21}，盗 xau^{24}，偷 $xiɛu^{45}$，

头 $xiɛu^{24}$，淡 xan^{33}，炭 xan^{33}，汤 $xɔŋ^{45}$，糖 $xɔŋ^{24}$

而以上常用字在《辨字摘要》中都没有读擦音的现象。

透定母读擦音的现象是赣方言中比较普遍的特征之一，主要分布在江西中部，北部地区也有一些。对于这种现象，学者们提出了许多不同的看法，主要有“后起音变说”（罗常培 1940，何大安 1987，万西康 1989）、“百越民族语言底层说”（陈立中 1996）、“上古音遗留说”（刘纶鑫 1999）。但是从临江方言两百多年来透定母读音演变的特点来看，我们倾向于第一种看法，即“后起音变说”。

从临江方言的演变情况来看，两个半世纪以来，透定母读擦音的现象呈现不断增多的趋势，这反映了透定母读擦音的现象是后起的。

从演变条件看，《辨字摘要》读擦音的透定母字只限于开口洪音，合口洪音与开、合口细音透定母字没有类似读音现象。现代临江方言合口洪音与开、合口细音透定母也很少有擦化的现象。古合口一等字读擦音的仅发现两例：“腿”音 $xɔi^{21}$，“脱”音 xɔt。不过其韵母均读开口洪音，与《辨字摘要》以及现代临江方言透、定母读擦音声母 x 的规律相符。透定母以韵母为条件读擦音的现象很难说是古音的遗留或百越民族语言的底层。

从音理上分析，送气塞音失去塞音成分而保留送气特征，符合言语交际的省力原则。临江方言中，与这种现象类似的还有塞擦音读擦音现象。

（2）塞擦音读擦音的现象

塞擦音读擦音的现象主要发生在今读 $tɕ^h$ 声母的古溪母和群母字中。现代临江方言见组细音声母读舌面音，少数 $tɕ^h$ 声母字有塞擦音与擦音两读，如：

去 $tɕ^hiɛ^{33}/ɕiɛ^{33}$，桥 $tɕ^hiau^{24}/ɕiau^{24}$，轿 $tɕ^hiɛu^{33}/ɕiɛu^{33}$，

球 $tɕ^hiu^{24}/ɕiu^{24}$，件 $tɕ^hiɛn^{33}/ɕiɛn^{33}$

这种音变现象在《辨字摘要》中没有反映。不过，今临江方言中，这种塞擦音读擦音的现象多出现在口语中，《辨字摘要》所记录的是文读音，因此没有加以记录。但这种现象很可能也是后起的。一方面，这种读音没有像透定母读擦音的现象一样，成为强势的读音，进入文读音。另一方面，今临江方言中，同样读 $tɕ^h$ 的古精组细音就没有发生类似的音变现象。在音变的时间上，这种今读 $tɕ^h$ 声母的古溪母和群母字产生擦音 ɕ 的又读现象，当发生在《辨字摘要》之后，尖团音合流之前。演变途径可能有两种：

$k^hi \longrightarrow tɕ^hi \longrightarrow ɕi$；

$k^hi \longrightarrow hi \longrightarrow xi \longrightarrow ɕi$。

从音变原理来看，这两种途径都是塞音或塞擦音声母丢失塞音成分而保留送气擦音的成分。这种音变的动力和透定母洪音 tʰ＞x(h)一样，都是言语交际中追求交际便利和省力的结果。魏建功先生在《古音系研究》之“论变”部分提出过“音便自然”的原则，即“语言的进化是由简到繁，而语音的进展则是由难向易”。(魏建功 1996：184～188)这对研究方言历史无疑是具有重要指导意义的。

(二)声母与韵母的共同演变

1. 见晓组细音声母与知三章组声母在《辨字摘要》中的音值问题

在《辨字摘要》的语音构拟部分，我们把见晓组细音声母的音值构拟为舌根音，与见晓组洪音声母相同，只是在与韵母的拼合关系方面存在对立。理由有三：(1)《辨字摘要》尖团对立，精组细音还没有腭化，见晓组细音存在没有腭化的可能；(2)明末清初的官话韵书《五方元音》中“京、坚、干”同隶见图，(参见叶宝奎 2001：184)可见见晓组细音在清代初年官话音系中还没有腭化，方言韵书《辨字摘要》见晓组细音声母腭化的可能性不大；(3)今江西赣方言地区还有见晓组细音声母没有腭化的现象存在，如黎川“颈”音 kiaŋ^{1}，“轻”音 kʰiaŋ^{1}，“记”音 ki^{4}，“欺”音 kʰi^{1}①。

更重要的是，从知三章组声母的演变来看，见晓组细音声母在《辨字摘要》中腭化的可能性也不大。

现代临江方言中，知三章组声母读舌叶音，而在《辨字摘要》声母构拟中，我们把知三章组声母的音值构拟为舌面音。理由如下：

(1)从现代临江方言与《辨字摘要》韵母系统的差异来看，我们认为知三章组声母读舌叶音的现象是后起的。从《辨字摘要》韵部编排的原则看，同一韵的主元音必定相同。但《辨字摘要》同一韵系在现代临江方言中分化为几个音值不同的韵母，见表 2—36。

表 2—36　部分同韵系字读音在现代临江方言中的分化

辨字摘要	韵系	“基”韵系						“一”韵						“朱”韵系					
	声母	知三章			见组			知三章			精组			知三章			见组		
	代表字	趾	耻	时	基	起	稀	质	侄	失	七	疾	悉	猪	处	书	句	区	虚
临江方言		tʃʅ	tʃʰʅ	ʃʅ	tɕi	tɕʰi	ɕi	tʃʅt	tʃʰʅt	ʃʅt	tɕʰit	tɕʰit	ɕit	tʃu	tʃʰu	ʃu	tɕi	tɕʰi	ɕi

《辨字摘要》止摄开口三等精庄组字韵母与同摄其他开口三等字韵母主元音有别，因此，《辨字摘要》把这些字独立为“姿”韵系。现代临江方言中，

① 以上材料见刘纶鑫《客赣方言比较研究》，中国社会科学出版社，1999 年。

止蟹摄开口知三章组字也与同摄其他声母字韵母主元音产生了分化。如果这种主元音的分化在《辨字摘要》中已经产生，那么，编撰者自然会与止摄开口三等精庄组字一样，另立一个韵部。但《辨字摘要》并没有这么做。

《辨字摘要》"夫"韵系与"朱"韵系对立，从来源看，属于韵母洪细的对立。但在现代临江方言中，《辨字摘要》"朱"韵系知三章组字已经与"夫"韵系字韵母相同。

可见，《辨字摘要》"基"韵系开口韵知三章组字韵母在现代临江方言中读ʅ的现象，"一"韵知三章组字在现代临江方言中读ʅt的现象，以及"朱"韵系知三章组字在现代临江方言中读u的现象，都是后来产生的，是知三章组声母读音的演变引起的连锁音变。知三章组声母由《辨字摘要》时代的读音演变为现代的舌叶音，最大的可能就是舌面音tɕ、tɕʰ、ɕ。

(2)知三章组声母在《辨字摘要》中读舌面音，我们可以从同时期的南昌历史方言语音材料中得到旁证。现代南昌方言中，知三章组声母除遇摄三等外，均与精组洪音声母合流，读舌尖音ts、tsʰ、s。但成书于19世纪初的童蒙识字课本《类字蒙求》直音中，知章组三等字与见组细音互注，如"栀章支音箕见之"，"筹澄尤音仇群尤"（详见后文讨论）。可见，知三章组声母读舌面音是赣方言历史上存在过的语音事实。

(3)从现代赣方言的表现来看，大多数赣方言知三章组声母都读舌面音。刘泽民(2004)通过数据库统计，发现赣方言知三章组声母读舌面音的现象最多。并因此认为，这种读音代表了赣方言知三章组声母的早期历史层次。《辨字摘要》语音系统所表现出来的特点，可以有力地支持这一观点。

因此，我们认为，《辨字摘要》时代的临江方言知三章组声母读舌面音，而现代临江方言知三章组声母读舌叶音则是近两个半世纪以来语音演变的结果。同样，我们认为见晓组细音声母在《辨字摘要》中还没有腭化，与见晓组洪音声母读音相同。见晓组细音声母读舌面音并与精组细音声母合流，也是近两个半世纪以来临江方言语音演变的结果。

知三章组声母读音的演变，使临江方言产生了新的韵母。即现代临江方言中，《辨字摘要》"基"韵系知三章组字开口细音韵母演变为开口洪音，读舌尖后元音ʅ；入声韵"一"韵知三章组字韵母，演变为主元音为ʅ的入声洪音韵母ʅt。

2. 尖团合流和舌齿音声母格局的发展演变

《辨字摘要》音系精组与见系细音声母还存在对立关系，现代临江话精组、见系细音声母已经合流为舌面音，如"津、巾"同音tɕin45，"焦、浇"同音tɕiɛu45。

知三章组声母与精组、见系细音声母读音的演变，使临江方言近两个半世纪以来的舌齿音格局内容发生了改变。《辨字摘要》舌齿音的格局是：知二庄组与精组声母同读舌尖音，知三章组声母读舌面音。现代临江方言中，舌齿音读音与《辨字摘要》一致的是：知组二等、庄组声母与精组洪音声母合流，知三、章组声母合流。但从舌齿音格局的对立形式来看，现代临江方言已经由二极对立型演变为三极对立型。从对立的内容来看，也已经发生了变化。首先，精组细音已经腭化，与见系细音合流为舌面音；其次，知三章组声母由舌面音演变为舌叶音。这种演变图示如下：

《辨字摘要》		现代临江方言
精组知二庄组：ts，ts^h，s	→	精组洪知二庄组：ts，ts^h，s
	↘	精组细：tɕ，tɕ^h，ɕ
知三章组：tɕ，tɕ^h，ɕ	→	知三章组：tʃ，tʃ^h，ʃ

3. 鱼虞韵见系字读音的演变

“支鱼相混”是赣方言的特征之一。《辨字摘要》中，这种特点大部分出现在鱼虞韵精组、来母字中。“基”韵系鱼、虞韵精组、来母字与止蟹摄开口三四等精组、来母字同音。现代临江方言中，这种“支鱼相混”现象扩散到了鱼虞韵见系字，即鱼虞韵见系字与止蟹摄开口三四等见系、蟹摄开口三四等精组字读音相同，韵母同为 i，如：

句＝寄 tɕi^{33}，巨＝妓 tɕ^{h}i^{33}，区＝欺 tɕ^{h}i^{45}，雨＝椅 i^{21}，芋＝医 i^{55}

即鱼虞韵见系字经历了 ky、k^{h}y、hy、y→tɕi、tɕ^{h}i、ɕi、i 的音变过程。这种变化是否与见组声母读音的变化有关，或是受其他方言的影响，有待进一步研究。

4. 一等侯韵读细音的现象

《辨字摘要》流摄一等侯韵字、三等尤韵庄组字，与效摄三、四等宵、萧韵字同属“肖”韵系字。其中侯韵见系字与宵、萧韵见系字对立，如：

勾：娇，抠：跷，叩：窍

根据上文的分析可知，这些字在《辨字摘要》中声母相同，但韵母洪细对立，流摄一等侯韵见系字韵母读洪音。

现代临江方言中，声母为舌根音 k、k^h、ŋ、x 的一等侯韵字韵母均产生了 i 介音，由洪音演变为细音。如：

勾 kiɛu^{45}，狗 kiɛu^{21}，够 kiɛu^{33}，口 k^{h}iɛu^{21}，扣 k^{h}iɛu^{33}，猴 xiɛu^{24}，后 xiɛu^{24}，呕 ŋiɛu^{21}，沤 ŋiɛu^{21}

声母读擦音 x 的透定母侯韵字同样具有类似的读音特征，如：

偷 xiɛu^{45}，头 xiɛu^{24}，豆 xiɛu^{33}

这种读音应当是一种非常后起的语音现象，理由如下：(1)这些音变只发生在侯韵见系声母字，以及声母读擦音 x 的侯韵透定母字中，其他侯韵字韵母仍读开口洪音 εu，如“走”音 $tsεu^{21}$，“凑”音 $ts^hεu^{33}$；(2)这一现象发生在透定母读擦音 x 的音变现象之后，那些没有发生这种音变的透定母字仍读开口，如“透”音 $t^hεu^{33}$；(3)侯韵见系字与宵、萧韵见系字在《辨字摘要》中存在洪细对立现象，侯韵见系字产生 i 介音当发生在见系细音腭化为舌面音以后。如果这种现象产生的时间早，它们就会受到腭化规律的影响，与宵萧韵见系字一起，声母读舌面音。规律只能在一定时间内起作用，正因为侯韵见系字韵母产生 i 介音的现象发生在见系细音声母腭化之后，所以韵母虽然读细音，但声母并没有产生腭化现象。

对赣方言中这种音变现象产生的原因，时贤有过解释。如万波认为，这是主元音引起的介音增生，由于元音 ε，e，æ 在发音部位上有前的特征，容易衍生出带高元音性质的 i 介音来（2009：159）。我们同意这种看法，但这种音变在临江方言中，只发生在声母为 k，k^h，ŋ，x 的音节中，就值得我们对这种音变产生的内部机制进行思考。我们认为，侯韵见系字韵母由洪音读细音的主要原因是由于声母与韵母的内部竞争以及受音系结构内部调整的影响。牙喉音的发音部位较后，而侯韵的主元音发音部位具有前、高的特点，于是韵母衍生了一个 i 介音。发生这种音变的时候，见系细音声母已经腭化，留下了 ki-，k^hi-，xi-这一语音空档，加速了侯韵见系字（包括读擦音 x 的侯韵透定母字）的演变，弥补了见系细音腭化为舌面音以后的语音空档。

（三）韵母的发展演变

1. 止摄开口三等精庄组字韵母的演变

《辨字摘要》止摄开口三等精庄组字独立为“姿”韵系，其主元音当与其他止摄字有别。但其性质与《中原音韵》支思部，《韵略易通》、《韵略汇通》“支辞”部均不相同，却与《古今韵会举要》“赀”字母韵具有对应关系，对比如下：

表 2—37　《辨字摘要》与《古今韵会举要》等韵书舌尖元音来源比较

《古今韵会举要》	《中原音韵》	《韵略易通》	《辨字摘要》
赀字母韵	支思韵	支辞韵	“姿”韵系
止摄开口三等精庄组	止摄开口三等精庄章组	止摄开口三等精组照系	止摄开口三等精庄组

《辨字摘要》来自古止摄开口三等精庄组字的“姿”韵系，与由模韵字、虞韵非组庄组字组成的“夫”韵系对立。但现代临江方言中，《辨字摘要》“姿”韵系古止摄开口三等精庄组字韵母为 u，与《辨字摘要》“夫”韵系字读音合流，如：

资＝租 tsu^{45}，紫、姊、子＝祖 tsu^{21}，四、事＝素 su^{33}

那么,《辨字摘要》古止摄开口三等精庄组字韵母是一种什么性质的元音?这种韵母产生和发展的原因是什么?《辨字摘要》“姿”韵系“雌”小韵给我们提供了一点线索。“雌”小韵所辖字有“雌$_{\text{清支}}$麄$_{\text{清模}}$差嵯$_{\text{初支}}$”,其中就有模韵字“麄”。这无意中透露了“姿”韵系韵母与“夫”韵系韵母相近,同样具有圆唇的特征。我们认为央高圆唇元音 ʉ 的可能性最大。

《辨字摘要》“姿”韵系的来源与《古今韵会举要》中的“赀字母韵”一致。刘晓南先生在对《古今韵会举要》“赀字母韵”,以及吴棫《韵补》对止摄开口三等舌齿音“当读”、“俗读”的描述进行比较研究之后,认为吴棫的“俗读”音,反映了宋代福建语音中止摄开口三等“精组与庄组韵母合流,发生了圆唇的变化,伴随舌位后移而与鱼虞韵可以相叶”,这种现象在现代闽方言中还能找到依据。(参见刘晓南,2005b:170)江西历史方言语音中这种现象同样存在。我们对元代江西籍 34 位文人诗文用韵,共计 15192 首韵段进行过研究,在“支>鱼”(“支”韵押入“鱼”韵)的通押方式中,共钩稽出 11 字次止摄开口三等精庄组字与遇摄字通押的现象①。可见江西历史方音中止摄开口三等精庄组字与遇摄字关系密切。

从方言语音表现来看,现代临江方言并没有真正的舌尖前元音。由此我们推测,18 世纪的临江方言中,止摄开口三等精庄组字韵母是一个带有圆唇特征的高元音,最终演变为后高圆唇元音 u 则是近两个半世纪以来的事情。

2. 止摄开口三等日母字读音的演变

《辨字摘要》止摄开口三等日母字属“朱”韵系,与鱼虞韵日母字同音,如:

如:如洳茹$_{\text{日鱼}}$而$_{\text{日之}}$儒孺嚅襦鴯薷輀$_{\text{日虞}}$兒$_{\text{日支}}$

耳:耳駬餌珥緝$_{\text{日止}}$爾尔邇$_{\text{日纸}}$乳$_{\text{日麌}}$汝茹$_{\text{日语}}$

二:二貳佴樲$_{\text{日至}}$餌咡珥誀$_{\text{日志}}$濡孺薷$_{\text{日遇}}$茹$_{\text{日御}}$洳$_{\text{日鱼}}$裋$_{\text{禅麌}}$膩$_{\text{泥至}}$

其中“裋膩”二字属特殊现象,这里暂不讨论。根据上文的分析,鱼虞韵日母字在《辨字摘要》中读音为 ʑy,则止摄开口三等日母字的读音也当为 ʑy。今临江方言中,止摄开口三等日母字读零声母,如“儿”音 o^{24},“二”音 o^{33},“耳”音 o^{21}。鱼虞韵日母字读 ʒu,如:“如”音 ʒu^{24}。

止摄开口三等日母字由辅音声母(日母本次浊声母,读浊辅音声母的现象当发生在浊音清化之后,这里暂不予讨论)的演变为零声母,其他方言也有类似现象。据鲁国尧先生研究,“支、脂、之三韵开口日母字‘儿、尔、二、贰、而、耳、饵’等,泰州原多念 zʅ,‘耳朵’[zʅ tɔ]、‘儿子’[zʅ tse],后来这些字都变成了 ə。这个新音位的增加大约是一百年间的事儿”。(鲁国尧

① 详见第六章“江西赣方言历史方言语音特征考论”部分讨论。

2003:49)这种音变产生的原因,鲁先生认为是"民族共同语('官话'、普通话)诱发的"。(2003:59)临江方言止摄开口三等日母字演变为零声母的现象,也应当是受官话或普通话儿化韵的影响所产生的结果。不然不能解释《辨字摘要》同音的字,止摄开口三等日母字演变为零声母字,而鱼虞韵日母字没有发生类似的变化。

第六节　《辨字摘要》音节代表字表

根据《辨字摘要》音系结构表以及上文对《辨字摘要》声、韵、调系统的分析,声母与韵母的构拟,列出《辨字摘要》音节代表字如表2—38。

表2—38　《辨字摘要》音节代表字表

韵系	韵母	声调	p	pʰ	m	f	t	tʰ	n(ȵ)	l	ts	tsʰ	s	tɕ	tɕʰ	ɕ	ʑ	k	kʰ	ŋ	x	∅
工韵系叔韵	uŋ	阴				封	冬	通		礱	宗	匆						工	空		烘	翁
		阳		朋	蒙	逢		同	農	瓏		崇									紅	
		上		捧	懵		懂	桶			總								孔		哄	[illegible]
		去		韸	夢	奉	凍	動		弄	糉		宋					貢	控		汞	甕
	uk	入	卜	仆	木	伏	篤	讀		祿		族	速					谷	哭		斛	屋
	iuŋ	阴									蹤		松	中	充						兄	雍
		阳							顒	龍		從			蟲		戎		窮		熊	容
		上								壟			竦	塚	寵		冗	拱	恐		酗	勇
		去									縱		訟	衆	仲				共		嗅	用
	iuk	入							玉	六	足	促	夙	竹	逐	叔	肉	菊	曲		旭	欲
章韵系乐韵	ɔŋ	阴	邦	滂		方	當	湯			莊	倉	霜					綱	康			
		阳		旁	忙	房		唐		郎		藏								昂	杭	
		上	榜		莽	訪	黨	倘		曩		創	爽					講	[illegible]		沆	
		去	謗	傍		放	當	蕩		浪	壯	狀	喪					降	亢	[illegible]	巷	
	ɔk	入	博	薄	莫		椓	托		洛	作	昨	索					各	確	樂	鶴	
	iɔŋ	阴									將	鏘	相	章	昌	商		薑	匡		薌	央
		阳							娘	良		薔	詳		長	常	攘		強			羊
		上							仰	两	獎	搶	想	掌	敞	賞	壤		強		享	養
		去							釀	亮	醬	匠	象	帳	丈	上	讓	誑	糨		向	樣
	iɔk	入							虐	略	爵	鵲	削	酌	勺	杓	若	腳	卻		學	約
	uɔŋ	阴																光			荒	汪
		阳																	狂		黃	王
		上																廣			恍	往
		去																	況			旺
	uɔk	入																郭	擴		霍	
因韵系一韵	in	阴	兵	砯			丁	聽			精	青	辛	珍	稱	申		今	卿		欣	因
		阳		平	名			廷	吟	靈		情	旬		丞	辰	人		琴		形	盈
		上	丙	品	閔		頂	挺		領	井	請	醒	整	逞	審	忍	景			悻	引
		去	併	聘	命		訂	定	迎	吝	晉	盡	信	正	秤	聖	任	敬	近		釁	印
	it	入	必	匹	密		的	迪	逆	立	即	七	習	執	尺	十	日	吉	及		吸	一

续表

韵系	韵母	声调	p	pʰ	m	f	t	tʰ	n(ȵ)	l	ts	tsʰ	s	tɕ	tɕʰ	ɕ	ʑ	k	kʰ	ŋ	x	ø
熏韵系 佛韵	uən	阴	奔			分	敦	吞			尊	村	孫					裩	坤		昏	溫
		阳		盆	門	焚		豚		倫		存									魂	文
		上	本	不		粉						忖	損					袞	捆		渾	刎
		去	逩		悶	忿	頓	鈍		論		寸	巽					棍	困		混	問
	uət	入		孛	没	佛	咄	突		訥	卒	猝	率					骨	窟	兀	忽	勿
	yən	阴												屯	春			君	傾		熏	氳
		阳														純			群			雲
		上												准	蠢			窘	頃			永
		去												圳		舜	閏		郡		訓	詠
	yət	入							矞					窋	出	述		橘	屈		洫	域
甘韵系 决韵	ɔn	阴																甘	堪	安	憨	
		阳																			寒	
		上																敢	坎	揞	罕	
		去																幹	看	岸	汗	
	ɔt	入																割	渴	盒	遏	
	uɔn	阴					端	貪			簪	参	酸									
		阳						團		鸞		蠶										
		上					短	喰		暖	纂	傖	撰									
		去					斷	段		亂	鑽	篡	蒜									
	uɔt	入					掇	奪	納	捋	撮	雜	刷									
	yɔn	阴												專	川			涓	圈		喧	冤
		阳							元						傳				拳		玄	員
		上							阮					轉	舛			卷	犬		鉉	遠
		去							願					颴	串			眷	倦		縣	怨
	yɔt	入							月		拙	啜	說					決	闕		血	曰
山韵系 达韵	an	阴	班	扳		番	丹	灘			戠	餐	山					間				
		阳			蠻	凡		談		蘭		殘								顏	閑	
		上	板			反	亶	坦	赧	覽	斬	剗	産					簡	橄	眼	喊	
		去	扮	辦	慢	犯	旦	但		濫	贊	暫	散					諫	闞	雁	限	
	at	入	八	拔		法	答	达		臘	紮	察	殺					甲	恰	鴨	洽	
	uan	阴																關				彎
		阳																			還	
		上																			綰	晚
		去																慣			宦	萬
	uat	入																刮			滑	穵
天韵系 哲韵	ɛn	阴	崩	烹			登				曾	撐	生					庚	坑	恩	亨	
		阳		盤	萌					棱		岑									行	
		上			滿		等	逊		冷	怎		省					耿	肯		狠	
		去	半	泮	孟		凳			淩	甑	贈	滲					埂		硬	恨	
	ɛt	入	百	白	末		德	特		勒	仄	宅	色					革	客	厄	黑	
	iɛn	阴	邊	偏			顛	天	拈		尖	千	仙	占	覘	羴		堅	愆		薟	煙
		阳		胼	棉			田	言	連		前	旋		廛		然		乾		賢	炎
		上	匾		免		典	忝	儼	輦	剪	淺	鮮	展	諂	閃	冉	撿	遣		顯	衍
		去	徧	片	面		店	殿	念	練	薦	賤	羨	戰	纏	善		見	欠		現	厭
	iɛt	入	別		滅		跌	貼	業	列	接	妾	雪	哲	徹	涉	熱	結	竭		叶	
	uɛn	阴																官	寬		歡	豌
		阳																			弘	丸
		上																管	款		莞	宛
		去																貫			奐	
	uɛt	入																國	闊		或	

续表

韵系	韵母	声调	p	pʰ	m	f	t	tʰ	n(ȵ)	l	ts	tsʰ	s	tɕ	tɕʰ	ɕ	ʑ	k	kʰ	ŋ	x	ø
基韵系	i	阴	卑	丕		非	低	梯			疽	妻	西	知	笞	屍		基	溪		希	衣
		阳		皮	眉	肥		提	尼	黎		齊			持	時			奇	宜	兮	夷
		上	比	痞	米	斐	氏	體	你	李	泚	取	灑	止	侈	矢		己	起	蟻	喜	以
		去	閉	被	寐	費	帝	地		利	祭	娶	細	志	治	世		計	氣	義	系	意
	ui	阴					堆	推				崔	雖	追	吹			圭	奎		灰	威
		阳	梅①					頽		雷		摧	隨		槌	垂			葵	危	回	爲
		上						腿	餒	壘	嘴	揣				水	乳	鬼	跪		毀	諉
位韵	uəi	去					對	退	泥	内	最	罪	歲	隊		瑞	銳	貴	愧	僞	惠	位
姿韵系	ʉ	阴									姿	雌	司									
		阳										慈	祠									
		上									子	此	史									
		去									恣	字	士									
夫韵系	u	阴		鋪		夫	都				租	初	踈					姑	枯		呼	烏
		阳		蒲	模	扶		徒		廬		徂								吾	胡	無
		上	補	普	母	府	覩	土		魯	祖	楚	所					古	苦	五	虎	武
		去	布	步	慕	父	妬	杜		路		助	素					故	庫	悟	戶	務
朱韵系	y	阴												朱	姝	書		居	區		虛	於
		阳							魚						除	殊	如		渠			余
		上							女					主	處	暑	耳	舉	去		許	宇
		去							禦					著	住	恕	二	句	去		酗	裕
台韵系	ɔi	阴						台			栽		鰓					該	開	哀		
		阳						臺		來		才								呆	孩	
		上									宰	采	葸					改	愷	藹	海	
		去					戴	代		賚	再	在	帥					蓋	咳	愛	害	艾
皆韵系	ai	阴									齋	釵	籭					皆	揩	騃		
		阳		排	埋							柴								崖	鞋	
		上	擺	派	買		歹			乃	跐		灑					解	楷	矮	駭	
		去	拜	敗	賣		帶			賴	債	蔡	曬					介		艾	械	
	uai	阴																乖				歪
		阳																			懷	
		上																夬				
		去																怪	快	外	壞	
高韵系	au	阴	包	拋			刀	叨	猱	撓	遭	操	搔					高	敲	凹	蒿	
		阳		袍	毛			陶		勞		曹								敖	毫	
		上	保		卯		倒	討		老	早	草	嫂					稿	巧	襖	好	
		去	報	抱	冒		到	道		撈	躁	造	哨					告	靠	傲	號	
肖韵系	ɛu	阴					兜	偷			鄒	搊	搜					勾	摳	謳		
		阳			謀	浮		投		婁		愁									侯	
		上		剖	某	否	斗			簍	走		叟					苟	口	偶	吼	
		去			茂	阜	鬬	豆		陋	奏	湊	瘦					冓	叩	漚		
	iɛu	阴	標	漂			刁	挑			蕉	鍬	消	招	超	燒		嬌	蹺		囂	夭
		阳		瓢	苗			調	堯	寥		樵			朝	韶	饒		喬			遙
		上	表	漂	渺		屌	窕	鳥	了	剿	悄	小	沼		少	擾	皎	撃		曉	杳
		去	俵	票	廟		吊	跳	尿	料	醮	俏	笑	照	召	紹		叫	竅			要
周韵系	iu	阴					丟				啾	秋	修	周	抽	收		鳩	丘		休	憂
		阳			繆				牛	流		囚			紬		柔		求			由
		上							紐	柳	酒			帚	醜	手	煣	九			朽	友
		去			謬					溜		就	秀	晝	紂	受		救	臼		嗅	右

① “梅”韵母为[ei]，附于此。

续表

韵系	韵母	声调	p	pʰ	m	f	t	tʰ	n(ȵ)	l	ts	tsʰ	s	tɕ	tɕʰ	ɕ	ʑ	k	kʰ	ŋ	x	ø
唆韵系	o	阴					多	拖				磋	唆					哥	柯	阿	呵	
		阳						駝		羅										俄	河	
		上					朵	妥	娜	裸	左	挫	瑣						可	我	荷	
		去					剁	惰		懦	佐	坐						個		臥	賀	
	uo	阴	波	坡														戈	科			窩
		阳		婆	摩																和	禾
		上	跛	頗														果	顆		火	
		去	播	破	磨													過	課		貨	
加韵系	a	阴	巴	葩				他			咱	叉	沙					加		丫	鰕	呀
		阳		杷	麻					拿		茶								牙	遐	
		上	把		馬	打					鮓	槎	耍					假		雅	厦	
		去	霸	怕	罵					髽	詐	乍	廈					駕		亞	下	
	ia	阴									嗟			遮	車	奢						
		阳											邪			蛇			伽			爺
		上									姐	且	寫	者	扯	舍	惹					野
		去									借	藉	謝	柘		社						夜
	ua	阴																瓜	誇		花	蛙
		阳																			華	
		上																寡				㧓
		去																卦	跨		化	呱
爹韵系	iɛ	阴					爹						些								靴①	
		阳																				
		上																				
		去																				

① “靴”韵母为 yɛ，附于此。

第三章　19 世纪初的南昌方言

——《类字蒙求》直音研究

《辨字摘要》给我们提供了两个半世纪以前江西临江方言的语音材料。那么同时期江西其他地区的赣方言语音面貌如何？临江和其他地区的赣方言之间有哪些共同点和不同点？这些共同点与不同点能给我们探索江西赣方言的内部发展规律以及现代江西赣方言的分区研究提供哪些证据？早于《辨字摘要》，系统反映赣方言历史语音的文献材料目前我们没能搜集到，但稍晚于《辨字摘要》，比较系统地记载赣方言语音的历史文献材料，我们发现了三部：第一部是清同治年间刊行的，流行于南昌地区的启蒙书《类字蒙求》（成书时间为 1815 年前后），书中的直音材料真实反映了当时的南昌方言语音系统；第二部是清末南丰人士仿照《韵法直图》而编撰的《翻切指掌空谷传声》（下文简称《翻切指掌》），此书虽以反映官话为宗旨，但无形中受著者方言的影响很大。尤其是其侄南丰人刘孚周将韵图语音与南丰土音进行了对比，透露了清末南丰方言语音的若干特征，对我们探讨清代末年南丰方言语音具有一定的研究价值。第三部是 20 世纪 20 年代初高安人涂铿《国音四种》，此书以注音字母为工具，详细记录了作者自己的方言——高安土话音系。

临江方言是赣江中游流域的方言代表之一；南昌方言处于赣江下游，即赣北地区，一直被认为是赣方言的代表；南丰方言是除赣江流域外，赣方言分布的另一区域——抚河流域的代表点之一；高安话则是学术界比较关注的一种方言。这几处方言分别处于赣中、赣北、赣西与赣东南地区，这几处方言的历史文献研究，对比较全面地了解江西赣方言的历史语音面貌，对进一步了解赣方言的语音发展演变规律来说无疑具有一定的代表性。

这里我们首先探讨南昌童蒙识字课本《类字蒙求》直音所反映的两百年前南昌方言的语音面貌。

第一节 《类字蒙求》直音所反映的声母系统及其特征

南昌方言是赣方言的代表方言，现代南昌方言语音研究备受关注，并取得了很大成果。不仅如此，学者们还立足于现代赣方言的语音特点，对南昌方言的语音演变规律、南昌方言的语音历史层次进行了多方面的探讨，如沙加尔（Laurent Sagart，1988）、刘纶鑫（1999）、孙宜志（2002）、刘泽民（2004）等。现代共时平面的横的语音差异对探讨历史的竖的语音变化固然有一定帮助，但如果能够得到历史文献的印证，对探讨语音的历史演变规律来说，无疑更具说服力。不过，囿于文献资料的缺乏，当前学术界对南昌方言的历史语音研究，还处于空白状态。

我们在研究过程中搜集了一部清木刻本童蒙识字课本，名为《类字蒙求》，刊订者为"南州燕毅果安"，刊行时间为光绪元年（1875 年）。燕氏前言指出："此先师齐掌蘅、何蓂阶两夫子苦度金针，藏之祕箧，几六十年。"则其成书年代至迟在 1815 年，距今近两百年。此书分上下两册，二十六类目。每一类目分别列出相关名物制度的词语，"凡系难认之字，即旁标一同音小字"（前言），即以直音的方式，给书中相对童蒙来说比较生疏的字注了音。注音方法除直音外，还包括部分纽四声法，两种注音共计 2040 条。其中直音 1855 条，如"嗽，少$_{11上}$"[①]，纽四声法 185 条，如"滞，耻去$_{6下}$"。一字有四声别义的，间或注明了被注字的四声，共 6 条，如"磨，去声$_{78上}$"。有一字多音者则同时注上两个或两个以上的音，如"攮，郎、朗$_{23上}$"。

此书刊订者燕果安自称"南州"人，"南州"作为古地名，有泛指南方地区、古两粤（两广）、豫章郡（南昌）、南阳、古南州（今四川南州县）等多种情况。（参见《汉语大词典》"南州"条）其中，豫章郡称为"南州"，典出《后汉书·徐稺传》。徐稺字孺子，豫章郡南昌人，时称"南州高士徐孺子"。我们通过考察认为，燕果安所称"南州"当为南昌。古代童蒙识字课本，尤其是音注童蒙识字课本，其流行范围有一定的局限性。此书光绪六年（1880 年）有"师竹斋主人"重订本，刊于"南昌广文书局"，除词条有所调整外，其余内容，尤其是直音，与原本《类字蒙求》基本一致。因此从使用范围看，此书当为南昌地区的童蒙识字课本。更主要的是，我们通过对《类字蒙求》直音材料进行研究，并与现代南昌方言进行历史比较，发现直音所反映的语音特征

① 右下角"11 上"，表示出处为原书第 11 页上版，下同。

与现代南昌方言基本一致。可以确认，这些直音就是近二百年前南昌方言的真实记录。其中所反映的语音特点，为我们了解二百年前赣方言代表南昌方言的语音面貌，了解二百年来南昌方言语音的发展演变提供了非常有价值的线索。

一 《类字蒙求》直音所反映的声母系统特征

（一）全浊声母清化

1. 全浊声母清化，今读塞音塞擦音者无论平仄皆送气

《类字蒙求》直音反映，今读塞音塞擦音的全浊声母字不论平仄均与送气清声母字互注，说明全浊塞音塞擦音声母清化为送气的塞音塞擦音声母。全浊塞音塞擦音声母与送气清声母的互注情况如表3—1：

表3—1 塞音塞擦音全浊声母与送气清声母的互注情况

互注情况	並—滂	定—透	从—清、初、昌	澄—清、昌、徹	崇—清、初	群—溪
互注次数	17	14	12	8	3	9
小计	63					

全浊声母与送气清声母互注现象列举如下①：

並母与滂母互注：撇$_{\text{滂屑}}$ 别$_{\text{並薛24上}}$，粕$_{\text{滂铎}}$ 泊$_{\text{並铎，滂陌二*27下}}$，帔$_{\text{滂支、滂寘}}$ 披$_{\text{滂支}}$ 被$_{\text{並纸33上}}$，派$_{\text{滂卦}}$ 排$_{\text{並皆}}$ 去$_{\text{6下}}$，胖$_{\text{滂换}}$ 旁$_{\text{並唐}}$ 去$_{\text{11上}}$，哱$_{\text{滂末}}$ 勃$_{\text{並没72上}}$，鎞$_{\text{帮齐、並脂*、滂齐}}$ 皮$_{\text{並支}}$ 被$_{\text{並纸、滂支*79上}}$，鈀$_{\text{滂麻}}$ 琶$_{\text{並麻81上}}$，歕$_{\text{滂魂}}$ 笨$_{\text{並混}}$ 平$_{\text{81上}}$，薜$_{\text{滂昔*}}$ 皮$_{\text{並支}}$ 入$_{\text{89下}}$，磅$_{\text{滂映*}}$ 彭$_{\text{並庚二}}$ 去$_{\text{77下}}$；牝$_{\text{並轸}}$ 品$_{\text{滂寝96下}}$，跑$_{\text{並肴}}$ 抛$_{\text{滂肴上21下}}$，痞$_{\text{帮旨、並旨}}$ 丕$_{\text{滂脂}}$ 上$_{\text{12上}}$，餔$_{\text{帮模、並暮}}$ 鋪$_{\text{滂模、滂暮22下}}$，票$_{\text{並笑}}$ 漂$_{\text{滂宵}}$ 去$_{\text{36下}}$，辧$_{\text{並裥}}$ 扳$_{\text{帮删、滂删}}$ 去$_{\text{37上}}$。

定母与透母互注：態$_{\text{透代}}$ 殆$_{\text{定海9上}}$，攤$_{\text{透寒}}$ 淡$_{\text{定阚}}$ 平$_{\text{23上}}$，糶$_{\text{透啸}}$ 跳$_{\text{定萧}}$ 去$_{\text{39下}}$，套$_{\text{透晧}}$ 逃$_{\text{定豪}}$ 去$_{\text{71下}}$，攩$_{\text{透荡}}$ 唐$_{\text{定唐}}$ 上$_{\text{77上}}$，梯$_{\text{透齐}}$ 弟$_{\text{定荠}}$ 平$_{\text{79下}}$，踏$_{\text{透合}}$ 達$_{\text{定曷80下}}$，菼$_{\text{透敢}}$ 啖$_{\text{定敢89上}}$；飻$_{\text{定铣*}}$ 忝$_{\text{透忝22下}}$，袒$_{\text{定旱}}$ 坦$_{\text{透旱38上}}$，禘$_{\text{定霁}}$ 替$_{\text{透霁53上}}$，鐸$_{\text{定铎}}$ 託$_{\text{透铎72上}}$，杜$_{\text{定姥}}$ 土$_{\text{透姥}}$ 去$_{\text{91上}}$，跳$_{\text{定筱}}$ 挑$_{\text{透萧}}$ 上$_{\text{93下}}$。

从母与清母、初母、昌母互注：操$_{\text{清号}}$ 造$_{\text{从晧74上}}$，狙$_{\text{清鱼}}$ 徂$_{\text{从模94下}}$；崒$_{\text{从术}}$ 七$_{\text{清质8上}}$，茈$_{\text{从支}}$ 次$_{\text{清至88上}}$，誚$_{\text{从笑}}$ 峭$_{\text{清笑15上}}$；搀$_{\text{初衔}}$ 暫$_{\text{从阚}}$ 平$_{\text{23上}}$，耖$_{\text{初效}}$ 造$_{\text{清号、从晧77上}}$，剗$_{\text{初产}}$ 残$_{\text{从寒}}$ 上$_{\text{77上}}$，鈔$_{\text{初效}}$ 造$_{\text{从晧、清号83上}}$，芻$_{\text{初虞}}$ 徂$_{\text{从模96下}}$，鲗$_{\text{从德}}$ 側$_{\text{庄职98下}}$②；鱒$_{\text{从混}}$ 惷$_{\text{昌準98上}}$。

---

① 举例首举被注字，右下角注明被注字在《广韵》中的声韵调地位；次举直音，右下角同样注明在《广韵》中的声韵调地位，《广韵》未收字，其声韵调地位据《集韵》，以旁加*表示；最后为出处页码。

② "側"字《广韵》为不送气声母，《类字蒙求》中"側"字读音与现代汉语及大多数方言一样读送气声母，如"册$_{\text{初麦}}$側$_{\text{庄职38上}}$"。

澄母与清母、昌母、徹母互注：躅澄烛 促清烛84下，豸澄蟹 采清代94上；扯昌马 茶澄麻上23下,79上；掷澄昔 尺昌昔23下，躑澄昔 尺昌昔84下；滯澄祭 耻徹止 去6下；串《洪武》徹线 傳澄仙上38下。

崇母与清母、初母互注：巉崇銜 滄清寒8上，鷟崇觉 簇清屋90上；槎崇麻 叉初麻80上。

群母与溪母互注：崛群物 窟溪没8上，葵群脂 奎溪齐35下，碣群月 怯溪业54上，跪群纸 奎溪齐上55下，瓊群清合 穹溪东56下，芡群琰 欠溪酽88上；穹溪东三 梵（当为檾群清 之误）1下；歉溪忝 乾群仙 上18上，衾溪侵 琴群侵33下。

以上全浊声母与送气清声母互注的直音数量并不多，共只有63例；从音注形式上看，纽四声法的直音较多，共计20例，将近三分之一。不过，这63例清浊音互注的音注，已经很明确地反映了《类字蒙求》直音全浊塞音塞擦音声母清化，无论平仄皆送气的特点。如“派滂卦 排並皆 去6下，胖滂换 旁並唐去11上”，以全浊声母並母平声字注送气清声母字，说明平声全浊声母並母与送气清声母滂母读音合流；“褅定霁 替透霁53上，杜定姥 土透姥 去91上，鐸定铎 託透铎72上”，分别以送气清声母透母字注去、入声全浊声母定母字，说明仄声全浊声母定母与送气清声母透母读音合流。《类字蒙求》之所以全浊声母字与送气清声母字互注的数量较少，并以纽四声的直音方式为主，与其声调系统特点有很大关系，详见声调讨论部分。

2. 浊擦音清化，多与清擦音合流

这里讨论的浊擦音包括古奉母、邪母、匣母、禅母，船母因多读擦音，也纳入讨论的范围之内。《类字蒙求》浊擦音多与清擦音互注，反映了浊擦音声母清化，与清擦音合流的特点（邪母、禅母有个别与送气清声母互注的现象）。以上浊擦音与清声母的互注情况见表3—2。

表3—2　浊擦音与清声母互注情况

互注情况	非—奉	敷—奉	心—邪	清—邪	昌—禅	书—禅	生—禅	心—船	晓—匣	非、敷—匣
互注次数	4	1	2	1	3	1	1	2	13	3
小计	31									

奉母与非母互注：憤奉吻 粪非问14上，腐奉麌 甫非麌37下，釜奉麌 甫非麌77下，翡奉霁匪非尾92下。

奉母与敷母互注：賵敷送 奉奉肿56下。

邪母与心母互注：徇邪稕 笋心準 去38下，兕邪旨 洗心荠94上。

邪母与清母互注：餳邪清 青清青25下。

禅母与昌母互注：綽昌药 勺禅药53下，綽昌药 勺禅药76上，勺禅药 綽昌药77上。

禅母与书母互注：蜃禅轸 審书寝97上。

禅母与生母互注：上禅养 爽生养71下。

船母与心母互注：糁心感船船仙合上27下，船船仙蒜心换平80上。

匣母与晓母互注：涸匣铎壑晓铎6上，夥匣果火晓果17下，蒿晓豪嗥匣豪28下，絢晓霰炫匣霰35上，檄匣锡吸晓缉36下，犴《集韵》匣寒憨晓谈37下，菡匣感罕晓旱85下，蒿晓豪嗥匣豪89上，晛匣铣險晓琰91下，貉匣铎壑晓铎94上，蠏匣蟹海晓海97上，憨晓谈犴《集韵》匣寒11下，鼾晓寒汗匣翰平12下。

匣母与非、敷母互注：賄匣贿匪非尾38上，戽匣姥付非遇77上，斛匣屋赴敷遇79下。

以上浊擦音与清声母互注共计31例，其中邪母与送气清声母清母互注1例，禅母与送气清声母昌母互注3例（为同一音注的不同形式），其余均为浊擦音与清擦音互注。反映了《类字蒙求》直音浊擦音清化，多读清擦音的特点。从声调上看，以仄声为主；平声只有5例，其中3例纽四声直音（鼾晓寒汗匣翰平12下，糁心感船船仙合上27下，船船仙蒜心换平80上）。无论平声还是仄声，浊擦音与全浊塞音塞擦音一样，与清声母的互注数量都不是很多，这同样是受声调系统特征的制约。

（二）尖团合流

《类字蒙求》直音反映，精组、见系声母以及知、庄、章组声母的互注关系非常复杂，这里暂讨论精组细音与见系细音的互注现象。

除特殊情况外，《类字蒙求》古精组一等、见系一二等声母与精组、见系三四等声母很少互注。它们之间的区别，除声母外，很大一部分原因是韵母洪细的区别。但精组、见系三四等声母字之间则出现了大量的互注现象。《类字蒙求》精组、见系声母互注共计28例，互注关系如表3—3：

表3—3　精组与见系声母的互注关系

互注关系	精—见	清—溪	从—群	清—群	心—晓	邪—匣	邪—群
直音数量	7	4	3	2	9	2	1
小计	28						

精母与见母互注：矍见药爵精药11下，櫛庄栉結见屑22下（“櫛”当为误读“節”音），脚见药爵精药33下，薦精霰建见愿34上，脚见药爵精药100下，旌精清京见庚三38下，揪清尤糾见黝平23下。

清母与溪母互注：塹清艳欠溪酽5下，痊清仙合圈溪仙合＊12下，雀精药却溪药91上，鏹见养搶清养82下。

从母与群母互注：秦从真琴群侵91上，拳群仙全从仙80下，蔷从阳强群阳84上。

清母与群母互注：茄群戈且清马三平35上，茄群戈且清马三平28上。

心母与晓母互注：洫晓职合息心职5下，釁晓震信心震14上，掀晓元宣心仙合23下，靴晓戈寫心马平34上，靴晓戈合寫心马平71下，軒晓元先心先80下，羲心养响晓养98下，壎晓元宣心仙72上，隙溪陌三息心职14上。

邪母与匣母互注：雄匣东＊颂邪用平93上，穗邪至合會匣泰合27下。

邪母与群母互注：袖邪有 臼群有33下。

以上精组、见系声母之间的互注，除“穗邪至合 會匣泰合27下”是合口三等邪母字与合口一等匣母字的互注外（属于少数三等韵读洪音的现象，见韵母讨论部分），其余精组、见系声母字互注均属于古三、四等韵字之间的互注。这种互注现象反映了精组、见系细音声母读音相同，尖团合流的现象已经产生。

不过，这种尖团合流现象只发生在精组三、四等与见系三、四等之间，见系开口二等与精组开口三、四等之间没有互注关系。见系开口二等一般情况下只与见系开口一等互注。这说明见系开口二等声母还没有发生腭化现象。以见母、匣母开口一、二等之间的互注为例，列举如下：

开口一、二等见母字之间的互注：頦见哈* 皆见皆9下，姦见删 奸见寒，见删*15下，綱见唐 江见江20下，覺见觉，见效 各见铎 告见号22上，藁见晧 絞见巧27上，34上，縞见晧 絞见肴34下，監见銜 奸见寒37上，丐见泰 介见怪76下，槔见豪 交见肴77上，鋼见唐 江见江79下，篙见豪 交见肴80上，羔见豪 交见肴96上，皋见豪 交见肴90下。

开口一、二等匣母字之间的互注：骸匣皆 孩匣咍9上，殽匣肴 豪匣豪26下，鞋匣佳 孩匣咍34上，降匣江 杭匣唐52下。

（三）精组、见系、庄组、知组与章组声母的分化、合流

《类字蒙求》直音中，除精组、见系细音声母互注，反映了尖、团合流的现象外，古知庄章组声母与精组、见系声母的关系也非常密切，互注现象较多。其中知二庄组声母只与精组洪音声母互注，知三章组声母则以韵母为条件，分别与精组洪音、精组见系细音声母互注。上文浊音清化现象讨论部分，对精组、庄组、知组与章组声母的互注现象已有所反映，表3—4以声母组为单位将以上声母的互注情况列表归纳如下：

表3—4　精、见、晓、知、庄、章组声母之间的互注

互注关系	精—庄	精—知	精—章	知—庄	知三—章	章—庄	章—见、晓	知—见、晓
直音数量	62	34	24	6	39	22	5	9

1. 庄组声母无论二、三等，均与精组洪音声母互注，精、庄组字互注的直音共有62例，列举如下：

精母与庄母互注：陬精侯 鄒庄尤5上，臧精唐 莊庄阳20下，贜精唐 莊庄阳38上，罾精登 爭庄耕80上，牂精唐 莊庄阳96上，滓庄止 子精止6下，詛庄语 祖精姥15上，21下，捉庄觉 作精铎23上，幘庄麦 則精德33上，斮庄觉 作精铎37下，爪庄巧 早精豪93下。

清母与初母互注：猜清咍 釵初佳14上，衰初支合 崔清灰54下，璀清贿 揣初纸82下，瘵庄怪 菜清代12下，踹（疑读“揣”音，现代汉语同）初纸 采清海21下。

从母与崇母互注：胙从暮 助崇御53下，祚从暮 助崇御53上，棧崇产 暫从阚7上，讒崇咸

慙从谈15下，耡崇鱼 徂从模21上，鉏崇鱼 徂从模39上,77上，倅崇队 瘁从至44上，鑱崇銜 殘从寒77上，雛崇虞 徂从模93上，93上，柹《龙龛》崇志 字从志87下。

精母与崇母互注：齟崇语 祖精姥9下。

清母与崇母互注：巉崇銜 湌清寒8上，鷟崇觉 簇清屋90上。

从母与初母互注：鰂从德 側庄职(侧已读送气音)98下，攙初銜 暫从阚 平23上，耖初效 造清号,从晧77上，剗初产 殘从寒 上77上，鈔初效 造从晧,清号83上，芻初虞 徂从模96下。

心母与生母互注：顙心荡 爽生养9下,55下，顋心咍 篩生脂9下，酥心模 踈生鱼25上，繖心旱 産生产25下，磉心荡 爽生养31上，騷心豪 筲生肴71下,74上，僧心登 生生庚二75上，撒心曷 栅生谏23上，繖心旱 産生产79上，縮生屋 索心铎18上，欍生删 酸心桓31上，朔生觉 索心铎52下，哨生效* 嫂心晧去76上，篩生脂 腮心咍78上，筲生肴 騷心豪78下，矖生支 賽心代78下，獅生脂 司心之87下,94上，螄生脂 司心之97上，蓰生支*,生纸* 徙心纸 師生脂17下。

邪母与崇母互注：飼邪志 士崇止21上。

以上62例精、庄组声母互注的直音，从韵母条件来看，精组声母字除8例来源于古止摄开口三等韵以及1例来源于止摄合口三等韵外，均来源于一等韵；而庄组声母字既来源于二等韵，也来源于三等韵。这说明《类字蒙求》直音庄组声母无论二、三等都与精组一等声母合流。其中8例与精组三等字互注的直音中，庄组字与精组字同来源于止摄开口三等韵。《类字蒙求》直音中，止摄开口三等精组字除与止摄开口三等庄组字互注外，不与其他声母字互注，止摄开口三等精、庄组字韵母实际上已经读洪音（详见后文讨论）。止摄合口三等精组字与庄组字互注的例子（倅崇队 瘁从至44上）是特殊情况，"倅"《广韵》"士内切"，当为"七内切"之讹，《集韵》"取内切"，属于清母队韵字，"倅"与"瘁"同音，说明止摄合口三等精组字也读洪音。

2.知组二等字多与精组一等以及庄组二、三等字互注，部分情况下与知章组三等字互注。《类字蒙求》知组二等与其他声母互注的直音列举如下：

知二、精一互注：藻精晧 罩知效29上，謫知麦 則精德38上,49上，啄知觉 作精铎88上,92上,93下，竈精号 罩知效77下，罩知效 燥心号80上，噪心号 罩知效93上①。

徹二、清一互注：蠆徹夬 菜清代99下。

澄二、清一互注：豸澄蟹 采清代94上。

澄二、精一互注：賺澄陷 贊精换16上,18上，棹澄效 作精铎31上，綻澄裥 贊精换34上。

澄二、从一互注：濁澄觉 昨从铎6下，濯澄觉 昨从铎6下，橙澄耕二 層从登87下，鑿从铎 濁澄觉79上。

徹二、初三互注：襯初震 撑徹庚二 去55下。

---

① "燥"与"噪"《广韵》、《集韵》皆心母字，今读zào，故列入知母二等与精母一等互注例。

澄二、昌母互注：扯昌马 茶澄麻 上23下，79上。

澄二、澄三互注：撞澄江、澄绛 長澄阳 丈澄养23上。

除2例与澄母三等、昌母互注外（见后文讨论），知组二等只与精组一等以及庄组互注。这种互注现象说明，《类字蒙求》知组二等声母同样与精组洪音声母合流。

3. 知三、章组声母在《类字蒙求》直音中共有39例互注现象，列举如下：

知三、章母互注：朝知宵 昭章宵2下，肘知有 帚章有10上，咒章宥 晝知宥15上，21下，懥知至 志章志22下，帚章有 肘知有35下，瘴章漾 漲知漾38上，嘱章烛 竹知屋38上，徵知蒸 征章清38下，39上，鎮知震 振章震45下，祝章屋 竹知屋53上，劄知洽 折章薛70下，柷章屋 竹知屋72下，碪知侵 占章盐77下，錐章脂 追知脂79上，蜇知薛 折章薛97下，蛛知虞 朱章虞99下，螽章东 中知东100上。

徹三、昌母互注：椿徹谆 春昌谆28上，鴟昌支 恥徹止 平28下，31上，赬徹清 稱昌蒸35上，飭徹职 尺昌昔36下，斥昌昔 飭徹职37上，笞徹之 鴟昌脂37下，敕徹职 尺昌昔46上，悵徹漾 唱昌漾53上，秤昌证 趁徹震79下，檉徹清 稱昌蒸89上，鶒徹职 尺昌昔92下，鴟昌脂 痴徹之92下，蟶徹清 稱昌蒸97上。

澄三、昌母互注：擲澄昔 尺昌昔23下，躑澄昔 尺昌昔84下，翅书寘 滯澄祭93上①。

澄母与禅母互注：鐲知烛，禅烛 濁澄烛，知烛 * 83上，鎚澄支 垂禅支79下。

澄三、书母互注：鴆定覃、端勘、澄沁 端端桓 審书寝93上。

知三、章组声母的互注说明，知三章组声母在《类字蒙求》直音中已经合流。

不过，从与其他声母互注的情况来看，知三章组声母有两分的趋势：大部分知三章组声母仅与精组一等以及知二庄组声母互注；少部分韵摄的知三章组声母除自注外，只与精组、见系三四等声母互注。

（1）知三章组声母与精组一等以及庄组声母互注列举如下（知三章组与知组二等声母的互注见上文）：

知组三等与精组一等互注：椶精东 中知东34上，89上，疢徹震 寸清慁12上，竄从覃 傳澄仙合27下，竄从覃 傳澄仙99上，竄从覃 椽澄仙合52下，纂精缓 轉知狝70上，冢知肿 總精懂41上，凑清候 超徹宵 去23上，琮从冬 中知东82下。

知组三等与庄组声母互注：脹知漾 壯庄漾12下，闖徹寝 創初漾76下，篘初尤 超徹宵78上，饌崇线 傳澄仙 去26下，驟崇宥 兆澄小95下。

章组与精组一等声母互注：攢精翰 專章仙合15上，撮清末，精末 拙章薛23上，糉精送一 眾章送26上，綜精宋 眾章送34下，奏精候 照章笑36下，52下，鑽精桓 專章仙79上，攛清桓 * 穿昌仙合23上，參清覃 川昌仙合45下，49上，驂清覃 川昌仙95上，觸昌烛 簇清屋一100下，蠢昌准 忖清混101上，嗽心候 少书笑11上，鱒从混 惷昌準98上，船船仙 蒜心换 平80上，糝心感 船船仙合 上27下。

① "翅"今读 chì，故列入澄三与昌母互注例。

章组与庄组声母互注：渣庄麻 遮章麻6下，髽庄麻合 遮章麻9上，柘章祃 詐庄祃21上，88下，抓庄肴 遮章麻23上，鲊庄马 者章马25下，蔗章祃 詐庄祃26上,88上，縐庄宥 照章笑34下，緅庄尤 招章宵35上，榨庄祃 柘章祃78上，榛庄臻 詹章盐88上，樟章阳 莊庄阳88下，騶庄尤 昭章宵94上，廠昌养 創初漾30下，硨昌麻 叉初麻82上，羶书仙 參生侵12下，耍《字汇》生马 舍书祃 上14下，澀生缉 設书薛26上，鸘生阳 商书阳90上，瘦生宥 少书笑99上，上禅养 爽生养71下。

上文我们指出，《类字蒙求》直音中，知二庄组声母与精组一等声母合流。以上知三章组字与精组一等以及知二庄组字的互注情况说明，《类字蒙求》直音中，以上知三章组字声母也已经与精组一等声母合流，读舌尖音，韵母读洪音。

知三章组与精组一等、知二庄组的互注关系以及知三章组字韵母的中古来源如表3—5：

表3—5　知三章组与精组一等、知二庄组的互注关系以及知三章组字韵母的中古来源

互注关系	知三—精一	知三—庄组	章组—精一	章组—庄组	知三章—知二
互注次数	10	5	17	22	3
中古来源	通4，臻开1，山合4，效1	宕开2，效2，山合1	山合9(含入1)，通3(含入1)，效3，臻合2	假11，效4，山开2(含入1)，咸1，宕4	假2，宕2(一字两音)

此外，也有两例止摄开口三等禅母字与止摄开口三等邪母字互注的直音：豉禅寘 食邪志25下，豉禅寘 食邪志27下。前文分析指出，《类字蒙求》直音中，止摄开口三等精组字除互注外，只与同摄开口三等庄组字互注，说明其韵母已经读洪音。止摄开口三等禅母与止摄开口三等邪母字互注的现象说明，部分止摄开口三等章组（主要是擦音声母）字韵母也已经读洪音，韵母可能读舌尖前元音[ɿ]。

（2）知三章组与精组见系三、四等互注列举如下：

知组三等与精组三等互注：瘳徹尤 秋清尤12下，秩澄质 疾从质41下，疽清鱼 追知脂12上，嘴精纸 追知脂上9下，躅澄烛 促清烛84下，促清烛 竹知屋，徹屋*100下。

章组与精组声母互注：贅章祭合 醉精至合11下，12上，鯖章清 精精清98下，塍船蒸 旬邪谆5下。

章组与见系三等声母互注：栀章支 箕见之85下，杞溪止 只章纸28上，樞昌虞 嶇溪虞31上，41下，腎禅轸 幸匣耿10下①。

知组三等与见组三等声母互注：蟄澄缉 及群缉3下，101上，綢澄尤 仇群尤34上，屐群陌三

① 见系二等字一般与见系一等字互注，“幸”是匣母二等字，这里与章组字互注，应当读齐齿呼，故与三等字放在一起比较。

治澄至33下，篪澄支 其群之72上，胄澄宥 臼群有74上，80下，筹澄尤 仇群尤79下，鲸群庚三 澂澄蒸98下。

知三章组与精组见系三、四等的互注关系及知三章组字韵母的中古来源如表 3—6：

表 3—6 知三章组与精组见系三、四等字的互注关系及知三章组字韵母的中古来源

互注关系	知三—精三	章组—精三	章组—见系	知三—见系
互注次数	7	3	5	9
中古来源	流 1，臻开入 1，通入 2，止合2，蟹合1	蟹合1，梗 1，曾 1	止开2，遇 2，臻开1	深入 2，流 4，止开2，曾 1

从韵母条件来看，以上与精组见系三、四等字互注的知三章组字分别来源于通摄三等入声，止摄开、合口三等，遇摄三等，蟹摄合口三等，臻摄开口三等，曾梗摄开口三等，流摄三等，深摄入声。其中，通摄入声知组字同时与通摄一等入声精组字互注，如"觸昌烛 簇清屋一100下"，这说明通摄入声知组字读洪音，这和通摄阳声韵精组一等与知三章组字互注的现象是一致的。那么与通摄入声知组字互注的通摄三等入声精组字也应当读洪音，这与通摄三等阳声韵精组字读细音（如"雄《集韵》匣东 颂邪用 平93上"）有别。"躅澄烛 促清烛84下，促清烛 竹知屋，彻屋*100下"，实质上属于洪音互注。

止摄合口三等在《类字蒙求》直音中部分读合口洪音，如上文提到的"倅清队 瘁从至44上"，类似的还有"翠清至 碎心队83上，翠清至 碎心队92下"。蟹摄合口三等章组字与止摄合口三等精组字的互注说明，蟹摄合口三等章组字也应当读洪音。不过，止摄合口三等知章组字不仅与止摄合口三等精组字互注，同时还与遇摄三等精组字互注，如"疽清鱼 追知脂12上，嘴精纸 追知脂 上9下"。这说明，止、蟹摄合口三等精组、知组、章组声母字不一定都读洪音，部分很可能读细音，以上与蟹摄合口一等字互注的精组声母字可能是特殊现象，也可能是异读。

臻摄开口三等知章组字既与精组一等字互注，又与见系字互注，如"疢徹震 寸清慁12上"、"肾禅轸 幸匣耿10下"，这说明臻摄开口三等知章组字有洪细两读现象。不过"肾禅轸 幸匣耿10下"这一直音中，很可能是"幸"读细音，因而与"肾"互注。

《类字蒙求》直音中，精组见系三、四等字声母多已腭化，尖团合流现象已经产生。以上知三章组字与精组见系三、四等字的互注现象说明，《类字蒙求》直音中，知三章组字并没有全部读洪音，与精组洪音字读音合流；还有一部分知三章组字读细音，与精组、见系细音字读音合流。

以上与精组、见系细音互注的知三章组字，来源于中古的遇摄、曾梗摄、止摄开合口、深摄、臻摄开口（部分）、流摄等。按照清代学者的"弇侈"说，这些韵摄都属于弇音韵摄。也就是说，《类字蒙求》直音中，知三章组声母大致以古韵摄的弇侈为条件分化，侈音韵摄知三章组字读洪音，声母与精组洪音声母合流，而大部分弇音韵摄的知三章组字读细音，声母与精组、见系细音合流。

（四）非组声母与晓匣母合口洪音合流

《类字蒙求》直音反映，古非组声母非、敷、奉三母已经合流。奉母与非、敷母的互注情况见浊音清化讨论部分，非母与敷母互注共有 9 例：

痡$_{\text{非未}}$ 肺$_{\text{敷废12上}}$，妃$_{\text{敷微}}$ 非$_{\text{非微40上}}$，副$_{\text{敷宥}}$ 付$_{\text{非遇42下}}$，俘$_{\text{敷虞}}$ 夫$_{\text{非虞52下}}$，祓$_{\text{敷物}}$ 弗$_{\text{非物53上}}$，訃$_{\text{敷遇}}$ 付$_{\text{非遇53下}}$，桴$_{\text{敷虞}}$ 夫$_{\text{非虞80上}}$，瘋$_{\text{非东}}$ 丰$_{\text{敷东95下}}$，蝮$_{\text{敷屋}}$ 福$_{\text{非屋99下}}$。

非组声母除互注外，还有部分与晓匣母互注，

非母与匣母互注：賄$_{\text{匣贿}}$ 匪$_{\text{非尾38上}}$，戽$_{\text{匣姥}}$ 付$_{\text{非遇77上}}$。

匣母与敷母互注：斛$_{\text{匣屋}}$ 赴$_{\text{敷遇79下}}$。

奉母与匣母互注：鳧$_{\text{奉虞}}$ 乎$_{\text{匣模90下,92下}}$，滑$_{\text{匣黠}}$ 伐$_{\text{奉月93上,6下}}$，渾$_{\text{匣魂}}$ 汾$_{\text{奉文6下}}$，猾$_{\text{匣没}}$ 乏$_{\text{奉乏15上}}$，鬟$_{\text{匣删}}$ 凡$_{\text{奉凡20下}}$，縛$_{\text{奉药}}$ 獲$_{\text{匣铎22下}}$，護$_{\text{匣暮}}$ 父$_{\text{奉麌30下}}$。

非母与晓母互注：葷$_{\text{晓文}}$ 分$_{\text{非文26下}}$。

敷母与晓母互注：噦$_{\text{晓泰}}$ 肺$_{\text{敷废93上}}$，喙$_{\text{晓废}}$ 肺$_{\text{敷废93下}}$，烘$_{\text{晓东一}}$ 丰$_{\text{敷钟26上}}$。

以上与非组声母互注的晓匣母字多是合口一、二等字（“葷$_{\text{晓文}}$、喙$_{\text{晓废}}$”为三等字，与现代汉语一样，当读洪音。其中止蟹摄合口三等见系字读洪音，见下文讨论），这种互注现象说明晓匣母合口一、二等声母与非组声母合流。合流的情况有两种可能：(1)非组字声母读同晓匣母一、二等，韵母读合口洪音；(2)晓匣母合口一、二等字声母读同非、敷母，韵母读开口洪音（韵母为 u 的除外）。不过具体情况还要结合《类字蒙求》的基础方言以及现代方言读音进行确定。

（五）次浊音声母以及影母在《类字蒙求》中的演变特征

这里讨论的次浊音声母包括微母、疑母、泥母、日母、来母、喻母，明母不与其他声母互注，故不予讨论。疑母、泥母、日母、来母关系密切；影母与微母、喻母互注较多，故也放在这里讨论。

1. 影母与喻母（包括于、以母，于、以母互注达 22 次，不予讨论）、微母的互注

影母与喻母互注共达 21 次，分别为：

影母与以母互注：燠$_{\text{影屋三}}$ 欲$_{\text{以烛2下}}$，癮$_{\text{影隐}}$ 引$_{\text{以轸12上}}$，穎$_{\text{以静}}$ 影$_{\text{影梗13下}}$，櫌$_{\text{影尤}}$ 攸$_{\text{以尤21上}}$，誘$_{\text{以有}}$ 幼$_{\text{影幼22上}}$，舀$_{\text{以小}}$ 窈$_{\text{影篠23上}}$，挹$_{\text{影缉}}$ 亦$_{\text{以昔23下}}$，牖$_{\text{以有}}$ 幼$_{\text{影幼30下}}$，兖$_{\text{以狝}}$ 偃$_{\text{影阮51上}}$，幽$_{\text{影幽}}$ 攸$_{\text{以尤51下}}$，禴$_{\text{以药}}$ 約$_{\text{影药53上,79上}}$，鬱$_{\text{影物}}$ 役$_{\text{以昔合53上}}$，籥$_{\text{以药}}$ 約$_{\text{影药72上,75上}}$，佾$_{\text{以质}}$ 乙$_{\text{影质73上}}$，優$_{\text{影尤}}$ 攸$_{\text{以尤76上}}$，鷕$_{\text{以小}}$ 夭$_{\text{影宵}}$ 上$_{\text{90下}}$，鳶$_{\text{以仙}}$ 冤$_{\text{影元91下}}$，躍$_{\text{以药}}$ 約$_{\text{影药93下}}$，

麀影尤 攸以尤94下。

影母与于母互注：枉影养 往于养15下。

影母与微母互注共计5例，分别为：挖影黠 韈微月23下，穏影混 問微问 上75下，網微养 枉影养79下，尉影未 尾微尾98下，吻微吻 穏影混31上。

与微母互注的影母字多来源于古合口一、二等韵，说明微母字的读音与现代汉语基本一致，声母读零声母，韵母读合口洪音（影母合口三等字“枉”、“尉”读合口洪音，见下文）。

2. 影母与疑母的互注

《类字蒙求》影母合口一、二等与微母互注，开合口三、四等与喻母互注，说明影母合口洪音、开合口细音与微母、喻母一起合流为零声母。除此之外，影母开合口一、二等还有与疑母互注的现象。列举如下：

隖影姥 午疑姥5下，埃影咍 厓疑佳7下，額疑陌二 厄影麦9上，齩疑巧 襖影晧9下，鞕疑庚二，疑映二 厄影麦 去11下，矮影蟹 厓疑佳 上11下，矮影蟹 厓疑佳 上11下，瘂影马 雅疑马11下，鏖影豪 傲疑号平16上，矮影蟹 艾疑泰 上30上，襖影晧 敖疑号 上33下。

其中影母合口一等与疑母合口一等互注1例。疑母合口一等除与影母合口一等互注外，还有1例与微母互注：誤疑暮 務微遇37上，这说明疑母合口一等读零声母。

影、疑母开口一、二等互注的现象则有两种可能，(1)疑母开口一、二等与影母开口一、二等合流，读零声母；(2)影母开口一、二等与疑母开口一、二等合流，读舌根鼻音声母。具体情况，还要参照《类字蒙求》直音的基础方言进行确定。

3. 疑母三、四等与泥母（含娘母，下同）三、四等，日母互注

疑母与泥母三、四等互注：尿泥啸 堯疑萧 去10下，溺泥锡，泥啸* 堯疑萧 去11上，扭泥有 牛疑尤 上23下，37上，捏泥屑 臬疑屑23下，捻泥帖 臬疑屑23下，鈕泥有 牛疑尤 上33下，禦疑语 女泥语36上，驗疑艳 念泥掭36上，唁疑线 念泥掭53下，敔疑语 女泥语72下，尼泥脂 宜疑支75下，輗疑齐 泥泥齐80下，鑷泥叶 臬疑屑83上，麌疑麌 女泥语94下，鯰泥添 言疑元98下，鯢疑齐 泥泥齐98下。

疑母与日母互注：輭日狝 元疑元 上14下，韌日震 銀疑真 去26下，呢泥脂 宜疑支34上，橈日宵 堯疑萧80上，輭日狝 元疑元 上11下。

从疑母与泥母、日母的互注关系来看，疑母与泥母都来源于三、四等，而疑母开口一、二等绝不与泥母一、二等互注，这说明疑母三、四等与一、二等读音有别。疑母三、四等与泥母、日母的互注说明，疑母三、四等读音应当与泥母、日母读音合流（泥母三、四等与日母已经合流，详见下文讨论）。

疑母有1例与以母互注的现象：鉛以仙 元疑元83上，这是否暗示部分合口三等疑母读零声母？例子太少，不能确定。

4. 泥、日母与来母的互注

泥母与来母的互注大多数只发生在一、二等韵中，列举如下：

磊来贿 餒泥贿7下，嵐来覃 南泥覃8上，齈来模 奴泥模9上，腦泥晧 老来晧9上，囊泥唐 郎来唐10下，溺泥锡 又音力来职11上，癩来泰 奈泥泰12上，耨泥候 漏来候21上，攔来寒 南泥覃23上，捋来末 納泥合23下，拉来合 那泥歌 平23下,40下，挪泥歌 羅来歌23下，撓泥巧 樓来侯24下，辣来曷 捺泥曷26上,28上,76下，愣来登 能泥登 去30下，藍来谈 南泥覃35上，囊泥唐 郎来唐35上，賚来代 奈泥泰36上，臚来鱼 奴泥模43上,45下，儺泥歌 羅来歌52下，喇来曷 那泥歌72上，耒来队 内泥队77上，轤来模 奴泥模77上，籃来谈 南泥覃78上，弩泥姥 魯来姥80下，瑙泥晧 老来晧82上，瓏来东 農泥冬82下，鸕来模 奴泥模92下，艫来模 奴泥模98上，蠟来盍 捺泥曷99上，盧来模 奴泥模95下。

以上泥、来母的互注，除"溺泥锡 又音力来职11上""臚来鱼 奴泥模43上,45下"之外，都是一、二等韵之间的互注，泥来母三、四等之间没有互注现象。这说明《类字蒙求》直音中，泥母与来母之间具有"洪混细分"的特点。

日母既与来母一、二等互注，也与来母三、四等互注，日母与来母的互注列举如下：

攘日阳,日养 郎来唐 朗来荡23上，揉日尤 樓来侯24上，瓤泥阳,日阳 郎来唐28下，褥泥沃,日烛 禄来屋34上，禳日阳 郎来唐53上，礱来东 戎日东78上，簍来侯 擾日小,日宵＊78下，螻来侯 柔日尤99下；

隴来肿 戎日东7上，誄来旨合 蕊日纸合70下，輪来谆 人日真80上。

日母与来母一、二等互注的现象说明，以上日母读音与来母一、二等相同，《类字蒙求》直音中，一部分日母读洪音，与来母合流。与日母互注的来母三等字则可能已读洪音，如"戎日东"字分别与"隴来肿""礱来东"互注。

此外，日母还同时与泥母一、二等及三、四等互注，日母与泥母的互注列举如下：

膿泥冬 戎日东12上，撓泥巧 擾日小24下，餒泥贿 蕊日纸25上；

膩泥至 二日至11上，撚泥铣 冉日琰21上，撚泥铣 冉日琰23上，撚泥铣 冉日琰34下。

《类字蒙求》直音泥来母一、二等合流。日母、泥母一、二等的互注，与日母、来母一、二等互注的性质一致，说明部分日母字读洪音，与泥来母一、二等字读音合流。

《类字蒙求》直音泥来母三、四等不混，日母与泥母三、四等的互注说明，部分日母字读细音，与泥母三、四等字读音合流。这一互注现象与日母、疑母三、四等互注性质一致。不过与泥母、疑母以等为条件读音分化不同，日母字同时与泥来母洪、细音字互注，应当是因为日母字在《类字蒙求》直音中有两读现象。因此，同中古来源的日母字既与来母一等字互注，又与疑母三、四等字互注，如"簍来侯 擾日小,日宵＊78下"、"橈日宵 堯疑萧80上"。"擾"与"橈"同为效摄三等日母字，但分别与来母一等的"簍来侯"以及疑母四等的"堯疑萧"互注。

疑母、泥母、来母与日母的分化合流关系归纳如表 3—7：

表 3—7 疑母、泥母、来母与日母的分化合流关系

合流方式	疑、影	疑、影(微)	疑、泥、日$_{\text{部分}}$	泥、来(日$_{\text{部分}}$)	来
条件	开口一、二等	合口一、二等	开合口三、四等	一、二等	开合口三、四等

二 《类字蒙求》特殊音注所反映的声母特点分组讨论

《类字蒙求》直音除反映了以上声母的基本特征与演变规律之外，少数直音还反映了部分声母字的特殊读音现象，这里一并讨论。

(一)帮组声母的特殊音注情况

帮组全浊声母並母清化，一般情况下，无论平仄均与送气清声母滂母互注。但少数情况下，並母与帮母互注，列举如下：

瀑$_{\text{並屋}}$ 卜$_{\text{帮屋6下}}$，爬$_{\text{並麻}}$ 巴$_{\text{帮麻23上}}$，煏$_{\text{並职*}}$ 壁$_{\text{帮锡26上}}$，瓢$_{\text{並宵}}$ 標$_{\text{帮宵77下}}$，羆$_{\text{帮支}}$ 皮$_{\text{並支94上}}$，并$_{\text{帮清}}$ 平$_{\text{並庚三51下}}$。

其中"羆"现代汉语读送气音，"卜"也有送气音的读法，"煏"可能是误读"逼"之音，"并"可能为误读"並"之音，"標"《集韵》有並母的读音(声调有别)。因此以上並母与帮母字的互注，都是有一定的语音依据的，符合全浊声母清化送气的特点。

帮母与滂母有送气与不送气之别，《类字蒙求》直音中这两声母字有互注现象，列举如下：

痞$_{\text{帮旨、並旨}}$ 丕$_{\text{滂脂}}$ 上$_{\text{12上}}$，叭$_{\text{滂黠}}$ 八$_{\text{帮黠72上}}$，珀$_{\text{滂陌}}$ 迫$_{\text{帮陌82上}}$，玻$_{\text{滂戈}}$ 波$_{\text{帮戈82下}}$，葩$_{\text{滂麻}}$ 巴$_{\text{帮麻89下}}$，魄$_{\text{滂陌}}$ 迫$_{\text{帮陌91上}}$。

其中，"痞、迫"现代汉语读送气音，《类字蒙求》直音反映的可能就是送气声母的互注。"巴"既与並母字互注(爬$_{\text{並麻}}$ 巴$_{\text{帮麻23上}}$)，又与滂母字互注，说明其声母读送气音，"玻"现代汉语读不送气音，与"波"互注实质上是同声母字之间的互注。

(二)端组与来母的特殊音注情况

端组声母同样存在全浊声母定母与不送气声母端母的互注，以及不送气清声母端母与送气清声母透母的互注。列举如下：

端母与定母互注：墊$_{\text{端念}}$ 奠$_{\text{定霰18上}}$，誕$_{\text{定旱}}$ 旦$_{\text{端翰53下}}$。

端母与透母互注：怛$_{\text{端曷}}$ 塔$_{\text{透盍14上}}$，燉$_{\text{透魂，定魂}}$ 頓$_{\text{端慁26上}}$。

"奠"与"誕"都是文言色彩比较浓的字，读不送气音可能是受官话音的影响。"塔"、"燉"本为送气清声母字，现代汉语都有读不送气清声母的读音。

端组与来母之间也有几处互注现象：隶$_{\text{来霁，定霁}}$ 第$_{\text{定荠，定霁50上}}$，醴$_{\text{来荠}}$ 體$_{\text{透荠53上}}$，隶来霁,定霁 弟定荠,定霁75下，蔦端篠 了来篠89下。

“隶”、“醴”与“第、弟、體”互注，说明这两个来母字在《类字蒙求》实际语音中都读送气塞音。“蔦”则可能受声符“鳥”的影响读同来母。

(三)见晓组声母、影喻母的特殊音注现象

1. 见组声母的特殊音注现象列举如下：

(1)不送气清声母见母与送气清声母溪母的互注：麴溪屋三 菊见屋三27下，詰溪质,溪薛* 結见屑38下，礦见梗二 廓溪铎39上，羯见月 怯溪业72下，蛤见合 恰溪洽97上，咳溪泰 槩见代11上；

(2)全浊声母群母与不送气清声母见母的互注：競群映三 劲见劲15上，悸群至季见至12下，劇群陌 句见遇73上，鬐群至 既见至98下，檠群庚三 京见庚三78上。

见母与溪母的互注中，“麴”、“蛤”、“羯”可能为误读，“詰”现代汉语读不送气音，“礦”现代汉语读送气音；“槩”部分现代汉语方言也读送气音，如武汉、长沙、成都、南昌等地音 kʰai⊃，双峰音 kʰue⊃，梅县、广州、阳江等地音 kʰɔi⊃。(《汉语方音字汇》第152页)

见母与群母的互注说明，这些群母字的读音虽不符合《类字蒙求》全浊声母清化的一般规律，但也都有实际语音根据。

2. 见组与晓组、影喻母之间的特殊音注现象，列举如下：

(1)卡，哈呼马切(《篇海类编》)5下，榼溪盍 合匣合78下，髻疑鎋 掐溪洽12上，夯《改并四声篇海》引《川篇》呼讲亢溪宕 平24下，哈卡34下；(2)聵疑怪 蒯溪怪9下，脛匣径 劲见劲10下，皛匣篠 轎群笑28上，轎群笑 皛匣篠80上，詼溪灰 灰晓灰15上，薤匣怪 懈见怪28上，廨见卦 駭匣骇30下，棍匣混 衮见混 去80下，缸匣江 江见江77下，梟见萧晓晓小 平37下；(3)掘群月 穴匣屑24上,39下，卝见梗合二 孔溪董39上，櫃群至 鬼《玉篇》五罪切,疑队78下，箘群轸運于问28上，詁见姥 户匣姥70下；(4)謁影月 頁匣屑(葉之俗字)15上，熠于缉 頁匣屑(葉之俗字)99下，榿溪支(韵会)衣影微88下；(5)葓匣送 甕影送28上，鯇匣潸 晚微阮97下，溷匣慁 紊微问15上，萤匣青 容以钟99下，豌影桓歡晓桓27下；(6)窩影戈 鍋见戈81上，渦影戈 鍋见戈6上，萵影戈 鍋见戈28上，涓见仙 捐以仙43上；(7)鴞于宵晓晓小 平92下，梟见宵 曉晓小 平92下；(8)翮匣麦 格见陌93上，綺溪纸 以以止34下，橄见敢 喊晓敢88上。

其中第(1)组直音之间是送气塞音与擦音声母之间的互注，可能反映了部分送气塞音丢失塞音成分，只保留送气特征，因此产生以上互注现象。(“髻”可能是误读“害”之音)第(2)组直音中古声母来源不同，但现代汉语声母读音相同(“廨”与“駭”在现代汉语中有腭化与否的区别，但《类字蒙求》直音中，见系开口二等并未腭化，二字声母当相同)，《类字蒙求》这些不规则的直音所反映的声母读音与现代汉语一致。第(3)组直音之间的关系难以确定，其中“掘”与“穴”两次互注，一定有其语音依据。第(4)组“頁”为“葉”之俗字，因此可以与影母字互注。“榿”与“衣”互注，存疑。第(5)组多为匣母合口与零声母影母、微母、以母互注，反映了部分匣母合口韵字丢失声母读零声母的现象。其中“豌”与“歡”互注，可能与匣母一样，部分晓母合口也有读零声母的现象。第(6)组有三例见母字“鍋”与影母字互注，说明“鍋”在《类字蒙求》直音中读零声母；以母字“涓”与见母字“捐”同音，与现代汉语读音一致。于母字“鴞”、见母字“梟”现代汉语中均与同中古来源的晓母字读音相同，第(7)组直音反映的就是这一现象。第(8)组直音“翮”、“綺”分别与见母字“格”、喻母字“以”互注，当是误读“隔”、“倚”等字的读音。“橄”与“喊”互注存疑。

(四)精、庄、知、章组声母之间的特殊音注现象

1. 不送气清声母与送气清声母之间的互注

精母与清母互注：挫精过 錯清铎15下，銼清过 挫精过79上，睟精队 七清质53下。

知母与清母互注：疽清鱼 追知脂12上。

章母与昌母的注：啜昌薛 拙章薛22下。

2. 不送气清声母与全浊声母的互注

精母与从母互注：瘠从昔 迹精昔11上，薦精霰 荐从霰78下，鰿从荠 濟精荠 上98上，薦精霰 洊从霰36下。

精母与澄母互注：賺澄陷 贊精换16上,18上，棹澄效 作精铎31上，綻澄裥 贊精换34上。

知母与从母互注：琮从冬 中知东82下。

庄母与崇母互注：閘*崇洽 扎庄黠5下。

精母与崇母互注：齟崇语 祖精姥9下。

3. 塞擦音与擦音之间的互注现象

清母与心母互注：翠清至 碎心队83上,92下，狻心桓 詮清仙94上。

从母与心母互注：殔心至 自从至54上。

昌母与书母互注：舂书钟 冲昌钟78上。

澄母与书母互注：鴆定覃,端勘,澄沁 端端桓 審书寝93上，翅书寘 滞澄祭93上。

从母与邪母互注：巳邪止 自从志3上，粢精脂,从脂* 詞邪之25下，蝤从尤 囚邪尤97下，橡邪养 匠从漾87下。

知母与心母互注：罩知效 燥心晧,心号*80上，噪心号 罩知效93上。

章母与禅母互注：茱禅虞 硃章虞89上。

以上音注所反映的读音现象，部分与现代汉语特殊读音一致，如“挫”读送气音，“疽”读不送气音，“舂、翅、燥、噪、茱”读塞擦音等；其他全浊声母与不送气清声母互注的现象，可能是特殊现象；从母与邪母的互注，则反映了部分从、邪母合流读塞擦音的特征。

（五）其他特殊音注现象

1. 俳並皆 非非微76上，碾泥弥＊ 展知弥78上，圯并旨，邪止＊ 起溪止8上，騁彻静 品滂寝95下，隼心准 准章准91下；

2. 焻匣狎 扎庄黠26上，詹章盐 粘泥盐43上，黏泥盐 沾知盐27上；

3. 杪明小 杳影篠89下，饕透豪 好晓皓 平22下。

第 1 组直音声母之间的关系很难从语音演变方面得到合理解释，很可能是误读现象，如“俳”、“碾”很可能是误读声符的现象。“圯”、“騁”分别与“起”、“品”互注，则可能受“起”、“聘”等字的影响误读。“隼”又写作“準（準）”，故误读为“准”。第 2 组“焻”音“扎”，可能是方言词读音；“粘”、“黏”本泥母字，现代汉语均与“沾”同音。第 3 组“杪”音“杳”存疑，“饕”音“好”则反映了透母失去塞音成分而仅保留送气特征的现象。

三　《类字蒙求》直音所反映的声母系统

根据《类字蒙求》直音所反映的声母系统特征的分析，我们将《类字蒙求》直音声母系统归纳如表 3—8，各声母采用三十六字母的相关名称：

表 3—8　《类字蒙求》声母系统及其中古来源

声母	中古来源	声母	中古来源
帮	帮	心	心（一、二等，止摄开口三等）、邪（止摄开口三等）、生、船禅（部分）
滂	滂、並	见洪	见（一、二等，止蟹摄合口三、四等）
明	明	溪洪	溪（一、二等，止蟹摄合口三、四等）、群（止蟹摄合口三等）
非	非、敷、奉，晓匣（合口一、二等，止蟹摄合口三、四等）	晓洪	晓匣（开口一、二等）
端	端	见细	见（三、四等）、精（三、四等）、知三章（部分）
透	透、定	溪细	溪群（三、四等）、清从（三、四等）、徹三澄三昌禅（部分）
来	来、泥（一、二等）、日（洪音）	晓细	晓（三、四等）匣（四等）、心（三、四等）邪（三等）、船书禅（部分）
泥	泥（三、四等）、疑（三、四等）、日（细音）	疑	疑（开口一、二等）、影（开口一、二等）
精	精（一、二等），知二，庄，知三章（部分）	影	影（合口一、二等，三、四等）、喻、疑（合口一、二等）、微母
清	清（一、二等，止摄开口三等）、从（一、二等，止摄开口三等）、徹二、澄二，初、崇、徹三、澄三，昌、禅（部分）		

第二节　《类字蒙求》直音韵母系统及其特点

根据《类字蒙求》直音的互注关系，我们以中古十六韵摄为基本单位，按阴声韵、阳声韵、入声韵的顺序，归纳直音所反映的韵母系统。举例侧重以中古来源不同、反映韵母特征的直音为主，韵母代表字以影母字为主，直音中没有影母字的，选用其他见系声母字，特殊情况下选用其他声母字。

一　《类字蒙求》直音韵母系统

（一）阴声韵

1. 蟹摄

《类字蒙求》直音反映，蟹摄开口一、二等韵合流；除少数合口一等韵与合口二等韵互注外，蟹摄合口二等韵多以自注为主，自成一个韵类。蟹摄开合口一、二等韵互注关系如表3—9：

表3—9　蟹摄开合口一、二等韵互注关系

注音情况	开口			合口	
	自注		互注	自注	互注
	一等	二等	一、二等	二等	一、二等
注音次数	26	18	14	9	4

蟹摄开口一、二等韵互注情况列举如下：

哈韵与皆韵互注：挨$_{\text{影海、影皆*}}$ 哀$_{\text{影哈23下}}$，骸$_{\text{匣皆}}$ 孩$_{\text{匣哈9上}}$，頦$_{\text{见哈*}}$ 皆$_{\text{见皆9下}}$，凱$_{\text{溪海}}$ 楷$_{\text{溪駭52下}}$，蠏$_{\text{匣蟹}}$ 海$_{\text{晓海97上}}$，瘵$_{\text{庄怪}}$ 菜$_{\text{清代12下}}$；哈韵与佳韵互注：獃$_{\text{疑哈}}$ 厓$_{\text{疑佳11下}}$，猜$_{\text{清哈}}$ 釵$_{\text{初佳14上}}$，鞋$_{\text{匣佳}}$ 孩$_{\text{匣哈34上}}$，豸$_{\text{澄蟹}}$ 采$_{\text{清代94上}}$，埃$_{\text{影哈}}$ 厓$_{\text{疑佳7下}}$；泰韵与佳韵互注：靄$_{\text{影泰}}$ 矮$_{\text{影佳}}$ 上$_{\text{1上}}$，矮$_{\text{影蟹}}$ 艾$_{\text{疑泰}}$ 上$_{\text{30上}}$，丐$_{\text{见泰}}$ 介$_{\text{见怪76下}}$。

蟹摄开口二等韵除与本摄一、二等韵互注外，少数韵字还与假摄二等韵字互注，详见后文讨论。

蟹摄合口一、二等韵互注列举如下：

泰韵与佳韵互注：儈$_{\text{见泰}}$ 怪$_{\text{见怪74下}}$；泰韵与夬韵互注：檜$_{\text{见泰}}$ 怪$_{\text{见夬88下}}$，澮$_{\text{见泰、见夬*}}$ 怪$_{\text{见怪7上}}$；灰韵与夬韵互注：塊$_{\text{溪队、溪怪*}}$ 快$_{\text{溪夬}}$ 上$_{\text{12上}}$。

蟹摄合口一等韵一般情况下多与止蟹摄合口三、四韵等互注，以上与蟹摄合口二等韵互注的例子较少，且“澮”、“塊”二字《集韵》中就已经有合口二等韵的读音，因此蟹摄合口一、二等韵的互注，只是特例。根据以上互注现象，

《类字蒙求》直音蟹摄开口一、二等韵当合流为一个韵母，以“挨”表示；蟹摄合口二等韵字以及少数合口一等韵字韵母相同，以“乖”表示。

蟹摄开口一、二等以及合口二等韵字，除与本摄字互注外，也有少数字与止摄字互注，列举如下：

顋心咍 篩生脂9下，踹禅狝（通揣初纸存疑） 采清代*21下，帥生至合 曬生至、生卦43下，俳並皆非非微76上，篩生脂 腮心咍78上，曬生寘 賽心代78下。

除“俳並皆 非非微76上”中“俳”为误读外，其余直音都反映了部分止摄字与蟹摄开口一二等、合口二等字读音合流的特征，这些止摄字的特殊读音现象与现代汉语基本一致。

2. 止、蟹摄

《类字蒙求》直音止蟹摄合口三、四等韵字读音合流，二者互注10次：

葵群脂 奎溪齐35下，規见支 圭见齐91，跪群纸 奎溪齐 上55下，彗心（邪）祭合 廢非废1下，贅章祭合醉精至合11下，12上，疿非未 肺敷废12上，脆清祭 翠清至26下，衛于祭 未微未39上，92下。

蟹摄合口一等灰泰韵除少数情况下与蟹摄合口二等韵互注外，大部分情况下与止、蟹摄合口三、四等韵互注。其中灰韵自注18次，泰韵自注1次，灰、泰韵互注4次；灰、泰韵与止、蟹摄合口三、四等韵互注分别达17次与5次，列举如下：

灰韵与止、蟹摄合口三、四等韵互注：瑰见灰 規见支82上，瑰见灰 圭见齐84上，徽晓微灰晓灰50上，賄匣贿 匪非尾38上，桅疑灰 危疑支80上，猥影贿 委影纸15下，煨影灰 威影微26上，衰初支合崔清灰54下，衰初支合 崔清灰54下，璀清贿 揣初纸82下，翠清至 碎心队83上，翠清至 碎心队92下，倅清队瘁从至44上，餒泥贿 蕊日纸25上，累来纸，来脂* 雷来灰11下，羸来支 雷来灰96下，縲来脂 雷来灰37上；泰韵与止、蟹摄合口三、四等韵互注：膾见泰 桂见霁97下，慧匣霁 會匣泰90下，繪匣泰 惠匣霁71下，噦晓泰 肺敷废93上，穗邪至合 會匣泰合27下。

从互注条件看，止蟹摄合口三、四等以见系及庄组字为主，精组字只有“翠、瘁、穗”三字，此外还有日母、来母字，不见知章组字。止摄合口三等知章组字应当已经与精组字读音合流，二者存在互注关系，如：嘴精纸 追知脂 上9下。

蟹摄合口一等与止蟹摄合口三、四等互注，反映的应当是止蟹摄合口三、四等字与蟹摄合口一等韵字读音合流，韵母读洪音的现象。我们将止、蟹摄合口三、四等韵与蟹摄合口一等韵合流后的韵母以“威”表示。其中止蟹摄合口三等微母字虽没有与灰韵字互注，但与止蟹摄合口三等影喻母字互注，如：薇微微 為于支28上，84上，葦于尾 尾微尾89上，鮪于旨 尾微尾98下，胃于未 未微未2上，10下，緯于未 未微未33上，尉影未 尾微尾98下，蝟于未 未微未100下，说明止蟹摄微母字与其他韵摄微母字一样，读合口洪音。

蟹摄合口一等帮组字以自注为主，但有一例与蟹摄开口三等字互注：

袂$_{\text{明祭}}$妹$_{\text{明队33下}}$。因此蟹摄合口一等帮组字当与止蟹摄三、四等帮组字韵母相同。止蟹摄合口三等非组(不含微母)字除自注外,还与蟹摄合口一等晓匣母字互注(见声母部分举例),则其韵母性质有两种可能:或为合口,读“威”母;或为开口,读“衣”韵母(见下文)。不过部分韵摄中,非组字并不都与同摄晓匣母合口一、二等互注。我们暂将与晓匣母合口一、二等互注的非组字纳入相应的合口呼,而将不与晓匣母合口一、二等互注的非组字纳入开口呼。其最终性质还得结合《类字蒙求》直音的基础方言进行确定。

止摄开口三等除精庄组以及日母字外,多与蟹摄开口三、四等字互注,二者互注达 39 次,例多不举。止摄开口三等(不含精庄组以及日母字),蟹摄开口三、四等字韵母我们以“衣”表示。

《类字蒙求》直音中,止摄开口三等精、庄组字除自注外,一般不与其他声母字互注。其中,精组字自注 25 次,庄组字自注 1 次,精、庄组字互注 6 次,列举如下:

精组字自注:髭$_{\text{精支}}$ 兹$_{\text{精之10上}}$,耔$_{\text{精止,精之*}}$ 子$_{\text{精止}}$ 兹$_{\text{精之21上}}$,粢$_{\text{精脂,从脂*}}$ 詞$_{\text{邪之25下}}$,咨$_{\text{精脂}}$ 兹$_{\text{精之36下}}$,鼒$_{\text{精之}}$ 兹$_{\text{同77上}}$,茈$_{\text{从支}}$ 次$_{\text{清至88上}}$,鷥$_{\text{心之}}$ 丝$_{\text{心之92上}}$,鷀$_{\text{精(从)之}}$ 丝$_{\text{心之92下}}$,嘶$_{\text{心齐}}$ 司$_{\text{心之95下}}$,螔$_{\text{心支}}$ 司$_{\text{心之99下}}$,齊$_{\text{精脂}}$ 兹$_{\text{精之54下}}$,緦$_{\text{心之}}$ 思$_{\text{心之55上}}$,粢$_{\text{精脂}}$ 兹$_{\text{精之53上}}$,茨$_{\text{从脂}}$ 次$_{\text{从至89上}}$,雌$_{\text{清支}}$ 此$_{\text{清纸}}$ 平$_{\text{93上}}$,姒$_{\text{邪止}}$ 似$_{\text{同19下}}$,姊$_{\text{精旨}}$ 子$_{\text{精止19下}}$,耜$_{\text{邪止}}$ 似$_{\text{同77上}}$,梓$_{\text{精止}}$ 子$_{\text{同88下}}$,巳$_{\text{邪止}}$ 自$_{\text{从志3上}}$,刺$_{\text{清寘}}$ 次$_{\text{清至44上}}$,寺$_{\text{邪志}}$ 自$_{\text{从至42下}}$,肂$_{\text{心至}}$ 自$_{\text{从至54上}}$,柹$_{\text{崇止}}$ 字$_{\text{从志87下}}$,牸$_{\text{从志}}$ 字$_{\text{同96上}}$;

庄组字自注:蓰$_{\text{生支*,生纸*}}$ 徙$_{\text{心纸}}$ 師$_{\text{生脂17下}}$;

精、庄组字互注:蓰$_{\text{生支*,生纸*}}$ 徙$_{\text{心纸}}$ 師$_{\text{生脂17下}}$,獅$_{\text{生脂}}$ 司$_{\text{心之94上}}$,螄$_{\text{生脂}}$ 司$_{\text{心之97上,87下}}$,滓$_{\text{庄止}}$ 子$_{\text{精止6下}}$,飼$_{\text{邪志}}$ 士$_{\text{崇止21上}}$。

以上音注说明,止摄开口三等精、庄组字韵母主元音已经从止摄分化出来。根据近代汉语语音演变的一般规律,以上止摄开口三等精、庄组字韵母当读舌尖元音,我们以“资”表示。例外的现象有两例:壐$_{\text{心纸}}$ 洗$_{\text{心荠83上}}$,兕$_{\text{邪旨}}$ 洗$_{\text{心荠94上}}$。“壐、兕”二字与蟹摄开口四等心母字互注,说明其韵母并不读舌尖元音。

日母字在《类字蒙求》中主要与来母、泥母、疑母字互注,但止摄开口三等日母字除一例与泥母字互注外(膩$_{\text{泥至}}$ 二$_{\text{日至11上}}$),多以自注为主,或与遇摄三等日母字互注,列举如下:

止摄开口三等日母字自注:餌$_{\text{日志}}$ 二$_{\text{日至25下}}$,刵$_{\text{日志}}$ 二$_{\text{日至37下}}$,珥$_{\text{日志}}$ 二$_{\text{日至82下}}$;

止摄开口三等与遇摄三等日母字互注:乳$_{\text{日麌}}$ 二$_{\text{日至93上}}$,蠕$_{\text{日虞}}$ 而$_{\text{日之101上}}$。止摄开口三等与遇摄三等日母字的互注说明,《类字蒙求》直音中,止摄开口三等日母字主元音也与其他声母字有别,与遇摄三等日母字主元音混同。

部分蟹摄开口四等精组字与遇摄三等精组字互注，列举如下：

犀心齐 須心虞94上，蛆清鱼 妻清齐100下，齊从霁 聚从麌87上，擠精齐、精霁 濟精霁 疽清鱼、精语＊23上。

遇摄三等精组字与蟹摄开口四等精组字互注，说明遇摄三等精组字韵母主元音与其他遇摄三等字韵母有别，韵母当读“衣”韵母（见遇摄部分讨论）。

遇摄三等精组字除与蟹摄开口四等精组字互注外，还有两例与止摄合口三等字互注：疽清鱼 追知脂12上，荽心脂合 須心虞27下。这两例直音反映：(1)部分止摄合口三等精组字并没有与蟹摄合口一等字读音合流，而是与遇摄三等精组字读音合流，韵母读开口细音“衣”韵母。因为《类字蒙求》直音中，止摄合口三等精组字除与遇摄三等精组字互注外，还与蟹摄开口四等精组字互注，如：髓心纸合 洗心荠9上。合口三、四等精组字读开口细音，是《类字蒙求》直音的基本特点之一，详见下文讨论。(2)部分止蟹摄合口三等知章组字韵母同样读开口细音。《类字蒙求》直音中，止蟹摄合口三等知章组字没有与蟹摄合口一等字互注的现象。除与遇摄三等精组字互注外，止蟹摄合口三等知章组字只与读开口细音的止蟹摄合口三、四等精组字互注，二者互注现象列举如下：

嘴精纸 追知脂 上9下，贅章祭合 醉精至合11下,12上。

止摄三等喻母字同样与遇摄三等字互注，共计4例：遺以脂合、以至合 裕以遇55下，移以支 于于虞88下，姨以脂 于于虞19下，飴以之 于于虞25下。止摄字除一例为合口三等字外（遺以脂合、以至合 裕以遇55下，“遗”《集韵》以及现代汉语有开口细音读音），其余三字均为开口三等字。互注的性质当为遇摄三等喻母字与止摄开口三等喻母字同音，读开口细音“衣”韵母。

止摄合口三等来母字有两例与遇摄三等来母字互注：累来寘合 慮来御46下，篙来旨 吕来语78下。

合口三、四等来母字在《类字蒙求》直音中多读开口细音。以上止遇摄合口三等来母字互注，其韵母当读开口细音。

止摄合口三等来母字除与遇摄三等来母字互注外，也与蟹摄合口一等来母字互注，如上文所举的“累来纸,来脂＊ 雷来灰11下，羸来支 雷来灰96下，縲来脂 雷来灰37上”。

来母合口一、二等韵字读细音的现象很少见，以上止摄合口三等来母字与蟹摄合口一等字互注，说明其韵母与蟹摄合口一等灰韵字同读合口洪音。“累”既与遇摄三等来母字互注，又与蟹摄合口一等来母字互注，可能有两读现象。

3. 遇摄

遇摄一等模韵除自注外（其中一等模韵自注 63 次），多与遇摄三等庄组、非组字互注，一、三等韵互注 20 次，列举如下：

耡崇鱼 徂从模21上，酥心模 踈生鱼25上，鉏崇鱼 徂从模39上，77上，雛崇虞 徂从模93上，93上，狙清鱼 徂从模94下，芻初虞 徂从模96下，齟崇语 祖精姥9下，詛庄语 祖精姥15上，21下，祚从暮 助崇御53上，胙从暮 助崇御53下；

凫奉虞 乎匣模90下，92下，護匣暮 父奉麌30下，誤疑暮 務微遇37上，岵匣姥 付非遇77上；

臚来鱼 奴泥模43上，45下。

其中三等庄组字与一等模韵精组字互注 13 次，反映了《类字蒙求》直音三等庄组与精组洪音合流的特点。三等非组字与一等匣母、疑母字互注 5 次，说明遇摄合口三等非组字读合口洪音。“臚”与“奴”互注，反映的是特殊音变现象。

遇摄三等除庄组、非组字与遇摄一等互注，精组、来母字与止蟹摄开合口三、四等字互注外，多以自注为主。三等鱼、虞韵自注 79 次，例多不举。

流摄三等非组字有 1 例与遇摄三等非组字互注：副敷宥 付非遇42下，说明其韵母与遇摄一等合流。

遇摄在《类字蒙求》直音中大致分化为两个韵母。一等模韵与三等庄组、非组字韵母读合口洪音，以“鴮”表示；除庄组、非组字以及精组、来母、喻母字外，其他三等韵字韵母读合口细音，以“居”表示。

上文我们讨论遇摄合口三等精组、来母、喻母字与止蟹摄三、四等字互注现象时指出，其互注性质为遇摄三等精组字与止蟹摄三、四等字同读开口细音“衣”韵母。这可以从遇摄三等精、见组字的互注关系得到印证。《类字蒙求》直音中，尖团合流现象产生，如遇摄合口三等精组字读合口细音，则当与遇摄三等见系字同音。但我们只发现遇摄三等章组字与见系字互注的直音，如：樞昌虞 區溪虞31上，41下，却没有发现遇摄三等精组字与见系字或知章组字互注的直音。

4. 效摄

效摄以等为条件洪细两分，一、二等韵合流，读开口洪音；三、四等韵合流读开口细音。其中一等豪韵自注 50 次，二等肴韵自注 20 次；一、二等韵互注 28 次，列举如下：

殽匣肴 豪匣豪26下，騷心豪 筲生肴71下，74上，皋见豪 交见肴90下，篙见豪 交见肴80上，槔见豪 交见肴77上，筲生肴 騷心豪78下，羔见豪 交见肴96上，苞帮肴 包同38上；齩疑巧 襖影晧9下，藁见晧 絞见巧27上，34上，78下，縞见晧 絞见巧34下，絞见巧 槀见晧34下，爪庄巧 早精晧93下；藻精晧 罩知效29上，鈔初效 造从晧，清号83上，拗影巧，影屋三* 奥影号，影屋三23下，耖初效 造清号，从晧77上；貌明效 冒明号9上，

豹帮效 報帮号94上，噪心号 罩知效93上，耗晓号 效匣效96下，鲍並巧 暴並号97下，哨生效* 嫂心晧去76上，竈精号 罩知效77下，罩知效 燥心晧,心号*80上。

开口三、四等字自注或互注 59 次，例多不举。来自效摄一、二等韵的开口洪音韵母，以“鏖”表示，来自效摄三、四等韵的开口细音韵母，以“姚”表示。

效摄开口三等字除自注或互注外，还与古流摄一、三等字互注，共计 12 例，列举如下：

簍来侯 擾日小,日宵*78下，緅庄尤 招章宵35上，篘初尤 超徹宵78上，騶庄尤 昭章宵94上；揉日尤,日有樓来侯 擾日小24上；凑清侯 超徹宵 去23上，奏精侯 照章笑52下,36下，嗽心侯 少书笑11上，縐庄宥照章笑34下，驟崇宥 兆澄小95下，瘦生宥 少书笑99上。

其中流摄一等侯韵以精组字为主，三等尤韵以庄组、日母字为主，效摄三等则以知章组、日母字为主。说明效摄三等知章组、日母字韵母与流摄一等精组合流（三等尤韵庄组、日母字与一等侯韵精组、来母字读音合流，见下文），韵母读洪音。

根据清人“弇侈说”，流摄为弇音韵摄，效摄为侈音韵摄。以上流摄一、三等字与效摄三等字互注的现象，说明《类字蒙求》直音的基础方言中，存在弇侈相混的现象。以上流摄一等侯韵字，三等庄组、日母字以及效摄知章组字韵母，我们以“欧”表示。

效摄字除与流摄三等庄组日母字互注外，另有两例与流摄字互注的特殊直音：謬明幼 妙明笑16上，撓泥爻*日小* 樓来侯 擾日小24下。前一例“謬明幼”属于特殊音变现象，读开口细音“遥”韵母；后一例“撓泥爻*”读开口洪音“欧”韵母。

5. 流摄

流摄一等侯韵自注 31 次；与三等尤韵互注 6 次，列举如下：

罘並尤 抔並侯80上，陬精侯 鄒庄尤5上，螻来侯 柔日尤99下，抔並侯 罘並尤23下，芣並尤 抔並侯89下，揉日尤,日有 樓来侯 擾日小24上。

三等尤韵与一等侯韵互注的条件为庄组、日母字，以及部分並母字。以上一等侯韵、三等尤韵同时与效摄三等知章组、日母互注，韵母读开口洪音“欧”韵母。

除庄组字、日母字、少数並母字以及上文所指出的特殊音注外，其他三等尤、幽韵字以自注为主，共计 65 例。其中尤韵知章组字分别与精、见组字互注，共计 5 例：瘳徹尤 秋清尤12下，綢澄尤 仇群尤34上，籌澄尤 仇群尤79下，胄澄宥 臼群有74上,80下。说明其韵母读开口细音，以“幽”表示。

6. 果摄

这里只讨论开合口一等歌、戈韵（三等戈韵见假摄讨论部分）。开口一等歌韵自注 14 次，合口一等戈韵自注 20 次；两韵互注 13 次：

舵定歌 惰定果 平11下，拕透歌 妥透果 平14下，訛疑戈 莪疑歌16上，螺来戈 羅来歌72下，97上，籮来歌 螺来戈78上，桫心歌 梭心戈88下，莎心歌 梭心戈89上，鵝疑歌 訛疑戈91下，蠃来戈 羅来歌95上，蛾疑歌 訛疑戈99上；舵定哿 惰定果75下；唾透过 妥透果11上。

其中除两例为牙喉音字互注外（戈韵字均为“訛”），其余11例均为舌齿音互注。这说明果摄一等韵开合对立的特点只保留在牙喉音中，舌齿音已经合流。合流的方向应当是合口一等戈韵舌齿音读开口洪音，与开口一等歌韵合流，以“痾”表示。戈韵牙喉音（除少数疑母字外）读合口洪音，以“涡”表示。

7. 假摄

假摄包括开合口二等韵、开口三等韵。其中开口二等韵自注41次，合口二等韵自注5次。开口二、三等韵互注14次，列举如下：

渣庄麻 遮章麻6下，髽庄麻合 遮章麻9上，硨昌麻 叉初麻82上；灑生马 舍书祃 上7上，要《字汇》生马 舍书祃 上14下，扯昌马 茶澄麻 上23下，79上，鲊庄马 者章马25下；柘章祃 詐庄祃21上，88下，蔗章祃 詐庄祃26上，88上，鷓章祃 柘同91上，榨庄祃 柘章祃78上。

从互注条件看，开口二等以知、庄组字为主，开口三等以章组字为主。根据《类字蒙求》直音所反映的一般规律，开口二等知、庄组字与精组一等字读音合流，韵母读开口洪音。以上与假摄开口二等知、庄组互注的三等章组字韵母也当读开口洪音。假摄开口二等与开口三等章组字韵母以“丫”表示。部分蟹摄开口二等韵字、效摄二等韵字与假摄开口二、三等章组字互注，同样读“丫”韵母，如：耙並祃 罢並蟹77上，抓庄肴 遮章麻23上。

假摄开口二、三等韵互注，说明《类字蒙求》直音基础方言中，麻韵主元音并没有分化。

假摄合口二等字除自注外，还有1例与蟹摄合口二等字互注：華匣祃 畫匣卦8下，说明部分蟹摄合口二等字与麻韵合口二等字读音合流。麻韵合口二等字韵母以“蛙”表示。

除章组字外，假摄开口三等字不与开口二等字互注。除自注6次外，假摄开口三等字与果摄三等字互注4次：

茄群戈 且清马三 平28上，35上，靴晓戈 寫心马 平34上，71下。

从互注条件看，果摄三等字为开、合口见系字，假摄字为开口三等精组字。说明果摄合口三等见系字与开口三等字一样，读开口细音。以上假摄开口三等与果摄开、合口三等字韵母以“茄”表示。

（二）阳声韵

1. 通摄

通摄一等东、冬韵自注或互注共计18次，三等东、钟韵自注或互注26

次。通摄一、三等韵互注 11 次，列举如下：

糉精送一 眾章送26上，椶精东 中知东34上,89上，綜精宋 眾章送34下，冢知肿 總精懂41上，琮从冬 中知东82下，蠓明董一 夢明送三 上100下，𪇽来东一 戎日东78上，膿泥冬 戎日东12上，葱清东 冲昌钟(原文为“中”,当讹)28上，烘晓东一 丰敷钟26上。

东三、钟韵知章组、非母、日母、明母字与通摄合口一等字互注，说明与通摄一等字读音合流，韵母读合口洪音，这里以“翁”表示。

梗摄合口二等字与通摄一等字互注 1 例：卝见梗合二 孔溪董39上。曾梗摄一、二等帮组字与通摄一等帮组字互注 4 例：篷並东 朋並登33上,34上, 80上，蓬並东 朋並登89上。说明曾梗摄合口一、二等字，帮组一、二等字与通摄洪音字读音合流，韵母读“翁”韵母。

《类字蒙求》直音中，非组字一般与晓匣母合口一、二等字互注。通摄合口三等非组字也有 1 例与一等晓母字互注：烘晓东一 豐敷钟26上，说明通摄非组字读合口洪音。

除知章组、非组、日母、明母字外，通摄三等字不与一等韵字互注，说明其韵母仍读合口细音，这里以“雍”韵母表示。

少数梗摄合口三等字与通摄三等互注，共计 4 例：塋以清合 容以钟54上,82上，瓊群清合 穹溪东56下，螢匣青 容以钟99下。说明这些梗摄合口三等字韵母同样读“雍”韵母。

2. 宕、江摄

宕摄开口一等唐韵自注 24 次。江摄二等江韵自注 5 次，与开口一等唐韵互注 8 次，从互注条件来看，均为唇牙喉音字：

綱见唐 江见江20下，幫帮唐 邦帮江55下，鋼见唐 江见江79下，龙明江 忙明唐95下，降匣江 杭匣唐52下，绑帮讲 榜帮荡22下，蚌並讲 傍並宕97上，棒並讲 傍並宕80下。

宕摄开口三等阳韵自注 33 次，与开口一等唐韵互注 9 次：

瓤泥阳,日阳 郎来唐28下，臟精唐 莊庄阳38上，禳日阳 郎来唐53上，牂精唐 莊庄阳96上，攘日阳,日养 郎来唐 朗来荡23上，顙心荡 爽生养9下，磉心荡 爽生养31上，顙心荡 爽生养55下，攘日阳,日养 郎来唐 朗来荡23上。

从互注条件看，开口三等阳韵为庄组、日母字，说明其韵母读开口洪音。宕江摄开口洪音韵母以“纲”表示。

开口三等阳韵庄组字韵母读洪音，知章组字韵母同样读洪音。虽然阳韵知章组字没有与唐韵互注的现象，但多与阳韵庄组字互注，如：樟章阳 莊庄阳88下，鷞生阳 商书阳90上，上禅养 爽生养71下，廠昌养 創初漾30下，脹知漾 壯庄漾12下。

江韵知庄组字也没有与唐韵互注的现象，但与阳韵庄组字互注，如：撞澄江,澄绛 長澄阳 丈澄养23上，说明江韵知庄组字韵母同样读开口洪音。

阳韵非组(不含微母)字没有与唐韵字互注的现象，但根据《类字蒙求》

直音的一般规律,也应当归入开口洪音“纲”韵母。阳韵除知庄章组、非组字外,独立为一细音韵母,以“央”表示。

合口一等唐韵自注2次:胱见唐 光同10下,磺匣唐 皇同80下;合口三等阳韵自注3次(不含非、敷、奉母):筐溪阳 匡同78上,枉影养 往于养15下,網微养 枉影养79下。合口一、三等之间没有互注关系。不过根据《类字蒙求》直音微母多读合口洪音的特点,与微母字互注的合口三等阳韵影母字,以及与影母字互注的合口三等阳韵喻母字韵母也当读合口洪音。根据语音演变的平行规律,其他合口三等阳韵见系字韵母也当读合口洪音,这里以“光”表示。

另有两例直音反映了特殊音变现象:胖滂换 旁並唐 去11上,闖徹寝 創初漾76下。“胖”本山摄合口一等字,“闖”本深摄开口三等徹母字,这里与开口一等唐韵並母字以及开口三等阳韵初母字互注,说明其韵母读开口洪音“纲”韵母。

3. 山、咸摄

山咸摄合流,但开合口一、二、三、四等韵之间互注关系比较复杂,我们先以表格的形式将山咸摄开合口一、二、三、四等韵之间的互注关系比较如表3—10:

表3—10 山咸摄开合口一、二、三、四等韵之间的互注关系

开合			开												合						
等			一			二				三			四		一	二		三			四
开合	等	韵	寒	覃	谈	山	删	咸	衔	仙	元	盐	先	添	桓	山	删	仙	元	凡	先
开	一	寒	21	10	14	4		1	3						1						
		覃		13	3				2						3			7			
		谈			3	1		1	1												
	二	山				3		4	2								1				
		删					7	1									2				
		咸							1	3											
		衔							1												
	三	仙								18	1	20	19	2							
		元									3	7	4	1							
		盐										5	12	1							
	四	先											17	9							
		添												3							
合	一	桓													31	1	3	6			
	二	山																			
		删															5		1	1	
	三	仙																10	5		
		元																	8	8	3
		凡																		1	
	四	先																			2

从山咸摄开口一、二、三、四等韵之间的互注关系来看，大致情况为：开口一、二等韵互注，三、四等韵互注。不过山咸摄开口一、二等韵之间的互注是有条件的，列举开口一等寒韵、谈韵以及覃韵互注的直音如下：

寒韵与谈韵互注：憨晓谈 犴疑寒，匣寒＊11下，攤透寒 淡定阚 平23上，擔端谈 丹端寒23上，彈定寒 談定谈49上，79下，檀定寒 談定谈88下；趕见旱 敢见敢21下，稈见旱 敢见敢27上，攬来敢 懶来旱23上，毯透敢 坦透旱34上；彈定翰 淡定敢87上，蛋定旱 淡定敢93上；犴匣翰 憨匣阚37下，爛来翰 濫来阚35上。

寒韵与覃韵互注：鶴影覃 安影寒91下，翰匣寒，匣翰 汗匣翰 含匣覃92下，勘溪勘 看溪翰36上，頷匣感，匣覃 旱匣旱 罕晓旱9下，攔来寒 南泥覃23上；頷匣感，匣覃 旱匣旱 罕晓旱9下，萏定感 覃定覃上85下；菡匣感 罕晓旱，晓旱85下；墈溪勘 看溪翰5下，幹见翰 淦见勘89下。

覃韵与谈韵互注：藍来谈 南泥覃35上，籃来谈 南泥覃78上；鰔见感 敢见敢97下。

从山咸摄开口一等韵之间的互注关系来看，寒韵与谈韵之间，无论牙喉音还是舌齿音都有互注关系，说明两韵已经完全合流。但覃韵除来母字外，只有牙喉音与寒、谈韵互注。

开口一、二等韵之间的互注，以舌齿音为主：

巉崇衔 湌清寒8上，鑱崇衔 殘从寒77上，繖心旱 産生产79上，饊心旱 産生产25下，剗初产 殘从寒上77上，賺澄陷 贊精翰18上，16上，綻澄裥 贊精翰34上；讒崇咸 慙从谈15下，棧崇产 暫从阚7上，攙初衔 暫从阚 平23上；砍溪感 嵌溪衔 上22下，嵌溪衔 砍溪感 平83上。

“砍”字不见《广韵》，《篇海类编》“苦感切”，与咸摄开口二等韵字互注。除此之外，山咸摄开口一、二等牙喉音之间没有互注关系。

覃韵舌齿音与开口一等寒、谈韵，以及开口二等韵之间都没有互注关系；覃韵舌齿音只与合口一等桓韵以及合口三等仙韵知庄组字互注：

覃韵与桓韵互注：團定桓 覃定覃39下，婪来覃 戀来桓84下，鴆定覃，端紺，澄沁 端端桓 审书寝93上，獾晓桓 鼾晓寒94上。

覃韵与仙韵互注：蠶从覃 傳澄仙合27下，99上，蠶从覃 椽澄仙合52下，参清覃 川昌仙合45下，49上，驂清覃 川昌仙合95上，糝心感 船船仙合 上27下。

也就是说，覃韵牙喉音与开口一等寒、谈韵互注，韵母读开口洪音；覃韵舌齿音与合口一等桓韵以及合口三等仙韵知章组字互注，韵母可能读合口洪音。

根据以上互注关系，可以发现，《类字蒙求》直音山咸摄部分保留了一等重韵以及一、二等韵之间的对立。山咸摄开口一、二等韵之间的关系如表3—11：

表3—11　山咸摄开口一、二等韵之间的关系

覃（舌齿）	寒谈覃（牙喉）	寒谈（舌齿）	删山咸衔

也就是说，古山咸摄开口一、二等韵之间的对立，以声母为条件保留下来，一、二等牙喉音对立，舌齿音合流，它们之间的对立是韵母主元音的差别。山咸摄一等韵之间则以声母以及开、合口为条件，保留开、合一等以及一等重韵的对立特征：山咸摄开口一等牙喉音合流，读开口洪音；覃韵舌齿音与寒谈韵对立，与山摄合口一等桓韵合流。覃韵舌齿音韵母或与桓韵同读合口洪音，或与寒谈韵牙喉音同读开口洪音。如与寒谈韵牙喉音同读开口洪音，则桓韵舌齿音亦当读开口洪音。桓韵牙喉音不与寒谈韵互注，其韵母当确定为合口洪音。具体情况当结合其基础方言决定。

桓韵牙喉音与山摄合口二等韵主元音当保留区别。桓韵虽有4例与合口二等韵互注：瀚匣缓 莞匣桓，匣潸，匣缓＊22下，绊帮换 扳帮删 上33下，睆匣潸，匣缓＊浣匣缓，匣潸＊91下，欑生山＊ 酸心桓31上，但前三组直音《集韵》多已同音。欑生山＊ 酸心桓31上反映的是另外一种情况（见下文）。除此之外，二者没有互注关系。

山咸摄开口一、二等共有两个开口洪音韵母：寒谈覃韵牙喉音独立为一个韵母，以“安”表示；寒谈韵舌齿音以及山咸摄二等韵合流为一个韵母，以“姦”表示。

山咸摄开口三、四等之间互注达76次，例多不举。山咸摄开口三、四等韵与开口二等韵互注3例，分别为：臉来豏 輦来狝9下，斂来琰 臉来豏57上，輦来狝 臉来豏80上。不过这3例实际上只牵涉一个二等字“臉”，属于个别现象。除此之外，山咸摄开口三、四等不与开口二等韵互注。

《类字蒙求》山咸摄开口三、四等韵与一、二等韵之间的对立，除洪细对立外，应当还有主元音的对立。根据《类字蒙求》直音所反映的一般特征，开口三等庄组字韵母读洪音。山咸摄开口三等知章组字有2例与臻摄开口三等庄组字互注：榛庄臻 詹章盐88上，羶书仙 参生侵12下，说明山咸摄开口三等知章组字韵母应当读洪音。因此山咸摄开口三、四等也应当有两个韵母：知章组字韵母为开口洪音，暂以“詹”表示，其他开口三、四等字韵母为开口细音，以“焉”表示。

合口一等桓韵与覃韵一样，与合口三等仙韵知章组互注：

攛清桓 穿昌仙合23上，鑽精桓 專章仙79上，船船仙 蒜心换 平80上，攢精换＊ 專章仙合15上，纂精缓 轉知狝70上，狻心桓 詮清仙94上。

“狻心桓 詮清仙94上”这一直音，“狻”可能为误读“悛”之音。

合口二等韵以自注为主，共计6例：

豢匣谏 宦同96下，鰥见山 關见删97下，漫明桓，明谏＊ 瞞明桓 慢明谏6上，撰崇潸 饌同45下，70下，饌崇潸 撰同53下。

此外，合口二等庄组字与合口一等精组字互注1例：槾生山＊ 酸心桓31上；与合口三等知组字互注1例：饌崇线 傳澄仙 去26下。反映了山摄合口二等庄组字与山摄合口一、三等舌齿音字读音合流的特征。

山摄合口二等字另有2例分别与合口三等奉母、微母字互注：鬟匣删 凡奉凡20下，鯇匣潸 晚微阮97下。这与《类字蒙求》直音所反映的非组声母字与晓匣母合口一、二等字读音合流以及微母字读合口洪音的特征一致。

山摄合口一、二等之间除舌齿音外，唇牙喉音没有互注现象。上文所指出的3例合口一、二等唇牙喉音互注，不能作为它们合流的证据。因此山摄合口韵应当包含有三个韵母：桓韵，删、山韵庄组，仙韵知章组与咸摄开口一等覃韵舌齿音，合流为一个合口洪音韵母，以“豌”表示（这一韵母可能只包括桓韵牙喉音，与寒谈韵牙喉音对立；桓韵、覃韵舌齿音以及合口三等仙韵知章组字韵母与寒谈韵牙喉音互补，有可能韵母同读开口洪音，详见上文讨论）；山摄合口二等见系以及三等微母合流为一个合口洪音韵母，以“关”表示；其他山摄合口三、四等韵合流为一个合口细音韵母，以“渊”表示。

山咸摄三等韵之间另有几例特殊音注，列举如下：

掀晓元 宣心仙合23下，鐫精仙合 尖精盐49上，戀来线 连来仙 上14上。

其中合口三等字“鐫”、“戀”与开口三等精组、来母字同音，符合《类字蒙求》合口三等精组、来母字读开口细音的一般规律（“戀”现代汉语也读开口）。不过开口三等晓母字“掀”与合口三等心母字“宣”互注比较特殊，反映的是开口细音读合口细音的现象。“宣”《广韵》“须缘切”，为合口三等心母字，但《集韵》“许元切”，为合口三等晓母字。“宣”除与开口三等字“掀”互注外，同时与合口三等字互注，如“壎晓元 宣心仙72上”。因此与“宣”互注的“掀”字，其韵母当读合口细音。

元、凡韵非组声母字互注共计9次，除上文所举与合口二等匣母字互注外，不与其他声母字互注，其韵母当归入开口洪音“姦”韵母。

4. 曾、梗、臻、深摄

古臻摄-n尾韵、古深摄-m尾韵以及古曾梗摄-ŋ尾韵的对立已经消失，四种中古不同韵摄、三种不同韵尾的字存在大量互注关系。下面以表格的形式将以上四摄字的互注关系归纳如表3—12：

臻摄、深摄与曾梗摄之间的互注数量不是很多，但大体反映了中古三种不同韵尾阳声韵的合并。其中臻摄与曾梗摄互注10次，深摄与曾梗摄互注2次，臻深摄互注13次。

表 3—12　古曾、梗、臻、深摄之间的互注关系

开合			开												合									
开合	等		一		二		三							四	一		二		三					四
	等	韵	登	痕	庚	耕	蒸	庚	清	真	臻	欣	侵	青	登	魂	庚	耕	庚	清	真	谆	文	青
开	一	登	6	1	1	2																		
		痕		3																				
	二	庚			10			3		1														
		耕				2																		
	三	蒸					2	2	11	1												1		
		庚						3	6	1				6										
		清							8	1			2	3										
		真								18		4	11	2		1						4	1	
		臻																						
		欣										2	2											
		侵											12											
	四	青												14										
合	一	登															1							
		魂														23						2	4	
	二	庚																						
		耕																						
	三	庚																				2		
		清																						
		真																					3	
		谆																				10		
		文																					11	
	四	青																						

臻摄与曾梗摄互注：襯初震 撐徹庚二 去55下，螟明青 民明真100上，茗明青 閔明轸84上，腎禅轸 幸匣耿10下，穎以静 引以轸27下，秤昌证 趁徹震79下，塍船蒸 旬邪谆5下，允以準 永于梗三38下，38下，墾溪很 肯溪等39下。

深摄与曾梗摄互注：朕澄寝 鄭澄劲40上，騁徹静 品滂寝95下。

深摄与臻摄互注：沈澄侵 陳澄真6上，鍼章侵 真章真79上，秦从真 琴群侵91上，嶙来真 林来侵99下，疹章轸 枕章寝12上，紝日侵，日沁 壬日侵 忍日轸21下，衽日寝 忍日轸33下，稟帮寝 賓帮真 上36下，飪日寝 忍日轸26上，牝並轸 品滂寝96下，蜃禅轸 審书寝97上，觔见欣 金见侵17下，歆晓侵 欣晓欣53上。

曾梗摄开口一、二等韵之间互注 3 次：僧心登 生生庚二75上，罾精登 爭庄耕80上，橙澄耕 層从登87下。说明曾梗摄开口一、二等韵合流。曾梗摄开口一、二等韵与臻摄开口一等韵之间虽然没有互注关系，但根据曾梗摄与臻深摄开口三、四等韵之间的互注关系可以推导，二者在实际语音中应当已经合流。

臻摄开口三等庄组字与梗摄开口二等知组字互注 1 例：襯初震 撐徹庚二 去55下。反映了《类字蒙求》直音知二庄组字读音合流，韵母读开口洪音的特点。

上文分析山咸摄各韵之间的互注情况时指出，臻、深摄庄组字有 2 例与山咸摄知章组字互注，读开口洪音“詹”韵母。臻摄庄组字同时与梗摄开口二等字互注，则曾梗摄开口一二等字韵母、臻摄开口一等字韵母也应当读开口洪音“詹”韵母，这里改用“根”表示。

除庄组字外，曾梗臻深四摄开口三、四等字与一、二等字之间没有互注关系，当独立为一个韵母，这里以“英”表示。

臻摄合口一等字自注23次；曾梗摄合口一、二等字互注1次，二者之间没有互注关系，韵母应当有别。上文分析指出，曾梗摄合口一、二等与通摄合口一等互注，韵母合流。因此臻摄合口一等韵独立为一个韵母，以“昆”表示。

臻摄合口一等字与开口三等字互注1例：疢徹震 寸清恩12上。《类字蒙求》直音中，臻深曾梗摄开口三等知章组字一般与见系字互注，韵母读细音，此例当为特殊情况。

臻摄合口三等自注或互注24例；梗摄合口三、四等之间没有互注现象，仅2例与臻摄合口三等互注：允以準 永云梗三38下，38下。《类字蒙求》直音中，梗摄合口三、四等与通摄三等互注4例，韵母读“雍”韵母。“允”、“永”互注，属特殊现象（当读开口细音，见下文讨论）。因此臻摄合口三等韵独立为一个韵母，以“君”表示。

臻摄合口三等章组字与合口一等精组字互注2例：蠢昌准 忖清混101上，鱒从混 惷昌準98上。说明臻摄合口三等章组字读合口洪音“昆”韵母。

曾梗臻深摄开、合口三等之间互注共计4例：塍船蒸 旬邪谆5下，印影震 緼影问71下，輪来谆 人日真80上，鱘邪侵 巡邪谆98下。互注条件为：合口三等字声母分别为精组、来母、影母。《类字蒙求》臻深曾梗摄开口三等知章组字与开口三、四等精组见系字互注，合口三、四等精组、来母、影喻母字一般读开口细音（见声母讨论部分）。以上臻摄合口三等精组、来母、影母字分别与开口三等字互注，说明其韵母不读合口细音，而是读开口细音。

臻摄合口三等非组字以自注为主，没有与晓匣母合口一等互注的现象，其韵母当读开口洪音“根”韵母。

（三）入声韵

1. 宕江摄入声

宕摄开口一等入声字自注15次，江摄入声字自注5次。宕、江摄开口一、二等入声字互注18次，列举如下：

膊滂铎、帮铎* 剥帮觉10上，慤溪觉 恪溪铎13下，覺见觉、见效 各见铎 告见号22上，捉庄觉 作精铎23上，搏帮铎 剥帮觉24上，斮庄觉 作精铎37下，鄂疑铎 岳疑觉50下，朔生觉 索心铎52下，鑿从铎 濁澄觉79上，萼疑鐸 岳疑觉85下，啄知觉 作精铎88上，啄知觉 精知铎92上，鶚疑铎 岳疑觉92上，啄知觉 作精铎93下，棹澄效（当误读卓知觉）作精铎31上，雹並觉薄並铎1上，濯澄觉昨从铎6下，濁澄觉昨从铎6下。说明宕江摄一、二等入声韵合流为同一开口洪音韵母，以“各”表示。

宕摄开口三等字自注16次，其中精组、见系字互注4次，韵母读细音，以“约”表示；知章组字不与精组、见系字互注，与开口一等铎韵互注1次：鑠书药索心铎11下，其韵母当与宕江摄开口一、二等入声韵合流，读“各”韵母。

宕摄合口三等非组字互注现象较少，仅与合口一等铎韵匣母字互注1次：縛奉药獲匣铎22下，其韵母当读合口呼。铎韵合口一等字仅1例组四声音注：郭见铎光见唐入39上，宕摄非组声母字以及合口一等字韵母以“郭”表示。

2.通摄入声

通摄一等入声字自注17次；三等入声字自注37次，其中非组声母字自注9次。一、三等之间互注非常少，只有1次：觸昌烛簇清屋一100下，说明通摄三等入声知三章组字与一等入声精组字读音合流，韵母读合口洪音。根据其他韵摄非组声母字的互注关系，通摄三等入声非组字韵母也当读合口洪音，这里以“谷”韵母表示。其他三等入声当读合口细音，这里以“欲”韵母表示。

知三章组字除个别与一等精组字互注外，还与三等精组字互注：躅澄烛促清烛84下，促清烛竹知屋，彻屋＊100下。这有两种可能：(1)三等精组字与知章组字同读合口洪音，(2)知章组字部分读开口洪音，部分与三等精组字读音合流，韵母读合口细音。暂存疑。

3.臻深曾梗摄入声

臻深曾梗四摄入声韵之间大致以等为条件两分，一、二等关系密切，三、四等互注频繁，这里分开讨论。臻曾梗摄一、二等入声韵之间的互注关系如表3—13：

表3—13　臻曾梗摄一、二等入声韵之间的互注关系

开合			开				合			
等			一		二		一		二	
开合	等	韵	痕入	德	陌	麦	没	德	陌	麦
开	一	痕入	1*							
		德		5		9				
	二	陌			4					
		麦				1				
合	一	没					5			
		德								5
	二	陌								
		麦								

从臻曾梗摄一、二等入声韵之间的互注关系来看，臻摄无论开合口都没

有与曾梗摄互注现象。开口韵没有互注现象，是因为臻摄开口一等入声字少。参照阳声韵的特点，臻曾梗摄开口一、二等入声当合流，其韵母以“格”表示。曾摄开口三等入声庄组字与曾梗摄一、二等入声庄组字互注：册初麦 侧庄职38上，蜡庄陌二 仄庄职100上，鲫从德 侧庄职98下，说明其韵母与开口一等合流，读“格”韵母。

臻摄合口一等入声字不与曾梗摄合口一、二等入声字互注，当是因为主元音有别，臻摄合口一等入声韵独为一个韵母，以“骨”表示。曾梗摄合口一、二等入声韵合流为一个韵母，以“国”表示。合口三等物韵非组字、术韵庄组字与合口一等没韵没有互注现象，根据《类字蒙求》音注特点，其韵母当与臻摄合口一等合流。

古 t 尾臻摄入声、古 p 尾深摄入声以及古 k 尾曾梗摄入声三、四等韵之间互注现象较多，现将这些韵摄开合口三、四等韵之间的互注关系比较如表 3—14：

表 3—14　曾梗臻深摄开合口三、四等入声韵之间的互注关系

开合			开						合			
等			三					四	三			四
开合	等	韵	质	缉	职	陌三	昔	锡	术	物	职	昔
开	三	质	6		3		1	3	2			1
		缉	6	6			3	1				
		职				3		8	1		1	
		陌三					1					
		昔			6		15	3			2	
	四	锡						3				
合	三	术							4			
		物								2		1
		职			6							
	四	昔										1

其中-t 尾质韵与-p 尾缉韵互注 6 次，与-k 尾昔、锡韵互注 5 次；-t 尾物韵与-k 尾昔韵互注 1 次；-p 尾缉韵与-k 尾昔、锡韵互注 4 次。可见与阳声韵一样，臻深曾梗四摄入声韵尾也已经合流。臻深曾梗四摄开口三、四等韵已经合流为同一细音韵母。其中，开口三、四等入声韵精组、见系字之间互注 5 次：蟄澄缉 及群缉3下，101上，隙溪陌三 息心职14上，秩澄质 疾从质41下，檄匣锡 吸晓缉36下。这一开口细音韵母，我们以“意”表示。

合口三、四等入声精组字、影喻母字与开口细音韵母合流。开、合口三、四等精组、喻母字互注共计 7 例：

佾以质 役以昔53下，洫晓职合 息心职5下，崒从术 七清质8上，卹心术 息心职36上，蟋心质 戌心术100下，閾晓职合,于职合* 亦以昔31上,蜮于职 亦以昔100上。

影母合口三、四等字虽没有与开口三、四等字互注,但与读开口细音的喻母合口四等字互注,如:鬱影物 役以昔合53上。因此臻曾梗摄合口三、四等入声只有少数字读合口细音,以"术"表示。

4. 山咸摄入声

山咸摄一等入声韵之间也以声母为条件分组。开口一等入声韵之间的互注关系列举如下:

曷韵与合韵互注:褐匣曷 合匣合33下,91下,踏透合 達定曷80下,鴿见合 葛见曷91上。

盍韵与合韵互注:榼溪盍 合匣合78下。

曷韵与盍韵互注:臘来盍 辣来曷2下,爉来盍 辣来曷26下,闥透曷 塔透盍30下,磕溪盍 渴溪曷55下,蠟来盍 辣来曷92上,怛端曷 塔透盍14上,蠟来盍 捺泥曷99上。

其中合韵与曷、盍韵都有互注关系,除"踏"字外,声母条件是牙喉音;盍韵与曷韵则无论牙喉、舌齿均有互注关系。这些互注关系说明,盍、曷韵与合韵牙喉音合流为同一开口洪音韵母,以"鸽"表示。盍韵、曷韵舌齿音与合韵除1例外,一般不发生互注关系,韵母当有别。

与相承的阳声韵覃韵互注关系类似,合韵舌齿音与山摄合口一等入声末韵互注:捋来末 納泥合23下,掇端末 答端合23上,其韵母性质亦当与阳声韵类似,或与末韵同为合口洪音,或与末韵舌齿音一起和曷、盍韵牙喉音互补,同为开口洪音。

山摄合口一等入声末韵牙喉音没有自注或互注现象,与阳声韵平行,当独立为合口洪音。这里暂以"掇"韵母表示合韵舌齿音以及末韵韵母。

同样,山摄合口一等入声末韵字也同时与合口三等入声薛韵章组字互注:撮清末,精末 拙章薛23上,说明山摄合口三等入声知章组字韵母同样与山摄合口一等入声舌齿音字同韵母。其性质当与其基础方言比较后决定。

山咸摄开口二等入声韵合流,其互注关系如下:

洽韵与黠韵互注:閘*崇洽 扎庄黠5下,札庄黠 斬庄赚 入36下,夹见洽 甲见狎33下。

鎋韵与洽韵互注:𩯞疑鎋 掐溪洽12上,插初洽 剗初产 入35下。

狎韵与黠韵互注:炠匣狎 扎庄黠26上。

与其他二等韵一样,山咸摄开口二等入声韵韵母同样当读开口洪音,以"甲"表示。山咸摄开口一等曷、盍韵与开口二等入声韵之间没有互注,根据相承的阳声韵特点,山咸摄开口二等入声韵当与一等入声曷、盍韵舌齿音同韵母。

山咸摄开口三、四等入声韵之间互注达39次,说明其韵母已经合流。山咸摄三、四等入声韵之间的互注关系列举如下:

屑帖：頰见帖 結见屑9下,37下，疊定帖 迭定屑17下，捻泥帖 臬疑屑23下，頁匣屑 叶匣帖71下，牒定帖 迭定屑71下，36下，荚见帖 結见屑89上，驖透屑 帖透帖95上，蛭端屑,定屑＊ 蝶定帖97下，鰈定帖＊ 迭定屑98上，蝶定帖 迭定屑99上，蜨定帖 迭定屑99上。

薛屑：㾜心薛 屑心屑12下，褻心薛 屑心屑15下，捩来屑 列来薛24上，撇滂屑 别並薛24上，蘖疑薛 臬疑屑27下，篾明屑 滅明薛31上，褻心薛 屑心屑33下，緤心薛＊ 屑心屑37上，詰溪质,溪薛＊ 結见屑38下，鼈帮薛 撇帮屑97上。

屑业：挈溪屑 怯溪业23上，闑疑屑 業疑业31上，臬疑屑 業疑业43下。

月业：脅晓业 歇晓月10上，羯见月 怯溪业72下，碣群月 怯溪业54上，

月屑：謁影月 頁匣屑15上，羯见月 結见屑96上；

葉薛：摺章葉 折章薛35下,36下，鬣来葉 列来薛54上,95下，96上；

屑葉：捷从葉 截从屑39上，楫精葉 節精屑80上，鑷泥葉 臬疑屑83上。

山咸摄开口三、四等入声韵当合流为细音韵母，以“咽”表示。山摄入声章组字与深摄入声庄组字互注1例：澀生缉 設书薛26上。这反映山咸摄开口三等入声知章组字韵母读洪音，与曾梗摄开口一、二等入声以及臻深曾摄开口三等入声庄组字韵母相同，读“格”韵母。

山摄合口二等字没有自注现象，也没有与一等合口互注的例子，但有5例与山咸摄三等非组字互注：滑匣黠 伐奉月6下，挖影黠 襪微月23下，挖影黠 晚微阮 入39上，滑匣黠 伐奉月93上，猾匣黠 乏奉乏15上。以匣母与影母为主，这反映山咸摄合口三等入声非组字韵母与山摄合口二等入声韵相同，读合口洪音，这里以“挖”韵母表示。

山摄合口三、四等入声韵之间互注共计18例，以见系字为主。其中知章组字之间互注2次，非组字之间互注5次。章组声母字、非组声母字的互注关系见上文举例；见系字与其他声母字没有互注关系，韵母当为合口细音，以“粤”表示。

入声韵另有几例特殊互注现象，附列于此：崛群物 窟溪没8上，縮生屋 索心铎18上，璞滂觉 撲滂屋82下，納泥合 訥泥没42下，筹客溪陌二78上，砝见盍 法非乏79下，蛤见合 恰溪洽97上，蠛明屑 密明质100下，桔见屑 吉见质37上，劄知洽 折章薛70下，熠于缉 頁匣屑99下。

二　《类字蒙求》直音韵母系统及其中古来源

根据以上对《类字蒙求》直音韵母类别的分析，我们归纳其韵母系统及各韵母中古来源如表3—15：

表 3—15 《类字蒙求》直音音系阴声韵母及其中古来源

<table>
<tr><th>中古韵摄</th><th>阴声韵母</th><th>中古来源</th><th>中古韵摄</th><th>阴声韵母</th><th>中古来源</th></tr>
<tr><td rowspan="7">止、蟹摄</td><td>资</td><td>止摄开口三等精、庄组</td><td rowspan="4">效、流摄</td><td>鏖</td><td>效摄开口一、二等</td></tr>
<tr><td>挨</td><td>蟹摄开口一、二等</td><td>欧</td><td>效摄三等知章组日母，流摄一等，流摄三等庄组、日母</td></tr>
<tr><td rowspan="2">乖</td><td rowspan="2">蟹摄合口二等，一等（泰韵部分字）；止摄合口三等（部分生母字）</td><td>姚</td><td>效摄三、四等帮、精组、见系</td></tr>
<tr><td>幽</td><td>流摄三等（除非组、庄组外）</td></tr>
<tr><td rowspan="2">威</td><td rowspan="2">蟹摄合口一等（不含帮组），止蟹摄合口三、四等</td><td rowspan="2">果摄</td><td>痾</td><td>果摄开口一等，合口一等（舌齿音）</td></tr>
<tr><td>涡</td><td>果摄合口一等（牙喉音，唇音存疑）</td></tr>
<tr><td>衣</td><td>止蟹摄开口三、四等（不含止摄开口三等精庄组日母字），遇摄（三等精组、影喻母、来母）蟹摄合口一等帮组声母字</td><td rowspan="4">假摄</td><td rowspan="2">丫</td><td rowspan="2">假摄开口二等、开口三等（知章组日母），蟹摄开口二等（部分）</td></tr>
<tr><td rowspan="3">遇摄</td><td>隖</td><td>遇摄一等，三等庄组非组</td></tr>
<tr><td rowspan="2">居</td><td rowspan="2">遇摄三等（知章见组，晓匣母），止摄开口三等日母</td><td>蛙</td><td>假摄合口二等，蟹摄合口二等（部分）</td></tr>
<tr><td>茄</td><td>假摄开口三等（精组、见系），果摄三等</td></tr>
</table>

表 3—16 《类字蒙求》直音音系阳声韵母、入声韵母及其中古来源

<table>
<tr><th>中古韵摄</th><th>阳声韵母</th><th>中古来源</th><th>入声韵母</th><th>中古来源</th></tr>
<tr><td rowspan="2">通</td><td>翁</td><td>通摄一等，通摄三等（知、章组，非组，明母、日母），曾梗摄合口一、二等，曾梗摄一、二等（帮组声母）</td><td>谷</td><td>通合一入，通合三入（知章组，非组，明母，部分精组）</td></tr>
<tr><td>雍</td><td>通摄合口三等（精组、见系），梗摄合口三、四等</td><td>欲</td><td>通合三入（精组部分，见系）</td></tr>
<tr><td rowspan="3">宕江</td><td>纲</td><td>宕摄开口一等，江摄，宕摄开口三等（知、庄、章组，日母），阳韵合口三等（非组）</td><td>各</td><td>宕开一入、江开二入，宕开三入（知庄章组）</td></tr>
<tr><td>光</td><td>宕摄合口一、三等（含微母）</td><td>郭</td><td>宕合一入，宕合三入（非组）</td></tr>
<tr><td>央</td><td>宕摄开口三等精组、见系</td><td>约</td><td>宕开三入（精组见系）</td></tr>
<tr><td rowspan="3">山咸</td><td>安</td><td>山咸摄开口一等（牙喉音）（山摄合口一等舌齿音，咸摄开口一等覃韵舌齿音，山摄合口二等庄组，山摄合口三等知章组）</td><td>鸽</td><td>山咸摄开口一等入声曷、盍、合韵（牙喉音）（山摄合口一等入声舌齿音，咸摄开口一等入声合韵舌齿音，山摄合口三等入声知章组）</td></tr>
<tr><td>姦</td><td>山咸摄开口一等寒谈韵（舌齿），山咸摄开口二等，山摄合口二等（晓匣母），山咸摄合口三等（非组）</td><td>甲</td><td>山咸摄开口一等入声曷、盍舌齿音，山咸摄开口二等入声，山咸摄合口三等（非组）</td></tr>
<tr><td>焉</td><td>山咸摄开口三、四等（不含知章组）</td><td>咽</td><td>山咸摄开口三、四等入声（精、见系）</td></tr>
</table>

续表

中古韵摄	阳声韵母	中古来源	入声韵母	中古来源
山咸	豌	山摄合口一等（牙喉音）（山摄合口一等舌齿音，咸摄开口一等覃韵舌齿音，山摄合口二等庄组，山摄合口三等知章组）	掇	山摄合口一等入声（牙喉音）（山摄合口一等入声舌齿音，咸摄开口一等入声合韵舌齿音，山摄合口三等入声知章组）
	关	山摄合口二等（不含晓匣母），合口三等（微母）	挖	山摄合口二等入声，山咸摄合口三等（微母）
	淵	山摄合口三、四等（精组、见系，日母）	粤	山摄合口三等入声（见系）
山部分臻深曾梗	根	曾梗摄开口一、二等；臻摄开口一等，开口三等庄组，合口三等非组；深摄开口三等庄组；山咸摄开口三等知章组	格	臻、曾、梗摄开口一、二等入声，臻深曾摄开口三等入声（庄组），山咸摄开口三等入声（知章组）
	英	曾梗臻深三等（不含庄组），臻合三（精组、来母、影喻母）	意	臻深曾梗摄开口三、四等入声（不含庄组），臻梗摄合口三、四等入声（精组、来母、影喻母）
	昆	臻合一，臻合三（章组，非组、微母）	骨	臻摄合口一等入声，合口三等（非组、庄组）
			国	曾梗摄合口一、二等入声
	君	臻合三（不含精组、章组、来母、影喻母字，含部分梗摄合口字，如“永”）	术	臻梗摄合口三、四等（见系、知章组）

第三节　《类字蒙求》直音声调系统及其特点

《类字蒙求》注音方式以直音为主，直音的特点是，被注字与直音在声母、韵母、声调三方面都必须相同。因此，通过平、上、去、入四声之间，以及四声内部清浊音之间的互注关系，我们完全可以归纳出直音所反映的声调系统。

下文通过比较《类字蒙求》不同四声字的互注，以及四声相同但清浊不同的字的互注关系，来归纳《类字蒙求》直音所反映的声调系统。四声一致，声母清浊相同，但声母类别不同的字之间互注，反映不出声调的分化关系，如“塍船蒸 旬邪谆 5下”。因此本节“自注”特指四声一致、声母清浊相同的字相注。“互注”则指四声不同或四声相同但声母清浊不同的字之间的相注。纽四声字直音所反映的声调只是古四声的类别，不能精确反映被注字声调的分化关系，如“派滂卦 排並皆 去6下，滯澄祭 耻彻止 去6下”，只是反映“派”、“滯”分别与“排”、“恥”去声同音，但属于去声哪一类（阴去、阳去）不能确定。因此在归纳《类字蒙求》直音所反映的调类时，没有将纽四声法直音包含在内。

下面我们以四声为单位，以表格的形式将《类字蒙求》直音中平、上、去、入四声自注与互注关系归纳如表3—17：

表3—17 《类字蒙求》直音平、上、去、入四声自注与互注关系

声调	平声			上声			上去声			去声			入声		
清浊	清	清浊	浊	清	清浊	浊	清	清浊	浊	清	清浊	浊	清	清浊	浊
自注	364		424	138		108				173		108	169		160
互注		28			29		15	16	56		16			34	
百分比	45	3	52	51	10	39	17	18	65	59	5	36	47	9	44

《类字蒙求》直音中，平声字一般不与上、去、入声字发生互注关系，例外的只有以下几个直音：

攢精翰 專章仙合15上，燉透魂，定魂 頓端慁26上，檻来寒 爛来翰31上，鏈来仙 練来霰37上，奄影琰 焉影元43下，縴溪先 欠溪酽80上，茨从脂 次从至89上，嬉晓止 熙晓之99下。

平声阴阳分调的趋势非常明显。从统计结果来看，平声清声母字自注的数量占所有平声字入注总数的45%，平声浊声母字自注数量占全部平声字入注总数的52%，平声清浊音声母互注共28例，只占全部平声字入注总数的3%，且多为特殊的声调变化现象。如：

穹溪东三 梵（𤇾群清 之误）1下，瓊群清合 穹溪东56下，罷帮支 皮並支94上，芻初虞 徂从模96下，蒿晓豪 嗥匣豪28下，89上，衾溪侵 琴群侵33下，糭影尤 攸以尤21上，幽影幽 攸以尤51下，優影尤 攸以尤76上，麀影尤 攸以尤94下，鳶以仙 冤影元91下，鵑见仙 捐以仙91上，缸匣江 江见江77下，鼷匣齐 希晓微96下，茱禅虞 硃章虞89上，槎崇麻 叉初麻80上，埃影咍 厓疑佳7下，狙清鱼 徂从模94下，巉崇衔 湌清寒8上，餳邪清 青清青25下，藷章鱼，禅御 殊禅虞28下，俳並皆 非非微76上，瓢並宵 標帮宵77下，檠群庚三 京见庚三78上，爬並麻 巴帮麻23上，琮从冬 中知东82下，鴆定覃，端勘，澄沁 端端桓 審书寝93上。

以上平声清浊音声母字互注所反映的声调特点，大部分与现代汉语中部分清浊音声母平声字特殊的声调演变结果一致，如清声母平声字“穹”、“罷”、“芻”读阳平，浊声母平声字“攸”、“鳶”、“捐”、“缸”、“鼷”、“茱”读阴平。其他清声母平声读阳平，或浊声母字读阴平的现象，一方面可能有误读现象，如“俳”、“琮”等字，一方面可能是方言的特殊读音。

因此《类字蒙求》直音，平声大致以古音清浊为条件分化为两个调类：阴平与阳平。

入声字在《类字蒙求》中一般也不与其他声调的字互注。其中清声母自注数量占全部入声字入注总数的47%，浊声母自注数量占44%。清浊音声母互注所占比例为9%，共计34例，列举如下：

燠影屋三欲以烛2下，額疑陌二厄影麦9上，咽影先,影屑焉影仙頁匣屑9下，挖影黠襪微月23下，挹影緝亦以昔23下，褕以药約影药53上，欝影物役以昔合53上，篇以药約影药72上,75上，佾以质乙影质73上，鑰以药約影药79上，謁影月頁匣屑15上；

瀑並屋卜帮屋6下，崒从术七清质8上，崛群物窟溪没8上，瘠从昔迹精昔11上，擲澄昔尺昌昔23下，撇滂屑別並薛24上，煏並职*壁帮锡26上，箑从叶睫精叶35下，檄匣锡吸晓缉36下，綽昌药勺禅药53下,76上，碣群月怯溪业54上，哱滂末勃並没72上，鐸定铎託透铎72上，覡匣锡擊见(匣)锡75上，勺禅药綽昌药77上，踏透合達定曷80下，躑澄昔尺昌昔84下，躅澄烛促清烛84下，翮匣麦格见陌93上，鰂从德側庄职98下，閘*崇洽扎庄黠5下。

其中次浊音声母与影母互注达12例；其他清、浊音声母入声字互注共22例，只占6%。因此入声在《类字蒙求》直音中也基本上以声母清浊为条件分化为阴入与阳入两个调类。

《类字蒙求》直音中，有几例入声与去声互注的现象，列举如下：

挫精过錯清铎15下，棹澄效作精铎31上，劇群陌句见遇73上，屐群陌三治澄至33下，喇来曷那泥歌72上，斛匣屋赴敷遇79下。

入声字除以上6例与去声字互注外，不见与其他声调字互注现象。这反映了入声与去声在调值上有一定的相似性；或读书音中，入声辅音韵尾的特征已不再保留，因此与去声读音相似。

上声与去声在《类字蒙求》中关系比较密切，互注现象较多。其中清声母上、去声字互注15例：

靄影泰矮影蟹1上，隘影卦矮影蟹5下，唾透过妥透果11上，妒端暮覩端姥15下，紀见止記见志20下，藻精晧罩知效29上，廠昌养創初漾30下，紡敷养訪敷漾34下，統透宋桶透董45下，闖徹寝創初漾76下，桶透董統透宋77下，券溪愿犬溪铣83上，翥章御主章麌93上，拗影巧,影屋三*奥影号,影屋三23下，鮝庄马詐庄祃98下。

以上音注中的“統”、“靄”二字在《增修互注礼部韵略》中就已经有上声的读音，“訪”现代汉语读上声；“拗”《古今韵会举要》去声“於教切”，“纪”现代汉语读去声。

上、去声清浊音声母字互注16例，分别为：

態透代殆定海9上，憤奉吻糞非问14上，廨见卦駭匣骇30下，牖以有幼影幼30下，帔滂支,滂寘披滂支被並纸33上，誕定旱旦端翰53下，賵敷送奉奉肿56下，操清号造从晧74上，戽匣姥付非遇77上，芡群琰欠溪酽88上，椇见麌具群遇88上，翡奉霁匪非尾92下，菡匣感罕晓旱,晓翰85下，翅书寘滯澄祭93上，豸澄蟹采清代94上，牝並轸品滂寝96下。

其中全浊声母上声字与清声母去声字互注15例。上去声互注中，最多的是浊声母上、去声字互注，共计 56 例，分别为：

巳邪止 自从志3上，橡邪养 匠从漾87下，飼邪志 士崇止21上，棧崇产 暫从阚7上，柿崇止 字从志87下，痔澄止 治澄志12下，撞澄江，澄绛 長澄阳 丈澄养23上，雉澄旨 治澄至90下，彘澄祭 雉澄旨96上，羜澄语 住澄遇96上，朕澄寝 鄭澄劲40上，驟崇宥 兆澄小95下，皛匣篠 轎群笑28上，轎群笑 皛匣篠80上，駭匣骇 械匣怪14下，莧匣裥 限匣产28上，瓠匣暮 户匣姥28下，溷匣慁 混匣混31下，捍匣翰 旱匣旱36上，旱匣旱 汗匣翰36上，護匣暮 户匣姥36下，38上，39上，45下，距群语 具群遇88上，臼群有 舊群宥78上，殣群震 近群隐25上，膳禅线 善禅狝25上，繕禅线 善禅狝39上，噬禅祭 市禅止95下，椹船寝 甚禅寝87上，射船祃 社禅马100上，袖邪宥 臼群有33下，冑澄宥 臼群有74上，80下，劑从霁 濟精霁，从荠＊26下，齊从霁 聚从麌87上，護匣暮 父奉麌30下，緞定缀 段定换34下，簟定忝 奠定霰34上，隶来霁 第定荠50上，彈定翰 淡定敢87上，鍍定暮 杜定姥83上，縫奉用 奉奉肿33下，辮並铣 便並线34下，暴並号 抱並晧39上，棒並讲 傍並宕80下，蚌並讲 傍並宕97上，鮑並巧 暴並号97下，耙並祃 罷並蟹77上，幣並祭 被並纸53上，辯並狝 便並线90下，抱並晧 暴並号93上，箘群轸 運于问28上，乳日麌 二日至93上，餞从狝 薦精霰25下。

这 56 条直音的特点是，除 3 例外，被注字和直音字都是全浊声母字。包括並母互注 9 条，奉母互注 1 条，定母互注 5 条（其中“隶来霁 第定荠50上”中，“隶”《集韵》有定母的读音），群母互注 3 条，匣母互注 10 条，从母互注 2 条，澄母互注 6 条，禅母互注 3 条；从邪母互注 2 条，从澄母互注 1 条，崇澄母互注 1 条，崇邪母互注 1 条，从崇母互注 2 条，群匣母互注 2 条，船禅母互注 2 条，群邪母互注 1 条，船澄母互注 1 条，匣母和奉母互注 1 条。

其中全浊上声与全浊声母去声互注 53 例，数量几近全浊上声与清声母去声互注（15 例）的 4 倍。因此《类字蒙求》直音中，全浊上声应当与浊声母去声合流。

去声在《类字蒙求》直音中以声母清浊区分调类的特征非常明显，清浊音声母去声字互注仅有 16 例，列举如下：

聵疑怪 蒯溪怪9下，脛匣径 勁见劲10下，悸群至 季见至12下，競群映三 勁见劲15上，賺澄陷 贊精换16上，18上，墊端掭 奠定霰18上，薤匣怪 懈见怪28上，蕻匣送 甕影送28上，綻澄裥 贊精翰34上，絢晓霰 炫匣霰35上，褅定霁 替透霁53上，肂心至 自从至54上，薦精霰 荐从霰78下，鬵群至 及群缉 既见至98下，誚从笑 峭清笑15上。

从数量上来看，清浊音声母去声字互注只占去声字入注总数（不包括上去混注的现象）的 5%，而清声母去声自注占 59%、浊声母去声自注占 36%。因此，去声在《类字蒙求》直音中也是以清浊为条件分为阴阳两调，其中阳去调包括全浊声母上声。

上声清浊音声母互注的数量比较多，共计 29 例：

隖影姥 午疑姥5下，癮影隐 引以轸12上，痖影马 雅疑马11下，潁以静 影影梗13下，枉影养 往于养15下，

誘以有 幼影幼22上，舀以小 窈影篠23上，吻微吻 穩影混31上，杪明小 杳影篠79下，網微养 枉影养79下，尉影未 尾微尾98下，兖以狝 偃影阮51上，圮並旨,邪止* 起溪止8上，賄匣贿 匪非尾38上，祖定旱 坦透旱38上，詁见姥 户匣姥70下，上禅养 爽生养71下，齟崇语 祖精姥9下，夥匣果 火晓果17下，釜奉麌 甫非麌77下，腐奉麌 甫非麌37下，餮透屑,定铣* 忝透忝22下，碾泥狝* 展知狝78上，蔦端篠 了来篠89下，菼透敢 啖定敢89上，鱒从混 惷昌準98上，蜃禅轸 審书寝97上，蠏匣蟹 海晓海97上，兕邪旨 洗心荠94上。

其中次浊音声母疑母、微母、以母与清声母影母互注占 12 例，次浊上声应当与清上声合流。其余 17 例属于全浊声母上声与清声母上声互注，但其中有一部分为特殊现象。如：齟崇语 祖精姥9下，夥匣果 火晓果17下，睍匣铣 險晓琰91下，釜奉麌 甫非麌77下，腐奉麌 甫非麌37下，这些直音中的全浊声母上声字在现代汉语中仍读上声。

浊声母上声字自注虽然共有 108 例，占全部上声入注总数（不包括上去互注的现象）的 39%，但其中全浊声母字自注的只有 30 例，其余均为次浊声母字自注。因此上声实际上只有一个调类，全浊上声归阳去，而次浊上声与清上合流。

通过以上分析，我们初步归纳出《类字蒙求》声调系统的 7 个调类：阴平、阳平、上声、阴去、阳去、阴入、阳入。声调系统的主要特点是：全浊上声归阳去，次浊上声与清上合流，部分次浊入声与清入合流，声调的分化只跟古音清浊有关。

第四节　从《类字蒙求》直音与现代南昌方言的比较论其语音基础

《类字蒙求》直音所反映的音系具有鲜明的赣方言特色。上文我们推测认为，该书编撰者南州燕果安为南昌人，则该书所反映的语音特点当是两百年前南昌方言读书音的真实记录。这一推论是否正确，必须通过与现代南昌方言的历史比较来确定。下文我们从声、韵、调三方面，将直音所反映的语音特征与现代南昌方言进行比较，以确定《类字蒙求》的语音基础，并进一步探讨其基础方言两百年来语音演变的基本情况与规律。

一　《类字蒙求》直音声母系统特征与现代南昌方言的比较

表 3—18 左列《类字蒙求》直音声母系统特点；右列现代南昌方言声母特点，现代南昌方言声母特点与《类字蒙求》直音声母特征一致的以“+”表

示，下文同。现代南昌方言的音系特征如没有特别说明，均以熊正辉先生《南昌方言词典》为主要参考对象，下文同。

表 3—18 《类字蒙求》直音声母系统特征与现代南昌方言声母特征比较

《类字蒙求》直音	现代南昌方言	《类字蒙求》直音	现代南昌方言
全浊声母清化，平仄送气	+	影母合口洪细音与疑母合口洪音、喻母、微母合流为零声母	+
尖团合流	+	疑母细音与泥日母细音合流	+
见系开口二等不腭化	+	泥、来母洪混细分	+
知二庄与精组洪音合流	+	日母洪音与来母合流	+
知三章合流	+	部分日母有两读现象	+
知三章侈音与知二庄、精组洪音合流	+	“隶”、“醴”等字声母读透母	存疑
知三章弇音与精组、见系细音合流	+（限遇摄与部分流摄）	“锅”读零声母	+
非组声母与晓匣母合口洪音合流	+	部分匣母合口洪音读零声母	+
影母、疑母开口洪音合流	+		

以上所归纳的《类字蒙求》直音声母系统 17 条特征，与现代南昌方言一致的有 15 条；存疑的 1 条：“隶”、“醴”二字《类字蒙求》分别与定母“第、弟”、透母字“體”互注，《南昌方言词典》没有记录；《类字蒙求》直音声母系统与现代南昌方言不完全一致的 1 条：《类字蒙求》弇音韵摄知三章组声母与精组、见系细音合流，而现代南昌方言中只有遇摄以及部分流摄知三章组字与同韵摄精组见系字读音相同，声母读舌面音。

《类字蒙求》直音与现代南昌方言声母特征的高度一致性，说明《类字蒙求》直音的语音基础与南昌方言关系密切。

二 《类字蒙求》直音韵母系统、声调系统特征与现代南昌方言的比较

上文我们根据《类字蒙求》直音的互注关系，共归纳出 47 个韵母，阴平、阳平、上声、阴去、阳去、阴入、阳入七个调类。下文我们将《类字蒙求》直音韵母、声调系统特征进行归纳，并与现代南昌方言比较，具体如表 3—19。

表 3—19　《类字蒙求》直音韵母、声调系统特征与现代南昌方言比较

《类字蒙求》直音		现代南昌方言
阴声韵	效摄、蟹摄开口一、二等不对立	+
	止摄开口三等日母字与遇摄三等日母字同音	+
	止摄开口三等精庄组字韵母读舌尖元音	老派①同，但新派止、蟹摄开口三等精庄知章组字韵母均读舌尖元音
	果摄开合口一等舌齿音合流，牙喉音保留开合对立	+
阳声韵	大部分曾梗摄合口韵（阳声韵）与通摄合流	+
	山咸摄合流，开口一、二等舌齿音（一等限寒谈韵）合流，牙喉音对立	+
	咸摄一等重韵部分保留对立，覃韵舌齿音与谈、寒韵对立，与山摄合口一等桓韵合流；牙喉音与寒谈韵合流	+
	桓韵牙喉音独为一类	+
	山摄合口三等舌齿音与合口一等桓韵以及咸摄开口一等覃韵舌齿音合流	+
	曾梗臻深摄合流为n尾韵	+

《类字蒙求》直音		现代南昌方言
弇侈同韵	流摄一等、三等庄组与效摄三、四等同韵	+
	曾梗臻摄开口一、二等，臻深摄开口三等庄组，与山摄开口三、四等同韵	+
合口三、四等精组来母零声母读开口细音	遇摄三等精组、来母、影喻母字与部分止蟹摄开口三、四等字韵母读音合流	+
	止、蟹摄合口三、四等精组来母字读开口细音（部分来母字读合口洪音）	+
	部分山摄合口三等精组来母字读开口细音	+
	臻摄合口三等精组来母、影喻母字读开口细音	+
	部分梗摄合口三等与臻摄合口三等影喻母字读音合流	梗摄合口三等与通摄三等合流
声调系统特征	分阴平、阳平、上声、阴去、阳去、阴入、阳入七个调类	+
	全浊上声与浊去合流，次浊上声与清上合流，部分次浊入声与清入合流	+
	声调的分化只跟古音清浊有关	南昌乡下话同，老派不仅跟古音清浊有关，而且跟今音声母送气与否有关

以上归纳的《类字蒙求》韵母与声调系统20条语音特征，与现代南昌方言乡下话一致的19条，与南昌老派方言一致的17条。部分梗摄合口三等零声母字在《类字蒙求》中与臻摄合口三等字读音合流，如“允”、“永”互注，读开口细音；而现代南昌方言中，“永”、“荣”等字读yŋ（见刘纶鑫1999），与通摄合口三等零声

① 南昌方言乡下话、老派与新派的区分依据熊正辉《南昌方言词典》。

母字同音。《类字蒙求》古止、蟹摄开口三等知章组字与蟹摄精组见系字同音，与止摄开口三等精庄组字不发生互注关系，其韵母当仍读舌面元音 i；现代南昌老派方言中，止、蟹摄开口三等知章组字与止摄开口三等精庄组字同音，韵母同读舌尖元音。但南昌乡下话中，以上声母字仍读舌面元音 i。除此之外，《类字蒙求》直音所反映的韵母类别、基本特点与现代南昌方言一致。

《类字蒙求》调类的分化只与古音清浊有关，与送气与否无关；现代南昌老派方言调类分化不仅与古音清浊有关，而且与今读声母送气与否有关。不过，南昌乡下话与《类字蒙求》直音所反映的调类分化特征一致，只与古音清浊有关。

三 《类字蒙求》直音的语音基础

《类字蒙求》作者燕果安自署"南州"人，上文我们分析认为此"南州"当指南昌古称。燕果安当为南昌人士，则燕氏（或其师齐掌蘅、何蓂阶）所标直音当以近两百年前的南昌方言为依据。从《类字蒙求》直音所反映的声母、韵母、声调系统特征与现代南昌方言的历史比较来看，二者语音特征具有高度的一致性。可以确认，《类字蒙求》直音的语音基础就是当时地道的南昌方言。《类字蒙求》直音忠实记录了 19 世纪初南昌方言的历史语音面貌，为我们了解赣方言代表点——南昌方言的历史语音特征提供了珍贵的文献资料，也为我们了解南昌方言近两百年来的演变及其内部规律提供了可靠的研究材料。

第五节 《类字蒙求》音系构拟及两百年来南昌方言语音演变的若干特征

根据与现代南昌方言的历史比较，下面我们对《类字蒙求》直音所反映的两百年前南昌方言的声母与韵母系统进行构拟，在此基础上比较二者的语音特征差异，分析其原因，对两百年来南昌方言语音的演变规律进行归纳总结。

一 《类字蒙求》直音声母系统构拟

表 3—20 《类字蒙求》声母系统构拟

<table>
<tr><th colspan="2">《类字蒙求》</th><th rowspan="2">南昌方言</th><th colspan="2">《类字蒙求》</th><th rowspan="2">南昌方言</th></tr>
<tr><th>声母及拟音</th><th>中古来源</th><th>声母及拟音</th><th>中古来源</th></tr>
<tr><td>帮 p</td><td>帮</td><td>p</td><td>心 s</td><td>心（一、二等，止摄开口三等）、邪（止摄开口三等）、生、船书禅（部分）</td><td>s</td></tr>
</table>

续表

《类字蒙求》		南昌方言	《类字蒙求》		南昌方言
声母及拟音	中古来源		声母及拟音	中古来源	
明 m	明	m	溪$_{\text{洪}}$ k^h	溪（一、二等，止蟹摄合口三、四等）、群（止蟹摄合口三等）	k^h
非 f	非、敷、奉，晓匣（合口一、二等，止蟹摄合口三、四等）	f	晓$_{\text{洪}}$ x	晓匣（开口一、二等）	x
端 t	端	t	见$_{\text{细}}$ tɕ	见（三、四等）、精（三、四等），知三章（部分）	tɕ（知三章组仅限遇摄及部分流摄）ts（知三章组除遇摄及部分流摄）
透 t^h	透、定	t^h	溪$_{\text{细}}$ $tɕ^h$	溪（三、四等）、群（三等）、清从（三、四等）、徹三澄三、昌禅（部分）	$tɕ^h$（知三章组仅限遇摄及部分流摄）ts^h（知三章组除遇摄及部分流摄）
来 l	来、泥（一、二等）、日（洪音）	l	晓$_{\text{细}}$ ɕ	晓匣（三、四等）、心（三、四等）邪（三等）、船书禅（部分）	ɕ（知三章组仅限遇摄及部分流摄）s（知三章组除遇摄及部分流摄）
泥 ȵ	泥（三、四等）、疑（三、四等）、日（细音）	ȵ	疑 ŋ	疑（开口一、二等）、影（开口一、二等）	ŋ
精 ts	精（一、二等，止摄开口三等）、知二、庄、知三章（部分）	ts	影 ø	影（合口一、二等，三、四等）、喻、疑（合口一、二等）、微母	ø（含止摄开口三等及遇摄三等日母）
清 ts^h	清（一、二等，止摄开口三等）、从（一、二等，止摄开口三等）、徹二澄二、初崇、徹三澄三昌禅（部分）	ts^h			

拟音说明：

（1）《类字蒙求》直音中，止摄开口三等日母字只与遇摄三等日母字互注，不与其他日母字互注，其声母性质单凭直音难以确定。现代南昌方言中，古止摄开口三等日母字同样与遇摄三等日母字同音，读零声母 ø。因此《类字蒙求》直音中，止摄开口三等日母字与遇摄三等日母字也应当读零声母。

（2）《类字蒙求》直音中，来源于古弇音韵摄的遇摄三等、曾梗摄三等、止摄开合口、深摄、臻摄（部分开口韵）、流摄的知三章组字与精组、见系细音声母字互注，声母当读舌面音 tɕ、$tɕ^h$、ɕ，韵母读细音。现代南昌方言乡下话古遇、流、深、臻、曾、梗$_{\text{文读}}$摄知三章组字声母仍读舌面音，韵母读细音，而老派方言中，只有遇摄及部分流摄三等知三章组字声母读舌面音，韵母读细音。因此《类字蒙求》读舌面音的知三章组字在现代南昌方言中，只有少部分保留读舌面音的特征。

二 《类字蒙求》直音韵母系统构拟

(一)阴声韵韵母构拟

表 3—21 《类字蒙求》直音阴声韵韵母构拟、中古来源及与南昌方言的比较

《类字蒙求》韵母			南昌方言
中古韵摄	阴声韵韵母构拟	中古来源	
止、蟹摄	资 ʅ	止摄开口三等精、庄组	ʅ
	挨 ai	蟹摄开口一、二等	ai
	乖 uai	蟹摄合口二等、合口一等(泰韵部分字)、止摄合口三等(部分生母字)	uai
	威 ui	蟹摄合口一等(不含帮组),止蟹摄合口三、四等	ui、ɨi(与 f 相拼)
	衣 i	止蟹摄开口三、四等(不含止摄开口三等精庄组日母字),遇摄(三等精组、影喻母＊、来母),蟹摄合口一等帮组声母字	i、ʅ(止蟹摄开口三等知章组)
遇摄	隖 u	遇摄一等,三等(庄组、非组)	u
	居 y(二 ɵ)	遇摄三等(知章组日母,见组,晓匣母),止摄开口三等日母	y、ɵ(止摄开口三等日母、遇摄三等日母)

《类字蒙求》韵母			南昌方言
中古韵摄	阴声韵韵母构拟	中古来源	
效、流摄	鏖 au	效摄开口一、二等	au
	欧 ɛu	效摄三等知章组日母,流摄一等,流摄三等庄组、日母	ɛu、iɛu(见组)
	姚 iɛu	效摄三、四等帮、精组、见系	iɛu
	幽 iu	流摄三等精组见系、知章组	iu、ɨu(知章组)
果摄	痾 o	果摄开口一等、合口一等(舌齿音)	o
	涡 uo	果摄合口一等(牙喉音,唇音存疑)	uo、o(晓匣母)
假摄	丫 a	假摄开口二等、开口三等(知章组日母),蟹摄开口二等(部分)	a
	蛙 ua	假摄合口二等,蟹摄合口二等(部分)	ua、a(晓匣母)
	茄 ia	假摄开口三等(精组、见系),果摄三等	ia

拟音说明:

(1)古止蟹摄合口三等非组声母字与灰韵晓匣母字互注,上文我们归入"威"韵母。现代南昌方言中,这些字韵母同为 ɨi,ɨ 的产生当在《类字蒙求》之后,故不增立。

(2)《类字蒙求》古遇摄三等影喻母字与止蟹摄开口三等影喻母字互注,则其韵母当同为 i。现代南昌方言中,古遇摄三等零声母字不读 i,与知章组见系字韵母同为 y。(但刘纶鑫 1999《客赣方言比较研究》所记南昌方言中,不仅遇摄三等零声母字读 i,古晓母字亦读 i)

(3)《类字蒙求》古止摄开口三等日母字与遇摄三等日母字互注,上文我们将之归入"遇"韵母。不过这些声母字除互注外,不与其他声母字发生互注关系。因此,其韵母亦可独为一类。故据现代南昌方言新增"二"韵母。

（二）阳声韵与入声韵韵母构拟

表 3—22 《类字蒙求》直音阳声韵与入声韵韵母构拟、中古来源及其与南昌方言的比较

《类字蒙求》阳声韵韵母			南昌方言	《类字蒙求》入声韵韵母		南昌方言
中古韵摄	阳声韵韵母	中古来源		入声韵韵母	中古来源	
通	翁 uŋ	通摄一等，通摄三等（知、章组，非组，明母，日母），曾梗摄合口一、二等（含帮组）	uŋ	谷 uʔ	通合一入，通合三入（知章组，非组，明母，部分精组）	uʔ
	雍 iuŋ	通摄合口三等（精组、见系），梗摄合口三、四等	iuŋ、uŋ（精组大部分）	欲 iuʔ	通合三入（精组部分，见系）	iuʔ
宕江	纲 ɔŋ	宕摄开口一等，江摄，宕摄开口三等（知、庄、章组，日母），阳韵合口三等（非组）	ɔŋ	各 ɔʔ	宕开一入，江开二入，宕开三入（知庄章组）	ɔʔ
	光 uɔŋ	宕摄合口一、三等（含微母）	uɔŋ	郭 uɔʔ	宕合一入，宕合三入（非组）	uɔʔ
	央 iɔŋ	宕摄开口三等精组见系泥来母	iɔŋ	约 iɔʔ	宕开三入（精组见系）	iɔʔ
山咸	安 on	山咸摄开口一等（牙喉音），山摄合口一等（舌齿音），咸摄开口一等覃韵（舌齿音），山摄合口二等（庄祖），山摄合口三等（知章组）	on（含个别覃韵舌齿音字，如“贪”字），an（咸摄开口一等覃韵舌齿音）	鸽 ot	山咸摄开口一等入声曷、盍、合韵（牙喉音），山摄合口一等入声（舌齿音）；咸摄开口一等入声合韵（舌齿音），山摄合口三等入声（知章组）	ot，at（咸摄开口一等入声合韵舌齿音）
	姦 an	山咸摄开口一等寒谈韵（舌齿），山咸摄开口二等，山摄合口二等（晓匣母），山咸摄合口三等（非组）	an	甲 at	山咸摄开口一等入声曷、盍舌齿音，山咸摄开口二等入声，山摄合口二等入声（晓匣母），山咸摄合口三等入声（非组）	at
	焉 iɛn	山咸摄开口三、四等（不含知章组）	iɛn	咽 iɛt	山咸摄开口三、四等入声（精组、见系）	iɛt
	豌 uon	山摄合口一等（牙喉音）	uon	掇 uot	山摄合口一等入声（牙喉音）	uot
	关 uan	山摄合口二等（不含晓匣母），合口三等（微母）	uan	挖 uat	山摄合口二等入声（不含晓匣母），合口三等入声（微母）	uat
	渊 yon	山摄合口三、四等（精组、见系，日母）	yon	粤 yot	山摄合口三等入声（见系）	yot

续表

<table>
<tr><th colspan="3">《类字蒙求》阳声韵韵母</th><th rowspan="2">南昌方言</th><th colspan="2">《类字蒙求》入声韵韵母</th><th rowspan="2">南昌方言</th></tr>
<tr><th>中古韵摄</th><th>阳声韵韵母</th><th>中古来源</th><th>入声韵韵母</th><th>中古来源</th></tr>
<tr><td rowspan="5">山部分臻深曾梗</td><td>根 ɛn</td><td>曾梗摄开口一、二等；臻摄开口一等，开口三等庄组，合口三等非组；深摄开口三等庄组；山咸摄开口三等知章组</td><td>ɛn，iɛn（一、二等见组）</td><td>格 ɛt</td><td>臻、曾、梗摄开口一、二等入声，臻、深、曾摄开口三等入声（庄组），山咸摄开口三等入声（知章组）</td><td>ɛt，iɛt（一、二等见组）</td></tr>
<tr><td>英 in</td><td>曾梗臻深摄三等（不含庄组），臻合三（精组、来母、影喻母，含部分梗摄合口字，如“永”）</td><td>in，ɨn（知三章组日母）</td><td>意 it</td><td>臻、深、曾、梗摄开口三、四等入声（不含庄组），臻、梗摄合口三、四等入声（精组来母、影喻母）</td><td>it，ɨt（知三章组日母）</td></tr>
<tr><td>昆 un</td><td>臻合一，合口三等（非组），臻合三（章组）</td><td>un（一等精组、见系，三等微母）ɨn（其他）</td><td>骨 ut</td><td>臻摄合口一等入声，合口三等入声（非组、庄组）</td><td>ut（一等见系），ɨt（其他）</td></tr>
<tr><td></td><td></td><td></td><td>国 uɛt</td><td>曾梗摄合口一、二等入声</td><td>uɛt</td></tr>
<tr><td>君 yn</td><td>臻合三（不含精组、章组、来母、影喻母字）</td><td>yn</td><td>术 yt</td><td>臻梗摄合口三、四等（见系、知章组）</td><td>yt、ɨt（知三章组）</td></tr>
</table>

拟音说明：

（1）咸摄开口一等覃韵舌齿音在《类字蒙求》直音中分别与山摄合口一等桓韵以及山摄合口三等知章组字互注，这些字的韵母性质单凭直音很难确定，今据南昌方言，归入开口洪音韵母“安”韵母（相承的入声韵类此）。现代南昌方言中，覃韵舌齿音除个别字，如“贪”与桓韵及山摄合口三等知章组字同为韵母 on 外，其余均读 an，与山咸摄开口一等舌齿音及开口二等韵同韵母。

（2）现代南昌方言曾梗臻摄开口一、二等见组字韵母产生了 i 介音。《类字蒙求》中不能窥其迹象，故仍拟为开口呼。

（3）现代南昌方言中，曾梗臻深摄合口三等知章组声母字韵母读开口呼 ɨn，与精组见系字韵母 in 不同。《类字蒙求》曾梗臻摄合口三等知章组声母字与同韵摄精组见系字互注，其韵母当读开口细音。

（4）现代南昌方言中，古臻摄合口一等舒声韵除精组、见系以及合口三等微母字读合口呼 un 之外，端组与帮组声母字读 ɨn；入声韵则除见系字外，都读 ɨt。舒声韵与入声韵的语音演变不平衡，说明 ɨn/ɨt 韵母是后起的语音现象。臻摄合口三等非组字与合口一等晓匣母字互注，理论上应该读开口呼，但这些非组声母字并不与臻曾梗摄开口一、二等互注，因此，暂拟为合口洪音。

三 两百年来南昌方言语音演变的若干特征

从《类字蒙求》直音所反映的语音特征与现代南昌方言的历史比较来

看,《类字蒙求》直音真实记录了两百年前的南昌方言语音,其中的差异反映了南昌方言两百年来语音演变的若干特征,清晰展示了南昌方言语音演变的基本规律。揭示这些语音差异与演变特征,对南昌方言语音史研究,乃至赣方言语音史研究都有重要的借鉴意义。《类字蒙求》音系与现代南昌方言的差异,表现在声母、韵母系统方面,也表现在声调方面。声调方面的差异及所反映的规律我们下文再予讨论,这里着重讨论声母、韵母系统差异所反映的两百年来南昌方言语音演变的内在规律。

《类字蒙求》音系声母、韵母特征与现代南昌方言的差异表现在两方面:一是韵母读音的差异,二是声母与韵母的共同演变产生的差异。

(一)韵母读音的差异及其原因

韵母读音差异主要表现在古咸摄开口一等覃韵读音的差异,以及流摄一等见组字、曾梗臻摄开口一二等见组字韵母读音的差异。

1. 古咸摄开口一等覃韵舌齿音在《类字蒙求》直音中与山摄合口一等以及合口三等知章组字互注,不与山咸摄开口一等寒、谈韵以及开口二等韵舌齿音发生互注关系。现代南昌方言中,山摄合口一等以及合口三等知章组字韵母读 on,覃韵舌齿音与寒、谈韵以及开口二等舌齿音韵母读 an。不过现代南昌方言中,还有少数覃韵舌齿音读 on,如“贪”音 t^{h}on。(刘纶鑫 1999《客赣方言比较研究》中,部分覃韵精组一等字读合口,与桓韵见系字韵母同读 uɵn,其他多读 an)《类字蒙求》古覃韵字读音及其在现代南昌方言中的读音差异比较如表 3—23:

表 3—23　《类字蒙求》古覃韵字读音及其在现代南昌方言中的读音差异比较

<table>
<tr><td colspan="2"></td><td colspan="12">《类字蒙求》直音</td><td>现代南昌方言韵母</td></tr>
<tr><td rowspan="3">中古来源</td><td>覃/合</td><td>覃</td><td>鸩</td><td>婪</td><td></td><td colspan="2">蚕</td><td>参</td><td>骖</td><td>糁</td><td>答</td><td></td><td>纳</td><td>an/at</td></tr>
<tr><td>桓/末</td><td>团</td><td>端</td><td>峦</td><td>撮</td><td></td><td></td><td></td><td></td><td></td><td>掇</td><td>撮</td><td>捋</td><td rowspan="2">on/ot</td></tr>
<tr><td>仙/薛</td><td></td><td></td><td></td><td>拙</td><td>传</td><td>椽</td><td colspan="2">川</td><td>船</td><td></td><td>拙</td><td></td></tr>
</table>

覃韵与桓韵同韵或同主元音的现象,应当是南昌方言乃至赣方言历史上比较普遍的现象,《辨字摘要》覃韵与桓韵的读音就具有这种语音特征。赣方言历史上,咸摄开口一等谈、覃韵与山摄开、合口一等寒、桓韵应当呈现平行发展并逐步合流的演变趋势。这种平行演变的特征在近两百年的南昌方言中逐渐消失,只有个别字还保留这一迹象。消失的原因是什么?不能不归之于近代官话的影响。在官话影响下,原本与寒、谈韵不同韵母的覃韵舌齿音变得与之读音相同。至于牙喉音,无论官话还是当时的南昌方言,覃韵与寒、谈韵都是同音的,故无须变动,仍保持其读音的稳定性。桓韵与仙韵合口三等知章字韵母在官话与当时的南昌方言中也是同音的,因此同样没有改变读音。我们似乎可以推测,方言语音受官话的影响,首当其冲的应

当是读音规则不一致的语音特征。相同语音条件下，方言与官话读音规则一致的语音特征变化较慢，读音规则不一致的语音特征最先受权威语音的影响而发生语音变化。

2.《类字蒙求》流摄一等侯韵与效摄三、四等字同韵，其中侯韵精组字与宵韵知章组字互注。现代南昌方言中，侯韵见组字韵母产生了 i 介音，与效摄三、四等见系字韵母相同。《类字蒙求》侯韵见组字没有与效摄三、四等见组字互注现象，其元音当与现代南昌方言一样，声母有别。至于韵母，因为侯韵见组字均以自注为主，单纯凭直音无法确定其韵母性质。

臻曾梗摄开口一、二等韵字互注，韵母相同。现代南昌方言中，臻曾梗摄开口一、二等见组字同样产生了 i 介音。与侯韵见组字类似，《类字蒙求》臻曾梗摄开口一、二等见组字均以自注为主，因此也无法判断其韵母性质。这些字不与山咸摄开口三、四等见组字互注，与现代南昌方言一样，当为声母的差异。

前面我们讨论乾隆年间的临江方言韵书《辨字摘要》时，也曾讨论过古一等侯韵产生 i 介音的问题。与现代江西临江话一等侯韵字读音相同的是，现代南昌方言古流摄一等侯韵以及曾梗臻摄开口一、二等主元音也均为前元音 ε。《辨字摘要》中，尖团合流现象尚未产生，因此我们认为当时的临江方言中，一等侯韵见系字尚未产生 i 介音。而《类字蒙求》直音反映，尖团合流现象已经产生，为侯韵以及曾梗臻摄开口一、二等见组字产生 i 介音提供了语音空档。其演变机制当与临江方言一致。不过，与临江方言不同，南昌方言只有见组字产生了 i 介音，晓组字仍读开口。我们认为南昌方言流摄一等侯韵见组字以及曾梗臻摄开口一、二等见组字产生 i 介音的时间应当不很早，也许在《类字蒙求》直音之后才产生。

流摄一等侯韵以及曾梗臻摄开口一、二等见系字产生 i 介音的现象也是现代江西赣方言的普遍特征。据刘纶鑫(1999)《客赣方言比较研究》，他所调查的 23 个赣方言点中，流摄一等侯韵以及曾梗臻摄开口一、二等见系字产生 i 介音的有 13 个。这一语音特征产生的原因当与这些韵摄字声母、韵母的拼合关系有关。流摄、曾梗臻摄一、二等见系字声母读舌根音 k、k^h、ŋ、h(x)，韵母读主元音为前元音 ε 的洪音，声母的发音部位“后”的特征与韵母舌位“前”的特征产生矛盾，从而产生一种内部协调方式，衍生出 i 介音。这种音变产生的时间当在见系细音声母腭化现象完成以后。因为古见系声母的腭化，留下了舌根音 k、k^h、ŋ、h(x)与细音相拼的空档，为流摄、曾梗臻摄一、二等见系字韵母由洪音演变为细音提供了外部条件。

(二)声母与韵母读音的共同演变及其原因、规律

1. 古止摄开口三等知章组字读音由 tɕi、$tɕ^h$i、ɕi 演变为 tsɿ、ts^hɿ、sɿ

《类字蒙求》直音中，古止摄开口三等知章组字与见系字互注，说明其韵母读i，声母读舌面音。现代南昌方言止摄开口三等见系字、蟹摄开口三等见系字仍读tɕi、tɕʰi、ɕi，而止蟹摄开口三等知章组字已经读tsɿ、tsʰɿ、sɿ（据刘纶鑫1999《客赣方言比较研究》，南昌方言止摄开口三等知组字以及蟹摄开口三等知章组字仍有部分读tɕi、tɕʰi、ɕi）。比较如表3—24：

表3—24 《类字蒙求》止、蟹摄开口三等知章组字读音及其与现代南昌方言的差异

中古来源		《类字蒙求》直音				现代南昌方言
知三章组	止摄	篪	栀	只	治	tsɿ、tsʰɿ
见组	止摄	其	箕	杞		tɕʰi、tɕʰi
	其他				屐	存疑

舌尖元音的产生早在元代就有明确记录，但南北表现不同。代表北方或中原语音的《中原音韵》不仅止摄开口三等精庄组字读舌尖元音，章组字同样读舌尖元音。而具有南方语音特色的《古今韵会举要》只有止摄开口三等精庄组字读舌尖元音。现代汉语中，不仅止、蟹摄开口三等精庄知章组字韵母读舌尖元音，古臻深曾梗摄开口三等入声知庄章组字韵母都读舌尖元音。《类字蒙求》直音舌尖元音的来源与《辨字摘要》一致，只局限于止摄开口三等精庄组字。而现代南昌方言中，舌尖元音扩散到了止、蟹摄开口三等知章组字。《类字蒙求》、《辨字摘要》与《中原音韵》、《古今韵会举要》、现代南昌方言以及现代汉语舌尖元音来源比较如表3—25：

表3—25 舌尖元音来源比较

古今韵会举要	辨字摘要	类字蒙求	中原音韵	韵略易通	现代南昌方言	现代汉语
赀字母韵	“姿”韵系	“姿”韵母	支思韵	支辞韵	ɿ	ɿ、ʅ
止摄开口三等精庄组	止摄开口三等精庄组	止摄开口三等精庄组	止摄开口三等精庄章组	止摄开口三等精组照系	止摄开口三等精庄知章，蟹摄开口三等知章	止摄开口三等精庄知章，蟹摄开口三等知章，曾梗臻深摄开口三等入声知庄章组

从舌尖元音的来源看，两百年前的南昌方言与《辨字摘要》一样，与《古今韵会举要》同属于南方型；两百年后，南昌方言舌尖元音的来源逐渐向北方型靠拢，舌尖元音的来源逐渐扩大，范围超过了《中原音韵》与《韵略易通》，逐渐与现代汉语一致。

《类字蒙求》直音与现代南昌方言舌尖元音的差异，反映了两百年来南昌方言不断受北方官话影响的趋势。南昌方言与现代汉语舌尖元音的差异主要表现在两方面:(1)南昌方言古知庄章组声母不读舌尖后音,而是与精组洪音声母合流读舌尖前音(南昌方言音系没有舌尖后元音);(2)南昌方言保留入声韵,因此古曾梗臻深摄开口三等入声知庄章组字韵母不读舌尖元音。

不过,南昌方言古曾梗臻深摄开口三等入声知章组字韵母已经具有向舌尖元音演变的趋势。《类字蒙求》古曾梗臻深摄开口三等入声知章组字与精组、见系字互注,说明其韵母主元音仍为 i,声母读舌面音。而现代南昌方言中,以上韵摄入声韵精组见系字主元音仍为 i,声母读舌面音;而知章组字主元音读 ɨ,声母读舌尖前音(注:刘纶鑫《客赣方言比较研究》所记音,曾梗臻深摄开口三等入声与阳声韵声母仍读舌面音)。

两百年来南昌方言舌尖元音的差异与南昌方言知三章组字读音的演变具有密切关系。除止摄开口三等知章组字、曾梗臻深摄开口三等入声知章组字读音发生了变化,声母由舌面音 tɕ、$tɕ^h$、ɕ 演变为舌尖前音 ts、ts^h、s,韵母由开口细音演变为开口洪音外,《类字蒙求》读细音的知三章组字在现代南昌方言中同样发生了类似变化。下文我们结合知三章组字读音的演变,揭示南昌方言舌尖元音来源不断扩大的原因及知三章组字读音演变的规律。

2. 两百年来南昌方言知三章组字读音演变的规律

《类字蒙求》直音中,古知三章组字有一个非常显著的语音特征:从韵母条件来看,知三章组字大致以中古韵摄的"弇侈"为条件,分别与精一、知二、庄组字以及精组见系三、见系四等字互注。表 3—26 以摄为单位,列出知三章组字与精一、知二、庄组字,以及精组见系三、见系四等字的互注情况(其中江摄、果摄无知三章组字,未列)。

表 3—26 《类字蒙求》知三章组字与精一、知二、庄组字,以及精组见系三、四等字互注举例

互注字 韵摄 声母	蟹	通	山		效	假	宕	咸	臻		梗	曾	深	止	遇	流
知三章	赘	冢	川	羶	照	遮	樟	詹	蠢	秩	鲭	澂	蛰	只	枢	胄
精一知二庄		总	参	参	奏	渣	庄	榛	忖							
精三四见三四	醉									疾	精	鲸	及	杞	区	臼
(出处)	12	41	45	12	36	6	88	88	101	41	98	98	101	28	31	80

其中与精组一等、知二庄组互注的知三章组字,来自山摄、效摄、假摄、宕摄、

咸摄及臻摄合口三等。蟹摄合口三等知章组字虽然与止摄合口三等精组字互注，但声母当与精组一等字相同，读 ts、ts^h、s。因为《类字蒙求》直音中，止摄合口三等精组字与蟹摄合口一等精组字读音合流。除臻摄合口三等字外，以上与精组一等、知二庄组互注的知三章组字，均属于清代学者所归纳的“侈”音韵摄字。

与精组见系三、四等互注的知三章组字，来源于中古的遇摄、曾梗摄、止摄开口、深摄、臻摄开口、流摄。蟹摄开口三等知章组字虽然没有发现与精组见系三、四等字互注的现象，但有 1 例与止摄开口三等知章组字互注：翅$_{\text{书寘}}$滞$_{\text{澄祭93上}}$，而止摄开口三等知章组字在《类字蒙求》中与见系三等字互注，如：杞$_{\text{溪止}}$只$_{\text{章纸28上}}$。因此蟹摄开口三等知章组字读音也当与止摄开口三等见系字相同，声母读舌面音 tɕ、$tɕ^h$、ɕ。以上与精组见系三、四等互注的知三章组字，按照清代学者的说法，多属于“弇音”韵摄字。

也就是说，《类字蒙求》直音中，知三、章组字基本上以所属中古韵摄的“弇侈”，也就是韵母主元音开口度的大小为条件产生分化。“侈”音韵摄中的知三章组字与精组一等字读音合流，声母读 ts、ts^h、s，韵母读洪音；“弇”音韵摄中的知三章组字与精组见系三、四等字读音合流，声母读 tɕ、$tɕ^h$、ɕ，韵母读细音。

现代南昌方言尖团不分，这一语音特点在两百年前的《类字蒙求》直音中就已经存在。至于古知庄章组字在现代南昌方言中的语音特点，熊正辉归纳为：“古知庄章三组字都读 ts、ts^h、s 声母，只有遇摄的知章组字（如‘猪除书’）读 tɕ、$tɕ^h$、ɕ 声母。”（1995：15）不过遇摄知章组字读 tɕ、$tɕ^h$、ɕ 声母，只出现在老派读音中，新派已经读 ts、ts^h、s 声母。

以上语音特征主要分布在南昌城里话（实指老城区）中，乡下话（老城区周边地区）与城里话还有一定的区别。主要表现在古宕摄、假摄、梗摄白读，效摄、咸摄、山摄开口三等知章组字乡下话与城里话一样声母读 ts、ts^h、s，韵母读洪音；但蟹摄、止摄、流摄、深摄、臻摄、曾摄、梗摄文读，开口三等知章组字声母读 tɕ、$tɕ^h$、ɕ，韵母读细音。（参见熊正辉，1995：4）

孙宜志（2002）把南昌方言分为老、中、新三派，老派相当于熊正辉所说的乡下话（下文老派据孙氏说法，未特别说明），中派则相当于熊正辉所说的老派。老、中、新派的共同特点是古知二庄组字声母读 ts、ts^h、s，韵母读洪音；而知三章组字则有以下差异：“老派遇摄、流摄、深摄、臻摄开口、曾摄各韵声母今读 tɕ、$tɕ^h$、ɕ，韵母读细音，其余各摄声母今读 ts、ts^h、s，韵母今读洪音……中派知三章组字只有遇摄字声母今读 tɕ、$tɕ^h$、ɕ，韵母今读细音，其余各摄声母今读 ts、ts^h、s，韵母今读洪音；新派各摄知三章组字全读洪音。”现

代南昌方言老派知三章组字读音举例如下(参见孙宜志 2002:26):

韵摄:	通摄	宕摄	山摄	咸摄	效摄	假摄	臻合三	梗摄
例字:	中	张	砖	占	招	遮	春	整
读音:	꜀tsuŋ	꜀tsŋ	꜀tsɔn	꜀tsɛn	꜀tsɛu	꜀tsa	꜀tsʰən	꜂tsən

韵摄:	止开三	蟹开三	遇摄	曾摄	深摄	臻开三	流摄
例字:	枝	制	猪	蒸	枕	真	手
读音:	꜀tsɿ	tsɿ꜄	꜀tɕy	꜀tɕin	꜂tɕin	꜀tɕin	꜂ɕiu

从《类字蒙求》直音所反映的知三章组字的语音特点与孙宜志所归纳的南昌方言老派语音的比较来看,二者有相当程度上的一致,只有两点差异:

(1)上文我们指出,《类字蒙求》直音所反映的是 19 世纪南昌方言的文读音,表现在梗摄知三章组字既与曾摄字互注,又与臻、深摄字互注。曾摄与臻、深摄知三章组字在《类字蒙求》中与精组见系三、四等字互注,因此梗摄知三章组字的文读音在 19 世纪的南昌方言中,声母也应当读舌面音 tɕ、tɕʰ、ɕ,韵母读细音。熊正辉所记录的现代南昌方言乡下话中,梗摄文读音正是声母读舌面音 tɕ、tɕʰ、ɕ,韵母读细音的。但孙宜志所记录的老派文读中,梗摄知三章组字文读音声母已经读 ts、tsʰ、s,韵母读洪音。

(2)《类字蒙求》直音中,止摄开口三等知章字声母读舌面音,韵母读细音,如:栀$_{章支}$ 箕$_{见之85下}$,杞$_{溪止}$ 只$_{章纸28上}$。熊正辉(1995)所记载的现代南昌乡下话就是止摄开口三等知章组字声母读舌面音,韵母读细音的。而孙宜志所记录的南昌老派话中,止摄开口三等知章组字声母读 ts、tsʰ、s,韵母读舌尖元音 ɿ。

知二庄组字与精组一等字读音合流,是赣方言的普遍特征,这一特点在《类字蒙求》直音所反映的两百年前南昌方言中也存在。《类字蒙求》直音同时反映了两百年前南昌方言精组三、四等声母腭化、尖团合流的特征。至于《类字蒙求》直音所反映的南昌方言知三章组字的语音特点,则与现代南昌方言存在一定的差异,这对我们探讨两百年来南昌方言知三章组字读音的演变具有一定的参考意义。

关于南昌方言知三章组声母的演变过程,有不少学者立足于现代南昌方言的语音特点及赣方言内部语音差异,提出了多种看法,如沙加尔(Laurent Sagart)所拟订的南昌方言知三章组声母的演变公式是(参见刘纶鑫 1999:272):

章组：tɕ ——→ tɕ ——→ tʃ ——→ ts
知组：tj ↗

即南昌方言知三章组声母在历史演变过程中，采取的是逐步推移演变的方式，知三章组字声母首先合流为舌面音，再进一步演变为舌叶音，最后演变为舌尖音，也就是现代南昌方言古知三章组声母今读 ts、ts^h、s 的阶段。

这一拟测是建立在汉语语音演变的基本规律与现代赣方言内部语音差异的基础上，没有历史文献记载的证据，只是合理推测。从《类字蒙求》直音所反映的两百年前知三章组声母的读音来看，我们看不到南昌方言历史上知三章组声母经历过从舌面音 tɕ、$tɕ^h$、ɕ 演变为舌叶音 tʃ、$tʃ^h$、ʃ，再演变为舌尖音 ts、ts^h、s 的过程。

孙宜志《江西赣方言中古精庄知章组声母的今读研究》中，根据知三章组字读音的差异，把南昌方言老派归入赣方言知三章组声母演变类型的“按韵摄分化型”，将南昌方言中派与新派归入“开合不分型”，根据其所拟订的演变公式，南昌方言老派与新派知三章组字的演变公式分别为（参见孙宜志 2002：25～26）：

按韵摄分化型（南昌方言老派）
知三章：tʃ　$tʃ^h$　dʒ　ʃ　ʒ ——→ ts　ts^h　s
　　　　　　　　　　　　　↘ tɕ　$tɕ^h$　ɕ

开合不分型（南昌方言新派）
知三章：tʃ　$tʃ^h$　dʒ　ʃ　ʒ ——→ ts　ts^h　s

那么老派与新派读音之间有没有历史联系？孙宜志认为，如果要承认开合不分型的方言点是从按韵摄分化型发展而来，必须有各点的历史材料。在没有历史语音材料佐证的情况下，他不敢断言南昌方言老派与新派之间存在的读音差异，是否反映了知三章组声母演变的不同历史阶段。这是一种谨慎的说法，但这种立足现代方言语音特征，孤立拟测南昌方言知三章组声母读音演变公式的做法，不能合理解释南昌方言知三章组声母读音的历史演变过程。如，南昌方言新派知三章组声母读 ts、ts^h、s，是否是从古知三章组声母读 tʃ、$tʃ^h$、dʒ、ʃ、ʒ 的阶段直接演化而来？中间有没有经历过其他读音的阶段？南昌方言老派读音中，部分韵摄知三章组声母读 tɕ、$tɕ^h$、ɕ，代表的是知三章组声母更早历史层次的读音，还是与舌尖音 ts、ts^h、s 同一历史层次的读音？

从《类字蒙求》直音所反映的语音特征来看，两百年前，南昌方言古知三章组字声母就已经以韵母主元音开口度大小，即中古韵摄“弇侈”为条件开始分化。“弇”音韵摄知三章组字声母多读舌面音，“侈”音韵摄知三章组字声母读舌尖音，与孙宜志记录的南昌方言老派读音基本一致。也就是说，南昌方言老派知三章组字声母读舌面音 tɕ、tɕ^h、ɕ 与新派知三章组字声母读舌尖音 ts、ts^h、s，不是同一历史层面的读音。

从两百年来知三章组声母读音的差异来看，近代南昌方言知三章组声母应当经历了由舌面音 tɕ、tɕ^h、ɕ 向舌尖音 ts、ts^h、s 逐步演化的过程，演变的条件是韵母主元音开口度大小的变化。表现在：

（1）两百年前《类字蒙求》直音反映，知三章组声母的读音分化是以韵母主元音开口度大小，即古韵摄"弇侈"为条件进行的。"侈"音韵摄字由于韵母主元音开口度大，韵母最先由细音演变为洪音，声母由舌面音演变为舌尖音。"弇"音韵摄知三章组字由于韵母主元音开口度较小，并没有与"侈"音韵摄字同时演变，保留了知三章组字早期的读音。因此，南昌方言知三章组字声母今读舌面音 tɕ、tɕ^h、ɕ，应当代表了更早历史层次的读音，知三章组字声母今读舌尖音 ts、ts^h、s，是由舌面音 tɕ、tɕ^h、ɕ 演变而来的。

（2）从《类字蒙求》直音与现代南昌方言语音特征的比较来看，《类字蒙求》声母读舌面音 tɕ、tɕ^h、ɕ 的知三章组字，在现代南昌方言中声母读舌尖音的，其韵母主元音都具有发音部位低化、后化或舌尖化的特点，韵母由细音演变为洪音。下面将《类字蒙求》部分知三章组字直音及其在现代南昌方言中的读音比较如表 3—27（参考熊正辉 1995 年《南昌方言词典》所记录的南昌市区话老派音及部分新派音，该书未收的字，以声韵调地位相同或演变特征相同的字代替）：

表 3—27 《类字蒙求》部分知三章组字直音及其在现代南昌方言中的读音的比较

类字蒙求	栀＝箕		塍＝旬		澂＝鲸		蛰＝及		胄＝臼		枢＝区	
现代南昌方言	栀 tsɿ	箕 tɕi	塍 sɨn	循 ɕyn	承 ts^{h}ɨn	静 tɕ^{h}in	蛰 tsɛt	及 tɕ^{h}it	纣 tɕ^{h}iu 抽 ts^{h}ɨu	舅 tɕ^{h}iu	处 tɕ^{h}y ts^{h}u（新）	区 tɕ^{h}y

以上直音中的知三章组字在现代南昌方言中声母读 ts、ts^h、s 的，韵母主元音与同音的精组见系三、四等字相比，从发音部位来看，都具有央化、低化、后化或舌尖化的特点；从韵母特征来看，则具有由齐齿（撮口）呼向开（合）口呼演变的特点，如 i→ɿ，iu→ɨu，y→u，in→ɨn，yn→ɨn，it→ɛt。声母没有演变为 ts、ts^h、s 的知三章组字，韵母与精组、见系字仍然一致，如老派

遇摄知三章组字。现代南昌方言古尤韵知三章组字读音反映得更为明显，“古知章组的字，南昌市区话除遇摄三等读 tɕ、tɕʰ、ɕ 声母，其他都读 ts、tsʰ、s 声母。但流摄三等有一些字读 tɕ、tɕʰ、ɕ 声母”。（熊正辉 1995：140）其中读 ts、tsʰ、s 声母的，韵母为 ɨu；读 tɕ、tɕʰ、ɕ 声母的，韵母为 iu，与见系字读音一致。古尤韵知三章组字的不同读音，反映了南昌方言知三章组字读音的演变线索。

因此，我们认为，近代南昌方言知三章组字读音的演变，从声母来看，经历了由舌面音向舌尖音演变的过程；从韵母来看，则经历了由齐齿（撮口）呼向开（合）口呼演变的过程。这种演变是逐步进行的，首先从“侈”音韵摄开始，两百年前就已经完成；“弇”音韵摄知三章组字声母在两百年的发展过程中，随韵母主元音发音部位的央化、后化或舌尖化，韵母由齐齿（撮口）呼演变为开（合）口呼，也逐渐向舌尖音 ts、tsʰ、s 演变。我们拟测近代南昌方言知三章组字声母的演变公式如下：

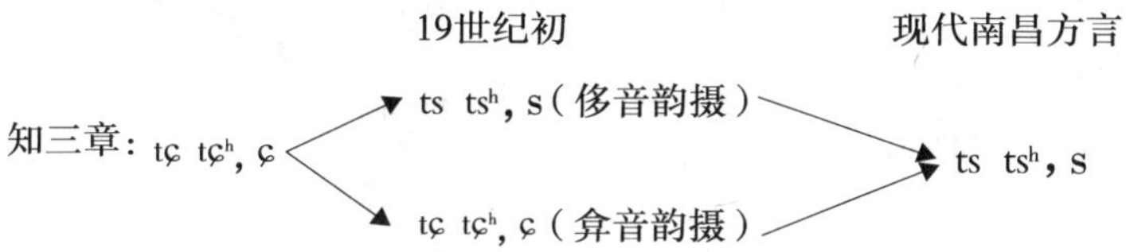

19 世纪初，南昌方言部分知三章组字与精组见系三、四等字同音，那么，现代南昌方言中，这些与知三章组字同音的精组见系三、四等字，为什么没有与知三章组字一起变化呢？我们认为，方言语音演变的条件，除内部语音因素外，外部因素的影响也不能忽视。现代南昌方言精组见系三、四等字没有与知三章组字一起演变，应当是外部语音因素影响（官话影响）及内部语音系统制约共同作用的结果。我们在前面讨论韵母演变的时候就已经提出过类似的看法。

第六节　《类字蒙求》直音音系音节代表字表

根据上文对《类字蒙求》直音音系的归纳与音系构拟，我们将其音节代表字列表如下（见表 3—28）。

表格以阴声韵、阳声韵及相承的入声韵为序，音节代表字以直音中出现的为主，直音中没有出现的音节代表字则阙如。

表 3—28 《类字蒙求》直音音系音节配合

韵母	声调	p	pʰ	m	f	t	tʰ	n(ȵ)	l	ts	tsʰ	s	tɕ	tɕʰ	ɕ	k	kʰ	ŋ	x	ø
資	阴平									兹	雌	鷥								
	阳平										詞									
	上声									子	此									
	阴去										次									
	阳去										寺	姒								
二 ɵ	阴平																			
	阳平																			蠕
	上声																			
	阴去																			
	阳去																			二
衣 i	阴平	卑	披		緋	低	梯						箕	螭	須					衣
	阳平		脾	楣	肥		提	宜	離					頎	时					于
	上声	比	痞		匪	邸	體	蟻	里				己	恥	髓					以
	阴去	閉	屁		廢	帝	替						記							意
	阳去		被	妹	惠		弟	乂	利					聚	市					裕
威 ui	阴平									追	衰					规	魁			威
	阳平								雷		垂	隨					葵			薇
	上声								蕊	觜	璀					鬼	跪			尾
	阴去					對	退			醉	脆					桂				畏
	阳去						隊		累		萃	遂					匱			未
挨 ai	阴平					呆	台			栽	釵	篩				皆	揩	挨		
	阳平		排	埋			擡		來									獃	孩	
	上声	擺		買					乃	崽		灑					楷	矮	海	
	阴去	拜	派			带	太				蠆	帥				概	咳	嫒		
	阳去		敗				袋		奈									艾	械	
乖 uai	阴平															乖				
	阳平																			
	上声															拐	塊			
	阴去															怪	蒯			
	阳去																			
隖 u	阴平				夫	都						蔬				沽	枯			
	阳平		蒲		乎		塗		奴		鋤									吳
	上声		普		甫	堵	土		魯	祖						古				伍
	阴去		鋪		付	蠹					醋	素								
	阳去		步		護		杜		路		助					故				務
遇 y	阴平												居	區	舒					
	阳平													渠						
	上声							女					舉	處	暑					
	阴去												注	趣	庶					
	阳去													具	樹					
鏖 au	阴平	包	泡				絛			遭	搔					高	敲		饕	
	阳平		庖	毛			桃		牢		曹							鏖	嗥	
	上声	保		卯		倒	討		老	早		嫂				狡	考	襖	好	
	阴去	報	礮				套			罩	操	哨				較		拗		
	阳去		抱	冒			稻				造								效	

续表

韵母	声调	p	pʰ	m	f	t	tʰ	n(ȵ)	l	ts	tsʰ	s	tɕ	tɕʰ	ɕ	ʑ	k	kʰ	ŋ	x	ø
歐 ɛu	阴平					兜				朝							勾	摳	歐		
	阳平		抔	牟	浮				婁		芻									侯	
	上声			某		斗			摟								苟	口	藕		
	阴去					鬭				照	凑	嗽					雊	寇			
	阳去			茂	阜				耨											後	
姚 iɛu	阴平		漂			雕	挑						焦	鍬	肖						夭
	阳平		瓢	苗			條	堯	聊					樵	梟						姚
	上声			渺					了				皎	悄	曉						杳
	阴去		票			釣	糶						叫	峭							
	阳去			謬			銚	尿						轎							鷂
幽 iu	阴平												周	瘳	休						櫌
	阳平							牛	流					綢							尤
	上声							扭	柳				帚	醜							有
	阴去												究		秀						
	阳去								溜					臼	受						宥
阿 o	阴平						拕				搓	梭					哥		阿		
	阳平						駝		羅										訛		
	上声						妥					瑣									
	阴去										挫										
	阳去						惰		懦												
渦 uo	阴平	波																科			鍋
	阳平			磨																	
	上声				火				裸								果	顆			
	阴去	簸																			
	阳去			磨																	
丫 a	阴平	巴							拉	抓	叉	沙					加		丫		
	阳平		琶	麻	華						茶								牙	遐	
	上声			馬						者	扯	舍					假	卡	雅		
	阴去	霸								詐							嫁		亞		
	阳去		罷	罵	畫				那		乍	社								下	
茄 ia	阴平												罝		靴						
	阳平													茄							
	上声													且	寫						
	阴去																				
	阳去														謝						
翁 uŋ	阴平				豐					宗	蔥	菘					公	空			翁
	阳平		朋		洪		同		農												
	上声		捧	蠓	哄		統			總		慫						孔			
	阴去		碰							眾	銃										甕
	阳去			夢	奉	凍															
穀 uʔ	阴入				福	督				築	簇	叔					穀				
	阳入			木	斛		獨		鹿		軸	蜀									
雍 iuŋ	阴平																				雍
	阳平													煢	雄						容
	上声																				勇
	阴去																				
	阳去														頌						

续表

韵母	声调	p	p^h	m	f	t	t^h	n(ȵ)	l	ts	ts^h	s	tɕ	$tɕ^h$	ɕ	k	k^h	ŋ	x	ø
欲 iuʔ	阴入												菊	麯	宿					欲
	阳入							玉	綠											
綱 ɔŋ	阴平	邦			方	當				莊	倉	商				江	康		夯	
	阳平		旁	龙	皇		唐		郎										行	
	上声	綁		莽	紡		攩		攮			爽								
	阴去		胖			壋				漲	創						抗			
	阳去		蚌								仗						亢			
各 ɔʔ	阴入	剝	粕				柝			捉		鑠				各	殼		壑	
	阳入		雹	幕	獲		度		洛		濯							鱷	學	
央 iɔŋ	阴平												薑	槍	鑲					秧
	阳平								良					強	翔					羊
	上声												獎	搶	享					養
	阴去																			
	阳去								亮					匠						
約 iɔ	阴入										綽		爵							禴
	阳入								略											
光 uɔŋ	阴平															光	匡			往
	阳平																			
	上声																			網
	阴去																			
	阳去																			
郭 uɔʔ	阴入															郭				
	阳入																			
安 on	阴平	搬				端	貪			鑽	川	櫳				干	龕	安	鼾	
	阳平		盤	瞞			團		巒		傳	船							含	
	上声			滿		短	坦			纂		糝				敢			喊	
	阴去	半	泮			斷				轉	釧	算				紺	看		漢	
	阳去			漫			禫				撰								汗	
鴿 ot	阴入						達									葛	渴	遏		
	阳入	缽	孛	末															合	
姦 an	阴平	扮	扳		翻	單	灘		南		滄	山				監	嵌			
	阳平				鬟		談				饞								閑	
	上声	板					坦		懶	斬	剗	產				柬	砍			
	阴去					旦	歎			贊	粲	柵								
	阳去		辦		飯		彈		爛		暫								限	
甲 at	阴入	八					塔			紮	插					甲	掐	鴨		
	阳入				猾				捺											
豌 uon	阴平																			豌
	阳平																			丸
	上声															貫				宛
	阴去																			
	阳去																			
掇 uot	阴入					掇				拙										
	阳入								捋											
關 uan	阴平															關				
	阳平																			
	上声																			晚
	阴去																			
	阳去				宦															萬

续表

韵母	声调	p	pʰ	m	f	t	tʰ	n(ȵ)	l	ts	tsʰ	s	tɕ	tɕʰ	ɕ	k	kʰ	ŋ	x	ø
挖 uat	阴入																			挖
	阳入																			
焉 iɛn	阴平	邊	偏			顛		拈					兼	千	軒					焉
	阳平		便				田	鲇	連					乾	嫌					延
	上声	匾		免			忝	撚	孿				蕳	歉	險					演
	阴去		騙			墊							薦	歉	憲					
	阳去		便				電	念	練											豔
咽 iɛt	阴入	鱉	撇				帖						節	怯	歇					謁
	阳入			滅			蝶	臬	列					捷	叶					
淵 yon	阴平												捐	痊	壎					鴛
	阳平							元						全						員
	上声							輭						犬						
	阴去														絢					
	阳去																			
粤 yot	阴入												鴂	缺						曰
	阳入							月							穴					
根 ɛn	阴平									榛	撐	參				根				
	阳平						滕		能		棖	禪							衡	
	上声					等				展		閃				梗	懇			
	阴去										襯	扇				更	掯			
	阳去								愣			善						鞕		
格 ɛt	阴入		魄				忒		勒	折	徹	色				格				
	阳入		白	墨	或		特											厄	核	
國 uɛt	阴入															國				
	阳入																			
昆 un	阴平		歕		葷	敦					寸	飧					坤			
	阳平		盆	門	餛		臀				存						綑			文
	上声									准	蠢					袞				穩
	阴去					頓				圳						棍				
	阳去		笨	悶	混		遁													紊
骨 ut	阴入		哱		弗		突					率				骨				
	阳入		勃																	兀
英 in	阴平					丁							正	青	辛					英
	阳平	賓	平	民			亭	人	零					澂	塍					盈
	上声	稟		閔			挺	忍					整		省					永
	阴去	鬢											勁		信					蘊
	阳去		牝					韌						近	腎					
意 it	阴入	壁	薜			的							跡	七	戌					蜮
	阳入			蜜			笛	溺	篥					直	夕					
君 yn	阴平												君		熏					
	阳平																			
	上声																			
	阴去																			
	阳去																			
術 yt	阴入																			
	阳入														術					

第四章 《翻切指掌》所反映的 19 世纪末江西南丰方言语音特征

第一节 《翻切指掌》内容简介

一 《翻切指掌》的作者与成书年代

《翻切指掌》，稿本，著者不详。据卷尾南丰刘孚周（字三安）跋文，称作者为“九叔”，则著者当为江西南丰刘孚周族人。关于其成书年代，李新魁先生指出，刘孚周跋文提到，“崑山顾亭林，安溪李文贞公，婺源江慎修，皆讲贯古今，研求七音。至金坛段懋堂古音十七部，而韵学欲密”。段玉裁生于 1735 年，刘孚周跋文作于“戊午四月二十日”，因此“此戊午当在段氏之后的一七九八年”（李新魁 2004:265）。耿振生先生考证认为，刘孚周为“光绪十七年（1891 年）举人，据跋文知此书成于 1901 年之前”。（耿振生 1992:247）耿振生先生的意见是正确的。刘孚周曾于光绪癸卯年（1903 年）刊刻了清代著名循吏、数学家南丰刘衡（1776～1841）的《六九轩算书》（今藏北京大学图书馆），刘衡很可能是刘孚周同族先人。而《翻切指掌》作者很可能是刘衡之孙，清末著名文学家、语言学家刘庠（1824～1901）。刘庠曾著《说文蒙求》与《说文谐声谱》，幼年随父刘良驹居京师，拜曾国藩门下①。《翻切指掌》成书后，可能并未刊行，刘庠殁后，才被整理出来。刘孚周最初识文在“辛丑（1901 年）三月”，再跋则在“戊午（1918 年）四月二十日”。离刘庠去世已十七年，故有“九叔此书，既变七音之横列为直行，而字母少舌上音知徹澄娘，只得三十二字母。所用十二摄韵首法，与康熙字典十二摄韵首又不同。未知传自何人”之叹。

① 参见《清史列传》第六十七卷第 5668 页（第十七册），中华书局，1987 年。

二 《翻切指掌》的主要内容

此书有两大组成部分：

(一)《翻切指掌》原文。原文主体部分以韵母为单位列三十四韵图，归纳为十二摄。韵图编撰纵列三十二声母位，横列平上去入四声。同一声母位多列同音字组。卷首有“字总母”与“四声韵头”。“字总母”列出三十二声母位的名称以及与五音的匹配关系，并以歌诀的形式进行归纳。“四声韵头”列出三十二韵平上去入声韵目，以及各韵母四呼的名称。韵图末有“标射切韵法”、“空谷传声”、“隔标歌”、“隔标切字法”、“隔列歌”、“隔列切字法”、“隔标隔列法”、“借摄歌”、“借摄切字法”、“翻清歌”等类似于门法的切字法说明，以及“反切法”、“四码法”的说明。最后是有关“此书有裨小学，约举其端”的说明，从十二个方面对韵图编撰的目的与作用进行了交代。

(二)刘孚周根据自己的语音认识、音韵知识，在原文基础上所加的旁注。刘孚周旁注有四方面的内容：

1.“然凡字之音有官话土语相同者，有官话土语各异者。姑置其同者勿论，而于其异者特表而出之曰官话。凡有应官话读者，皆用硃标出某句”。(辛丑九月三安识语)即三十四韵图相关声母位读音“官话”与“土音”有异，则以朱砂墨迹旁注。如“拏”韵：“(首字)同南丰土语读家。此韵自第二句以下悉与嘉韵同音，平上去入皆然。”

2.平、去声韵标注阴阳之别，即所谓“凡同切之字，略载本位，阳平阳去朱印标出”。以“迦”韵平声为例(同音字组除代表字外，以小号字体标识，如“碑”、“賒”、“佘蛇”等，下文同)：

迦○茄陽耶陽 爹○○陽 朣陽 ○○○陽 ○哶陽 嗟礚査陽 些邪斜陽 遮車碑○陽 奢賒闍佘蛇陽 ○○陽 ○爺玡陽 ○○陽 ○○陽 囉陽 婼陽

以上全浊、次浊声母位均标注了“阳”，表现了平声以声母清浊分调的特点。

3.改正原本声母与五音的匹配关系，即“见溪群疑四母牙音也，原本悉以为喉音，精清从心邪五母，齿头音也，原本悉以为牙音，毫厘千里，今皆更正”。

4.在原本部分声母位增加切字，其中大部分是在原本有音无字的声母位旁加切字，即所谓“凡同切之字，略载本位”(2、3、4所引见戊午年刘孚周跋文)以“根”韵图平声为例(刘孚周增列字以黑体字表示，下同)：

根跟艱○垠 ○**登**吞○○ ○**奔**○○○ 簪**爭**○○○○ 臻蓁榛溱○岑涔諶莘駪詵甡森参○ ○痕恩○ ○**分**○○○ ○○

其中原本端母、帮母、非(敷)母位无字，刘孚周分别补充了“登”、“奔”、“分”三字，精母位原本列“簪”字，刘孚周补列了“爭”字。

刘孚周注文对韵图音与南丰方言的比较，给我们透露了南丰方言语音的若干信息；而刘孚周增列的切字，多依据的是南丰方言，这就为我们了解清代末年南丰土语的语音特征提供了非常重要的线索与材料。

三 《翻切指掌》的语音性质

要了解刘孚周注文所反映的方言语音特征，首先要了解韵图音的语音性质。这样才能把握南丰方言与韵图语音差异的实质与具体表现。关于此书韵图所反映的语音性质，卷尾“此书有裨小学，约举其端”第十二条有明确说明，即“音本中州，皆官话，无土语”。而刘孚周在识语中则指出“今之官话，大都多古音也。此书原本古音，则是全属官话，安有土语”。因此学术界认为此书所谓官话，其实就是“以保全古音为特征，这可以说是对官话的误解”(耿振生 1992:119)。

李新魁先生将《翻切指掌》归入《韵法直图》系韵图。从编撰方式、韵图内容、韵图呼名、所列小韵代表字，乃至卷末部分说明内容来看，此书与《韵法直图》有很大程度的一致性，受《韵法直图》的影响确实很大。从韵图形式来看，与《韵法直图》(以下简称《直图》)如出一辙。从韵图内容来看，《直图》阴声韵大多只附注了与入声韵的相承关系，而《翻切指掌》阴声韵均列有相承的入声韵字。《直图》共四十四韵图，《翻切指掌》只有三十四韵图。因此，《翻切指掌》与《直图》虽有一定的传承性，但也有很大程度的创新性。从韵书内容所反映的实际语音来看，韵书实际语音确实如作者所言，是“官话”而不是古音。

(一)《翻切指掌》实际语音声母系统特征与官话基本一致

1.《翻切指掌》与《直图》的列字差异、列字特点以及相关说明比较清晰地反映了实际语音全浊声母清化的语音特征。

《直图》根据语音来源以及《韵法横图》(下文简称《横图》)列字特点，多将古船、禅母字分别列第二十位“床”母与二十二位“禅”母。《翻切指掌》则将《直图》10 处床母位所列古船母字以及 1 处禅母位所列禅母字进行了改动。列表 4—1 比较如下：

表 4—1 《翻切指掌》对《直图》床、禅母位音节代表字的改动

韵图		弓	京		坚	基	赀	巾	钧					迦	
声调		入	平	入	入	入	去	平	平	上		去		平	去
声母位		床	床	床	床	床	床	禅	床	床	禅	床	禅	床	床
列字	《直　图》	赎	绳	食	舌	食	示	辰	醇	盾	○	顺	○	蛇	射
	《翻切指掌》	逐	丞	掷	澈	值	雉	神	脣	○	盾	○	顺	○	○

如果全浊声母没有清化，船、禅母清化后没有读塞擦音与擦音的不整齐变化，《翻切指掌》完全没有必要对《直图》床母位所列古船母字进行改动。《翻切指掌》改动《直图》床母位所列古船母字或禅母位所列古禅母字，一方面贯彻了反映古音清浊的标准；另一方面又反映了全浊声母清化后的读音特征。

《翻切指掌》床、禅母位同音字组列字也反映了这一特征。凡今读塞擦音的禅母字，《翻切指掌》多列床母位，而今读擦音的船母字多列禅母位，列举如下：

表4—2 《翻切指掌》部分床、禅母位列字

<table>
<tr><td>声母位</td><td colspan="4">床</td><td colspan="5">禅</td></tr>
<tr><td>韵图</td><td>基</td><td colspan="2">鸠</td><td>巾</td><td colspan="2">京</td><td>坚</td><td>皆</td><td>基</td></tr>
<tr><td>声调</td><td>入</td><td>平</td><td>入</td><td>平</td><td>去</td><td>入</td><td>入</td><td>入</td><td>入</td></tr>
<tr><td>列字</td><td>植殖 禅职</td><td>酬讐酧 禅尤</td><td>植 禅职</td><td>臣辰晨 禅真</td><td>乘剩嵊 船證</td><td>蚀食 船职 射 船昔</td><td>舌 船薛</td><td>舌 船薛</td><td>实 船质</td></tr>
<tr><td>声母位</td><td colspan="9">禅</td></tr>
<tr><td>韵图</td><td>赀</td><td>鸠</td><td>居</td><td colspan="2">巾</td><td>钧</td><td colspan="3">迦</td></tr>
<tr><td>声调</td><td>去</td><td>入</td><td>入</td><td>平</td><td>入</td><td>去</td><td>平</td><td>去</td><td>入</td></tr>
<tr><td>列字</td><td>舐 船纸 谥 船至</td><td>实 船质</td><td>赎 船烛</td><td>神 船真</td><td>食蚀 船昔</td><td>顺 船稕</td><td>蛇 船麻</td><td>麝射 船禡</td><td>舌 船薛</td></tr>
</table>

床、禅母位的列字特点反映《翻切指掌》并非完全以古音为标准，只是在有意识地反映声母清浊的基础上，以全浊声母清化后的语音特征重新归类。

《翻切指掌》卷末翻切方法的说明更直接地透露了实际语音浊音清化的特点，列举如下：

> 隔標切字法：房脂切披輕唇與重唇借　符覣切偏輕唇與重唇借
>
> 借攝切字法：芳樧切伐是十二攝借十三攝

其中前两条反切的切上字“房”、“符”均是奉母字，类隔切多做並母字的反切上字，这里做平声滂母字“披”、“偏”的反切上字。反映了全浊声母清化平声送气的特点。“芳樧切”的反切上字“芳”是敷母字，这里当作奉母字“伐”的反切上字，反映了敷母与奉母合流的特点。

“翻清歌”及举例则说明了作者对实际语音中声母的清浊性质已经混淆，清浊概念已经模糊，列举如下：

> 翻清歌：翻清之法最為奇，讀韻學士多不知。首字翻到三字上，三字又翻首一字。五位上是翻三位，三位下翻五位居。只在本句上下翻，不許他處為尋覓。

翻清切字法：蒲末切跋是至濁攜至清，直由切儔是至清攜至濁，杜兮切題是至清攜至濁，巨巾切勤是至清攜至濁，徒谷切讀是至濁攜至清，宅加切茶是至清攜至濁

“翻清歌”表明实际语音中全浊声母已经清化。从字面上看，其中全浊塞音塞擦音声母位（即韵图群、定、並、从、床母）多读不送气的清声母（即各组第三位声母与第一位读音相同）。从举例来看，作者将仄声全浊声母“跋”、“直”、“杜”、“巨”、“读”、“宅”都看成了至清，而将平声全浊声母“蒲”、“俦”、“题”、“勤”、“徒”、“茶”看成了至浊。并将这两类字作为清浊音字互切的例子，反映了实际语音中全浊声母清化，平声送气、仄声不送气的特点。这是官话语音最显著的特征。

2. 疑母、影母、喻母合流

《翻切指掌》虽保留有疑母位，但这一声母位列字反映实际语音中，疑母已不复存在，而是与喻母合流为零声母。因为部分韵图疑母位除列了疑母字外，还列了喻母字，或只列了喻母字。同样，部分喻母位也列了疑母字，见表4—3。

表4—3 《翻切指掌》部分疑母、喻母位列字举例

<table>
<tr><td>声母位</td><td colspan="11">疑</td></tr>
<tr><td>韵图</td><td>弓</td><td>京</td><td>江</td><td colspan="2">涓</td><td colspan="3">基</td><td>鸠</td><td colspan="2">居</td></tr>
<tr><td>声调</td><td>入</td><td>入</td><td>平</td><td>平</td><td>入</td><td>平</td><td>上</td><td>入</td><td>入</td><td>平</td><td>入</td></tr>
<tr><td>列字</td><td>慾欲</td><td>怿奕腋易亦掖驿睪</td><td>飏</td><td>袁猿辕垣</td><td>悦阅</td><td>姨夷</td><td>矣已</td><td>佚</td><td>佚</td><td>予妤舆欤舁俞盂雩</td><td>慾欲</td></tr>
<tr><td>声母位</td><td colspan="7">疑</td><td colspan="3">喻</td><td rowspan="4"></td></tr>
<tr><td>韵图</td><td colspan="2">巾</td><td colspan="2">钧</td><td>骄</td><td>迦</td><td>淲</td><td colspan="3">嘉</td></tr>
<tr><td>声调</td><td>平</td><td>入</td><td>上</td><td>去</td><td>平</td><td>平</td><td>入</td><td>平</td><td>上</td><td>去</td></tr>
<tr><td>列字</td><td>淫</td><td>亦驿怿</td><td>尹</td><td>泳咏</td><td>傜窑</td><td>耶</td><td>悦阅</td><td>牙</td><td>雅</td><td>讶</td></tr>
</table>

以上疑母位均列了喻母字，并且都出现在细音韵图中，这是因为喻母只有三等字。洪音韵图疑母位不见列影母字的现象，影喻母位列字也一般不混。这可能是因为影母与疑母、喻母有清浊、阴阳之别，对一部严格遵守明辨清浊原则的韵图来说，自然不会相混。嘉韵图喻母位列疑母字虽是沿袭《直图》的做法，但也反映了疑母读零声母的特点（不过此韵图平、去声疑母位也分别列了疑母字“衙芽疑麻”、“迓疑禡”，这可能有方言因素，见下文讨论）。

因此，《翻切指掌》形式上保留疑母，只是从学术观念上传承《直图》表面的音系特征。实际语音中疑母已经与喻母、影母合流为零声母。

从韵图列字所反映的实际语音声母系统特征来看，《翻切指掌》实际语音全浊声母已经清化，非敷奉母合流（非、敷同列，奉母清化），影母、喻母、疑母已经合流为零声母。包括零声母在内，所反映的实际语音只有20声母（微母实际语音中应当也已经读零声母）。

(二)《翻切指掌》实际语音韵母系统特征与官话语音基本一致

1. 与《直图》一样,《翻切指掌》将古遇摄字分列“姑”韵与“居”韵,反映了鱼模(“鱼”代表除庄组、非组声母以外的遇摄三等,“模”代表遇摄一等与三等庄组、非组)分韵的特点。古麻韵字分列“拏”韵、“嘉”韵、“瓜”韵与“迦”、“㳃”韵。其中“迦”、“㳃”韵除列了麻韵开口三等字外,还列了果摄开合口三等字,这两韵同属第十一摄,与第十二摄“拏”韵、“嘉”韵、“瓜”韵有别,反映了麻、遮(分别代表古假摄二、三等)分韵,戈、麻三等合韵的特点。

2.《翻切指掌》归并《直图》四十四韵图为三十四韵图,反映实际语音韵母系统臻深摄、山咸摄、通曾梗摄分别合流的特征。

《直图》臻摄字分别列“昆”、“根”、“巾”、“钧”韵图,深摄字分别列“簪”、“金”韵图;《翻切指掌》将“簪”、“金”韵图分别归入“根”、“巾”韵图,反映了古深摄m韵尾消失,与臻摄n韵尾合流的特征。

《直图》山摄字分别列“官”、“干”、“艰”、“坚”、“涓”韵图,咸摄字分别列“甘”、“监”、“兼”韵图;《翻切指掌》将“甘”、“监”、“兼”韵图分别归入“干”、“坚”韵图。反映了古咸摄m韵尾消失,与山摄n韵尾合流的特点。

《直图》古通摄字分别列“公”、“弓”韵图,曾、梗摄字分别列“觥”、“扃”、“庚”、“京”韵图;《翻切指掌》将“觥”、“扃”韵分别归入“公”、“弓”韵图。“庚”、“京”韵与“公”、“弓”韵同为第一摄,反映了通摄与曾梗摄读音合流的特征。

3. 除梗摄开口二等见系字外,其他开口二等见系字均读齐齿呼,并多与同摄三、四等韵字读音合流。《翻切指掌》将来源于古开口二等韵的“艰”、“监”、“交”韵图分别并入来源于古开口三、四等韵的“坚”韵图、“骄”韵图。开口二等见系字与三、四等韵字同列一图,更明确地反映了古开口二等见系字腭化后与三、四等字读音合流的特点。

4. 知二庄组字韵母实际语音读洪音,知三章组字韵母部分读洪音,大部分读细音。

《翻切指掌》除遇摄庄组三等、流摄庄组三等、梗摄知二庄组字以及合口二等知庄组字列开口呼、合口呼之外,其他知二庄组字以及知三章组字大多数列齐齿呼韵图。《翻切指掌》知二庄组字列齐齿呼韵图的有:山咸摄知二庄组字列齐齿呼“坚”韵,蟹摄知庄组二等字列齐齿呼“皆”韵,效摄知二庄组字列齐齿呼“骄”韵。这些列字现象都是《翻切指掌》对《直图》相关韵图进行合并,但并没有贯彻依据实际语音分韵列字的结果。那么《翻切指掌》实际语音中,知三章组字是与现代汉语一样读洪音,还是仍保留读细音的阶段呢？依据韵图列字很难确定。但开口呼“高”韵图以及“冈”韵图列字反映，古效摄、宕摄知三章组字实际语音中应当读开口呼，《直图》、《横图》“高”韵图（系）相应声母位有音无字，《翻切指掌》“高”韵图平上去声照组声母分列了“昭招朝○○○○、招○○○○、诏照曌○召旗赵肇兆○劭”等字；《直图》“冈”韵图照组声母有音无字，《翻切指掌》平声列了“长澄阳”字。根据清江永的弇侈理论，“宕”、“效”摄属侈音韵摄，反映了知三章组字根据韵摄来源不同，以弇侈为条件，韵母具有洪细不同读音的特征。不过这是反映的官话语音特征，还是受方言的影响不能确定。

5.《翻切指掌》入声韵的特征与清代官话韵书《五方元音》基本一致。《翻切指掌》入声韵不只是在形式上与阴声韵相承，而是每一阴声韵图均列了入声韵字。这反映了《翻切指掌》入声韵并没有与阴声韵合流，作为一个调类仍然客观存在。从入声韵与阴声韵、阳声韵的相承关系，不同韵尾入声韵字具有相同的相承关系、同列一图甚至同一声母位字组的特征来看，中古p、t、k三种不同入声韵尾的对立已经消失，应当已经合流为喉塞尾ʔ，或韵尾消失只保留入声调。根据相承关系以及列字特点，《翻切指掌》入声韵可归并为16个韵母（“赀”韵母入声存疑），这16个入声韵母的中古来源及其与《五方元音》入声韵的对应关系比较如表4—4（《五方元音》入声韵的拟音根据叶宝奎2001）

表4—4 《翻切指掌》实际语音入声韵母

《翻切指掌》		《五方元音》	《翻切指掌》		《五方元音》
入声韵	中古来源		入声韵	中古来源	
格（隔革）	曾梗摄开口一、二等，曾梗臻深摄开口三等庄组	豺æʔ 蛇ɛʔ	结（拮）	山咸摄开口三、四等	蛇iɛʔ
国	曾梗摄合口一、二等	豺uæʔ	吉（戟击给）	曾梗臻深摄开口三、四等	地iʔ
谷（毂縠）	通合一，通合三（不含见系），臻合三非组	虎uʔ	菊	通合三见系	虎iuʔ
骨	臻合一		橘	臻合三（不含非组）	
各（阁葛割閤）	宕开一，江开二（不含见系）、宕开三知庄章；咸山开一见系，山合一帮组	驼ɔʔ，uɔʔ	觉（角）	江开二（见系），宕开三（见系）	驼iɔʔ
郭（槨括）	宕合一（宕江知庄章重出）、山合一	驼uɔʔ，ɔʔ	答（閤）	咸山摄一、二等（不含见系）	马aʔ
戛	山咸摄开口二等（见系）	马iaʔ	刮	山摄合口二等	马uaʔ
厥	山摄合口三、四等	蛇yɛʔ	栉	臻深曾梗庄组	地əʔ豺æʔ

（三）《翻切指掌》声调系统特征与明清官话一致

《翻切指掌》韵图横列平、上、去、入四声，韵图表面保留全浊声母，因此官话中普遍存在的平分阴阳以及浊上归去的特点并没有明显地表现出来。

上文我们讨论了《翻切指掌》所反映的实际语音全浊声母已经清化，因此平分阴阳的特征应当是客观存在的。而浊上归去的特点则在韵图列字中表现得尤为突出。《翻切指掌》虽然在全浊声母上声位列了部分全浊声母字，但大多数全浊声母上声字列在去声韵，并且部分在上声全浊声母位重出。据统计，去声全浊声母位列全浊声母上声字86字次，其中重见于上声者18字。各韵图去声韵所列全浊上声字如下（下加着重号者为重见于上声的字）：

公：汞匣董一，弓：重澄肿，京：並並迥 阱穽靜靖从静 倖幸匣耿二，冏：棒蚌並讲，江：像象邪养 上禅养，光：潢匣荡，干：但誕定旱 瓚从旱 旱匣旱，坚：辨辯並狝 践从狝 湛澄豏 善禅狝 限匣产 犯范範奉范 飯奉阮，官：撰崇潸、崇狝 譔崇狝，涓：篆澄狝 昡縣衒匣铣 範犯范奉范，該：殆怠待迨駘紿定海 在从海，基：悌娣遞定荠 被婢並纸 陛狴並荠 雉澄旨 痔澄止 褫澄纸，貲：雉澄旨 是氏禅纸 市禅止 舐船纸，規：倍並贿，鉤：後后匣厚，鳩：紂澄有 綬禅有 负婦奉有，居：聚从麌 伫竚澄语 豎禅麌，巾：盡从轸 朕澄寝 甚禅寝，昆：渾匣混 憤奉吻，高：蹈道定晧 抱並晧 皂从晧 肇趙兆澄小 浩匣晧，戈：坐从果，拏：罷並蟹

因此，从语音特征来看，《翻切指掌》所反映的实际语音就是清代官话语音系统。这一语音系统与古音没有关系，与著者的方言也有一定的差异。但是《翻切指掌》由于受《直图》系韵图编撰方式以及传统清浊观念的影响，所反映的实际语音特征被韵图表面的编撰方式所掩盖，许多官话语音特征并没有明确反映出来。《翻切指掌》虽然依据实际语音归并了《直图》四十四韵图，但没有进一步根据实际读音分韵列字。《直图》本身是一部在其蓝本《切字捷要》反映明代中州汉音的基础上，根据《横图》改动韵字而形成的音系杂糅的韵图。（参见李军 2009）《翻切指掌》由于韵图编撰体例的传承性，并没有完全依据实际语音对《直图》不合理的分韵列字现象进行调整，少数情况下沿袭了《直图》列字不当的错误。尽管如此，《翻切指掌》一方面在编撰韵图的时候尽可能地反映官话的基本特征，并尽量避免方言对自己的影响（这与编者所言“皆官话，无土语”是吻合的）。另一方面，《翻切指掌》在分韵列字的时候，尽管依据的是官话语音，但一定程度上也不可避免地受到著者方言的影响。这就为我们探讨清代官话音与南丰方言的差异、探讨清末南丰方言的语音特征提供了线索。编者侄子刘孚周对此书实际语音特征并不十分了解，因此才有“今之官话，大都多古音也。此书原本古音，则是全属官话，安有土语”（辛丑九月识文）之说。

不过，刘孚周认为“凡字之音有官话土语相同者，有官话土语各异者”。为辨析“官话”与“土语”的区别，他在原书基础上做了一项对我们探讨清末

南丰方言非常有意义的工作，即“姑置其同者勿论，而于其异者特表而出之曰官话。凡有应官话读者，皆用硃标出某句”。刘孚周通过对每一韵图列字与土话读音的比较，发现某组声母位列字在南丰土语中读音有别或不完全符合韵图要求（实际上也就是清代官话语音），就以朱砂墨迹标出“某句官话读”。其目的“欲令读者知于某句中注意，庶叶韵不至参差”。这就为我们通过与清代官话、现代南丰方言的比较，勾勒清末南丰土话语音特征提供了非常难得的材料。

除此之外，刘孚周在部分韵图有音无字的声母位“○”旁增列了切字。而在增列切字的时候，刘孚周很大程度上受到自己方音的影响，透露了清代末年南丰方言的部分语音特征。下文我们通过刘孚周的旁注内容以及原本韵图所透露的方言信息，结合现代南丰方言的调查研究成果，探讨刘孚周所注“官话读”的原因，初步勾勒清末南丰方言的语音特征。

第二节　19 世纪末南丰方言声母系统特征

一　全浊声母清化、平仄皆送气

《翻切指掌》完整保留了全浊声母，各韵图全浊声母位多列了全浊声母字，有音无字则列空圈。上文指出，照组床禅母位列字反映，韵图所反映的实际语音，即官话语音中，全浊声母已经清化，《翻切指掌》保留全浊声母只是《直图》特点的承袭以及明辨清浊的学术观念的传承。卷末“翻清歌”透露了韵图所反映的官话音“全浊声母清化，平声送气、仄声不送气”的基本特征。

《翻切指掌》部分韵图列字则透露了著者方言语音中全浊声母也已经清化，但清化规律与官话“平声送气、仄声不送气”不同，而是“平仄皆送气”。

《翻切指掌》全浊声母位列字很大程度上是符合列字要求的，乃至一些常用字非常用的全浊声母读音，也被比较恰当地列在相应声母位以反映声母清浊的区分。但部分列字，透露了全浊声母清化的特征，列举如下：

表 4—5　《翻切指掌》清浊音声母字混列现象

韵图	京		冈	光	坚		涓	皆		乖	鸠	居
声母位	平	入	去	入	去	入	上	入	入	入	去	去
声调	从	穿	定	匣	精	床	清	见	床	晓	非	照

续表

<table>
<tr><td>韵图</td><td colspan="2">京</td><td>冈</td><td>光</td><td colspan="2">坚</td><td>涓</td><td colspan="2">皆</td><td>乖</td><td>鸠</td><td>居</td></tr>
<tr><td>列字</td><td>蜻清青</td><td>蟄澄缉</td><td>燙《篇海》音盪，透宕</td><td>壑晓铎</td><td>漸从琰</td><td>撤徹薛又澄薛</td><td>吮从狝</td><td>黠匣黠
頁匣屑</td><td>撤徹薛又澄薛</td><td>劃獲匣麦</td><td>阜奉有
復奉宥</td><td>苧
紵澄语</td></tr>
<tr><td>韵图</td><td>昆</td><td>巾</td><td>巾</td><td>骄</td><td>骄</td><td colspan="3">戈</td><td>迦</td><td>迦</td><td>拏</td><td rowspan="4"></td></tr>
<tr><td>声母位</td><td>去</td><td>去</td><td>入</td><td>上</td><td>上</td><td>上</td><td>上</td><td>入</td><td>入</td><td>入</td><td>入</td></tr>
<tr><td>声调</td><td>非</td><td>群</td><td>穿</td><td>透</td><td>从</td><td>透</td><td>並</td><td>匣</td><td>见</td><td>床</td><td>定</td></tr>
<tr><td>列字</td><td>分奉问</td><td>靳见焮</td><td>蛰澄缉</td><td>窕定篠</td><td>灑精小</td><td>墮定果</td><td>爸帮果</td><td>壑晓铎</td><td>黠匣黠
页匣屑</td><td>撤徹薛又澄薛</td><td>塌透盍</td></tr>
</table>

其中，平声全浊声母位列送气清声母字 1 字次，仄声全浊声母位列送气清声母字 5 字次（“撤”字重复出现 3 次，“撤”有全浊声母读音，但近、现代汉语一般读送气清音。《中原音韵》“车遮部”、“入声做上声”、“辙撤澈掣”同小韵，与“哲褶摺折浙”对立）。仄声全清声母位列全浊声母字 3 字次，列浊擦音 4 字次（系 2 字重复出现）；仄声送气清声母位列全浊声母字 5 字次（“蛰”出现 2 次）；浊擦音匣母位列清擦音声母字“壑”2 字次；非（敷）母位列奉母字 3 字次。

根据以上清、浊音声母位列字所反映的语音特征来看，仄声全浊声母与送气清声母关系密切，二者混列达 10 字次；仄声全浊声母字列全清声母位只有 3 字次。反映了仄声全浊声母清化以读送气音为主流，也有读不送气音的现象。仄声全浊声母清化送气无疑是受编撰者方音的影响，反映了包括南丰土话在内赣方言“全浊声母清化，平仄皆送气”的标志性特征。不送气的特征可能反映了官话特征，也可能是部分全浊声母字书面语色彩比较强，并没有受方言演变规律的影响，而是从权威官话借入，读不送气清音（如表中所列“苧紵澄语 漸从琰”等字）。

刘孚周增列的部分切字，也反映了南丰方言全浊声母清化“平仄皆送气”的特征，如“涓”韵图上声穿母位增列“篆澄狝”字，与“喘舛昌狝”同音。

二 古透定母读擦音

刘孚周大部分韵图旁注“第二句官话读”，透露的是南丰方言古透定母读擦音的特点。《翻切指掌》大多数韵图旁注了“第二句（即端组声母位）官话读”（含没有特指但包括这一句话的情况），没有旁注的只有“江、皆、赀、鸠、居、巾、昆、钧、滭、拏、嘉、瓜”等十二韵图。这十二韵图除“昆”韵图外，共同的特点是端组声母位没有列字。其他二十二韵图端组声母位均列了字，其中原本“涓”韵图端组声母位无字，刘孚周在平上去入声端母位增列了“颠、典、店、跌”四字。除“涓”韵图外，其余二十一韵图端组声母位列字都是符合韵图要求的，刘孚周注“官话读”的原因，当然是指端组字读音土话与官话有别。“有别”的原因无外乎“声母”与“韵母”不同。如果是韵母不同，一般情况下应当是几组声母位列字同时存在读音差异，而不仅仅是端组声母位。而这些韵图中，“庚、京、冈、干、乖、钩、姑、根、高、歌、戈”等韵图都只有端组声母位注了“官话读”，因此只可能是声母有别。声母有别的主要原因是赣方言分布比较广泛的“透定母读擦音 x(或 h)”的现象。据刘纶鑫《客赣方言比较研究》，江西中部地区分布着透定二母读擦音[h]的语音特征，最常见的是透定母洪音读擦音[h]，而其中南丰、黎川、广丰、泰和等方言点透定二母不论洪细都读[h]（刘纶鑫 1999：281）。这与刘孚周不论洪细音韵图在端组声母位均旁注“官话读”所反映的情况一致。

三　开口二等见系声母没有腭化，疑母开口洪音声母保留，细音读零声母

古开口二等见系字声母腭化，韵母读细音，多与同摄开口三、四等见系字读音合流，是官话语音的显著特征之一。这一特征在《韵法直图》蓝本《切字捷要》所反映的明代“汉音”中有明确反映。（参见李军 2011a）《直图》虽然将来源于古开口二等韵的韵图多注为“齐齿呼”，但并没有与同摄开口三、四等字同列一图。《翻切指掌》则进一步将读音相同的古开口二、三、四等见系字同列齐齿呼韵图。

不过南丰方言古开口二等见系字读音与官话有别。见组、晓组声母位同列了古开口二、三、四等见系字的“齐口呼”“江”、“坚”、“皆”、“骄”、“嘉”韵图，刘孚周均旁注了“第一、六句平上去入俱官话读”。以“骄”韵为例，此韵平声见组、晓组声母位列字分别为：

驕嬌$_{\text{见宵}}$澆$_{\text{见萧}}$蛟交郊教鮫$_{\text{见肴}}$蹺蹻$_{\text{溪宵}}$敲磽墝$_{\text{溪肴}}$橋喬翹$_{\text{群宵}}$堯$_{\text{疑萧}}$徭窑$_{\text{以宵}}$　囂鴞枵驍$_{\text{晓宵}}$梟$_{\text{见宵}}$爻淆肴殽餚崤$_{\text{匣肴}}$夭妖邀腰祆要$_{\text{影宵}}$么$_{\text{影萧}}$遥瑶摇謠猺姚$_{\text{以宵}}$

官话效摄开口二、三、四等见系字读音相同，而南丰方言以上各声母位列字读音不完全一致。其中来自效摄开口二等的见系字读开口呼，来自效摄开口三、四等的见系字读齐齿呼。官话与“土语”有别，所以必须官话读。

开口呼“拏”韵图旁注非常明确地反映了南丰方言古开口二等见系字读开口洪音的特点。“拏”韵图列了见系以外的古麻韵开口二等字，韵母读开口呼，与“嘉”韵图所列官话读齐齿呼的古麻韵开口二等见系字有别。因此，“拏”韵图见组声母没有列字，也就不能像其他韵图一样以见母平声字作为韵目名称。为便于读韵，刘孚周在“拏”韵后旁注“（首字）同南丰土语读家”，并进一步说：“此韵自第二句以下悉与嘉韵同音，平上去入皆然。”说明官

话“拏”、“嘉”韵有洪细之别，南丰土话都读开口洪音。正因为如此，“拏”韵图平声晓组声母位刘孚周分别补列了开口二等匣母字“遐$_{\text{匣麻}}$”，影母字“鴉$_{\text{影麻}}$”。“拏”韵图平声列字以及刘孚周补注列举如下（黑体字为刘孚周所注）：

拏韻，開口呼 **(首字)同南豐土語讀家，此韻自第二句以下悉與嘉韻同音，平上去入皆然。**

平：○○**齖**○○**衙，南丰土音讀**　○○**他**○拏**拿** 巴疤豝芭葩杷爬琶麻蟇蟆媽痳 ○○**嗏**○○○ 查渣叉槎查茶沙紗砂裟○ ○**遐**○**鴉**○○ ○○○○○○

古开口二等见系字读洪音的现象在南丰方言中非常普遍，例多不举。

官话古疑母读零声母的现象至少可追溯到元代，《中原音韵》除少数疑母开口洪音小韵与零声母小韵对立外，大部分疑母字已经读零声母。《韵法直图》蓝本《切字捷要》则明确指出，实际汉音中疑母已经与喻母合流为零声母，韵图保留疑母位只是出于保留传统韵书特征与方便反切的需要。《直图》与其蓝本一样保留了疑母位，却没有保留对疑母读音的说明，因此，《直图》系韵书韵图一直以保留疑母为特征。《翻切指掌》也保留了疑母位，但在疑母位多列了喻母字。其中疑母位列喻母字45字次，如“巾”韵图平声疑母位列“銀鄞訚嚚$_{\text{疑真}}$ 吟$_{\text{疑侵}}$ 淫$_{\text{以侵}}$”；入声疑母位列“亦驛懌$_{\text{以昔}}$ 逆$_{\text{疑职}}$”，喻母字“亦”甚至作为疑母位音节代表字。喻母位列疑母字3字次，分别是“嘉”韵图平上去声喻母位“牙$_{\text{疑马}}$”、“雅$_{\text{疑马}}$”、“訝$_{\text{疑禡}}$”（详见表4—3）。

疑母位列喻母字，都出现在细音韵图，说明实际语音疑母细音与喻母合流读零声母。这种合流现象所反映的不仅仅是官话语音特点，也是南丰方言的特点。如果南丰方言疑母细音仍保留其古代语音特征，对于保留疑母位的韵图来说，编者绝对不会将疑、喻母字混列。

不过，南丰方言疑母开口洪音还保留舌根鼻音的读音。《翻切指掌》“嘉”韵图平上去入声喻母位虽然分别列了麻韵开口二等疑母字“牙$_{\text{疑马}}$”、“雅$_{\text{疑马}}$”、“訝$_{\text{疑禡}}$”，但这只是承袭《直图》的列字特点。《直图》蓝本《切字捷要》保留了疑母位，“嘉”韵图却根据实际语音在喻母位列了疑母字。《直图》对这一列字现象不解，虽然依据其蓝本在“嘉”韵图喻母位列了疑母字，但韵图附注指出喻母位所列疑母字《横图》列疑母位。《翻切指掌》据《直图》在“嘉”韵图喻母位列了疑母字，同时又在疑母位平声、去声列了“衙芽$_{\text{疑麻}}$”、“迓$_{\text{疑禡}}$”等字，刘孚周则在上声增列了“疋庌$_{\text{疑马}}$”两字。“嘉”韵图平上去声列字情况如下：

嘉韵 齊口呼 **平上去入首句、六句俱官话读**

平：嘉豭痂枷笳袈葭跏珈家加呿伽衙芽 ○○他○拿 ○巴○○○麻 ○咱
○○○○ ○渣差○沙砂○ 鰕呀遐霞瑕瘕蝦鴉丫牙 ○○○○ ○○

上：賈斝假檟跒○○疋房 ○打○○○ ○把○○碼馬螞 ○○○○○ 蓙
○○○耍○ 閜下啞雅 ○○○○ [illegible]○

去：駕價架稼嫁髂○迓 ○○○○ 欛壩霸灞○怕○罷罵 ○○○○○ ○詐
詫岔侘姹蜡乍厦○ 罅下暇夏亞婭訝 ○○○○ ○○

“嘉”韵图疑母位列疑母字的原因是什么？是受方音影响还是沿袭《横图》列字？联系“拏”韵图刘孚周增列的切字及说明就清楚了。

“拏”韵图见组声母位无字，刘孚周在疑母位补列了“衙疑麻”字。并在这一声母位旁注：“南丰土音读。”（见上文“拏”韵图平声列字举例）“衙”是开口二等疑母字，官话读零声母齐齿呼。依据官话自然不符合列字要求，刘孚周特别强调“南丰土音读”，说明“衙”字南丰方言声母读舌根鼻音，韵母读开口洪音。也正因为如此，《翻切指掌》编者尽管依据《直图》在“嘉”韵图喻母位列了麻韵开口二等疑母字，但受实际语音影响，觉得麻韵开口二等疑母字在实际语音中读舌根鼻音，应当列在疑母位，因此疑母位也列了字。刘孚周本来就认为“拏”、“嘉”两韵无别，“嘉”韵上声疑母位无字，他自然增列了疑母字。今南丰方言疑母开口洪音读ŋ；合口洪音及细音读零声母 ø，部分读鼻音声母 ȵ。（参见刘纶鑫 1999：237）

四 知二庄组声母与精组洪音声母合流

《翻切指掌》古知庄章组声母合流，同列第五照组声母位。其中部分知二庄组字有列齐齿呼韵图的现象，但这只是沿袭《直图》列字，而没有根据实际语音分韵列字的结果。实际语音中，知二庄组字均读开口呼。刘孚周补列的切字清晰地反映了这一特征。如《翻切指掌》将《直图》二等韵图“艰”、“监”韵和三四等韵图“坚”、“兼”韵合并为“坚”韵图，山咸摄知二庄组字列齐齿呼“坚”韵图。刘孚周在开口呼韵图“干”韵图审母位补列了“山讪生山珊删生删”等字。《翻切指掌》据《直图》将蟹摄开口二等知庄组字列齐齿呼“皆”韵图，刘孚周在开口呼“该”韵图照组声母位补列了“豸澄蟹洒灑生蟹”、“债庄卦”等字。

《翻切指掌》原本极少数精组字列洪音韵图照组声母位，如“干”韵图入声“葛”韵穿母位列“擦清曷”，“乖”韵图平声书母位列“蓑心灰”，“钩”韵图去声书母位列“漱心候”，“嘉”韵图入声“戛”韵穿、书母位分别列“擦清曷”、“撒心曷”。刘孚周则在部分精组声母位增列庄组字，如“拏”韵图平声清母位列“嗏《字汇》初麻”；“根”韵图平声精母位原图列“簪庄侵”，刘孚周增列了“争庄耕”。

这些列字反映了南丰方言知二庄组声母与精组洪音声母合流的特征。陈昌仪调查认为现代南丰方言“(县城)庄初崇精清从六母今洪音读[t、tʰ]”(1991:35);大岛广美则指出:“南丰话古知、精、照二、照三组声母的洪音字,今多读为[t]、[tʰ]声母。”(1995:126)知二庄组与精组洪音声母合流的特征一致,但读塞音[t]、[tʰ]的特征,原本韵图与刘孚周的旁注并没有反映。

五 尖团合流

《翻切指掌》原图精组、见系字各列其位,无混列现象。刘孚周的一处旁注则透露了南丰方言尖团音合流的特征。《翻切指掌》卷首“四声韵头”列举了三十四韵图平上去入声韵目,并注明其四呼。其中第六图齐齿呼“江”韵图韵目为“江襁绛觉”,上声韵目“襁”本宕摄开口三等阳韵见母字,符合韵图的列字要求。但此字读音发生了不规则音变,现代汉语一般读送气声母,清末官话以及南丰方言也应当如此。作为韵目,自然有不当之嫌。故刘孚周在“襁”字下注“奖”字,表示此声母位读音当与“奖”字读音相同。“奖”为宕摄开口三等阳韵精母字,透露了南丰方言精组见系细音字读音合流、尖团不分现象已经存在。现代南丰方言“秋丘”同音tɕ iu1,“渐俭”同音tɕ ‘iam5,“樵桥”同音tɕ ‘iau2B,“清轻”同音tɕ ‘iaŋ1,“酒九”同音tɕ iu3。(参见大岛广美1995:126)

六 知庄章组声母二分,分别与精组洪、细音声母合流

知三章组字韵母读洪音的,声母与精组洪音、知二庄组声母合流,韵母读细音的,声母应当与精组见系细音合流。

知三章组字原本韵图多列齐齿呼、撮口呼等细音韵图,但官话音部分已经读洪音,其中通摄知三章组字在合口呼“公”韵图与撮口呼“弓”韵图重出,实际语音读合口呼;止蟹摄合口三等知章组字列合口呼“规”韵,这些语音特征与《直图》一致。南丰方言部分开口三等知章组字韵母也读洪音,如《翻切指掌》宕摄、山(咸)摄、效摄知三章组字与《直图》不同,部分字重列(或刘孚周补列)开口呼“冈”、“干”、“高”韵图。如“冈”韵图平声床母位列“长”,刘孚周在平、去声照母位补列“章”、“障”;“干”韵图平、去声照母位,刘孚周补列“展”、“战”;“高”韵图平上去声照组声母位列“昭招朝”、“招”、“诏照罩召旐肇赵兆劭”等字。根据古人“弇侈”理论,以上韵摄属于“侈音”韵摄,反映了“侈音”韵摄开口三等知章组字南丰方言读开口呼。其他韵摄知三章组字不见列开口呼韵图的现象,所在韵图也没有注“第五句官话读”(除“基”、“涓”韵图外,这两韵注“官话读”的原因见下文)。这透露了南丰方言开口

三等知章组字韵母有根据主元音弇侈不同分别读洪、细音的特征。侈音韵摄知三章组字韵母读洪音，与知二庄组字韵母相同；弇音韵摄知三章组字韵母读细音。

韵母读洪音的知三章组字声母可能与知二庄组一样，与精组洪音声母合流。如“光”韵图上声照母位原本列“忄此《玉篇》之爽切”字，刘孚周补列了“掌章养”字，(“光”韵图照组声母位字读开口洪音，见下文讨论)。“干”韵图照组声母位，刘孚周平声补列了山摄二等庄组字，上去声照母位补列了山摄三等章母字“展”、“战”。

韵母读细音的弇音韵摄知三章组字声母，则很可能与精组见系细音一样读舌面音，其证据是刘孚周为“迦”韵韵目字读音做的旁注。“迦”韵韵首，刘孚周有一段注文，指出：“迦濊拏三韵之韵首皆借音也。”也就是说，“迦”、“濊”、“拏”三字均不符合做韵目的要求。其中，后两字不在韵首，充当韵目自然不当。“迦”字在韵首，为什么同样不符合要求？主要原因是南丰方言此字读音与韵图要求不符。“迦”韵韵目读音，刘孚周旁注认为，当“同南丰土语读豬”。“豬”是遇摄三等知母字，刘孚周认为符合“迦”韵韵目要求，说明南丰方言“豬”与假摄开口三等见母字官话音相同，声母读舌面音，韵母读同官话“遮”类韵母。

今南丰方言通摄、宕摄、山摄(开口)、咸摄、效摄、梗摄(白读)知三章组字声母与知二庄组、精组洪音声母合流，分别读t、t^h、s，韵母读开口呼；遇摄、流摄、深摄、臻摄、曾摄、梗摄(文读)知三章组字声母读舌面音tɕ、tɕ^h、ɕ，与精组和见系三、四等声母合流。如“主”音$^{\subset}$tɕ y，“周”音$_{\subset}$tɕ iu，“手”音$^{\subset}$ɕ iu，“针”音$_{\subset}$tɕ im，“深”音$_{\subset}$ɕ im，“陈”音$_{\subseteq}$tɕ^h in，“身”音$_{\subset}$ɕ in，“准”音$^{\subset}$tɕ yn，“称”音$_{\subset}$tɕ^h iŋ，“绳”音$_{\subseteq}$ɕ iŋ，“征”音$_{\subset}$tɕ iŋ。其中遇摄三等鱼韵白读韵母主元音大多为ɛ，如“猪”音$_{\subset}$tɕ iɛ，与官话“遮”类韵韵母主元音相同①。

第三节 19世纪末南丰方言韵母系统特征

一 曾梗摄、臻摄字读音相混

《翻切指掌》将《直图》“簪”、“金”两韵并入“巾”韵，反映了清代官话m、n

① 除特别注明外，本节所引南丰方言均参见陈昌仪等《江西省方言志》，中国方志出版社，2005年。

尾韵读音合流。除“京”韵图去声精母与日母位分别列了深摄字“浸”与臻摄字“认”(这是沿袭《直图》的列字),以及在“钧”韵图上声疑母位列了“泳咏于映”二字外,臻深两摄与曾梗摄字大多不混。而刘孚周相关韵图增列的切字,则透露了臻摄与曾梗摄字读音相近,n、ŋ尾韵相混的特点。其中“庚”韵图平上去声非母位分别增列“纷、粉、粪”三字,“根”韵图平声端母、精母位补列“登、争”二字,“巾”韵图平上去声端母位补列“丁、顶、订”三字,“钧”韵图平声帮母位、去声明母位增列“烹、孟”二字。南丰方言今属赣方言抚州片,“抚州片的韵母系统有别于其他赣语片的特征,最突出的就是较普遍的保留了鼻韵尾[n、m、ŋ]的对立”(陈昌仪 1991:36)。刘孚周没有指出臻深摄相混的韵图须“官话读”,当是因为臻深摄虽韵尾不同,但韵母主元音一致,读音相近。且“跋文”指出:“每句中不尽属官话,则不复分析。”至于臻、曾、梗摄字混列,同样是因为这三摄韵母主元音相近,实际语音并不严格区分所致(不过,臻、深、曾、梗摄字读音相同是江西赣方言的普遍特征,刘孚周方言是否具备这一特征,有待进一步确认)。

二 官话通摄合口三等与梗摄合口三、四等读音合流,南丰方言有别

《翻切指掌》将《直图》“觥”、“扃”韵分别与“公”、“弓”韵合并,反映了官话通摄与曾梗摄合口韵读音合流的特征。不过,南丰方言通摄合口三等当与梗摄合口三四等读音有别。“弓”韵后,刘孚周有一句旁注:“**全韵俱官话读**。”这一注解有几层意思,首先,从列字特点看,“弓”韵除平、入声端组声母位列了通摄一等字之外,其他声母位列的都是三等韵字。但除见、晓组声母位字外,精组、照组、非组、来日母位通摄三等字都有在“公”韵图重出的现象,说明实际语音通摄三等舌齿音字以及非组字读合口呼。实际上《直图》“弓”韵图保留了其蓝本的一段说明,指出“弓”韵除“穷”等字以及晓组声母字外,其他声母字“汉音”都读同“公”韵。这不仅是明清官话的语音特征,也应当是南丰方言的特征。因此舌齿音声母位字按照方言读音自然与韵图要求不符,只有用“官话音”(也就是韵图要求的“撮口呼”)去读这些声母位列字,“庶叶韵不至参差”。其次,见晓组声母字要求“官话读”,除部分通摄合口三等见组字读合口呼之外,还有另一个原因,即“弓”韵见、晓组声母位不仅列了通摄三等字,还列了梗摄合口三、四等字,“弓”韵图列字如下:

弓 撮口呼 **全韻俱官話讀**

平:弓宮龔躳供恭駉扃穹傾芎窮煢瓊藭邛蛩顒 冬炵彤鼕佟農穠濃儂噥癑膿醲

○○○○ 蹤縱葼從松嵩崧○ 鐘鍾衝虫种蟲重舂慵鏞 胸匈賀兄兇凶

雄熊雍邕饔癰雝容墉庸傭鎔瑢榮蓉融 封逢縫○○ 龍櫳茸

上：拱珙栱炯烱絅蛩恐頃褧○○ ○董○○○ ○捧○○○ 慫○○悚聳慫○ 踵冢塚○○○○ 匈詾迥擁 勇俑湧甬永踴踊慂 ○○○○ 隴壟宂

去：供○共峠○凍○○○ ○○○○夢 縱綜○從宋頌誦訟 眾種惷㓻重 ○○ ○嗅○壅邕壅用 ○縫○○ 礱宂

其中平、上声见、晓组声母位“駉见青 扃见迥 傾溪清 惸瓊群清、兄晓庚三 榮于庚三”、“褧溪迥、迥匣迥 永于耿三”等字都来自梗摄合口三、四等。这些字与通摄三等字官话读音相同，方言读音有别，因此同样需要“官话”读。“钧”韵图上声疑母位列梗摄合口三等喻母字“泳咏于映”，同样透露了南丰方言梗摄合口三、四等与通摄合口三等有别，而与臻摄合口三等读音相近。今南丰方言臻摄合口三等字韵母读uin；梗摄合口三、四等字韵母部分读uiŋ，如“琼”音⊆kʰuiŋ，“倾”音⊂kʰuiŋ，部分读 ya ŋ，如“兄”音⊂ɕya ŋ，均与通摄合口三等细音韵母iu ŋ有别。

三 宕摄合口一、三等官话音读音合流，方言有别；宕江摄知二庄组字官话读合口呼，方言读开口呼

“光”韵图是一个比较复杂的韵图，刘孚周旁注“全韵俱满口读，第一句第二句平上去入俱官话读”。这一韵图承袭《直图》在端组、精组、帮组位重列了宕摄开口一等字。“光”韵图列字如下：

光韻 合口呼 **全韻俱滿口讀，第一句第二句平上去入俱官話讀。光韻全滿口讀，五句是穿牙，七句仍用輕唇。**

平：光觥匡眶筐劻狂○ ○當○○○ 幫○傍旁螃膀旁茫尨 ○臧○○丧○ 莊妆裝樁粧囱瘡牀床霜雙孀○ 荒肓黄遑徨皇惶凰隍蝗篁潢煌汪尪王 ○ 方○○望 ○○

上：廣麃逛○ 黨倘帑蕩○ 榜綁○○莽 ○掌○奘顙○ 惝掌○○爽○ 慌謊恍怳晃枉往 倣[㕵]○○○ 朗○

去：誑逛曠纊壙誆○ 當擋盪宕○ 謗胖傍芒 葬○臟喪○ 壯創愴状戧○ 貺况潢醿王旺放○○望誷 浪○

入：郭槨擴廓鞟○○ 掇脱託奪諾 撥钵鉢博潑跋鈸抹末帕帓袜 ○作 ○○○○ 捉酌戳○朔爍杓 藿霍穫壑臒蠖籰 ○○○○ 捋梏

其中《直图》宕江摄帮组字列“冈”韵图是保留其蓝本《切字捷要》的特征，列“光”韵图是参照《横图》的做法。而宕摄开口一等端、精组字列“光”韵图则是《直图》不理解《横图》“混呼”概念而产生的误列现象（参见李军 2011b）。《翻切指掌》沿袭了《直图》不当的列字特点，这一韵图虽然被标注为“合口呼”，但以上声母位字不仅与官话音不符，也与南丰方言实际读音有别，因此

要求“满口读”。

“光”韵图第二句列的是宕摄开口一等端组字，见上文讨论。第一句列的是宕摄合口一、三等见系字。《中原音韵》明确记载，宕摄合口一、三等见系字合流，读合口洪音。刘孚周要求这些字“官话读”的原因是什么？只有一个可能，即宕摄合口一、三等字读音有别。今南丰方言宕摄合口一等字韵母读uoŋ，部分合口三等字韵母读ioŋ，如“光”音꜀kuoŋ，“筐”音꜀tɕʰioŋ。

官话宕江摄知二庄组字读合口呼的特征由来已久，这些字列“光”韵图完全符合韵图要求。但照组声母位刘孚周旁注“五句是穿牙”，并特意在平上去声照组声母位标注提示“此句穿牙读”。

刘孚周旁注“全韵满口读”以及照组声母位“穿牙读”当有两层意思。首先，如上文所述，南丰方言知二庄组与精组洪音声母合流，“光”韵图照组声母位列的都是知二庄组字，方言读音与韵图照组声母读音要求有别，故强调本韵照组声母位需要“穿牙读”。其次，宕江摄知二庄组字官话读“合口呼”，具有“满口读”的特征，而南丰方言中，这些字与帮、端、精组声母位所列宕江摄一、二等字一样，不读合口呼，而是读开口呼，不符合韵图要求，要“叶韵”，就必须“满口读”。正因为方言宕江摄知二庄组字读开口洪音，因此，刘孚周虽然要求这一组声母位“穿牙”、“满口读”，但同时又在上声照母字“慡《玉篇》之爽切”后增列了阳韵开口三等章母字“掌章养”，透露了南丰方言知三章组洪音字与知二庄组字读音相同的特征。今南丰方言江阳韵知庄章组字读音相同，如“窗”音꜀tʰoŋ，“张”音꜀toŋ，“疮”音꜀tʰoŋ。

四 山摄合口一、二等官话读音合流，南丰方言唇牙喉音有别

明代官话韵书《韵略汇通》将《韵略易通》“山寒”与“端桓”韵合并，反映了山摄合口一、二等读音合流的特点。《翻切指掌》将《直图》“官”、“关”韵合并，山摄合口一、二等字同列“官”韵图，反映的是官话语音特征。“官”韵图第七非组声母位没有列字，第二端组声母位、第四精组声母位、第八组来母位列的都是山摄合口一等字，第五照组声母位列合口二等知庄组字。刘孚周“官”韵图旁注：“第一句第二三句第六句平上去入俱官话读。”“官”韵图列字如下：

官韵，合口呼，**第一句第二三句第六句平上去入俱官話讀**

平：官棺冠倌觀鰥關瘝綸寬欟頑岏 端耑湍團摶漙 般班斑頒搬潘扳拌攀拚盤
　　磐槃鞶瘢瞞漫饅蠻蹣 鑽鋑攢酸○　跧○○○○ 歡翾懽儇桓闤寰還鐶鬟
　　環紈完圜丸鍰汍灣剜豌弯潫 ○翻○○○ 鸞鑾巒○

上：管筦館盥脘欵○魣 短疃斷煖暖煗暵 板版鉼坢伴滿 纂纘趲鄼攛○○○

○㦘○○○ 澴緩澣浣皖莞綄綰碗椀盌○ ○反○○○ 卵○

去：貫灌慣觀冠丱鏉○玩翫 鍛彖段緞斷㥏 半絆泮判盼畔辦叛瓣幔蔓慢漫謾墁 鑽竄爨○算蒜筭○ ○篡饌撰譔○○ 喚煥渙奐換宦幻患豢逭繯腕惋○○販○○○ 亂○

入：括聒适濶○枂 掇裰脫奪○ 鉢撥潑鈸跋末秣抹帕 繓撮○趃○○○○○○ 豁活斡挖○ ○髮○○○ 捋○

第二句“官话读”见上文讨论。第一、三、六句“官话读”的原因是什么呢？从这三组声母位的列字情况来看，与其他声母位不同，这三组声母位既列了山摄合口一等字，也列了山摄合口二等字。除端组声母位外，均列山摄合口一等韵的声母位没有要求“官话读”，列山摄合口二等的照组声母位也没有要求“官话读”，而帮、见、晓组声母位列了合口一、二等字，则要求“官话读”。说明南丰方言山摄合口一、二等唇牙喉字读音有别，只有按照官话读音才符合韵图要求。今南丰方言山摄合口一、二等保留对立，合口一等字韵母读uon或 on，合口二等唇牙喉音字韵母读uan，知庄组字韵母读uon，如“闩”音꜀suon（山摄合口二等字《江西省方言志》没有记录，此音见刘纶鑫1999：176）。

除合口一、二等保留对立外，今南丰方言山咸摄开口一、二等唇牙喉音也保留对立，开口一等唇牙喉音字韵母读on(om)，开口二等唇牙喉音字韵母读an(am)。《翻切指掌》山咸摄开口一、二等唇牙喉音字列不同的韵图，刘孚周没有辨析，因此没有反映这一特征。

五　南丰方言臻摄合口三等见系字读音特殊

臻摄是弇音韵摄，按照语音演变的一般规律以及上文分析的南丰方言声母读音特征来看，“钧”韵图所列臻摄合口三等见系、精组、照组字当同读撮口呼，符合韵图韵母性质“撮口呼”的要求，但韵图旁注“第一六句官话读”。见“钧”韵图列字：

鈞韻 撮口呼 **第一六句官話讀**

平：鈞均軍麕君囷峮羣裙○ ○○○○ ○烹○○○ 遵尊逡皴○荀洵徇旬詢郇恂循馴巡 諄肫窀吨迍春椿脣䐏婃純鶉淳醇蓴 薰勳勲醺熏○醞雲芸澐耘紜筠鄖員云匀 ○分○○○ 倫輪淪綸犉

上：窘稛菌尹 ○○○○ ○○○○ 撙○○笋隼筍○ 準蠢○○盾 ○○氲隕允殞 ○粉○○○ 輪蝡

去：○○郡韻泳咏韵 ○○○○ ○○○○孟 俊駿餕儁峻竣○濬殉 盹○○舜順 訓○蕴慍運暈 ○奮○○○ 淪閏潤

入：橘屈倔崛〇 〇〇〇〇 〇**别鼈**〇拔〇**没** 卒〇崒恤衈怵戌䘏〇 絀黜出术帥術述 獝驈欝聿遹矞 〇**弗**〇〇〇 律入

前面分析指出，旁注“**第一六句官话读**”的一般出现在同列开口二、三、四等见系字的韵图中。“钧”韵图列的都是合口三等韵字，不符合这一情况。因此“钧”韵图旁注“第一六句官话读”很可能是南丰方言臻摄合口三等见系字存在特殊读音，与同韵图合口三等舌齿音字读音有别。

“巾”韵图列字提供了一条重要线索，这一韵图列臻深摄开口三等字，其中非组声母位有音无字，刘孚周在平上去声非母位分别补列了“勋、勋上声、熏去声”。这两字都是合口三等文韵晓母平声字，声、韵、调不完全符合列字要求。刘孚周用纽四声的方式解决了声调问题，同时在平声非组声母位“勋”字旁注“**南丰土音读**”，说明南丰方言臻摄合口三等晓组字与非组字读音合流。南丰方言晓母与非母合流一般发生在合口洪音中，这就透露了南丰方言臻摄合口三等见系字读合口洪音的特点。今南丰方言臻摄合口三等见系字韵母读合口呼uin，声母读舌根音k、kʰ、f（晓匣母），如“均”音꜀kuin，“群”音꜁kʰuin，“训”音 fuin꜄。其他臻摄合口三等字韵母读撮口呼yn。

六 山摄合口三等部分声母字读音特殊

山摄合口三、四等见系字刘氏南丰方言当读齐齿呼，山摄合口三等知章组字可能读开口呼。山摄合口三、四等字《翻切指掌》列“涓”韵图，见“涓”韵图列字：

涓韻 撮口呼 **第一二三五句平上去入俱官話讀**

平：涓鵑娟蠲圈權惓拳顴踡原袁猿元源垣轅鼋沅 〇**顛**〇〇〇 〇**邊**〇〇〇 鐫詮荃悛痊筌銓拴全泉宣揎旋璇璿 專顓穿川傳船〇遄 暄煊諼萱壎暄玄泫悬淵鴛冤員沿鉛援爰捐鳶圓園媛緣櫞瑗 〇翻〇〇〇 攣㬉

上：捲畎犬〇阮 〇**典**〇〇〇 〇**匾**〇〇〇 〇**剪**吮雋選璇 轉喘**舛篆**〇〇〇 烜泫苑宛婉畹蜿遠 返反〇〇挽娩輓晚 臠孌軟輭嬽

去：絹卷眷狷棬勸綣券倦願愿 〇**店**〇〇〇 〇**變**〇〇〇 〇**箭**縓〇選鏇旋囀串釧傳椽篆〇〇 絢眩縣衒怨院遠媛掾 泛汎販範犯范〇曼萬 戀〇

入：厥觖决訣譎闕闋缺〇月悦閲 〇**跌**〇〇〇 〇**鼈**〇**撇**〇**勃**〇**滅** 蕝節絟絕雪踅 拙啜輟茁惙歠〇説〇 血穴抉越曰 〇**髪**閥筏〇〇 劣鋝〇

这一韵图原本第二、三组声母位有音无字，刘孚周分别在平上去入声端、帮母位补列了“顛、典、店、跌”与“邊、匾、變、鼈”（入声滂並明母位还补列了“撇勃滅”）等山摄开口三、四等字。刘孚周在韵目后旁注“**第一二三五句平上去入俱官话读**”。第二、三句刘孚周补列的切字不完全符合韵图要求，因此需要“官话读”。但第一句见组声母位列的都是山摄合口三、四等字，要求“官话读”的原因是什么？据陈昌仪《江西赣方言概论》介绍，山摄合口三等见系字在现代赣方言抚州片中的读音差别较大，其中“马墟、对桥、黎川县、南丰县读[iɛ n]”(陈昌仪 1991:37)。正因为受合口三、四等见系字读齐齿呼的影响，所以刘孚周在第二端组、第三帮组乃至第四组精母上、去、入声位都补列了开口三、四等字。不过据现有的调查报告，如刘纶鑫(1999)《客赣方言调查报告》、陈昌仪(2005)《江西省方言志》，山摄合口三等字韵母都不读齐齿呼，而是读撮口呼，这可能与调查的方言点或调查对象不同有关系。

“涓”韵图第五句照组声母要求“官话读”，可能与见组声母位不同。上文指出，南丰方言知三章组字有依据韵母主元音弇侈不同而分别读洪、细音的特点。山摄属于侈音韵摄，韵图列字反映开口三等读开口洪音，那么合口三等也可能读开口洪音或合口洪音。不过据现有的调查研究报告，今南丰方言山摄合口三等知章组字韵母均读撮口呼，如“穿”音꜀tɕʰ yan，“船”音꜁ɕyan。但临近的南城方言中，山摄合口三等知章组字韵母读开口呼，如“穿”音꜀tʰ ɔn，“船”音꜁sɔn。

七 遇摄三等鱼、虞韵有别

“居”韵图列非组、庄组以外的遇摄三等字，这一韵图的韵母性质是“撮口呼”，刘孚周没有旁注，因此土话读音应当与官话一致。不过，这可能反映的是土话文读音与官话一致。部分鱼韵土话白读音与官话还是有一定的区别，表现在两方面：一是“迦”韵图韵目官话音与南丰土音“猪”相同；二是“赀”韵图晓组声母位有音无字，刘孚周补列“墟”字，并注明“南丰土语读”。“猪”、“墟”都是遇摄三等鱼韵字，反映了南丰方言遇摄鱼、虞韵有别的特征。即鱼韵土音白读与官话“遮”类韵读音相近，文读与虞韵无别。据大岛广美调查，今南丰方言“古遇摄三等鱼韵的一部分字白读为[iɛ](但“锯”读[ɛ])”。如，“去”音tɕʰ iɛ5，“女”音niɛ3，“鼠”音 ɕ iɛ3，“书”音 ɕ iɛ1。(见大岛广美 1995:127)

八 官话蟹摄合口一等与止蟹摄合口三、四等同音，南丰方言读音有别

《中原音韵》齐微部蟹摄合口一等与止蟹摄合口三、四等字读音合流，韵母读合口洪音，这是官话音的显著特征之一。《翻切指掌》承袭了《直图》及其蓝本《切字捷要》“规”韵图列字，明确反映了这一语音特征。见“规”韵图

平、上、去声列字：

規韻 合口呼 **除第七句外，全韻俱官話讀**

平：規亀瑰閨歸皈圭魁盔詼虧窺奎恢睽刲闚葵逵騤馗夔巍嵬危桅 堆推頹挼 杯盃栢悲碑陂丕坯醅裴徘培賠陪梅霉枚眉楣玫嵋煤媒莓 ○催縗摧崔雖綏睢隨 追錐吹炊槌椎錘搥鎚榱誰垂陲 灰麾徽揮輝翬撝回徊廻茴洄威葳偎煨逶隈為维韋違惟闈帷圍 非緋飛霏裶肥○微薇 雷纍縲羸蘈

上：詭宄軌簋鬼晷癸姽陒傀跪揆隗 ○腿○餧 鄙彼佸○美 嶏○罪髓○ 捶棰揣○水箠 毀卉賄虺燬○匯委痿猥諉葦偉唯洧韙 斐菲篚誹膹○尾 壘磊蕾儡藟誄纍蘂蕊

去：貴愧媿桂會鄶儈獪檜劊膾喟匱蕢饋簣餽闠櫃魏偽 對碓退隊憝内 背輩配佩邶倍悖誖焙珮背妹昧寐 醉翠脆啐毳倅萃悴瘁歲粹碎祟誶晬遂隧穗燧彗贅綴吹懟縋墜硾稅帨瑞睡 誨晦喙悔諱噦翙嘒潰螝恚慧蕙惠憒繪匯槥穢畏尉慰熨胃蝟為鋭衛謂位彙緯渭 廢肺吠翡○未 類泪擂累耒芮汭

但刘孚周“规”韵图旁注“**除第七句外，全韵俱官话读**”，反映了南丰方言“规”韵字读音与“官话”有别。

“规”韵图第七句只列了止蟹摄合口三等非组字，方言读音当与韵图要求相符（今南丰方言非组字读 fi，因为唇音的缘故，刘氏认为差异不大。上文“勋”列“巾”韵图，同样因为声母读 f，故开合不分）。帮组、见组、晓组声母位混列止蟹摄合口一、三、四等字，要求“官话读”的原因，应当是南丰方言蟹摄合口一等与止蟹摄合口三、四等字读音有别。今南丰方言蟹摄合口一等唇牙喉音字韵母读 oi，如“赔”音꜁pʰoi、“灰”音꜀foi；止蟹摄三、四等帮组字多读 i 或 ei，合口三、四等见系字多读 ui，如“比”音꜂pi，“亀”音꜀kui，“葵”音꜁kʰui，“围”音꜁vi。

端组声母位只列灰韵字，现代南丰方言韵母读 oi，“官话读”的原因见上文。精组声母位列止蟹摄合口一、三等字，照组声母位只列了止蟹摄合口三等字，要求“官话读”的原因与唇牙喉音有所不同。南丰方言止蟹摄合口一、三等舌齿音字韵母虽同为 y，如“催”音꜀tʰy，“醉”音 tɕy꜄，“锤”音꜁tɕʰy，但与韵图合口呼的特征不符，故也必须“官话读”。

九 南丰方言不存在真正意义上的舌尖元音，止摄开口三等精庄知章组字韵母与官话“遮”类韵相同

《中原音韵》止摄开口三等精庄章组日母字独立为“支思”部，与其他止摄开口三等字有别，这也是官话语音的显著特征之一。明清韵书对这一特殊语音多有记载，但不尽一致。《直图》蓝本《切字捷要》“赀”韵图的来源与

《中原音韵》一致。《直图》与《切字捷要》基本一致，但照组声母位则因为对《横图》列字特点不了解，列了部分蟹摄开口三等字及止摄开口三等知组字。

《翻切指掌》“赀”韵图平上去声位列字与《直图》基本一致，只是换列了“迟”、“雉”等知组字，以及在非母位增列了切字。但入声韵既和《直图》一样列了臻摄开口三等庄组字，又列了臻、深、曾摄开口三等精组、章组、晓组、来母字以及非组字，部分在“基”韵图重出。见“赀”韵图列字：

貲韻 齊口呼，右(按：指“基”韵)**以知母舌上音，舌上抵齶者，納入正齒音，在舌上而出音，此為辨音未精。所以三十六字母缺一不可**。此韻無上三句，即從㊫㊕牙音起。**此韻不順口**

平：貲咨姿諮孳兹滋資孜鼒粢齊趦雌慈訾疵祠茨磁斯偲緦私絲司思笥愢廝詞支祇差遲詩時禔 ○墟○○○(**南丰土语讀**) 飛○○○ 黎孋兒

上：子梓姊紫耔仔此紫死似巳姒祀耜兕 紙址沚指旨咫止趾第芷祇齒祉茝士豸俟仕峙涘始驶是 ○○○○ 非○○○ 鯉李裹俚娌耳珥餌爾邇

去：恣胔次刺自字漬四伺肆賜駟泗寺嗣飼食 至制置製廁翅滯傺雉試啻勢貰侍噬舐恃筮視諡嗜事是市氏示 ○○○○ 肺○○○ 厲痢勵例俐礪糲蠣二貳幟樲餌

入：即漆集膝襲 櫛職織叱齜瑟拭烒識式軾飾虱蝨○ 迄扢○○翼翌弋翊 拂鬅○○○ 栗慄溧○

与《直图》不同，《翻切指掌》“基”韵图照组声母位不仅列了知组字，还列了止、蟹摄开口三等庄章组字(且“赀”韵图照组声母位只有少数的章组声母代表字，大多数章组字列“基”韵图，并有重出现象)。见“基”韵图列字：

基韻 齊口呼 **第二句第五句平上去入俱官话读**

平：基箕幾肌飢羁乩筓姬機稽譏璣鷄羈饑磯蟣雞欺踦溪豀崎觭奇騎淇碁棋旂旗其期歧岐頎麒耆祁畿琪蘄跂祺祇倪儀宜霓姨疑夷沂猊輗 低羝隄梯啼稊蹄題提綈禔嗁醍泥妮怩呢鸋 卑篦裨陂披被批皮貔鼙琵枇疲脾羆陴迷麋麛糜彌眯醾 齎虀躋齎妻悽凄萋霋齊臍蠐西恓撕犀栖棲嘶○ 知緇菑輜錙淄椔枝之脂胝卮芝肢癡痴鴟蚩笞嗤媸魑絺持踟驰池墀蚳治施尸屍獅師螄蓍匙塒 希羲犧嘻熹嬉禧欷巇稀熙醯奚蹊携兮畦嵇衣伊醫噫依黟咿褘移彝頤遺貽飴怡痍匜庈詒 非扉霏妃肥○微 離蔾蘺犁梨篱璃驪鸝漓罹莉貍蠡褵黧藜黎蜊而

上：己紀几幾起豈启棨綮杞芑屺啓稽跬技妓跽擬矣已綺蟻艤 邸的牴抵底觝詆弤砥體弟你旎禰瀰 比妣匕俾鄙粃秕仳陛痞否米靡弭 濟擠霽泚瘠徙洗壐葸蹝屣葸○ 只枳徵凿侈耻祉痔矢屎始使豕史弛氏 喜傒倚旖椅扆以迤苢苡 匪誹菲蜚○○亹尾 里禮理逦醴逦履蠡○

去：寄冀記計既暨驥髻薊季覬繼洎器企氣契棄憩炁弃忌悸偈詣囈睨義誼刈乂議毅藝羿 帝嚔諦蒂替涕剃薙殢屜地締禘第棣悌娣遞膩泥慖 閉賁蔽秘轡嬖臂閟畀庇詖毖譬帔屁嚊備鼻髭弊婢避敝被陛幣狴媚袂謎魅 濟際祭躋砌妻眦剤細壻○ 智贄誌摯痣志致觶輊寘蕺饎躓忮識幟熾稺痔彘稚雉褫治世弑使勢誓 戲餼係系繫意殪憶懿縊億臆瘞衣翳瞖饐異肄易廙裔曳洩 費沸芾吠翡○味未 利蒞涖儷隸荔詈麗戾吏哩蒞線○

入：吉急級訖給汲伋乞泣詰及岌佚 的剔狄暱匿怩昵 必畢筆匹疋弼密蜜謐宓即跡唧七漆柒疾嫉集蒺辑悉蟋膝席隰蓆襲 質陟窒執汁熾飭斥敕勅值直植秩殖失室實拾十 肸吸歙麧檄一挹悒揖邑乙弌逸鎰佾 ○○○○ 立笠粒苙日

因此《翻切指掌》与《直图》“赀”、“基”韵图性质有很大差异。刘孚周“基”韵图附注“**第五句平上去入俱官话读**”，说明“基”韵图照组声母位所列止蟹摄开口三等知庄章组字韵母与其他声母字读音有别，当与“赀”韵图韵母相同。

南丰方言“赀”韵母与官话舌尖元音应当有很大区别，从原本内容来看，南丰方言并不存在真正的舌尖元音，而是与“基”韵母相近的舌面元音。因此《直图》“赀”韵图为开口呼，而《翻切指掌》注“齐口呼”。并出现“赀”、“基”两韵列字多重出以及列字不当现象，以致刘孚周认为“**此韵(赀韵)不顺口**”。

不过南丰方言“赀”韵母是客观存在的，这一韵母读音与官话不同，是舌尖元音在方言中的一种独特表现形式。“赀”韵图平声晓母位无字，刘孚周补充了遇摄三等鱼韵晓母字“墟溪鱼”，并注曰“**南丰土语读**”。“赀”韵图字韵母刘孚周认为当读如鱼韵字“墟”的土话音，而鱼韵土话白读音读同官话“遮”类韵(见上文讨论)。据此推测，南丰方言“赀”韵母当读如官话“遮”类韵。其读音包括止摄开口三等精庄组字，也包括了止蟹摄开口三等知章组字。今南丰方言止、蟹摄开口三等精庄知章字读tsɛ、tsʰɛ、sɛ，此音最初可能有i介音，或因为声母为舌尖前音、韵母为舌面前元音的缘故，编者误认为其韵母性质为“齐口呼”。

十 假摄开口二等字韵母读音相同，开口二、三等韵主元音不分化

官话“拏”、“嘉”韵洪细对立，南丰方言均读开口洪音；官话“麻”、“遮”分韵，南丰方言不分韵，官话“遮”类韵南丰方言读与开口呼“拏”韵相对应的齐齿呼。

《翻切指掌》“拏”、“嘉”韵列假摄开口二等字。其中“嘉”韵图为齐齿呼，“拏”韵图为开口呼。“拏”韵图刘孚周旁注“此韵自第二句以下悉与嘉韵同

音"，"拏"韵图见母位旁注"同南丰土语读家"，（见上文所举"拏"韵图平声列字以及"嘉"韵图列字）反映了"嘉"、"拏"两韵南丰方言并无区别。今南丰方言假摄开口二等字韵母均读 a。

《增修互注礼部韵略》记载了"麻"、"遮"分韵现象；《中原音韵》麻韵二、三等字分列"家麻"、"车遮"部，明确记录了官话语音的这一显著特征。《翻切指掌》据《直图》立"迦"韵图，但刘孚周不仅指出韵目字"迦"为"借音"、不符合官话读音要求、此韵韵目字官话音当读土话"猪"，并指出"第二句第四句第五句第六句平上去入俱官话读"。见"迦"韵图刘孚周旁注及列字：

迦韻，**同南丰土语讀豬，**齊口呼 **第二句第四句第五句第六句平上去入俱官话讀。迦㴷拏三韻之韻首皆借音也。迦為韻首，㴷為首句第二字，拏為第二句第四字。**

平：迦○茄耶 爹○○臞 ○○○○哶 嗟䃴苴些邪斜 遮車硨○奢賖闍佘蛇 ○○○爺玡 ○○○○ 囉㛖

上：○○○○ ○哆○○○ ○○○乜 姐且担寫灺 者赭撦扯○捨社 ○○○野也冶 ○○○○ ○惹

去：○○○○ ○○○○ ○○○○ 借笡藉瀉卸謝榭 蔗鷓柘這趚○舍赦麝射 ○○○夜 ○○○○ ○偌

说明麻韵开口三等精组、知章组、见系字韵母都与官话读音有别。今南丰方言麻韵开口二、三等不分韵，"迦"韵与"拏"、"嘉"韵主元音同为 a，其中知三章组字韵母读 a，其余三等字韵母读齐齿呼ia。

《翻切指掌》"㴷"韵仅平声列了戈韵合口三等字（韵目字为麻韵开口三等字），且仅见组、晓组以及来母位列了字。这一韵母官话为"遮"类韵撮口呼，南丰方言不常见，刘孚周旁注"**南丰俗语所谓□舌便得其音**"，"**首句六句官话读**"。今南丰方言戈韵合口三等读与果摄一等主元音相同的齐齿呼，如"靴"音꜀ɕio。

第四节 19 世纪末南丰方言声调系统特征

一 《翻切指掌》所反映的南丰方言入声韵的特征

与《直图》不同，《翻切指掌》不仅阳声韵列了入声韵字（含《直图》没有列入声韵的"根"、"巾"两韵），包括"赀"、"基"在内的所有阴声韵都列了相承的入声韵字。从列字情况来看，阳声韵图入声韵列字与《直图》相关韵图基本一致，除曾梗臻深摄外，中古不同韵尾入声韵字基本不混。阴声韵图入声韵则多混列不同韵尾入声韵字（且分别与不同韵尾阳声韵具有相承关系，如“该”韵图入声“隔”韵字分别与“庚”、“根”韵相承），反映了古-p、-t、-k三种不同韵尾对立消失的特征。（《翻切指掌》阴入阳声韵相承关系见表4—6）

表4—6 《翻切指掌》阴入阳声韵相承关系

阴	入	阳	阴	入	阳	阴	入	阳	阴	入	阳
该	隔	庚、根	规	縠	公	高	阁	冈	浵	厥	涓
皆	结	坚	钩	格	庚、根	骄	角	江	拏	阁	
乖	国		鸠	给	京、巾	歌	割	干、冈	嘉	戛	
基	吉	京、巾	姑	谷	公	戈	槨	光、宫	瓜	刮	
赀	即	京、巾	居	菊	弓、钩	迦	拮	坚			

《翻切指掌》入声韵特征与现代南丰方言有很大区别，赣方言抚州片韵母系统除普遍保留了鼻韵尾[n、m、ŋ]的对立之外，也“保留了入声韵尾[P、t、k]的对立。抚州、临川、东乡、崇仁、宜黄、南丰等五个县市从县城到农村都保持了这种对立”。（陈昌仪1991：36）《翻切指掌》入声韵无疑反映的是官话语音特征，不过部分入声韵列字同时也反映了南丰方言的特征。如：

（一）山咸摄开口一等以声母为条件分化，其中开口一等唇牙喉字韵母与宕江摄入声韵母主元音相同，山摄合口一等与宕摄合口入声韵字韵母主元音相同。宕江摄知二庄组字韵母方言读开口呼

《翻切指掌》“歌”、“干”韵同入。“干”韵图入声“葛”韵列山摄开口一等入声字、合口一等入声帮组字（与《直图》“葛”韵列字基本一致）。“歌”韵图入声“割”韵见、晓组声母位与“葛”韵一致；帮组声母位混列山摄合口一等入声字与宕摄一等入声字；精组、照组声母位列宕江摄入声韵字。“歌”韵图所列入声韵字更多的依据实际语音，说明宕江摄入声与山摄一等唇牙喉音入声字韵母主元音相同。

“葛”韵所列山摄开口一等入声舌齿音字及“割”韵所列山摄开口一等入声端组字在“拏”韵图入声“阁”韵重出，而“割”韵图所列宕江摄入声字、山摄开口一等入声牙喉音字并没有在“拏”韵图入声“阁”韵重出，说明实际语音中山摄一、二等舌齿音与山摄一等唇牙喉音有别。今南丰方言山摄开口一等舌齿音以及二等入声字韵母读at；开口一等牙喉音、合口一等唇音入声字韵母读ot，与宕江摄入声韵母oʔ主元音相同。

咸摄一等入声牙喉音字只列“拏”韵图入声“阁”韵，实际语音中是否与山摄一等牙喉音一样与舌齿音有别，没有确切证据。不过《翻切指掌》将山、咸摄一等牙喉音入声字分别列“歌”韵与“拏”韵图入声韵，有人为的成分。《翻切指掌》将《直图》咸摄一等"甘"韵图与山摄一等"干"韵图合并,"干"韵图入声列了山摄一等入声牙喉音字,咸摄一等入声"閤"韵无处可列,只好将根据阴入相承关系列开口呼的"拏"韵图。事实上,《翻切指掌》"拏"韵图入声"閤"韵与《直图》"甘"韵图入声"閤"韵小韵代表字基本一致。因此,实际语音中,咸摄一等入声牙喉音当与山摄一样,与一等舌齿音及二等韵韵母有别。今南丰方言咸摄一等见系字韵母读 op,与一等舌齿音及二等入声字韵母 ap 有别。

《翻切指掌》"官"韵图入声"括"韵列山摄合口一等入声,与《直图》"括"韵一致。但"光"韵图"郭"韵以及"戈"韵图"槨"韵除列宕摄合口一等、宕江摄入声知庄组字外,还列了山摄合口一等端组、帮组、来母入声字。官话语音古宕、山摄合口一等入声韵母应当一致。不过,这几韵图所列山摄合口一等入声帮组字、宕江摄入声知庄组字在开口韵图"葛"、"割"韵图重出,这与《直图》没有承袭关系,应当是受韵图作者方言的影响。今南丰方言山摄合口一等入声帮组字韵母读 ot,宕江摄入声知庄组字韵母读 oʔ。

(二)臻摄合口洪细音入声韵保留独立,没有与通摄洪细音入声完全合流,即"谷"、"骨"有别,"菊"、"橘"有别

《翻切指掌》通摄入声与遇摄"姑"、"居"韵、止蟹摄合口"规"韵有相承关系;臻摄合口入声与阴声韵没有相承关系。从韵图列字来看,除"姑"、"规"韵图臻、通摄合口三等非组字混列外,臻、通二摄入声韵字并不相混。清代官话韵书《五方元音》通、臻二摄入声合流,合口洪音列"虎"韵,合口细音在"虎"韵与"地"韵重出(参见叶宝奎 2001:186~188)。《直图》"姑"韵"入声如公韵","居"韵"入声如钧韵",通、臻摄入声有合流的迹象。《翻切指掌》通、臻摄入声不混,应当是受南丰方言的影响。今南丰方言通摄入声字韵母分别读 uʔ、yʔ,臻摄合口洪细音入声分别读 ut、uit(见系字)或 yt。

《直图》臻、通摄非组入声字不混列,《翻切指掌》臻、通摄非组入声字同音,反映的应当是官话语音。因为南丰方言臻摄非组入声字不仅与通摄非组入声有别,也与臻摄合口三等其他声母字读音有别。《翻切指掌》"昆"韵图入声"骨"韵非组声母位重列了臻摄合口三等非组字,刘孚周特意旁注"此句官话读"。今南丰方言臻摄合口三等入声非组字韵母一般读 iat(据陈昌仪 2005)或 ɛt、iɛt(据刘纶鑫 1999)。

从明清官话韵书反映的情况来看,入声读音大致可以分为两个系统,北方官话韵书入声大致派入阴阳上去四声,如《篇韵便览》等;大多数官话韵书,尤其是南方官话韵书韵图大多保留入声韵,如明初《洪武正韵》、《韵略易通》,万历年间《切字捷要》、《便考私编》,清代《五方元音》等。曾晓渝先生通过对明代十八种韵书的考察,认为"入声调类还普遍的存在于明代的南北方言之中”(曾晓渝 1991:72)。保留入声韵应当是明清官话语音的基本特征之一,也是知识分子阶层严格遵守的语音标准之一。《翻切指掌》保留入声韵无疑是官话语音特征的反映。不过,无论官话还是方言,入声韵的韵类区分、语音特征相对于阴声韵、阳声韵更为复杂,方言的影响在所难免,一定程度上会反映韵书作者的方言语音特征。

二 南丰方言的声调系统特征

《翻切指掌》韵图横列平、上、去、入四声,但韵图列字及相关说明反映,实际语音(官话及方言)全浊声母已经清化,因此,平分阴阳的特征是客观存在的。正因为如此,刘孚周在平声浊声母位均注“阳”,以示平声具有阴阳分调的特征。去声浊声母位刘孚周也旁注了“阳”,说明刘氏方言去声也具有阴阳分调的特点。上声虽然独立为一个调类,但其中的古全浊声母上声字已读阳去。《翻切指掌》韵图上声全浊声母位虽然列了部分字,但为数较少。大部分全浊声母上声字列去声全浊声母位,并且部分为上声全浊声母位重出字。其中去声全浊声母位列全浊声母上声字 86 字,重见于上声全浊声母者 18 字。

因此,刘孚周旁注及韵图列字反映,南丰方言的声调系统共有六个调类:阴平、阳平、上声、阴去、阳去、入声。这一声调系统与现代南丰方言有一定的出入。据陈昌仪先生调查,南丰县城和古城两个代表点的去声都只有一个调类,而阳平按今音声母送气与否分化为两个调类,入声则以韵尾的区别分为两类。不过,除南丰与广昌外,赣方言抚州片去声均分阴阳,入声不分调的则有南城。(见陈昌仪 1991:35)刘孚周旁注所反映的声调系统虽与现代南丰方言有一定的区别,但与南城方言极为接近(山摄合口三等知章字读音特征亦如此)。这不排除方言点之间的差异,可能反映的是刘氏本地的方言特色,当然也有语音认识方面的不足。毕竟《翻切指掌》是以反映官话语音为宗旨的,刘孚周只是在原本基础上对韵图语音与实际语音的差异进行粗略比较而已,因此不可能给我们提供准确而细致的方言语音信息。但他的旁注内容、增列的切字,已经为我们了解清代末年南丰方言的语音特征提供了难得的材料,为我们了解清代末年方言与官话的差异、相互影响提供了难得的视角。

第五章 《国音四种》所记20世纪初江西高安方音

《国音四种》是江西高安人涂铿所著的一部稿本。写作时间在1918年“国语拼音方案”颁布后不久，大约在20世纪20年代初。《国音四种》实际上就是有关怎样学习国音的四篇论著，其中第四篇“改正土音法”以注音字母为工具，通过总结归纳高安土话与国音的对应规律，帮助当地人学习国音，并希望通过推广这种方法，使每个地方的人都能改正自己的土音。正如他在卷首所说：“如果我国四万万人都用我的法子，各自改正他们的土音，那么各地的方音不难慢慢统一起来，尽变成国音了。”具体的方法是什么呢？涂铿是这样说的：“我是考察土音（我所知道的）和官音的差别，今音和古音的变迁，才知道土音和国音中间的异点是有一定的条理，可以触类引申，举一例百的，并不是两不相涉，茫无头绪，好像中外字音的不相入哩。我用注音字母做媒介，寻找他们相差的条理，所以有改正土音为国音的方法。”可见，涂铿寻找改正土音的方法，是经过自己不断的摸索得到的，也是对自己方音的深入研究，并和国音、官音、古音进行深入比较之后得到的。涂铿是最早以注音字母为工具进行方言研究的学者之一，涂铿是高安人，他所要改的土音当然是他的家乡话，这一点他交代得很清楚，他说：

> 我国开发最古，山水阻隔，加以数千年的沿革，所以各处的土音非常复杂。省和省大异，县和县相殊。即同县的各乡，相距不过数十里，也有各别的土音。现在要将各地的土音统一起来，不得不定国音为标准。这个国音是否可作标准音暂且不讲，就将那复杂的土音改作这个国音，也不是易事。我所游历的地方不远，所知道的方音也不多，却要作这篇改正土音的文字，岂不空谈无补，还要引起大家的疑惑吗？但我所改的土音是改正我个人的土音和我知道的方音，不是改正各省各县各乡复杂的土音。

可以说，涂铿是目前为止，我们所知第一个真正意义上对赣方言进行研究的学者。他在把高安土话与国音进行对比研究的过程中，不仅对 20 世纪初的高安方言进行了真实的描写，从声、韵、调三方面记录了高安方言的语音系统，而且在对比过程中，把国音和土音从“声母的变动”、“韵母的变动”、“声母和韵母的共同变动”、“平仄的变动”四方面进行了对比，共归纳了 51 条条例，也就是高安方言和国音的 51 条对应规律，是一篇非常成熟的方言研究论著。为我们了解 80 年前高安方言的特点，80 多年来高安方言的演变提供了非常难得的材料。

第一节　20 世纪初高安方言声母、韵母与声调系统

一　高安方言的声母系统

“改正土音法”第一部分，即该书第十章“闰音”部分，涂铿指出：“我们要将土音改为国音，必定藉助‘注音字母’做媒介，注音字母是表示国音的，至于表明各地土音，尚不足用。又要从注音字母添制闰音——闰音做土音和国音的媒介。这是我改正土音的第一步。”但就在这一章卷首，涂铿指出“声母不须另造闰音”。也就是说，高安方言的声母系统包含在国音声母系统之内，国音声母系统见表 5—1(国际音标为笔者转写，下文同)。

表 5—1　国音声母系统

注音字母	ㄅ	ㄆ	ㄇ	ㄈ	ㄪ	ㄉ	ㄊ	ㄋ	ㄌ	ㄍ	ㄎ	ㄫ	ㄏ	ㄐ
国际音标	p	pʰ	m	f	v	t	tʰ	n	l	k	kʰ	ŋ	x	tɕ
注音字母	ㄑ	ㄬ	ㄒ	ㄗ	ㄘ	ㄙ	ㄓ	ㄔ	ㄕ	ㄖ	ㄧㄨㄩ			
国际音标	tɕʰ	ȵ	ɕ	ts	tsʰ	s	tʂ	tʂʰ	ʂ	ʐ	ø			

通过考察涂铿在“国音和土音的差异”部分的论述，我们发现高安方言中没有ㄋ母(n)、ㄬ母(ȵ)以及卷舌音ㄓ(tʂ)、ㄔ(tʂʰ)、ㄕ(ʂ)、ㄖ(ʐ)。因此，连零声母在内，高安方言实际上只有 19 个声母：

p　pʰ　m　f　v　t　tʰ　l　k　kʰ　ŋ　x　tɕ　tɕʰ　ɕ　ts　tsʰ　s　ø

二　高安方言的韵母系统

高安方言与国音在韵母方面有很大的差异，为了真实记录高安话的语音，涂铿造了一系列的闰音符号(闰音符号多以旁加“!”表示)，共计双元音韵母闰音 4 个，鼻音韵母闰音 8 个，另有入声韵母闰音 16 个。

双元音韵母闰音：

ㄞ！＝ㄛ＋ㄧ(oi)　　ㄠ！＝ㄛ＋ㄨ(ou)

ㄡ！＝ㄝ＋ㄨ(εu)　　ㄟ！＝ㄝ＋ㄧ(εi)

鼻音韵母闰音：

ㄣ！＝ㄝ＋ㄋ的本音(εn)　　ㄢ！＝ㄛ＋ㄋ的本音(on)

ㄥ！＝ㄝ＋兀的本音(εŋ)　　ㄤ！＝ㄛ＋兀的本音(oŋ)

ㄤ＝ㄚ＋ㄇ的本音(am)　　ㄤ！＝ㄛ＋ㄇ的本音(om)

ㄙ！＝ㄝ＋ㄇ的本音(εm)　　ㄙ＝ㄜ＋ㄇ的本音(em)

入声韵母闰音：

ㄚ！＝ㄚ＋ㄉ的本音(ㄢ的入声，at)

！ㄚ＝ㄚ＋ㄅ的本音(ㄤ的入声，ap)

ㄝ！＝ㄝ＋ㄉ的本音，(ㄣ的入声，εt)(按：当为“ㄣ！的入声”)

！ㄝ＝ㄝ(原误为ㄚ)＋ㄅ的本音，(ㄙ的入声，εp)(按：当为“ㄙ！的入声”)

ㄛ！＝ㄛ＋ㄉ的本音，(ㄢ！的入声，ot)

！ㄛ＝ㄛ＋ㄅ的本音，(ㄤ！的入声，op)

ㄜ！＝ㄜ＋ㄉ的本音，(ㄣ！的入声，et)(按：当为“ㄣ的入声”)

！ㄜ＝ㄜ＋ㄅ的本音，(ㄙ！的入声，ep)(按：当为“ㄙ的入声”)

ㄧ！＝ㄧ＋ㄉ的本音，(ㄧㄣ的入声，it)

！ㄧ＝ㄧ＋ㄅ的本音，(ㄧㄙ的入声，ip)

ㄨ！＝ㄨ＋ㄉ的本音，(ㄨㄣ的入声，ut)

！ㄨ＝ㄨ＋ㄅ的本音，(ㄨㄙ的入声，up)

ㄩ！＝ㄩ＋ㄉ的本音，(ㄩㄣ的入声，yt)

！ㄩ＝ㄩ＋ㄅ的本音，(ㄩㄙ的入声，yp)

乙!＝乙!＋ㄉ的本音(ït)

!乙＝乙!＋ㄅ的本音(ïp)

最后，涂镗以表格的形式将高安方言韵母与闰音进行了归纳，见以下高安方言韵母与闰音表(原表从右至左，经为发音，纬为收音)。

表 5—2　高安方言韵母与闰音表

收音＼发音	ㄚ a	ㄛ o	ㄜ e	ㄝ ε	ㄧ i	ㄨ u	ㄩ y	乙! ï
(ㄧ) i	ㄞ ai	ㄞ！ oi	ㄟ ei	ㄟ！ εi				
(ㄨ) u	ㄠ au	ㄠ！ ou	ㄡ eu	ㄡ！ εu				

续表

发音 收音	ㄚ a	ㄛ o	ㄜ e	ㄝ ɛ	一 i	ㄨ u	ㄩ y	乙! ï
(ㄋ) n	ㄢ an	ㄢ! on	ㄣ en	ㄣ! ɛn				
(兀) ŋ	ㄤ aŋ	ㄤ! oŋ	ㄥ eŋ	ㄥ! ɛŋ				
(ㄇ) m	尢 am	尢! om	厶 em	厶! ɛm				
(ㄉ) t	ㄚ! at	ㄛ! ot	ㄜ! et	(ㄝ!) ɛt	一! it	ㄨ! ut	ㄩ! yt	乙! ït
(ㄅ) p	!ㄚ ap	!ㄛ op	!ㄜ ep	(!ㄝ) ɛp	!一 ip	!ㄨ up	!ㄩ yp	!乙 ïp

表 5—2 所列的韵母和闰音基本上归纳了高安土话的韵母系统,共计韵母(与国音相同的韵母)15,闰音 29。不过闰音表并不是高安方言完整的韵母表,因为:(一)表中的ㄜ!与!ㄜ并不是常用的。涂铿在表格后说:“上表所列的声母和不常用的闰音都加()为记。”(按:误为ㄝ!与!ㄝ)(二)除入声以外,表中反映出来的只有开口呼韵母,没有齐齿、合口与撮口呼韵母。原因是涂铿认为这些韵母可以和一ㄨㄩ直接拼合,故不列出;表格后,涂铿做了说明:“又一ㄨㄩ和ㄋㄇ兀的合音就是一ㄣ、一ㄥ、一厶,ㄨㄣ、ㄨㄥ、ㄨ厶,ㄩㄣ、ㄨㄥ、ㄩ厶。故不另制闰音。”(三)涂铿没有为中古收k尾的宕、江、通摄入声与梗摄入声白读另造闰音,可能这些韵摄的入声韵已经丢失辅音韵尾,与阴声韵读音相同,只是在声调上保留短促的入声调的特点,或保留喉塞尾的特点。在举例比较部分,涂铿仿国音在这些韵摄字后注阴声韵母,但在右下角注上“.”表示入声(部分可能漏注,下文入声一律以右下角加“.”表示)。

根据第十一章“国音和土音的差异”部分的分析,我们归纳高安土话的韵母系统如下。为方便起见,韵母系统转写为国际音标,其中中古收k尾的宕、江、通摄入声,以及梗摄入声白读音一律以喉塞尾ʔ表示。

a o ɚ i u y ï ai oi ei ɛi ui au ou ɛu eu

ia io iu iɛu

ua uo uai uei

aŋ oŋ an on en ɛn n am om ɛm em

iaŋ ioŋ in iɛn iɛm im

ŋ uoŋ əŋ uŋ uan un uɛn

yŋ yon yn

aʔ oʔ uʔ yʔ at ot ït ɛt ïp ap op ɛp

iaʔ ioʔ iuʔ it iɛt iɛp ip
uaʔ uat uot ut uɛt
yoʔ yot yt

三　高安方言的声调系统

为了兼顾南北音，老国音共制定了阴平、阳平、上声、去声、入声五个声调，其中入声是南音独有的。涂铿对国音五个调类的划分法很不满意，第一篇“国音和旧音韵及罗马音的比较”第一章“声母、旧字母及罗马字前音的比较”“声调”部分，对调类的划分发表了自己的看法。他说：“这五声的规定曾见于《李氏音鉴》，李汝珍是北方人，所以他的上去入没有阳声。南方人实在有八声，平去的阴阳最易分辨，入声的阳声土语中多能读出，如‘白’‘读’‘叶’等字，惟上声却不易分明。我的意见，上、入的阳声尚可并入阴上、阴入，去声究不能不分阴阳。”也就是说，在当时高安方言中，平、去、入声阴阳分调的特征是非常明显的。他所说的上入的阳声尚可并入阴上阴入，是一种折中的说法。因为入声在高安人的语音中，尤其在读书音和口语中，表现情况不一样。涂铿在“四声”部分是这样说的：“入声‘白’‘月’‘叶’等字，在语言中读阳入，在文字中又读阴入。”因此对国音入声不分阴阳勉强同意。至于上声字，因为全浊上声字已经读为阳去，次浊上声与阴上合流，所以对上声不分阴阳也比较同意。关于全浊上声归阳去的现象，涂铿在“国音和土音的差异”第四部分，“平仄的变动”第一例“上声混作去声”中特意举例进行了说明，并且解释说：“因为上声的阴阳差别很微，所以正浊字的上声往往读如次清的阳去声，久之便把阳上声混作阳去声。”解释不一定科学，却揭示了高安土话全浊上声与阳去合流的特征。通过涂铿的相关论述，我们可以归纳出当时高安土话中共有七个声调，分别是：阴平、阳平、上声、阴去、阳去（含全浊上声）、阴入、阳入。调类的区分跟古音清浊有关。

此外，涂铿用方言比较的方式，对高安方言以及当时其他地区赣方言声调特点进行了一定程度研究。在引用了《元和韵谱》与《康熙字典》中对四声描写的歌诀以后，涂铿将抚州方言、南昌方言的声调特点与自己土音中的声调特点进行了比较：

> 抚州人读“分”字，如我读“坋”字；读“粪”字，如我读“分”字。南昌人读“汾、粪”二字差不多……又“粉、愤”二字南昌人通读阳上，我又通读阴上；“富贵”本是阴去，南昌人有读阳去的；“露”本同“路”，人（我）读“露”为阴去，“路”为阳去。

同时,涂铿较早关注到了文读与白读的区别,在讨论入声字的声调特点的时候,涂铿指出:“入声‘白’‘月’‘叶’等字,在语言中读阳入,在文字中又读阴入。”“语言”很明显是指口语,也就是白读;“文字”,指书面语,也就是文读。涂铿虽然没有对文读与白读的差异进行系统阐述,但也算比较早地关注并提出方言中文、白两读的差异现象。

第二节 20 世纪初高安方言声母系统特征

一 全浊声母清化,今读塞音塞擦音者无论平仄一律送气

全浊声母清化,今读塞音塞擦音者无论平仄一律送气,是赣方言的普遍特征。涂铿第一个自觉地把这一特点以条例的形式反映了出来,在“国音与土音的差异”之“声母的变动”第十六条中,涂铿特意立了“正浊上去入变次清阳声例”,“声母、韵母的共同变动”第十四条也立了“正浊仄声变次清阳声例”说明这一特征。在“声母与韵母的共同变动”之“上声混作去声”部分,所举例也同样反映了仄声全浊声母的这一语音特征。现将仄声全浊声母读音分类列举如下。原文例字注音采取左国音右方音的形式,今只列土音(注右下角),不列国音,并转写为国际音标,下文同。原文并未按声母分类,今以声母为单位,按声调分类列举:

並母

全浊上声:被ㄆㄧ pʰi,簿、部ㄆㄨ pʰu,倍ㄆㄧ pʰi、ㄆㄟ! pʰεi,鮑、抱ㄆㄠ! pʰou,棒ㄆㄤ! pʰoŋ,伴ㄆㄢ! pʰon,陛ㄆㄧ pʰi,罷ㄆㄚ pʰa,牝ㄆㄧㄣ pʰin,竝ㄆㄧㄣ pʰin

全浊去声:敗ㄆㄞ pʰai,偩ㄆㄣ pʰen,辦ㄆㄢ pʰan,坌ㄆㄣ pʰen,卞ㄆㄧㄣ! pʰiεn

全浊入声:泊ㄆㄛ. pʰoʔ,弼ㄆㄧ! pʰit,拔ㄆㄚ! pʰat,别ㄆㄧㄝ! pʰiεt,白ㄆㄚ. pʰaʔ

定母

全浊上声:杜ㄊㄨ tʰu,惰、柁、堕ㄊㄨㄛ tʰuo,盾ㄊㄨㄣ tʰun,動ㄊㄨㄥ tʰuŋ,掉ㄊㄧㄡ! tʰiεu,道ㄊㄠ! tʰou、ㄏㄠ! xou,豆ㄊㄡ! tʰεu、ㄏㄡ! xεu,澹ㄊㄤ tʰam、ㄏㄤ xam,簟ㄊㄧㄥ! tʰiεm,蕩ㄊㄤ! tʰoŋ,斷ㄊㄢ! tʰon、ㄏㄢ! xon,娣、悌ㄊㄧ tʰi,待、怠、殆ㄊㄞ! tʰoi,遯ㄊㄣ tʰen,誕ㄊㄢ tʰan

全浊去声:地ㄊㄧ tʰi,大ㄊㄚ tʰa,隊ㄊㄨㄟ tʰuei,但ㄊㄢ tʰan,大ㄊㄞ tʰai、ㄏㄞ xai,代ㄊㄞ! tʰoi、ㄏㄞ! xoi,怠ㄊㄞ! tʰoi,甸ㄊㄧㄣ! tʰiεn,定ㄊㄧㄣ tʰin、ㄊㄧㄤ tʰiaŋ,鄧ㄊㄣ! tʰεn、ㄏㄣ! xεn

全浊入声:獨ㄊㄨ. tʰuʔ,狄ㄊㄧ! tʰit,糴ㄊㄧㄚ. tʰiaʔ,達ㄊㄚ! tʰat,踏ㄊ!ㄚ tʰap,耋ㄊㄧㄝ! tʰiεt,奪ㄊㄨㄛ! tʰuot、ㄏㄨㄛ! xuot

群母

全浊上声：技、妓ㄑㄧ tɕ^{h} i、ㄒㄧ ɕ^{h} i，巨、拒、炬、鉅、苣、柜ㄑㄩ tɕ^{h}y，窘ㄑㄩㄣ tɕ^{h}yn、ㄒㄩㄣ ɕyn，跪ㄎㄨㄧ k^{h}ui，件ㄑㄧㄣ! tɕ^{h} iɛn、ㄒㄧㄣ! ɕ iɛn，近ㄑㄧㄣ tɕ^{h} in、ㄒㄧㄣ ɕin，臼、舅、咎ㄑㄧㄨ tɕ^{h}iu，噤ㄑㄧㄥ tɕ^{h}im，儉ㄑㄧㄥ tɕ^{h}im、ㄒㄧㄥ ɕim

全浊去声：匱ㄎㄨㄟ k^{h}uei，共ㄎㄨㄥ k^{h}uŋ、ㄑㄩㄥ tɕ^{h} yŋ、ㄒㄩㄨ ɕ yŋ，舊ㄑㄧㄨ tɕiu、ㄒㄧㄨ ɕiu，倦ㄑㄩㄢ! tɕ^{h} yon、ㄒㄩㄢ! ɕ yon，趻ㄑㄧㄥ tɕ^{h}im，誆ㄎㄨㄤ! k^{h}uoŋ，競ㄑㄧㄣ tɕ^{h}in

全浊入声：懼ㄑㄩㄛ. tɕ^{h} yoʔ，極、及ㄑㄧ! tɕ^{h}it、ㄒㄧ! ɕit，局ㄑㄧㄨ. tɕ^{h}iuʔ、ㄒㄧㄨ. ɕiuʔ，傑ㄑㄧㄝ! tɕ^{h}iɛt、ㄒㄧㄝ! ɕ iɛt，掘ㄑㄩ! tɕ^{h} yt

从母

全浊上声：祚ㄘㄨ ts^{h}u，盡ㄘㄧㄣ ts^{h}in，瘽ㄘㄩㄣ ts^{h}yn，在ㄘㄞ! ts^{h}oi，皂ㄘㄠ! ts^{h}ou，聚ㄘㄩ ts^{h}y，踐ㄘㄧㄣ! ts^{h}iɛn，罪ㄘㄟ ts^{h}ei，坐ㄘㄛ ts^{h}o，靜、靖ㄘㄧㄣ ts^{h}in，漸ㄘㄧㄥ! ts^{h}iɛm

全浊去声：穧ㄘㄧ ts^{h}i，自ㄘ ts^{h}ï，藉ㄘㄧㄝ ts^{h}iɛ，坐ㄘㄨㄛ ts^{h}uo，罪ㄊㄨㄟ ts^{h}uei，僔ㄘㄨㄣ ts^{h}un，皼ㄘㄨㄣ ts^{h}un，就ㄘㄧㄨ ts^{h}iu，暫ㄘ㔶 ts^{h}am，臟ㄘㄤ! ts^{h}oŋ，匠ㄘㄧㄤ! ts^{h}ioŋ，贈ㄘㄥ! ts^{h}ɛn，淨ㄘㄧㄣ ts^{h}in、ㄘㄧㄤ ts^{h}iaŋ

全浊入声：族ㄘㄨ. ts^{h}uʔ，寂ㄘㄧ! ts^{h}it、ㄘㄧㄚ. ts^{h}iaʔ，集ㄘ!ㄧ ts^{h}ip，雜ㄘ!ㄛ ts^{h}op，截ㄘㄧㄝ! ts^{h}iɛt，捷ㄘㄧ!ㄝ ts^{h}iɛp，絕ㄘㄧㄝ! ts^{h}iɛt，賊ㄘㄝ! ts^{h}ɛt

崇母

全浊上声：士、仕ㄘ ts^{h}ï，柿ㄘ ts^{h}ï，棧ㄘㄢ ts^{h}an，撰ㄘㄨㄢ! ts^{h}uon，

全浊去声：乍ㄘㄚ ts^{h}a，僽ㄘㄡ! ts^{h}ɛu，狀ㄘㄤ! ts^{h}oŋ，

澄母

全浊上声：紂ㄘㄡ ts^{h}eu、ㄊㄡ t^{h}eu，杼ㄑㄩ tɕ^{h} y、ㄒㄩ ɕy，兆、詔、趙、肇ㄘㄡ! ts^{h}ɛu ㄊㄡ! t^{h}ɛu，湛ㄘ㔶 ts^{h}am、ㄊ㔶 t^{h}am，篆ㄑㄩㄢ! tɕ^{h} yon，朕ㄘㄥ ts^{h}em、ㄊㄥ t^{h}em，丈、仗ㄘㄤ! ts^{h}oŋ、ㄊㄤ! t^{h}oŋ，重ㄘㄨㄥ ts^{h}uŋ、ㄊㄨㄥ t^{h}uŋ，痔、雉ㄘㄭ! ts^{h}ï、ㄊㄭ! t^{h}ï，苧、貯、佇、紵ㄑㄩ tɕ^{h}y、ㄘㄨ ts^{h}u，柱ㄑㄩ tɕ^{h}y、ㄒㄩ ɕy，

全浊去声：仲ㄘㄨㄥ ts^{h}uŋ、ㄊㄨㄥ t^{h}uŋ，治ㄊㄭ! t^{h}ï，墜ㄘㄨㄟ ts^{h}uei、ㄊㄨㄟ t^{h}uei，陣ㄘㄣ ts^{h}en、ㄊㄣ t^{h}en，綻ㄊㄣ! t^{h}ɛn，鄭ㄘㄣ ts^{h}en、ㄊㄣ t^{h}en、ㄊㄤ t^{h}aŋ

全浊入声：逐ㄘㄨ. ts^{h}uʔ、ㄊㄨ. t^{h}uʔ，直ㄘㄭ! ts^{h}ït、ㄊㄭ! t^{h}ït，宅ㄘㄝ! ts^{h}ɛt

涂铿对自己方言中全浊声母清化平仄皆送气的原因有一段论述，他认为，这是因为“正浊平声属次清阳平，而正浊仄声也混作次清阳声”。这一解释当然不甚恰当，但涂铿以条例形式记录了赣方言声母系统这一最显著特点，意义重大。

二　区分尖团，精组声母读舌尖前音，见系细音读舌面前音

老国音区分尖团，这是依照南方语音的特点。涂铿在比较过程中，把老

国音中的尖团分立现象作为一种标准音，并把北音中读舌面前的精组细音作为一种“方音”与国音对比。涂铿没有举南音或土音与国音对比，可见他的方言中精组细音的读音与国音是一致的。在其他举例比较部分，精组字的注音也反映了这一特点，如上文所举从母字读音。又如“韵母的变动”之“ㄢ(an)的变动”中，“煎”、“千”、“先”的土音分别为ㄗㄧㄝ! tsiɛn、ㄘㄧㄝ! ts^hiɛn、ㄙㄧㄝ! siɛn。

古见系三、四等字土音读音与国音一致，都读舌面音。不过从“国音与土音的比较”部分所举土音用例来看，当时的高安方言中，还有部分古见系三、四等字声母读舌根音，韵母读洪音的现象。在“声母与韵母的共同变动”之“齐撮变开合”中，就包括了这些现象，如：

舉ㄍㄨㄧ kui，去ㄎㄝ k^hɛ、ㄎㄟ! k^hɛi，雞ㄍㄟ! kɛi，戲ㄏㄟ! xɛi，鳩ㄍㄡ! kɛu、ㄍㄚ ka，丘ㄎㄡ! k^hɛu，牛ㄫㄡ! ŋɛu，休ㄏㄡ! xɛu、ㄎㄡ! k^hɛu，齧ㄫㄚ! ŋat

三 开口二等见系声母不腭化

国音古开口二等见系字声母已经腭化，读舌面音ㄐ tɕ、ㄑ $tɕ^h$、ㄒ ɕ，韵母读细音。而在南方方言中，古见系开口二等字多没有产生腭化现象，声母读ㄍ k、ㄎ k^h、ㄫ ŋ、ㄏ x，韵母读洪音，在“国音与土音的差异”之“声母的变动”第三条“齐(撮)齿变开口”中，涂铿对这一语音现象进行了记录。涂铿所记录的古开口二等见系字读音归纳如下：

假摄：加ㄍㄚ ka，卡ㄎㄚ k^ha，下ㄏㄚ xa，夏ㄏㄚ xa，鴉ㄨㄚ ua，丫ㄫㄚ ŋa；

蟹摄：皆ㄍㄞ kai，諧ㄏㄞ xai，獬ㄏㄞ xai，厓ㄫㄞ ŋai；

效摄：交ㄍㄠ kau，敲ㄎㄠ k^hau，校ㄏㄠ xau，咬ㄫㄠ ŋau；

咸摄：監ㄍㄤ kam，嵌ㄎㄤ k^ham，咸ㄏㄤ xam，甲ㄍ!ㄚ kap，掐ㄎ!ㄚ k^hap，洽ㄏ!ㄚ xap，鴨ㄫ!ㄚ ŋap；

山摄：奸ㄍㄢ kan，閑ㄏㄢ xan，限ㄏㄢ xan，顔ㄫㄢ ŋan，戛ㄍㄚ! kat，瞎ㄏㄚ! xat；

江摄：江ㄍㄤ! koŋ，降ㄏㄤ! xoŋ，項ㄏㄤ! xoŋ，覺ㄍㄛ. koʔ，確ㄎㄛ. k^hoʔ，學ㄏㄛ. xoʔ，岳ㄫㄛ. ŋoʔ。

四 古知庄章组声母读音

古知庄章组声母读音，南方方言与国音差异较大。在“国音与土音的差异”之“声母的变动”第十四条“南音舌叶(即卷舌音声母tʂ、$tʂ^h$、ʂ)变齿头(即舌尖前音声母ts、ts^h、s)或舌头舌前(即舌尖中音声母t、t^h)”，以及“声母与韵母的共同变动”第十三条“南音舌叶变齿头、舌头或舌前”中，涂铿对这一现象进行了举例对比说明。其他国音与土音比较部分，也反映了土音古知庄章组声母读音与国音的差异。通过对“国音与土音的差异”中所涉及的古知庄章组字读音的分析，将古知庄章组声母在土音中的读音归纳如下。

（一）庄组二、三等字声母读舌尖前塞擦音、擦音ㄗts、ㄘtsʰ、ㄙs，韵母读洪音。举例如下：

假摄：沙ㄙㄚsa，撾ㄗㄨㄚtsua，耍ㄙㄨㄚsua

果摄：所ㄙㄨsu

蟹摄：齋ㄗㄞtsai，釵ㄘㄞtsʰai，篩ㄙㄞsai

止摄：士、仕ㄙsï、ㄘtsʰï，俟ㄙsï，揣ㄘㄟtsʰei，衰ㄙㄟsei、ㄙㄞsai、ㄙㄧsi，帥ㄙㄞ!soi

效摄：炒ㄘㄠtsʰau

流摄：鄒ㄗㄡ!tsɛu，愁ㄘㄡ!tsʰɛu，瘦ㄙㄡ!sɛu，搜ㄙㄡ!sɛu，僽ㄘㄡ!tsʰɛu

咸摄：斬ㄗㄤtsam，蘸ㄗㄤtsam，攙ㄘㄤ tsʰam，插ㄘ!ㄚtsʰap，箑ㄘ!ㄚtsʰap

深摄：岑ㄘㄥ!tsʰɛm，參ㄙㄥ!sɛm

山摄：盞ㄗㄢtsan，剗ㄘㄢtsʰan，刪ㄙㄢsan，棧ㄘㄢtsʰan，殺ㄙㄚ!sat，刹ㄘㄚ!tsʰat，栓ㄙㄢ!son，撰ㄘㄨㄢ!tsʰuon，刷ㄙㄨㄛ!suot

臻摄：臻ㄗㄣ!tsɛn，櫬ㄘㄣ!tsʰɛn，瑟ㄙㄝ!sɛt，率ㄙㄨ!sut

宕摄：莊ㄗㄤ!tsoŋ，狀ㄘㄤ!tsʰoŋ，霜ㄙㄤ!soŋ

江摄：窗ㄘㄤ!tsʰoŋ

梗摄：爭ㄗㄤtsaŋ，生ㄙㄤsaŋ

通摄：縮ㄙㄧㄨ. siuʔ

（二）知组二等字与庄组字读音一致，声母读舌尖前塞擦音、擦音ㄗts、ㄘtsʰ、ㄙs，韵母读洪音。举例如下：

假摄：茶ㄘㄚtsʰa

蟹摄：豸ㄘㄞtsʰai

效摄：罩ㄗㄠtsau

咸摄：湛ㄘㄤtsʰam

梗摄：撐ㄘㄤtsʰaŋ，摘ㄗㄚ. tsaʔ、ㄗㄝ!tsɛt，拆ㄘㄚ. tsʰaʔ、ㄘㄝ!tsʰɛt，宅ㄘㄝ!tsʰɛt

（三）知组三等和章组声母读音合流，有舌尖前塞擦音擦音ㄗts、ㄘtsʰ、ㄙs，舌尖前塞音ㄉt、ㄊtʰ与舌面音ㄐtɕ、ㄑtɕʰ、ㄒɕ三种异读现象，具体表现为：

1. 假摄、效摄、咸摄、山摄开口、深臻曾梗摄开口阳声韵、宕摄等韵摄中的知章组三等字声母有舌尖前塞擦音ㄗts、ㄘtsʰ与塞音ㄉt、ㄊtʰ两读，擦音读ㄙs，韵母读洪音：

假摄：遮ㄗㄚtsa、ㄉㄚta，者ㄗㄚtsa、ㄉㄚta，扯ㄘㄝtsʰɛ、ㄊㄝtʰɛ、ㄘㄚtsʰa、ㄊㄚtʰa，奢ㄙㄚsa，社ㄙㄚsa

效摄：照ㄗㄡ! tsɛu、ㄉㄡ! tɛu，肇ㄘㄡ! tsʰɛu、ㄊㄡ! tʰɛu，超ㄘㄡ! tsʰɛu、ㄊㄡ! tʰɛu，邵ㄙㄡ! sɛu

咸摄：沾ㄗㄥ! tsɛm，謟ㄘㄥ! tsʰɛm、ㄊㄥ! tʰɛm，閃ㄙㄥ! sɛm，摺ㄗ!ㄝ tsɛp、ㄉ!ㄝ tɛp，涉ㄙ!ㄝ sɛp

深摄：砧ㄗㄥ tsem，枕ㄗㄥ tsem、ㄉㄥ tem，朕ㄘㄥ tsʰem、ㄊㄥ tʰem，琛ㄘㄥ tsʰem、ㄊㄥ tʰem，深ㄙㄥ sem，諶ㄙㄥ sem

山摄：展ㄗㄣ! tsɛn、ㄉㄣ! tɛn，纏ㄘㄣ! tsʰɛn、ㄊㄣ! tʰɛn，善ㄙㄣ! sɛn，扇ㄙㄣ! sɛn，折ㄗㄝ! tsɛt、ㄉㄝ! tɛt，徹ㄘㄝ! tsʰɛt、ㄊㄝ! tʰɛt，舌ㄙㄝ! sɛt

臻摄：真ㄗㄣ tsen、ㄉㄥ ten，陳ㄘㄣ tsʰen、ㄊㄣ tʰen，陣ㄘㄣ tsʰen、ㄊㄣ tʰen，神ㄙㄣ sen，晨ㄙㄣ sen，脤ㄙㄣ sen，腎ㄙㄣ sen

宕摄：張ㄗㄤ! tsoŋ、ㄉㄤ! toŋ，仗ㄘㄤ! tsʰoŋ、ㄊㄤ! tʰoŋ，昌ㄘㄤ! tsʰoŋ、ㄊㄤ! tʰoŋ，商ㄙㄤ! soŋ，酌ㄗㄨㄛ. tsuoʔ、ㄉㄛ. tuoʔ，綽ㄘㄨㄛ. tsʰuoʔ、ㄊㄨㄛ. tʰuoʔ，鑠ㄙㄨㄛ. suoʔ

梗摄：正ㄗㄣ tsen、ㄉㄤ taŋ，程ㄘㄣ tsʰen、ㄊㄤ tʰaŋ，鄭ㄘㄣ tsʰen、ㄊㄣ tʰen、ㄊㄤ tʰaŋ，成ㄙㄤ（原误为ㄑㄤ）saŋ

通摄：仲ㄘㄨㄥ tsʰuŋ、ㄊㄨㄥ tʰuŋ，重ㄘㄨㄥ tsʰuŋ、ㄊㄨㄥ tʰuŋ，衝ㄘㄨㄥ tsʰuŋ、ㄊㄨㄥ tʰuŋ，祝ㄗㄨ. tsuʔ，逐ㄘㄨ. tsʰuʔ、ㄊㄨ. tʰuʔ，觸ㄘㄨ. tsʰuʔ、ㄊㄨ. tʰuʔ

2. 止摄、遇摄、流摄、臻深摄开口入声、山摄合口、曾梗摄入声以及部分通摄知章组字声母不仅有舌尖前塞擦音与舌尖前塞音的异读，还有舌面音ㄐtɕ、ㄑtɕʰ 的异读现象，擦音则有ㄙs、ㄒɕ 两读。主要特点表现在：声母读舌尖前塞音与塞擦音的，韵母为洪音；声母读舌面音的，韵母或韵头为ㄧi 或ㄩy。举例如下：

遇摄：朱ㄗㄨ tsu、ㄉㄨ tu、ㄐㄩ tɕy，苧、貯、佇、紵ㄑㄩ tɕʰy、ㄘㄨ tsʰu，書ㄒㄩ ɕy、ㄙㄨ su；

止摄：蜘ㄗ tsï、ㄉㄗ! tï、ㄐㄧ tɕi，癡ㄘ tsʰï、ㄊㄗ! tʰï、ㄑㄧ tɕʰi，詩ㄙ sï、ㄒㄧ ɕi；

流摄：肘ㄗㄡ tseu、ㄉㄡ teu、ㄐㄧㄡ tɕiu，醜ㄘㄡ tsʰeu、ㄊㄡ tʰeu、ㄑㄧㄡ tɕʰiu；

臻摄入声：失ㄒㄧ! ɕit；

深摄入声：執ㄗ!ㄗ tsïp、ㄉ!ㄗ tïp、ㄐ!ㄧ tɕip，十ㄙ!ㄗ sïp、ㄒ!ㄧ ɕip；

山摄合口入声：拙ㄗㄛ! tsot、ㄉㄛ! tot、ㄐㄩㄛ! tɕyot，歠ㄘㄛ! tsʰot、ㄊㄛ! tʰot、ㄑㄩㄛ! tɕʰyot；

曾梗摄入声：織ㄗㄗ! tsït、ㄉㄗ! tït、ㄗㄧㄚ. tsiaʔ、ㄐㄧ! tɕit，炙ㄗㄗ! tsït、ㄉㄚ. taʔ、ㄐㄧ! tɕit，赤ㄘㄗ! tsʰït、ㄊㄚ. tʰaʔ、ㄑㄧ! tɕʰit，尺ㄘㄗ! tsʰït、ㄊㄚ. tʰaʔ、ㄑㄧ! tɕʰit，石ㄙㄗ! sït、ㄒㄧ! ɕit、ㄙㄚ. saʔ；

通摄：中ㄗㄨㄥ tsuŋ、ㄉㄨㄥ tuŋ、ㄐㄩㄥ tɕyŋ，充ㄘㄨㄥ tsʰuŋ、ㄊㄨㄥ tʰuŋ、ㄑㄩㄥ tɕʰyŋ。

3. 遇摄、止摄合口、山摄合口、臻摄合口以及通摄部分知三章组字，韵母或韵头为y的，声母只有舌面音的读音，如：

遇摄:除ㄑㄩ tɕʰy,杼ㄑㄩ tɕʰy、ㄒㄩ ɕy,墅ㄒㄩ ɕy,柱ㄑㄩ tɕʰy、ㄒㄩ ɕy,豎ㄑㄩ tɕʰy、ㄒㄩ ɕy

止摄合口:追ㄐㄩ tɕy,吹ㄑㄩ tɕʰy,垂ㄑㄩ tɕʰy、ㄒㄩ ɕy,誰ㄒㄩ ɕy

山摄合口:轉ㄐㄩㄢ! tɕ yon,篆ㄑㄩㄢ! tɕʰ yon,穿ㄑㄩㄢ! tɕʰ yon,喘ㄑㄩㄢ! tɕʰ yon,船ㄑㄩㄢ! tɕʰ yon、ㄒㄩㄢ! ɕ yon

臻摄合口:准ㄐㄩㄣ tɕyn,蠢ㄑㄩㄣ tɕʰ yn,順ㄒㄩㄣ ɕ yn,醇ㄒㄩㄣ(原文误为ㄙㄩㄣ)ɕ yn,出ㄑㄩ!(原文误为ㄔㄩ!) tɕʰ yt,術ㄒㄩ! ɕ yt

通摄:束ㄒㄩ ɕ yʔ、ㄑㄩ tɕʰ yʔ

从古知庄章组声母读音的情况来看,高安方言知二、庄组声母与精组声母合流,读舌尖音;知三组声母与章组声母合流,有舌尖前音、舌尖中音与舌面音三种不同的读音。其中知三章组字声母读舌面音的条件是:韵母或韵头为高元音i、y。20世纪初高安方言舌齿音格局及古精庄知章组声母读音图示如表5—3:

表5—3　20世纪初高安方言舌齿音格局及古精庄知章组声母读音

声母	精庄知二	知三章	知三章
读音	ts, tsʰ, s	ts、t, tsʰ、tʰ, s	tɕ, tɕʰ, ɕ
韵摄	全部	大部分	止、遇、臻、通等韵摄韵母或韵头为i、y者

五　古次清声母(即送气清塞音与塞擦音清声母)、全浊塞音塞擦音声母在土音中读擦音的现象

涂铿在"声母变动"之"次清两母的变动",和"声母韵母的共同变动"之"次清二母变动的例"中,记录了高安方言古次清声母以及平声全浊声母读擦音的现象。因为高安土话古全浊塞音塞擦音声母无论平仄皆清化送气,因此,仄声全浊塞音塞擦音声母同样具有读送气擦音的特征。古次清声母以及全浊塞音塞擦音声母(含部分国音读送气音的古邪母)在土音中读擦音的主要表现形式有:ㄎ kʰ→ㄏ x,ㄑ tɕʰ→ㄒ ɕ,ㄘ tsʰ→ㄙ s,ㄊ tʰ→ㄏ x。举例如下:

ㄎ kʰ→ㄏ x:

溪母:軻ㄏㄛ xo,揩ㄏㄞ xai,開ㄏㄞ! xoi,渴ㄏㄛ! xot,看ㄎㄢ! kʰon、ㄏㄢ! xon,肯ㄎㄣ! kʰɛn、ㄏㄣ! xɛn,客ㄏㄚ. xaʔ

ㄑ tɕʰ→ㄒ ɕ:

溪母:去ㄒ一ㄝ ɕ iɛ,欺ㄒ一 ɕ i,糗ㄑ一ㄡ tɕʰiu、ㄒ一ㄡ ɕiu,芡、慊ㄑ一ㄥ! tɕʰiɛm ㄒ一ㄥ! ɕiɛm,欽ㄑ一ㄥ tɕʰ im、ㄒ一ㄥ ɕim,泣ㄒ!一 ɕ ip,卿ㄒ一ㄣ ɕin,輕ㄑ一ㄣ tɕʰin、ㄒ一ㄣ

ɕin、ㄑㄧㄤ tɕʰiaŋ、ㄒㄧㄤ ɕiaŋ，缺ㄑㄩㄛ! tɕʰ yot、ㄒㄩㄛ! ɕyot，吃ㄑㄧㄚ. tɕʰiaʔ、ㄒㄧㄚ. ɕia ʔ，牵ㄒㄧㄣ! ɕiɛn

群母：箝ㄒㄧㄥ! ɕiɛm，儉ㄑㄧㄥ! tɕʰiɛm、ㄒㄧㄥ! ɕiɛm，群ㄒㄩㄣ ɕyn，窮ㄒㄩㄥ ɕyŋ，技、妓ㄑㄧ tɕʰi、ㄒㄧ ɕi，求ㄑㄧㄨ tɕʰiu、ㄒㄧㄨ ɕiu，共ㄎㄨㄥ kʰuŋ、ㄑㄩㄥ tɕʰyŋ、ㄒㄩㄥ ɕyŋ，咎ㄑㄧㄨ tɕʰiu、ㄒㄧㄨ ɕiu，舅ㄑㄧㄨ tɕʰiu、ㄒㄧㄨ ɕiu，舊ㄑㄧㄨ tɕʰiu、ㄒㄧㄨ ɕiu，臼ㄑㄧㄨ tɕʰiu、ㄒㄧㄨ ɕiu，及ㄑ!ㄧ tɕʰip、ㄒ!ㄧ ɕip，件ㄑㄧㄣ! tɕʰ iɛn、ㄒㄧㄣ! ɕ iɛn，傑ㄑㄧㄝ! tɕʰ iɛt、ㄒㄧㄝ! ɕ iɛt，近ㄑㄧㄣ tɕʰin、ㄒㄧㄣ ɕin，倦ㄑㄩㄢ! tɕʰ yon、ㄒㄩㄢ! ɕ yon，窘ㄑㄩㄣ tɕʰ yn、ㄒㄩㄣ ɕ yn，極ㄑㄧ! tɕʰit、ㄒㄧ! ɕit，局ㄑㄧㄨ. tɕʰiuʔ、ㄒㄧㄨ. ɕiuʔ，强ㄑㄧㄤ! tɕʰioŋ、ㄒㄧㄤ! ɕioŋ

ㄘ tsʰ→ㄙ s：

清母：鵲ㄙㄧㄛ. sioʔ，沁ㄙㄧㄥ sim

从母：齊ㄙㄧ si，酋ㄘㄧㄨ tsʰiu、ㄙㄧㄨ siu

邪母：詞ㄙ sï

ㄊ tʰ→ㄏ x：

透母：炭ㄏㄢ xan，脱ㄏㄛ! xot，偷ㄏㄡ! xɛu，吞ㄊㄣ! tʰɛn、ㄏㄣ! xɛn，湯ㄊㄤ! tʰoŋ、ㄏㄤ! xoŋ

定母：台ㄏㄞ! xoi，袋ㄊㄞ! tʰoi、ㄏㄞ! xoi，大ㄊㄞ tʰai、ㄏㄞ xai，淡ㄊㄤ tʰam、ㄏㄤ xam，替ㄏㄟ! xɛ i，奪ㄊㄛ! tʰot、ㄏㄛ! xot，推ㄊㄧ tʰi、ㄊㄟ tʰei、ㄏㄞ! xoi，條ㄊㄠ! tʰou、ㄏㄠ! xou，道ㄊㄠ! tʰou、ㄏㄠ! xou，豆ㄊㄡ! tʰɛ u、ㄏㄡ! xɛ u，團ㄊㄢ! tʰon、ㄏㄢ! xon，斷ㄊㄢ! tʰon、ㄏㄢ! xon，鄧ㄊㄝ! tʰɛn、ㄏㄝ! xɛn

此外，部分古知章组全浊声母读舌面送气音的，也具有tɕʰ、ɕʰ 两读现象，列举如下：

澄母：杼ㄑㄩ tɕʰy、ㄒㄩ ɕy，柱ㄑㄩ tɕʰy、ㄒㄩ ɕy

禅母：豎ㄑㄩ tɕʰy、ㄒㄩ ɕy，垂ㄑㄩ（原误为ㄘㄩ）tɕʰy、ㄒㄩ ɕy，束ㄑㄩ tɕʰy、ㄒㄩ ɕy

船母：船ㄑㄩㄢ! tɕʰyon、ㄒㄩㄢ! ɕyon

不过，古知章组声母读tsʰ与tʰ的，则没有发现类似读擦音s与x的现象。

六 古疑母洪音读舌根鼻音ㄫ ŋ，细音读零声母

古疑母国音多读零声母，少部分读舌尖前鼻音。土音则有不同表现，其中，韵母为洪音的读舌根鼻音“ㄫ ŋ”，韵母为细音的读零声母，个别疑母字读“ㄫ ŋ”的声化韵。“改正土音法”、“国音和土音的差异”部分“甲、声母的变动”第十三条“喉音变鼻音”，“丙、声母与韵母的共同变动”第十二条“喉音变鼻音”，反映的就是部分古疑母国音读零声母（即“喉音”），土音读舌根鼻音的现象。涂铿所记录的古疑母读音，分类归纳如下：

疑母洪音：瓦ㄫㄚ ŋa，呆ㄫㄞ! ŋoi，崖、厓ㄫㄞ ŋai，外ㄫㄞ ŋai，卧ㄫㄛ ŋo，恶ㄫㄛ. ŋoʔ，傲ㄫㄠ! ŋou，咬ㄫㄠ ŋau，耦ㄫㄡ! ŋɛ u，牛ㄫㄡ! ŋɛ u，颜ㄫㄢ ŋan；岸ㄫㄢ! ŋon，杌ㄫㄨㄛ. ŋuoʔ，昂ㄫㄤ! ŋoŋ，岳ㄫㄛ. ŋoʔ，硬ㄫㄤ ŋaŋ，額ㄫㄝ! ŋɛ t、ㄫㄛ. ŋoʔ

"声母的变动"第十三条"喉音变鼻音"中，还记载了一条疑母合口一等字读舌根鼻音声化韵现象，即姥韵疑母字"五"，读"ㄫ ŋ的本音"。"声母的变动"第十二条与"声母与韵母的共同变动"第十一条"鼻音变喉音"，则反映了部分古疑母细音国音读鼻音"ㄬ ȵ"，土音读零声母的现象。土音读零声母的疑母细音字举例如下：

疑母细音：禦ㄩ y，倪ㄧ i，虐ㄧㄛ. ioʔ，牛ㄧㄨ iu，彦ㄧㄣ!(原误为ㄧㄢ!) iɛn，孽ㄧㄝ! iɛt，原ㄩㄢ! yon，杌ㄨㄝ! uɛt，凝ㄧㄣ in，迎ㄧㄣ in，逆ㄧ! it、ㄧㄚ. iaʔ，玉ㄧㄨ. iuʔ

个别疑母字还有读儿化韵的现象，如"韵母的变动"第三条"ㄩ的变动"中，所举入声烛韵字"玉"除读零声母ㄧㄨ. iuʔ外，还读儿化韵"ㄦ. ɚ ʔ"。

七　影母开口洪音读舌根鼻音ㄫ ŋ，合口洪音与细音读零声母

国音古影母无论洪细皆读零声母；土音影母在开口洪音中读鼻音"ㄫ ŋ"，与古疑母读音相同。第一节"声母的变动"第十三条"喉音变鼻音"，第三节"声母与韵母的共同变动"第十二条"喉音变鼻音"，部分反映了古影母国音读零声母(即"喉音")，土音读舌根鼻音的现象。如：

鸦ㄫㄚ ŋa，鸭ㄫ!ㄚ ŋap，阉ㄫㄤ! ŋom、ㄫㄤ ŋam，厄ㄫㄝ! ŋɛt，哀ㄫㄞ! ŋoi，鏖ㄫㄠ! ŋou，謳ㄫㄡ! ŋɛu，安ㄫㄢ! ŋon，遏ㄫㄛ! ŋot，恩ㄫㄣ! ŋɛn，盎ㄫㄤ! ŋoŋ，恶ㄫㄛ. ŋoʔ，厄ㄫㄝ! ŋɛt

影母细音、影母合口洪音没有与国音对比，说明和国音一致，读零声母。将涂铧所记录的土音影母细音与合口洪音字读音举例如下：

合口洪音：隖ㄨ u，煨ㄨㄟ uei，崴ㄨㄟ uei，威ㄨㄧ ui，蒕ㄨㄣ! uɛn，斡ㄨㄝ! uɛt，挖ㄨㄚ! uat，汪ㄨㄤ! uoŋ

细音：夭ㄧㄡ! iɛu，憂ㄧㄨ iu，黝ㄧㄨ iu，音ㄧㄥ im，揖!ㄧ ip，謁ㄧㄝ! iɛt，煙ㄧㄣ! iɛn，苑ㄩㄢ! yon，氤ㄧㄣ in，鬱ㄩ! yt，殃ㄧㄤ! ioŋ，約ㄧㄛ. ioʔ，影ㄧㄣ in、ㄧㄤ iaŋ

八　泥来母洪细皆混，读边音ㄌ l，但部分泥母细音读零声母

泥母在高安土音中，无论洪细均读边音。泥母洪音读边音的现象，涂铧在"声母的变动"第十条"ㄋ n混作ㄌ l例"进行了说明。"声母与韵母的共同变动"第九条"ㄋ n、ㄬ ȵ、ㄉ t变ㄌ l的例"中，也有部分对泥母洪细音读边音现象的说明。土音泥母读边音ㄌ l的现象举例如下：

泥母洪音：那ㄌㄛ lo，挼ㄌㄛ lo，拿ㄌㄚ la，奴ㄌㄨ lu，乃ㄌㄞ lai，餒ㄌㄟ lei，猱ㄌㄡ! lɛu，脑ㄌㄠ! lou，鬧ㄌㄠ lau，耨ㄌㄡ! lɛu，納ㄌ!ㄛ lop，喃ㄌㄤ lam，難ㄌㄢ lan，捺ㄌㄚ! lat，渜ㄌㄢ! lo n，肭ㄌ!ㄛ lop，嫩ㄌㄨㄣ luen，囊ㄌㄤ! loŋ，能ㄌㄣ! lɛn，濃ㄌㄨㄥ luŋ

泥母细音：念ㄌ一ㄙ! liɛm，撚ㄌ一ㄣ! liɛn，寧ㄌ一ㄣ lin，溺ㄌ一! lit

不过，与国音相比，土音泥母细音还有两种特殊的读音。一种情况是泥母细音读零声母的现象，“声母的变动”与“声母与韵母的共同变动”之“鼻音变喉音例”，反映了这一现象。这一现象比较少见，如：

女ㄩ y，念一ㄙ! iɛm，濃ㄩㄥ yŋ，年一ㄣ! iɛn

另一特殊情况是泥母三等字“你”，土音读声化韵。这一特点，“声母的变动”第十三条“喉音变鼻音”进行了记录说明：“你，ㄋ n的本音。”

九　日母多读同来母，少数丢失声母读零声母

“声母的变动”第十四条及“声母与韵母的共同变动”第十三条“南音舌叶变齿头、舌头或舌前例”部分，涂铿列举了部分日母国音读ㄖ ʐ，而南音读“ㄌ l”的现象，且没有韵母洪细的限制。相关日母字读音列举如下：

閏ㄌㄣ len，若ㄌ一ㄛ. lioʔ，戎ㄌㄨㄥ luŋ，絨ㄌㄨㄥ luŋ，柔ㄌ一ㄨ liu，惹ㄌㄚ la，繞ㄌㄡ! lɛu，衽餁ㄌㄣ len，稔ㄌㄙ lim，然ㄌㄣ! lɛn，緛ㄌㄢ! lon，穰ㄌㄤ! loŋ，仍ㄌㄣ len

而“声母的变动”第十一条“ㄖ ʐ 混作一 i、ㄦ ɚ 的例”，以及“声母与韵母的共同变动”第十条“ㄖ ʐ 变一 i、ㄦ ɚ 的例”，则反映了部分日母读零声母或儿化韵的现象：

饒一ㄡ! iɛ u，如ㄦ ɚ，熱一ㄝ! iɛ t，軟ㄩㄢ! yon，讓一ㄤ! ioŋ

部分日母还同时具有两种读音，如：蘂ㄌㄟ lei、ㄦ ɚ，染ㄌㄙ! lɛm、一ㄙ! iɛm，人ㄌㄣ len、一ㄣ in，肉ㄌㄨ! lut、一ㄨ. iuʔ，日一! it，ㄌ乙! lït

十　晓匣母合口一、二等读唇齿音ㄈf的现象

“声母的变动”第八条“喉音变唇音例”，以及“声母与韵母的共同变动”第七条“浅喉变轻唇”，涂铿对土音晓匣母合口一、二等读唇齿音ㄈ f，韵母读开口洪音（韵母或韵母主元音为u者不读开口）的现象进行了说明，如：

胡ㄈㄨ fu，户、滬ㄈㄨ fu，花ㄈㄚ fa，和ㄈㄛ fo，祸ㄈㄛ fo，懷ㄈㄞ fai，昏ㄈㄣ fen，忽ㄈㄨ! fut，豁ㄈㄝ! fɛt，回ㄈ一 fi，匯ㄈ一 fi，桓ㄈㄣ! fɛ n，完ㄈㄣ! fɛ n，話ㄈㄚ fa，荒ㄈㄤ! foŋ，閧ㄈㄥ feŋ，洪ㄈㄥ feŋ

十一　部分匣母合口一、二等读零声母的现象

部分匣母合口一、二等在土音中声母丢失，读零声母，韵母读合口呼。“声母的变动”第九条以及“声母与韵母的共同变动”第八条“浅喉牙音变深喉的例”反映了这一读音现象，举例如下：

禾ㄨㄛ uo，畫ㄨㄚ. uaʔ，壞ㄨㄞ uai，會ㄨㄟ uei，還ㄨㄢ uan，滑ㄨㄚ! uat，活ㄨㄝ! uɛt，換ㄨㄣ! uɛn，黃ㄨㄤ! uoŋ，橫ㄤㄤ! uoŋ

十二 其他声母特殊读音现象

（一）部分邪母读送气清塞音的现象。“声母的变动”第七条“次清两母互换”，及“声母与韵母的共同变动”第六条“次清二母的变动”中，列了部分古邪母国音读清擦音，而土音读送气塞擦音的现象，如：斜ㄘㄧㄚ $ts^{h}ia$，謝ㄘㄧㄚ $ts^{h}ia$，袖ㄘㄧㄨ $ts^{h}iu$，橡ㄘㄧㄤ! $ts^{h}io\eta$，蓆ㄘㄧㄚ. $ts^{h}ia\textipa{P}$

（二）“锅”、“熊”读零声母的现象。“锅”本见母字，国音声母读ㄍ k；“熊”本喻母字，国音声母读ㄒ ɕ。“声母的变动”第九条“浅喉牙音变深喉的例”指出，这两字在土音中读零声母，如“鍋”音ㄨㄛ uo、“熊”音ㄩㄥ yŋ。

（三）“甫”、“吾”、“戊”等字声母读ㄆ p^{h}、ㄇ m，“喷”声母读ㄈ f 的现象。“甫”本非母字，国音中读ㄈㄨ fu，土音中读ㄆㄨ $p^{h}u$。“戊”本明母字，国音读零声母，土音中读ㄇㄡ meu；“吾”本疑母字，国音读零声母，土音读ㄇㄨ mu。“喷”古滂母字，国音读ㄆㄣ $p^{h}en$，土音读ㄈㄣ fen。以上声母字在土音中的特殊读音现象，涂铿将之附于“喉音变唇音”以及“浅喉变轻唇”部分进行了比较说明。

第三节 20世纪初高安方言韵母系统特征

一 阳声韵与入声韵的语音特征

高安土音阳声韵深、咸摄保留m尾，曾摄与梗摄文读韵尾为n，梗摄白读韵尾为ŋ；深咸摄入声保留p尾，曾摄与梗摄入声文读韵尾为t，梗摄白读韵尾为ʔ或k。

“改正土音法”第一部分“闰音”中，涂铿特意为高安土话中的阳声韵m尾韵以及入声t尾韵与p尾韵造了闰音，并对入声t韵尾与p韵尾的发音进行了具体描写：“其收音于t的闰音，发音于a，o，e，i，u，y，ï 的入声，急将舌抵上牙床，却不能读出t的尾音，如英文ad，ed，id都不要读出d音。其收音于p的闰音，发声同上，急将双唇紧闭，舌尖抵唇齿间，却不能读出p的尾音，如英文am，em，om，im，都不要读出b音。”

可见涂铿对这两种入声韵尾的特点是非常注意的，他对自己方言中的入声韵尾唯闭音的发音特征描写得非常准确。但涂铿没有为中古收k尾的入声韵另制闰音，也许因为辅音k发音部位在舌根，涂铿感觉与国音入声没有差别，因此没有专门为k尾韵造闰音；另一种可能是古k韵尾在当时的高安方言中已经弱化。因此，我们把这些韵的韵尾记为喉塞尾ʔ。

（一）高安土音与国音阳声韵读音的差异

1.“改正土音法”之“国音与土音的差异”中的“乙、韵母的变动”第十三条“ㄢan的变动”，涂镃对古咸摄阳声韵在国音中读“ㄢan”，而土音中分别读“ㄤ!om”、“ㄤam”、“ㄥ!ɛm”的现象进行了比较，举例如下：

ㄢan—ㄤ!om　憨ㄏㄤ!xom，甘ㄍㄤ!kom，堪ㄎㄤ!kʰom，貪ㄊㄤ!tʰom，簪ㄗㄤ!tsom，参ㄘㄤ!tsʰom，糝ㄙㄤ!som；

ㄢan—ㄤam　喊ㄏㄤxam，瞰ㄎㄤkʰam，耽ㄉㄤtam，談ㄊㄤtʰam，斬ㄗㄤtsam，三ㄙㄤsam，凡ㄈㄤfam，藍ㄌㄤlam；

ㄢan—ㄥ!ɛm　炎ㄧㄥ!iɛm，嫌ㄒㄧㄥ!ɕiɛm，檢ㄐㄧㄥ!tɕiɛm，點ㄉㄧㄥ!tiɛm，添ㄊㄧㄥ!tʰiɛm，尖ㄗㄧㄥ!tsiɛm，簽ㄘㄧㄥ!tsʰiɛm，鐮ㄌㄧㄥ!liɛm。

2.“韵母的变动”第十四条“ㄣ的变动”中，涂镃对古深摄阳声韵在国音中读ㄣen，在土音中读ㄥem的现象进行了对比，举例如下：

ㄣen—ㄥem　音ㄧㄥim，歆ㄒㄧㄥɕim，金ㄐㄧㄥtɕim，祲ㄗㄧㄥtsim，侵ㄘㄧㄥtsʰim，心ㄙㄧㄥsim，林ㄌㄧㄥlim。

（二）高安土音与国音入声韵读音的差异

老国音虽然保留入声调，但入声韵作为韵类已经消失，与阴声韵合流。而在高安土音中，入声韵还保留入声韵尾。涂镃在韵母比较部分，对入声韵在国音中读阴声韵，而土音中仍读入声韵的现象进行了对比。分别举例如下：

1.ㄧi的变动

ㄧi—ㄧ!it（ㄧㄚ.iaʔ）　吉ㄐㄧ!tɕit，七ㄘㄧ!tsʰit，密ㄇㄧ!mit，（臻摄入声）的ㄉㄧ!tit，剔ㄊㄧ!tʰit、ㄊㄧㄚ.tʰiaʔ，壁ㄅㄧ!pit、ㄅㄧㄚ.piaʔ，劈ㄆㄧ!pʰit、ㄆㄧㄚ.pʰiaʔ，脊ㄗㄧ!tsit、ㄗㄧㄚ.tsiaʔ，錫ㄙㄧ!sit、ㄙㄧㄚ.siaʔ，櫟ㄌㄧ!lit、ㄌㄧㄚ.liaʔ，易ㄧ!it、ㄧㄚ.iaʔ（梗摄入声）

ㄧi—!ㄧip　急ㄐ!ㄧtɕip，緝ㄘ!ㄧtsʰip，習ㄙ!ㄧsip，揖!ㄧip，翕ㄒ!ㄧɕip，粒ㄌ!ㄧlip（深摄入声）。

从“ㄧi的变动”部分的举例情况来看，臻、深摄入声韵保留古t尾与p尾的对立，梗摄入声与臻摄入声韵尾合流（曾摄入声同样已经与臻摄入声韵尾合流，见下文举例）。不过，梗摄入声还有白读现象，主元音为ㄚ.aʔ，韵尾可能已经丢失，或者只保留喉塞尾，所举例中，涂镃仿国音在音节右下角加点表示。

2.ㄨu的变动

ㄨu—ㄨ!ut　骨ㄍㄨ!kut，窟ㄎㄨ!kʰut，柮ㄉㄨ!tut，突ㄊㄨ!tʰut，不ㄅㄨ!put、ㄅㄧ!pit，

卒ㄗㄨ! tsut，猝ㄘㄨ! tsʰut，窣ㄙㄨ! sut，佛ㄈㄨ! fut，物ㄨ! ut（臻摄入声合口洪音）

ㄨu—ㄧㄨ. iuʔ　足ㄗㄧㄨ. tsiuʔ，促ㄘㄧㄨ. tsʰiuʔ，六ㄌㄧㄨ. liuʔ（通摄入声合口细音）

臻摄入声合口洪音保留 t 尾，而通摄入声韵字除少数字外，并没有在音节后加“. ”表示入声韵，其韵尾性质如何，单从举例无法判断。不过从其他入声韵字读音的举例中，可以类推，这些韵摄的入声韵保留入声调是毋庸置疑的，本文在通摄入声韵字音节后统一加“. ”以标识。

3. ㄩy的变动

ㄩy—ㄩ! yt　橘ㄐㄩ! tɕyt，屈ㄑㄩ! tɕʰyt，鬱ㄩ! yt（臻摄入声合口细音）

ㄩy—ㄧㄨ. iuʔ　菊ㄐㄧㄨ. tɕiuʔ，麴ㄑㄧㄨ. tɕʰiuʔ，續ㄙㄧㄨ.（原为ㄙㄧㄨ!）siuʔ，玉ㄧㄨ. iuʔ、ㄦ. ɚʔ（通摄入声合口细音）

臻摄合口三等入声精组来母字韵母读齐齿呼ㄧ! it，如恤ㄙㄧ! sit、律ㄌㄧ! lit。其他韵摄合口三、四等精组来母字也同样读开口细音，见下文讨论。

4. ㄜ! ï 的变动

ㄜ! ï—ㄜ! ït　炙ㄗㄜ! tsït、ㄐㄧ! tɕit、ㄉㄚ. taʔ，赤ㄘㄜ! tsʰït、ㄑㄧ! tɕʰit、ㄊㄚ. tʰaʔ，石ㄙㄜ! sït、ㄒㄧ! ɕit、ㄙㄚ. saʔ（梗摄开口三等入声）

ㄜ! ï—!ㄜ ïp　汁ㄗ!ㄜ tsïp、ㄉ!ㄜ tïp，十ㄙ!ㄜ sïp（深摄三等入声）

“ㄜ! ï 的变动”反映的是梗摄与深摄开口三等入声知章组字在国音与土音中的不同读音。这些字国音声母读舌尖后音；土音主元音与国音一致，但分别带有 t 与 p 等入声韵尾，声母则分别读舌尖前音ㄗ ts、ㄘ tsʰ、ㄙ s，舌尖中音ㄉ t、ㄊ tʰ或舌面音ㄐ tɕ、ㄑ tɕʰ、ㄒ ɕ。梗摄入声同时具有文白两读。

5. ㄚa的变动

ㄚa—ㄚ! at　妲ㄉㄚ! tat，韃ㄊㄚ! tʰat，八ㄅㄚ! pat，汃ㄆㄚ! pʰat，髪ㄈㄚ! fat，帀ㄗㄚ! tsat，擦ㄘㄚ! tsʰat，辣ㄌㄚ! lat，挖ㄨㄚ! uat，刮ㄍㄨㄚ! kuat（山摄开口一等入声舌齿音，二等入声，三等入声非组字）

ㄚa—!ㄚ ap　答ㄉ!ㄚ tap、ㄉ!ㄛ top，塔ㄊ!ㄚ tʰap，哈ㄏ!ㄚ xap，法ㄈ!ㄚ fap，靸ㄙ!ㄚ sap，臘ㄌ!ㄚ lap（咸摄开口一等舌齿音，三等入声非组字）

6. ㄝε 的变动

ㄧㄝ iε—ㄧㄝ! iεt　謁ㄧㄝ! iεt，歇ㄒㄧㄝ! ɕiεt，結ㄐㄧㄝ! tɕiεt，跌ㄉㄧㄝ! tiεt、ㄉㄧㄚ! tiat，鐵ㄊㄧㄝ! tʰiεt，撆ㄆㄧㄝ! pʰiεt，滅ㄇㄧㄝ! miεt，節ㄗㄧㄝ! tsiεt，切ㄘㄧㄝ! tsʰiεt，屑ㄙㄧㄝ! siεt，列ㄌㄧㄝ! liεt（山摄开口三、四等入声）

ㄩㄝ yε—ㄩㄛ! yot　越ㄩㄛ! yot，血ㄒㄩㄛ! ɕyot，厥ㄐㄩㄛ! tɕyot（山摄合口三、四等入声）

ㄧㄝ iε—ㄧ!ㄝ iεp　葉ㄧ!ㄝ iεp，協ㄒㄧ!ㄝ ɕiεp，貼ㄊㄧ!ㄝ tʰiεp，接ㄗㄧ!ㄝ tsiεp，

妾ㄘㄧ!ㄝ $ts^hi̯ɛp$，獵ㄌㄧ!ㄝ liɛp（咸摄开口三、四等入声）

7. ㄜe的变动

ㄜe—ㄛ! ot　葛ㄍㄛ! kot，渴ㄎㄛ! k^hot，喝ㄏㄛ! xot，脱ㄊㄨㄛ! t^huot，奪ㄉㄨㄛ! tuot（山摄开口一等入声见系，合口一等入声舌齿音）

ㄜe—!ㄛ op　合ㄏ!ㄛ xop，榼ㄎ!ㄛ k^hop，（咸摄一等入声见系）緵ㄗㄨ!ㄛ tsuop，撮ㄘㄨ!ㄛ ts^huop（山摄合口一等入声舌齿音，ㄗㄨ!ㄛ、ㄘㄨ!ㄛ 当为ㄗㄨㄛ! tsuot、ㄘㄨㄛ! ts^huot之误）

ㄜe—ㄝ! ɛt　黑ㄏㄝ! xɛt，格ㄍㄝ! kɛt，額ㄫㄝ! ŋɛt，克ㄎㄝ! $k^hɛt$，得ㄉㄝ! tɛt，忒ㄊㄝ! $t^hɛt$，百ㄅㄝ! pɛt，拍ㄆㄝ! $p^hɛt$，默ㄇㄝ! mɛt，則ㄗㄝ! tsɛt，堿ㄘㄝ! $ts^hɛt$，色ㄙㄝ! sɛt，國ㄍㄨㄝ! kuɛt，勒ㄌㄝ! lɛt（曾梗摄开口一、二等入声韵、开口三等入声庄组字）

ㄨㄛ uo—ㄨㄝ! uɛt　闊ㄎㄨㄝ! $k^huɛt$、斡ㄨㄝ! uɛt（山摄合口一等入声见系）

以上国音与土音的对应关系，记录了高安方言古山咸臻曾梗摄入声韵主元音的读音，以及入声韵尾的特点。对应关系同时也反映了山咸摄入声韵根据等呼与声母的不同，主元音分化的特点。其分化规律与山咸摄阳声韵主元音分化特点一致，详见下文讨论。

国音与土音入声韵读音差异的比较，唯独没有涉及宕江摄入声韵的情况，通摄入声除少数三等字外，一等入声与大多数三等入声也没有讨论。也许是因为这些韵摄的入声韵主元音与国音一致，韵尾弱化为喉塞尾，与国音入声韵的发音特征相似，因此没有必要进行比较。只是在"声母的变动"第二条"合口变开口韵"、第三条"齐（撮）齿变开口韵"，对宕江摄入声读音与国音的差异进行了对比，如：

合口变开口：郭ㄍㄛ. koʔ，擴ㄎㄛ. $k^hoʔ$，作ㄗㄛ. tsoʔ；

齐（撮）变开口：覺ㄍㄛ. koʔ，確ㄎㄛ. $k^hoʔ$，學ㄏㄛ. xoʔ，岳ㄫㄛ. ŋoʔ。

与通摄入声韵一样，宕江摄入声韵字音节右下角也没有加"."表示入声韵，这可能同样是漏注。联系梗摄入声白读加"."的现象，透露了宕江通摄等k尾入声韵韵尾可能最早发生脱落或弱化现象。

二　遇摄与止摄韵母特征

（一）支鱼同韵的特点

国音遇摄三等分化为两个韵母：非组与知庄章组字韵母为ㄨu，其他声母字韵母为ㄩy。土音除非组、庄组字读ㄨu外，遇摄三等韵母有四种读音：

1. 鱼虞韵精组、来母字韵母读ㄧi；

2. 鱼虞韵知章组见系字韵母读ㄩy；

3. 部分鱼虞韵见系字韵母读ㄨㄧui；

4. 鱼虞韵日母字读儿化韵ㄦə˞。

第一种情况在“韵母的变动”第三条“ㄩy的变动”,“声母的变动”第六条“撮口变齐齿”中有所反映;第二种情况则在“声母与韵母的共同变动”第四条“合口变齐撮”例中有所反映;第三种情况同样在“韵母的变动”第三条“ㄩy的变动”中反映了出来;第四种情况则在“韵母的变动”第三条“ㄩy的变动”,以及“声母的变动”第十一条“ㄖr混作ㄧi、ㄦə˞的例”中有所反映。将遇摄三等字以上四种读音现象列举如下:

1. 咀ㄗㄧtsi,疽ㄗㄧtsi,取ㄘㄧts^{h}i,趨ㄘㄧts^{h}i,娶ㄘㄧts^{h}i,須ㄙㄧsi,屢ㄌㄧli,驢ㄌㄧli,閭ㄌㄧli;

2. 書ㄒㄩɕy,柱ㄑㄩtɕ^{h}y、ㄒㄩɕy,墅ㄒㄩɕy,朱ㄐㄩtɕy,豎ㄑㄩtɕ^{h}y、ㄒㄨɕy;

3. 墟ㄒㄩɕy、ㄈㄨㄧfui,舉ㄍㄨㄧkui,雨ㄨㄧui;

4. 如ㄦə˞,蕊ㄦə˞。

以上遇摄三等字读音与止摄字读音相同,其中一、三种读音与大部分止摄开、合口字韵母相同;第四种情况,则与止摄开口三等日母字读音相同。止摄开口三等日母字在国音中读儿化韵,涂铿没有将他们与土音进行比较,当是因为土音与国音相同,此外,止摄合口三等日母字同样读儿化韵,如“蕊”音“儿”(见“声母与韵母共同的变动”第十条“ㄖ变一、儿的例”)。不过这种儿化韵只是在听觉上与国音儿化韵相似,并不是一种真正的儿化韵。今高安方言中,止摄开口三等日母字音ø。

止摄合口三等知章组字韵母部分读ㄩ,与遇摄三等知章组字读音相同(见“声母与韵母的共同变动”第四条“合口变齐撮”),如:追ㄐㄩtɕy,吹ㄑㄩtɕ^{h}y,垂ㄒㄩɕy,誰ㄒㄩɕy。

以上遇摄三等字与止摄字韵母相同的现象,我们参考诗词用韵中的押韵特征,称之为支(代表止摄)鱼(代表遇摄三等)同韵现象。

(二)止摄开口三等精庄知章字(附臻、深、曾、梗摄开口三入声知章字)韵母特征

止摄开口三等精庄知章组字韵母,国音读自音ï。涂铿除声母部分将这些字与国音进行比较之外,韵母部分并没有将以上声母字以条例的形式与国音进行比较。说明土音中这些字的韵母与国音非常相似,如声母比较部分所出现的部分止摄开口三等字的读音:詞ㄙsï,自ㄘts^{h}ï,士ㄙsï,柿ㄘts^{h}ï。

国音自音既表示舌尖前音,又表示舌尖后音,没有专门的符号。涂铿为这一音另制了闰音符号“乙!”。并认为土音中此韵母不仅可以做舌尖前塞擦音和擦音的韵母,也可以做舌尖前塞音的韵母,如“蜘ㄉ乙!tï,雉ㄊ乙!t^{h}ï”。这一韵母不仅出现在止摄开口三等精庄知章组字中,也出现在臻、深、曾、梗摄开口三等入声知章组字中,如“織ㄉ乙!tït、ㄗ乙!tsït,赤ㄘ乙!ts^{h}ït,執ㄗ!ㄛtsïp、ㄉ!ㄛtïp,

汁ㄗ!ㄜ tsïp、ㄉ!ㄜ tïp”。

国音自音只与舌尖前与舌尖后塞擦音、擦音相拼，而涂铿土音自音还可以与舌尖塞音相拼。可见土音自音可能不是真正的舌尖元音，而是与舌尖元音听感相近的舌面圆唇元音 ʉ 或ɵ。

与国音不同，止摄开口三等知章组字以及臻、深、曾、梗摄开口三等入声知章组字韵母并不都读自音，部分字韵母读ㄧ i，ㄧ! it、!ㄧ ip，或同时具有两种异读现象。如：癡ㄘ tsʰï、ㄊㄜ! tʰï、ㄑㄧ tɕʰi，詩ㄙ sï、ㄒㄧ ɕi，蜘ㄗ tsï、ㄉㄜ! tï、ㄐㄧ tɕi，失ㄒㄧ! ɕit，織ㄉㄜ! tït、ㄗㄜ! tsït、ㄐㄧ! tɕit，殖ㄘㄜ! tsʰït、ㄘㄧ! tsʰit，炙ㄉㄜ! tït、ㄗㄜ! tsït、ㄐㄧ! tɕit、ㄉㄚ taʔ，執ㄗ!ㄜ tsïp、ㄉ!ㄜ tïp、ㄐ!ㄧ tɕip，十ㄙ!ㄜ sïp、ㄒ!ㄧ ɕip。

三 果摄一等牙喉音部分保留开合对立特征

国音果摄开、合口一等字读音合流，其中舌齿音字韵母读合口呼ㄨㄛ uo，牙喉音字韵母读开口呼ㄛ o。土音古歌、戈韵舌齿音合流，韵母读开口呼；牙喉音则大部分保留开、合对立特征，即古合口一等戈韵牙喉音字韵母读合口呼ㄨㄛ uo，开口一等歌韵牙喉音字韵母一般读开口呼ㄛ o。

果摄开、合口一等舌齿音读开口呼的现象，涂铿在“甲，声母的变动”第二条“合口变开口”中进行了比较，所举例子多是古戈韵一等舌齿音字。其中没有古歌韵一等舌齿音字，也没有戈韵唇音字，当是因为这些字韵母读音与国音一致。

土音古果摄合口一等牙喉音字读合口呼的现象，涂铿在“甲，声母的变动”第一条“开、齐变合口”中进行了说明，所举三例均为古戈韵合口一等牙喉音字。我们将涂铿所举古果摄一等字读音举例比较如下：

表 5—4 涂铿所举古果摄一等歌、戈韵字读音比较

声母	韵	
	歌	戈
舌齿音	多ㄉㄛ to，拖ㄊㄛ tʰo，柁ㄊㄛ tʰo，羅ㄌㄛ lo，那ㄌㄛ lo，蹉ㄘㄛ tsʰo	惰ㄊㄛ tʰo，挼ㄌㄛ lo，坐ㄘㄛ tsʰo，娑ㄙㄛ so
牙喉音	軻ㄏㄛ xo，苛ㄍㄛ ko	鍋ㄨㄛ uo，戈ㄍㄨㄛ kuo，課ㄎㄨㄛ kʰuo，禾ㄨㄛ uo

不过，部分戈韵牙喉音字韵母同样读开口呼，如：卧ㄫㄛ ŋo，火ㄈㄛ fo，祸ㄈㄛ fo。

四 蟹摄开口一等重韵与开口一、二等韵保留主元音区别

国音蟹摄开口一、二等字韵母读音相同，土音古蟹摄开口一等“咍”韵字韵母与蟹摄开口二等、开口一等泰韵舌齿音字韵母有别(泰韵牙喉音字没比较，读音不详)。“乙，韵母的变动”第九条“ㄞ ai的变动”，涂铿特别对这一现

象进行了揭示，指出国音部分韵母读ㄞai的字，土音韵母读ㄞ! oi，而土音读ㄞ! oi韵母的字大部分来源于古蟹摄开口一等咍韵。

合口一等灰韵亦有极少数字的又读与开口一等咍韵读音一致，“丙，声母韵母的共同变动”第一条“合变开齐”对此现象进行了反映。如：

灰：堆ㄉㄞ! toi、ㄉ一 ti，推ㄏㄞ! xoi、ㄊ一 t^{h}i，雷ㄌㄞ! loi、ㄌ一 li。

可见，高安土音比较完整地保留了古蟹摄开口一、二等韵主元音对立的特征，并部分保留了蟹摄开口一等重韵主元音的对立。开口一等咍韵字韵母为ㄞ! oi，开口一等泰韵舌齿音字与开口二等字韵母为ㄞ ai。古蟹摄开口一、二等韵字读音对比如下：

表 5—5　古蟹摄开口一、二等韵字读音对比

一等		二等		
咍	泰	佳	皆	夬
台ㄊㄞ! t^{h}oi，怠ㄊㄞ! t^{h}oi，乃ㄌㄞ! loi，哉ㄗㄞ! tsoi，在ㄘㄞ! ts^{h}oi，鳃ㄙㄞ! soi，该ㄍㄞ! koi，开ㄎㄞ! k^{h}oi、ㄏㄞ! xoi，咍ㄏㄞ! xoi，哀ㄫㄞ! ŋoi	大ㄊㄞ t^{h}ai、ㄏㄞ xai	豸ㄘㄞ ts^{h}ai，差ㄘㄞ ts^{h}ai，筛ㄙㄞ sai，厓ㄫㄞ ŋai，獬ㄏㄞ xai	斋ㄗㄞ tsai，皆ㄍㄞ kai，揩ㄏㄞ xai，谐ㄏㄞ xai	败ㄆㄞ p^{h}ai

五　止、蟹摄开口三、四等大部分读音合流，少部分仍保留对立

除大部分与止、蟹摄开口三等读音合流外，蟹摄开口四等齐韵字韵母部分读ㄟ! ɛi（见“乙，韵母的变动”第一条“一i的变动”），如：

替ㄏㄟ! xɛi，砌ㄘㄟ! ts^{h}ɛi，細ㄙㄟ! sɛi，雞ㄍㄟ! kɛi。

国音蟹摄合口一等灰韵字大部分与止摄合口三等字读音相同，土音亦如此，但读音与国音有别。其中帮非组字（含止、蟹摄开口三、四等帮组字）国音读ㄟ ei，土音多读一 i（见“乙，韵母的变动”第十条“ㄟ ei的变动”）。如：

灰韵：坯ㄆ一 p^{h}i，倍ㄆ一 p^{h}i，每ㄇ一 mi；

支韵：被ㄆ一 p^{h}i；

脂韵：悲ㄅ一 pi，眉ㄇ一 mi；

微韵：非ㄈ一 fi，微ㄪ一 vi。

六　效摄一、二等韵保留主元音的对立

“乙，韵母的变动”第十一条“ㄠ au的变动”中，涂铿指出，一部分国音韵母读ㄠ au的字，土音读闰音“ㄠ! ou”。这些字均来自古效摄开口一等，如：

豪韵：褒ㄅㄠ! pou，袍ㄆㄠ! p^{h}ou，毛ㄇㄠ! mou，刀ㄉㄠ! tou，討ㄊㄠ! t^{h}ou，稻ㄏㄠ! xou，腦ㄌㄠ! lou，遭ㄗㄠ! tsou，操ㄘㄠ! ts^{h}ou，騷ㄙㄠ! sou，高ㄍㄠ! kou，尻ㄎㄠ! k^{h}ou，蒿ㄏㄠ! xou，鏖ㄫㄠ! ŋou。

除牙喉音字外，效摄二等字韵母与国音相同，读ㄠau。效摄二等牙喉音字没有腭化，与同韵的其他声母字读音相同，韵母同读ㄠau。如：

肴韵：鲍ㄆㄠp^hau，鬧ㄌㄠlau，罩ㄗㄠtsau，炒ㄘㄠts^{h}au，交ㄍㄠkau，敲ㄎㄠk^hau，咬ㄫㄠŋau，校ㄏㄠxau。

也就是说，高安土音效摄开口一、二等韵完整保留主元音对立的特征。

七 侯（代表流摄一等与三等庄组）宵（代表效摄三、四等）同韵

国音效摄与流摄主元音不同，其中效摄主元音与韵尾为ㄠau，流摄主元音与韵尾为ㄡeu。“乙，韵母的变动”第十一条“ㄠau的变动”，以及第十二条“ㄡeu的变动”反映，高安方音古流摄一等侯韵字以及三等尤韵庄组字与效摄三、四等宵萧韵韵母主元音混同，同读ㄡ!ɛu，如：

侯韵：裒ㄆㄡ!p^hɛu，兜ㄉㄡ!tɛu，豆ㄊㄡ!t^hɛu、ㄏㄡ!xɛu，樓ㄌㄡ!lɛu，鯫ㄗㄡ!tsɛu，輳ㄘㄡ!ts^{h}ɛu，鉤ㄍㄡ!kɛu，彄ㄎㄡ!k^hɛu，藕ㄫㄡ!ŋɛu，後ㄏㄡ!xɛu；

尤韵：鄒ㄗㄡ!tsɛu，愁ㄘㄡ!ts^{h}ɛu，搜ㄙㄡ!sɛu，浮ㄈㄡ!fɛu，謀ㄇㄡ!mɛu；

宵韵：照ㄗㄡ!tsɛu、ㄉㄡ!tɛu，超ㄘㄡ!ts^{h}ɛu、ㄊㄡ!t^hɛu，邵ㄙㄡ!sɛu，標ㄅㄧㄡ!piɛu，飄ㄆㄧㄡ!p^hiɛu，苗ㄇㄧㄡ!miɛu；

萧韵：貂ㄉㄧㄡ!tiɛu，挑ㄊㄧㄡ!t^hiɛu，聊ㄌㄧㄡ!liɛu，焦ㄗㄧㄡ!tsiɛu，鍬ㄘㄧㄡ!ts^{h}iɛu，蕭ㄙㄧㄡ!siɛu，饒ㄧㄡ!iɛu，竅ㄒㄧㄡ!ɕiɛu，囂ㄒㄧㄡ!ɕiɛu，夭ㄧㄡ!iɛu。

八 山摄开、合口一等韵以及一、二等韵之间主元音保留区别

国音古山摄阳声韵韵母主元音与韵尾为ㄢan（入声韵情况见上文讨论）。高安土话中，不仅山摄一、二等与三、四等之间韵母主元音有别，开、合口一等韵之间，以及一、二等韵之间也保留主元音的区别。根据“乙，韵母的变动”第十三条“ㄢan的变动”，以及其他相关条例，我们将古山摄字在土话中的语音特点归纳如下：

（一）山摄开口一等寒韵/曷韵与合口一等桓韵/末韵，无论在舌齿音还是牙喉音中，主元音均保留区别，见表5—6。

表5—6 古山摄开、合口一等不同声母字读音比较

	舌齿音	唇音	牙喉音
寒韵、曷韵	ㄢan、ㄚ!at		ㄢ!on、ㄛ!ot
桓韵、末韵	ㄢ!on、ㄛ!ot	ㄣ!ɛn、ㄝ!ɛt	ㄨㄣ!uɛn、ㄨㄝ!uɛt

举例如下：

舌齿音

桓韵：端ㄉㄢ!ton，團ㄊㄢ!t^hon，鸞ㄌㄢ!lon，鑽ㄗㄢ!tson，竄ㄘㄢ!ts^{h}on，

算ㄙㄢ! son；

末韵：脱ㄊㄨㄛ! tʰuot，撮ㄘㄨㄛ! tsʰuot；

寒韵：但ㄉㄢ tʰan，難ㄌㄢ lan；

曷韵：妲ㄉㄚ! tat，獺ㄊㄚ! tʰat，達ㄊㄚ! tʰat，捺ㄌㄚ! lat，辣ㄌㄚ! lat。

唇音、牙喉音

桓韵：搬ㄅㄣ! pɛn，潘ㄆㄣ! pʰɛn，瞞ㄇㄣ! mɛn，官ㄍㄨㄣ! kuɛn，寬ㄎㄨㄣ! kʰuɛn，桓ㄈㄣ! fɛn，剜ㄨㄣ! uɛn；

末韵：闊ㄎㄨㄝ! kʰuɛt，活ㄨㄝ! uɛt，斡ㄨㄝ! uɛt，豁ㄈㄝ! fɛt；

寒韵：幹ㄍㄢ! kon，看ㄎㄢ! kʰon，岸ㄫㄢ! ŋon，寒ㄏㄢ! xon，安ㄫㄢ! ŋon；

曷韵：葛ㄍㄛ! kot，渴ㄎㄛ! kʰot，喝ㄏㄛ! xot，遏ㄫㄛ! ŋot。

（二）山摄一等寒韵舌齿音韵母与二等韵合流，主元音与韵尾同为ㄢ an、ㄚ! at。山摄二等韵字读音举例如下：

盞ㄗㄢ tsan，剗ㄘㄢ tsʰan，奸ㄍㄢ kan，閑ㄏㄢ xan；

八ㄅㄚ! pat，拔ㄆㄚ! pʰat，紮ㄗㄚ! tsat，殺ㄙㄚ! sat，戛ㄍㄚ! kat，瞎ㄏㄚ! xat。

（三）山摄三、四等以开、合口为条件，主元音产生分化。合口三、四等精组、非组、来母字与开口三、四等字韵母同为ㄣ! ɛn、ㄝ! ɛt，ㄧㄣ! iɛn、ㄧㄝ! iɛt；其他合口三、四等字韵母为ㄩㄢ! yon、ㄩㄛ! yot，举例如下：

合口三、四等：篆ㄑㄩㄢ! tɕʰyon，川ㄑㄩㄢ! tɕʰyon，船ㄑㄩㄢ! tɕʰyon、ㄒㄩㄢ! ɕyon，軟ㄩㄢ! yon，圈ㄑㄩㄢ! tɕʰyon，玄ㄒㄩㄢ! ɕyon，宛ㄩㄢ! yon；拙ㄐㄩㄛ! tɕyot，歠ㄑㄩㄛ! tɕʰyot，厥ㄐㄩㄛ! tɕyot，缺ㄑㄩㄛ! tɕʰyot、ㄒㄩㄛ! ɕyot，血ㄒㄩㄛ! ɕyot，穴ㄒㄩㄛ! ɕyot；

开口三、四等：纏ㄘㄣ! tsʰɛn、ㄊㄣ! tʰɛn，展ㄗㄣ! tsɛn、ㄉㄣ! tɛ n，善ㄙㄣ! sɛn，扇ㄙㄣ! sɛn；撤ㄘㄝ! tsʰɛt、ㄊㄝ! tʰɛt，折ㄗㄝ! tsɛt、ㄉㄝ! tɛt，舌ㄙㄝ! sɛt；邊ㄅㄧㄣ! piɛn，偏ㄆㄧㄣ! pʰiɛn，眠ㄇㄧㄣ! miɛn，顛ㄉㄧㄣ! tiɛn，天ㄊㄧㄣ! tʰiɛn，煎ㄗㄧㄣ! tsiɛn，踐ㄑㄧㄣ! tɕʰ iɛn；別ㄆㄧㄝ! pʰiɛt，滅ㄇㄧㄝ! miɛt，鐵ㄊㄧㄝ! tʰiɛt，耋ㄊㄧㄝ! tʰiɛt，列ㄌㄧㄝ! liɛt，節ㄗㄧㄝ! tsiɛt，切ㄘㄧㄝ! tsʰiɛt，截ㄘㄧㄝ! tsʰiɛt。

因此，从韵母主元音的角度来看，山摄在涂镃所记录的高安方言中，以声母与韵母等呼为条件分为三类，见表5—7。

表5—7　高安土话古山摄韵母主元音的分化

条件	开口一等牙喉音 合口一等舌齿音 合口三、四等（一非组精组来母）	开口一等舌齿音 开口二等 合口三等（非组）	合口一等唇牙喉音 开口三、四等 合口三等（精组、来母）
主元音	o	a	ɛ

九　咸摄一等重韵以及一、二等韵之间主元音保留区别

“乙，韵母的变动”第十三条“ㄢ an的变动”，以及其他相关条例同时反

映，咸摄一等重韵主元音在舌齿音中保留区别，覃、合韵全韵除少数字外，韵母为ㄤ!om、!ㄛop，谈、盍韵只有牙喉音韵母为ㄤ!om、!ㄛop，舌齿音韵母与二等韵同为ㄤam、!ㄚap。如：

ㄤ!om、!ㄛop

覃韵：貪ㄊㄤ!tʰom，簪ㄗㄤ!tsom，参ㄘㄤ!tsʰom，堪ㄎㄤ!kʰom；

合韵：答ㄉ!ㄛtop，納ㄌ!ㄛlop，雜ㄘ!ㄛtsʰop，合ㄍ!ㄛkop、ㄏ!ㄛxop；

谈韵（牙喉音）：甘ㄍㄤ!kom，憨ㄏㄤ!xom；

盍韵（牙喉音）：榼ㄎ!ㄛkʰop。

ㄤam、!ㄚap

谈韵（舌齿音）：耽ㄉㄤtam，談ㄊㄤtʰam，藍ㄌㄤlam，暫ㄘㄤtsʰam，三ㄙㄤsam；

盍韵（舌齿音）：踏ㄊ!ㄚtʰap，塔ㄊ!ㄚtʰap，臘ㄌ!ㄚlap，靸ㄙ!ㄚsap。

咸摄三、四等韵主元音与韵尾为ㄥ!ɛm、!ㄝɛp，如：

鐮ㄌㄧㄥ!liɛm，尖ㄗㄧㄥ!iɛm，炎ㄧㄥ!iɛm，點ㄉㄧㄥ!tiɛm，添ㄊㄧㄥ!tʰiɛm，念ㄌㄧㄥ!liɛm，歉ㄑㄧㄥ!tɕʰiɛm，嫌ㄒㄧㄥ!ɕiɛm；

摺ㄗ!ㄝtsɛp、ㄉ!ㄝtɛp，涉ㄙ!ㄝsɛp，貼ㄊㄧ!ㄝtʰiɛp，獵ㄌㄧ!ㄝliɛp，接ㄗㄧ!ㄝtsiɛp，妾ㄘㄧ!ㄝtsʰiɛp，葉ㄧ!ㄝiɛp。

与山摄韵母读音相似，咸摄韵母主元音也以等与声母为条件分为三类。

十 弇侈同韵的现象

国音古弇侈韵摄读音不混，高安土音古弇侈音相混。表现在弇音韵摄臻摄、曾摄、梗摄开口一、二等文读以及这些韵摄的开口三等庄组字，与侈音韵摄山摄开口三、四等字韵母主元音、韵尾同为ㄣ!ɛn、ㄝ!ɛt；弇音韵摄深摄庄组字与侈音咸摄三、四等字韵母主元音、韵尾同为ㄥ!ɛm、!ㄝɛp；弇音流摄一、三等庄组字与侈音效摄三、四等字韵母主元音、韵尾同为ㄡ!ɛu。效摄三、四等字与流摄一、三等庄组字读音上文已讨论，列举臻、深、曾、梗摄字相关读音如下：

臻、曾、梗摄一、二等（含三等庄组）

臻摄：吞ㄊㄣ!tʰɛn，跟ㄍㄣ!kɛn，懇ㄎㄣ!kʰɛn，痕ㄏㄣ!xɛn，恩ㄫㄣ!ŋɛn；臻ㄗㄣ!tsɛn，襯ㄘㄣ!tsʰɛn；

曾摄：崩ㄅㄣ!pɛn，登ㄉㄣ!tɛn，鄧ㄊㄣ!tʰɛn、ㄏㄣ!xɛn，能ㄌㄣ!lɛn，增ㄗㄣ!tsɛn，肯ㄎㄣ!kʰɛn，觥ㄍㄨㄣ!kuɛn；

梗摄：烹ㄆㄣ!pʰɛn，彭ㄆㄣ!pʰɛn，萌ㄇㄣ!mɛn，冷ㄌㄣ!lɛn，更ㄍㄣ!kɛn，坑ㄎㄣ!kʰɛn，亨ㄏㄣ!xɛn；

曾摄入声：墨ㄇㄝ! mɛt，得ㄉㄝ! tɛt，忒ㄊㄝ! tʰɛt，勒ㄌㄝ! lɛt，則ㄗㄝ! tsɛt，賊ㄘㄝ! tsʰɛt，克ㄎㄝ! kʰɛt，黑ㄏㄝ! xɛt，色ㄙㄝ! sɛt，國ㄍㄨㄝ! kuɛt；

梗摄入声：百ㄅㄝ! pɛt，拍ㄆㄝ! pʰɛt，拆ㄊㄝ! tʰɛt，摘ㄗㄝ! tsɛt，格ㄍㄝ! kɛt，額ㄫㄝ! ŋɛt，厄ㄫㄝ! ŋɛt；

咸摄三、四等：沾ㄗㄥ! tsɛm，閃ㄙㄥ! sɛm，摺ㄗ!ㄝ tsɛp、ㄉ!ㄝ tɛp，涉ㄙ!ㄝ sɛp；

深摄（庄组）：岑ㄘㄥ! tsʰɛm，参ㄙㄥ! sɛm。

十一 梗摄文白两读

梗摄文读韵母为ㄣ! ɛn、ㄣ en、ㄧㄣ in、ㄝ! ɛ t、ㄜ! ï t、ㄧ! it，白读韵母为ㄤ aŋ、ㄧㄤ iaŋ、ㄚ! aʔ、ㄧㄚ! iaʔ，“乙，韵母的变动”之“ㄥ iŋ的变动”与“ㄧ i的变动”中，涂铿对此现象进行了反映。列举部分梗摄字白读音如下：

撑ㄘㄤ tʂʰaŋ，生ㄙㄤ saŋ，更ㄍㄤ kaŋ，硬ㄫㄤ ŋaŋ，拆ㄘㄚ. tsʰaʔ，客ㄏㄚ. xaʔ，鏡ㄐㄧㄤ tɕiaŋ，影ㄧㄤ iaŋ，逆ㄧㄚ. iaʔ，精ㄗㄧㄤ tsiaŋ，正ㄉㄤ taŋ，輕ㄑㄧㄤ tɕʰ iaŋ、ㄒㄧㄤ ɕ iaŋ，釘ㄉㄧㄤ tiaŋ，星ㄙㄧㄤ siaŋ；

脊ㄗㄧㄚ. tsiaʔ，蓆ㄘㄧㄚ. tsʰiaʔ，炙ㄉㄚ. taʔ，赤ㄊㄚ. tʰaʔ，石ㄙㄚ. saʔ，踢ㄊㄧㄚ. tʰiaʔ，笛ㄊㄧㄚ. tʰiaʔ，錫ㄙㄧㄚ. siaʔ。

十二 古合口韵端系声母(含端组、精组以及泥来母)字读开口呼或齐齿呼

古合口韵在国音中一般读合口呼或撮口呼，土音除韵母或主元音为u的字外，来源于古合口韵的端组、精组、来（含泥）母字在涂铿所记录的高安方言中，都读为开口洪音或细音。涂铿在“甲，声母的变动”第二条“合口变开口”，第六条“撮口变齐齿”，以及“丙，声母韵母的共同变动”第一条“合变开、齐”，第五条“撮口变齐”中，所举例多为古合口韵端系声母字，举例如下：

果摄合口一等（果摄合口一等戈韵部分有读合口呼的现象）：堕ㄊㄛ tʰo，惰ㄊㄛ tʰo，挼ㄌㄛ lo，坐ㄘㄛ tsʰo；

蟹摄合口一等：堆ㄉㄧ ti，推ㄊㄧ tʰi、ㄊㄟ tʰei，催ㄘㄟ tsʰei，腿ㄊㄟ tʰei，隊ㄊㄟ tʰei，雷ㄌㄟ lei，摧ㄊㄧ tʰi、ㄊㄟ tʰei，罪ㄘㄟ tsʰei；

止摄合口三等：嘴ㄗㄧ tsi，雖ㄙㄧ si；

山摄合口一等：端ㄊㄢ! ton，團ㄊㄢ! tʰon，斷ㄊㄢ! tʰon，鸞ㄌㄢ! lon，鑽ㄗㄢ! tson，竄ㄘㄢ! tsʰon，算ㄙㄢ! son，脱ㄏㄛ! xot，奪ㄊㄛ! tʰot、ㄏㄛ! xot，捋ㄌㄛ! lot；

山摄合口三等：全ㄘㄧㄣ! tsʰiɛn，宣ㄙㄧㄣ! siɛn，鐫ㄘㄧㄣ! tsʰiɛn，戀ㄌㄧㄣ! liɛn，劣ㄌㄧㄝ! liɛt，絕ㄘㄧㄝ! tsʰiɛt，雪ㄙㄧㄝ! siɛt；

臻摄合口一等：尊ㄗㄣ tsen，村ㄘㄣ tsʰen，孫ㄙㄣ sen，敦ㄉㄣ ten，屯ㄊㄣ tʰen，

嫩ㄌㄣ len；

臻摄合口三等：竣ㄘㄧㄣ ts^{h}in，荀ㄙㄧㄣ sin，倫ㄌㄧㄣ lin，恤ㄙㄧ! sit，率ㄌㄧ! lit。

不过，古通摄三等精组字并不读齐齿，而是读撮口，“甲，合口变齐、撮例”中，所举例多为古通摄三等精组及泥来母字，如：

蹤ㄗㄩㄥ tsyŋ，從ㄘㄩㄥ ts^{h}yŋ，嵩ㄙㄩㄥ syŋ，濃ㄩㄥ yŋ，龍ㄌㄩㄥ lyŋ。

部分通摄合口三等入声精组字读音，则符合一般规则，如：宿ㄙㄧㄨ.(原为ㄙㄧㄨ!) siuʔ。

十三　其他特点

（一）声化韵现象，涂铠在“声母的变动”之“喉音变鼻音”一条中记录了两例声化韵的现象，“五ŋ”，（原为“兀之本音”）“你n̩”，（原为“ㄋ之本音”）。

（二）脂韵去声字“鼻”读入声ㄆㄧ! p^{h}it，这是“丁，平仄的变动”第二条“去声变入声”所举的唯一的例子。

（三）三等韵字读同一等韵字的现象。这种现象不是指知庄章组三等字韵母读洪音的现象，而是少数古精组见系三、四等字读洪音的现象。这种现象在南昌方言中也存在，熊正辉先生（1982）曾指出南昌方言中存在七例此类现象，并认为，这种现象是“古代就存在的一种方言读音”。涂铠在“丙，声母韵母的共同变动”第二条“齐撮变开合”中举了几例，其他部分也有类似现象，共计六例（不包括古蟹摄开口四等齐韵读ㄟ! ɛi的现象）：鲫ㄗㄝ! tsɛt，牛ㄫㄡ! ŋɛu，坵ㄎㄡ! k^{h}ɛu，休ㄏㄡ! xɛu，鸠ㄍㄡ! kɛu、ㄍㄚ ka，协ㄏ!ㄚ xap。

（四）一等韵字读细音的现象。臻摄合口一等唇音（阳声韵）国音读开口呼ㄣ en，土音韵母多读齐齿呼ㄧㄣ in。“甲，声母的变动”第四条“开口变齐齿的例”所举例字均为臻摄合口一等魂韵帮组字：奔ㄅㄧㄣ pin，盆ㄆㄧㄣ p^{h}in，門ㄇㄧㄣ min。

第四节　20世纪初高安方言韵母表

根据“国音与土音比较”相关内容，我们将20世纪初高安方言的韵母系统及其中古来源归纳如表5—8、5—9。

表5—8　阴声韵韵母及其中古来源

韵母	中古来源
ㄚ a	麻韵二等，麻韵合口二等（疑母、晓匣母）麻韵三等（章组、日母）
ㄧㄚ ia	麻韵三等（精、知组，喻母）戈韵开、合口三等（又读）
ㄨㄚ ua	麻韵合口二等

续表

韵母	中古来源
ㄛ o	歌韵、戈韵(非见系)
ㄨㄛ uo	戈韵(见系)
一ㄛ io	戈韵开合口三等
ㄨ u	模韵、虞韵(非组)、鱼虞韵(庄组、知章组文读)
ㄩ y	鱼虞韵(知章组白读、见系)、止摄合口三等知章组
ㄖ ɚ	遇摄三等(日母),止摄合口三等(日母)
ㄞ! oi	咍韵、灰韵(部分)
ㄞ ai	泰韵(开口)、皆佳夬(开口、部分合口二等匣母)
ㄟ! ɛ i	蟹摄开口四等齐韵(大部分)、蟹摄合口一等灰韵(部分)
ㄟ ei	蟹摄合口一等灰韵(帮、端、泥、精组)
自音	止摄开口三等精庄,知章组(文读)
一 i	止摄开口三等、止摄合口三等(精非组、来母、晓匣母)、遇摄三等(精组、来母)蟹摄合口一等灰韵(晓匣母)
ㄨ一 ui	蟹摄合口一等灰韵(见系)、遇摄三等见系(部分)、止摄合口三等(见系)
ㄠ! ou	效摄开口一等
ㄠ au	效摄开口二等
ㄡ! ɛ u	效摄开口三等(知、章、日母)、流摄开口一等、流摄开口三等(非组、帮组、庄组)
一ㄡ! iɛ u	效摄开口三、四等(帮端精泥组,见系)
ㄡ eu	流摄三等(知章组、日母)
一ㄡ iu	流摄三等(精组、见系)

表 5—9　阳声韵、入声韵韵母及其中古来源

韵母	中古来源	韵母	中古来源
ㄤ! oŋ	宕摄开口一等 宕摄开口三等(知庄章组、日母) 宕摄合口三等(非组、匣) 江摄开口二等	ㄛ. oʔ	铎韵(开、合)
ㄨㄤ! uoŋ	宕摄合口一等	ㄨㄛ. uoʔ	药韵(章组)
一ㄤ! ioŋ	宕摄合口三等部分字又读(匣)	一ㄛ. ioʔ	药韵(精组、见系,来、日母)
ㄥ eŋ	通摄一等(晓匣母),三等(非组)	ㄨ. uʔ	屋一、沃,屋三烛(知章组日母文读)
ㄨㄥ uŋ	通摄一等,通摄三等(知章组日母文读)	一ㄨ. iuʔ	屋三烛(精泥组、见系)
ㄩㄥ yŋ	通摄三等(知章组白读,精组、泥组、见系)	ㄩ. yʔ	(束)
ㄤ aŋ	梗摄开口二等(白读) 梗摄开口三等(知章组文读)	ㄚ. aʔ	陌二、麦(白读),昔(知章组白读)
ㄨㄤ uaŋ	梗摄合口二等(文读)	ㄨㄚ. uaʔ	麦(合口白读)
一ㄤ iaŋ	梗摄开口三、四等(帮端精泥组,见系白读)	一ㄚ. iaʔ	陌三、昔、锡(帮端精泥组,见系白读)
ㄣ! ɛn	曾摄开口一等,梗摄开口二等(文读) 臻摄开口一等,开口三等(庄组) 山摄合口一等(帮组) 山摄开口三等(知章组日母)	ㄝ! ɛt	德、陌二麦(文读) 职(庄组) 质韵(庄组) 薛(开口三等知章组日母)
一ㄣ! iɛn	山摄合口三等(精组、来母) 山摄开口三、四等(帮端泥精组、见系)	一ㄝ! iɛt	薛(合口三等精组来母) 薛月屑(开口三、四等帮端泥精组、见系)
ㄨㄣ! uɛn	山摄合口一等(见系)	ㄨㄝ! uɛt	末(帮组见系)

续表

韵母	中古来源	韵母	中古来源
ㄣen	曾梗摄开口三等知章组文读 臻摄开口三等知章组 臻摄合口一等端泥精组晓匣母 臻摄合口三等非组	ㄗ! ï t	职昔(知章组,文读1)
ㄨㄣun	臻摄合口一等(见系)	ㄨ!ut	没,物(非组)
ㄧㄣin	曾梗摄开口三、四等帮精端泥组、见系(梗摄三、四等文读)	ㄧ!it	职(非庄组)昔锡(文读2) 质韵(讫),术(来母、精组)
ㄩㄣyn	臻摄合口三等章组、见系	ㄩ!yt	术(章组、见系),物(见系)
ㄢ!on	山摄合口一等(端泥精组) 山摄开口一等(见系)	ㄛ!ot	末(端泥精组) 辖黠(合口来母)曷(见系)
ㄨㄢ!uon	山摄合口二等(庄组)	ㄨㄛ!uot	辖黠(合口知庄组)
ㄩㄢ!yon	山摄合口三、四等知章组见系	ㄩㄛ!yot	薛月屑(合口章组见系)
ㄢan	山摄开口一等(端泥精组) 山摄开口二等	ㄚ!at	月(合口非组) 曷(端泥精组)辖黠(开口二等)
ㄨㄢuan	山摄合口二等(见系)	ㄨㄚ!uat	辖黠(合口二等见系)
ㄥ!ɛ m	深摄庄组 咸摄开口三等知章组日母	!ㄝ ɛ p	缉韵(庄组)叶(知章组日母)
ㄧㄥ!iɛ m	咸摄开口三、四等(端泥精组,见系)	ㄧㄝ!iɛ p	叶业帖(端泥精组,见系)
ㄥem	深摄知章组	!ㄗïp	缉韵(知章组文读)
ㄧㄥim	深摄精泥组、见系	!ㄧip	缉韵(精泥知章组、见系)
ㄤ!om	咸摄开口一等覃韵,谈韵(见系) 咸合三(非组)	!ㄛop	合,盍(见系)乏(非组)
ㄤam	咸摄开口一等谈韵(端泥精组) 咸摄开口二等	!ㄚap	盍(端泥精组) 洽狎

第六章　宋元以来江西历史方言语音特征考论

这一章我们主要从历史文献的角度，结合现代江西赣方言，对宋元以来江西方言声母与韵母特征的历史来源、演变规律进行探讨。

上文我们通过对江西赣方言历史文献材料的考察，揭示了江西赣方言的历史语音面貌。与现代赣方言相比，这些历史文献材料所揭示的赣方言历史语音面貌、语音特征能为我们探讨江西赣方言语音的历史层次提供更真实可信的证据。但这些赣方言历史文献也有其局限性，它们给我们展现的只是晚近两三百年来赣方言的历史语音面貌。此前江西方言的历史语音面貌与语音特征如何？赣方言历史文献与现代赣方言所具有的语音特征在江西历史长河中的发展演变规律如何？需要我们利用更早的文献材料去考证，去钩稽。

本章在赣方言历史文献材料考证的基础上，通过进一步对宋元以来江西历史文献资料所记载反映的语音特征的钩稽，初步探讨宋元以来江西方言语音特征在不同时期的表现及其演变规律（以现属江西赣方言区的文人材料为主，为比较方便，也偶涉非赣方言区的江西文人材料）。这些文献资料除前人已研究过的材料，如宋代江西文人音注（孙建元 1997，李无未 2005）、宋元江西词人用韵（鲁国尧 1992）、北宋江西诗人用韵（杜爱英 1998）外，主要包括《全宋文》江西籍文人用韵、《全宋诗》南宋江西诗人用韵、元代江西文人诗文用韵，明代江西医学家医籍歌括用韵，以及其他相关江西籍文人文献资料。与上文不同，我们研究这些文献材料不进行音系系联，只对文献所反映的方言语音特征进行勾勒，从而对江西历史方言语音特征及其表现进行揭示。

第一节　宋元以来江西方言声母特征考论

一　全浊声母清化，塞音塞擦音平仄皆送气特征的形成年代

全浊声母清化，今读塞音塞擦音者无论平仄皆送气的特点是客赣方言

的共同特征，也是主张客赣方言合一的学者们的主要依据，这里我们不介入此问题的讨论。但毋庸置疑的是，全浊声母清化，塞音塞擦音无论平仄皆送气的特点，是判断赣方言形成的主要依据。如果某一历史阶段，这一特点出现在今属赣方言区的历史文献中，并且和今属其他方言区的文献材料所反映的特征有别，应该可以确定为赣方言特征已经形成的证据。

宋代之前，江西地区的文献材料非常少。有宋一代，江西地区文教鼎盛，诗词文赋，一时以江右为盛，但语音方面的材料，非常有限。宋代江西地区虽然不乏语言学大家，如陈彭年、卢宗迈等，但他们的著作都以记雅言为务，没有对江西地区的方言特征进行记录。不过宋代江西文人的音释材料无意中留下了对当时江西方言特征的记录，其中就反映了全浊声母清化平仄皆送气的特点。孙建元先生（1997）对北宋饶州人（今鄱阳）董衡所撰《新唐书释音》、南宋吉州庐陵人（今吉安）萧常《续后汉书音义》的音注材料进行过研究，发现宋代江西地区全浊声母清化现象已经产生，清化规律与宋代通语“平透仄戛”不同，而是集中表现为全浊仄声与送气清音互注。我们把这些材料引述如下①：

唇音

以並注滂：(1)胐$_{\text{滂佩}}$ 傍佩$_{27-3}$，(2)踣$_{\text{匹候}}$ 薄口$_{34-2}$，部口$_{101-6,145-4,224-16}$，｜(3)睥$_{\text{匹詣}}$ 音備$_{\text{平秘}\ 388-4}$

以滂注並：(4)並$_{\text{集:蒲浪}}$ 普尚$_{399-3}$

舌音

以定注透：(5)頲$_{\text{他鼎}}$ 待鼎$_{119-2,124-3,134-1}$，特鼎$_{125-1}$，(6)珽$_{\text{他鼎}}$ 待鼎$_{145-3}$，(7)倜$_{\text{他历}}$ 音滌$_{\text{徒历}\ 393-9}$

以透注定：(8)敓$_{\text{徒活}}$ 他括$_{79-3,144-5}$，他活$_{321-2,224-17,225-20}$，(9)垛$_{\text{徒果}}$ 他果$_{44-1}$，(10)頔$_{\text{徒历}}$ 他曆$_{214-5,214-2}$，｜(11)袒$_{\text{徒旱}}$ 音坦$_{\text{他旦}\ 391-4}$，(12)闒$_{\text{徒盍}}$ 貪甲$_{384-7}$

牙音

以溪注群：｜(13)簴$_{\text{其羽}}$ 丘羽$_{377-2}$

齿音

---

① 音注材料首引被注字，被注字右下角为《广韵》反切，次举音注反切或直音，直音右下角亦注明《广韵》反切。最后注明出处。董衡《新唐书释音》据《四库备要本》，出处第一个数字为该“音释”所列《新唐书》卷次，第二个数字为卷内行次。萧常《续后汉书音义》据《丛书集成》初编本，出处第一个数字为《续后汉书音义》之页次，第二个数字为页内之行次。董衡和萧常音注材料见孙建元《宋人音释研究》，南京大学博士毕业论文，1997年，19～39页。序号为笔者所加，每一类别，“｜”前为董氏音，后为萧氏音。

以从注清：(14)濨$_{苍案}$藏旱$_{9-4}$，(15)窣$_{仓没}$昨沒$_{221-3,221-9}$

以清注从：(16)瘠$_{秦昔}$七亦$_{163-5}$，｜(17)請$_{疾政}$青徑$_{380-3}$，七政$_{387-8}$，音倩$_{七政\ 396-1}$，(18)藉$_{秦昔}$七夜$_{394-1}$

以上仄声全浊声母与送气清声母互注共计32条，唇牙舌齿音都有。数量多，范围广。从时间上来看，董衡《新唐书释音》成书于宋徽宗崇宁五年(1106年)，萧常《续后汉书音义》成书于庆元六年(1200年)左右；从地域来看，董衡为饶州鄱阳人，萧常为吉州人。时间相差一个世纪左右，地域则一在赣北，一在赣中。这些现象说明，全浊声母清化仄声送气的现象，宋代赣中赣北地区都已经存在。至于平声全浊声母，在两家音注中，都有与送气清声母互注的例子，略去不引。

那么，这种全浊声母清化平仄皆送气的特征，是江西地区文人音释材料中独有的现象，还是宋代语音的普遍现象呢？我们可以把这种现象与同时期的音释材料、语音文献材料进行对比。

北宋邵雍《皇极经世书声音倡和图》之"十二音图"，以仄声全浊声母与全清声母相承，平声全浊声母与次清相承。周祖谟先生认为这种排列方法正是邵氏方言特征的反映，"盖全浊之仄声已读同全清，全浊之平声已读同次清矣"。(周祖谟2004:591)这种现象也说明宋代北方语音中，全浊声母清化"平透仄戛"的规律已经形成。董衡的生活年代大致与邵雍同期，董衡的音注同样反映了宋代语音全浊声母清化的现象，但清化规律与邵氏有别。那么这种差异是不是南北地域之别呢？刘晓南先生通过穷尽式考察朱熹《诗集传》、《楚辞集注》叶音中被叶字声纽改叶的材料，证以宋代语料文献，下与现代方言对照，归纳了13条宋代闽音声母特点。其中全浊声母清化的特点是，"除擦音外，塞音和塞擦音归入全清或次清不以声调的平仄为条件，其归并方式难寻规律。清化后读不送气的占压倒多数，这是跟现代闽音完全相对应的"。(刘晓南2002:317)我们对宋代四川临邛人(今邛崃)韩醇《诂训柳先生文集》中的音释材料进行过研究，发现韩氏音注材料所反映的浊音清化规律也是"平透仄戛"，与北方语音一致①。孙建元先生同时也对婺州金华人吕祖谦的音释材料进行过研究，吕氏音注仅一例仄声清浊音互注的现象。可见全浊声母清化平仄皆送气的特点是江西地区所独有的，宋代江西地区语音已经形成了自己的特色，赣方言的主要特征在当时已经非常成熟。这种特征在其他江西人士的文献中也有反映，如庐陵人孙奕《示儿篇》(成书于开禧元年，1205年)中的"声讹"无意中也透露了南宋吉安方言

① 见李军(2005a)《韩醇〈诂训柳先生文集〉音释研究》，《古汉语研究》第4期。

仄声全浊声母清化送气的特点。如①：

(1)219 以蕞从秦爲倅清队，　　(2)227 以態透代代定代爲泰透泰，

(3)236 以代定代太透泰爲待定海。

《中原音韵》对江西方言全浊声母清化仄声送气的特点同样有所反映。如《中原音韵》“正语作词起例”之“皆来”部有“太有大”一条，“太”、“大”同属皆来部，从中古语音来看，同为泰韵，声母则“太”为透母，“大”为定母。当时北方方言区的人一般不会相混，周德清把这两字进行比较，一定是在他自己的方言中，“大”字声母清化后读送气音，与“太”不分。因而“向自己故乡一带方言开刀，割除不该吐气的吐气音，向标准语靠拢”。(宁忌浮，1990：79～86)类似的情况还有家麻部“罢有怕”；江阳部“唱有丈”、“胖有傍”；鱼模部“措有助”。可见，江西地区这种全浊声母清化送气的特点，宋元以来就已经非常普遍。赣方言至迟 12 世纪初就已经发展成熟。

全浊声母清化，平仄皆送气的特点，到了明清时期已引起了江西本土学者的注意。奉新人涂谦道光九年(1829)所著《音学秘书》虽承袭陈尽谟《皇极图经》保留三十六字母，但对全浊声母送气的发音特点有自己独到的认识。他在“审呼吸”一章指出：“一字有一字之声，声之所起，皆有气息。气息往来，出入形焉。出入之际，呼吸判焉。息入曰吸，息出曰呼。吸则其气上升而轻，呼则其气下行而重。轻重不从此辨，清浊无所核据。故世俗辨轻重者多差，而论清浊者鲜当。亦由古人不明言之，斯道致终秘耳。余偶悟及于此，乐为做切者告。”涂氏把气流的呼吸与声母的轻重、清浊结合起来进行分析。并以东、冬韵内字为例，列了呼气与吸气声母字，见所引“附录声气俱呼字”举例：

附錄聲氣俱呼字

溪 空孔控哭 郡 窮㧬共局 透 通統痛禿 定 同動洞獨

徹 蹱寵蹱畜 澄 蟲重重逐 清 悤憁謥瘯 從 叢傱敶族

心 檧敵送速 邪 松〇頌續 穿 衝䡴揰矗 狀 崇〇㓠贖

審 舂〇〇束 禪 鱅尰〇蜀 滂 𠏉〇〇撲 並 蓬菶樥僕

敷 峯捧賵蝮 奉 逢奉鳳伏 曉 烘嗊烘𣪘 匣 洪澒閧縠

右舉東冬韻内各字為式。其餘諸韻各字呼吸皆可依类而推也

其中呼气声母包括：溪郡透定徹澄清从心邪穿状审禅滂並敷奉晓匣，即

① 见李无未《音韵文献与音韵学史》，吉林文史出版社，2005 年，70 页。右下角音韵地位为笔者所加。

古全浊塞音塞擦音声母、送气清声母以及清浊擦音声母。并撰“字母呼吸所属歌”进行归纳总结。其歌曰：

> 氣吸見疑與端泥，知娘幫明雜非微。精照影喻來日等，一十六字好尋思。
>
> 呼就溪郡透定推，徹澄滂並敷奉隨。清從心邪穿牀審，禪曉匣母盡如斯。

涂氏认为，声母的呼气、送气特征与声母清浊是联系在一起的，而以阴阳为辨。在“定清浊”章，涂氏写道：“音有清浊之分，始于吕静《韵集》，盖合阴阳呼吸辨之，舍是不能得也。声阴而气带吸者为纯清，声阴而气带呼者为次清；声阳而气带呼者为纯浊，声阳而气带吸者为次浊。此古人未剖之秘，而余推测得之也。”

涂氏这些论述已非常明确地指出了其方言中古全浊声母清化送气的特点。涂谦受自身方言特征的启发，得出了自己对声母清浊特征的理解。涂氏自以为发千古之秘，实得益于其方言具备全浊声母清化送气，在声调上保留阳调，从而与送气清声母保留区别的语音特征。涂谦的理论没有正确认识到声母清浊的本质，但透露了其方言语音的特征，亦难能可贵。

不过，涂氏拘泥于传统韵图保留全浊声母的做法，始终没有迈出将全浊声母与送气清声母合流的一步。明确以韵图的形式反映江西赣方言全浊声母读送气清声母，并将其与送气清声母合并的当属清代奉新人郭师古《音学偶存》。他在“字母图说”中明确指出：“余考之，有群而穿可删，有疑而娘可删，有透而定可删，有滂而並可删，有非而敷奉可删，有知而照可删，有徹而澄可删，有清而从床可删，有心而邪可删，有审而禅可删。”即认为其方言声母系统中的全浊塞音塞擦音声母与送气声母是重复的，可以去一存一。这充分说明，郭氏已明确认识到自己方言中全浊声母清化，与送气清声母合流的特点。

“字母切字图”中，郭氏不立全浊声母位，直接将古全浊声母与送气清声母同列一栏。这也是目前所知最早表现赣方言声母系统的韵图（表 6—1，据原图转写）：

表 6—1 《音学偶存》“字母切字图”

影喻	晓审	疑群溪见	微非	明滂帮	心清精	日来	徹知	泥透端	黄武昆古	牙康更	匣阿
麘		於	声	收	呼	口		开	微	部	鸠
○飫	○○	堯逵○○	○○ ○○	苗毛 螵庖 ○○	○○ ○○ ○○	饒 寮勞	朝 ○	○鐃 條陶 ○○	○○○○	○○○	○○
殀○	○○	○○○九	○○ ○○	○○ 漂鲍 表饱	小稍 湫○ ○早	繞 燎捞	○ ○	○撓 ○○ ○倒	○○○○	樂○絞	○○
○○	○○	○○竅究	○○ ○阜	庙○ 票鉋 俵○	肖○ ○操 醮罩	○ 燎涝	○ 照	○○ 蓧○ 釣到	○○○○	○犒校	斆○
○夭	嚣爍	○○○鳩	○○ ○○	○芼 飘雹 ○包	削筲 秋慥 爵卓	○ ○犖	○ 炤	溺○ 滌○ 的刀	嚳沃○○	樂敲交	學麘

续表

影喻	晓审	疑群溪见	微 非	明 滂 帮	心 清 精	日 来	彻 知	泥 透 端	黄武昆古	牙康更	匣阿
哀		**於**	**声**	**收**	**呼**	**口**		**合**	**微**	**部**	**得**
薏○	○○	疑葵○○	微 ○	迷 ○ ○	○ ○ ○	○ 驪	池 ○	尼 ○ ○	槐圍○○	蛾○○	孩○
○○	喜○	擬揆○○	○ ○	米 ○ ○	洒 ○ ○	耳 邐	弛 ○	柅 弟 ○	魄偉○○	我可○	亥○
意○	○試	儗○氣髻	○ 费	○ 譬 秘	○ 砌 債	餌 麗	○ 至	泥 剃 帝	○緯○繪	饿○介	痎○
億日	熹式	嶷○乞吉	○ 弗	○ 辟 必	西 切 積	○ 酈	笹 窒	昵 稊 適	○○虧○	○柯忿	核哀
恶	**於**		**声**	**收**	**呼**	**口**		**合**	**紧**	**部**	**谷**
篕芋	○○	虞○○○	○ ○	模 蒲 ○	○○ ○鋤 ○○	○ ○○	○ ○○	○奴 ○○ ○○	○無○○	○○○	瑕○
○○	許舍	麌去○○	○ 甫	○ 溥 補	縃○ 取○ ○○	惹 ○○	○ 渚者	○帑 ○吐 ○堵	○舞苦古	○○○	○○
裕○	○捨	娯袪○○	○ 傅	暮 鋪 ○	壻愬 趣助 足乍	○ ○路	○ ○箸	○怒 ○杜 ○○	護○○故	○○○	暇亞
欲于	○賒	○却卻钁	○ 縛	莫 薄 博	胥朔 ○粗 足作	若 畧洛	束 ○著	○○ ○○ 豬都	濩○枯○	咢客各	○惡
安	**於**		**声**	**收**	**呼**	**口**		**开**	**大**	**部**	**筐**
庸袁	○神	迎○笷○	文 凡	○ ○○ ○	○○ 讒 ○	壬 籠龍	○ ○	难 檀 ○	黄○狂○	顔○○	咸○
勇远	響○	仰蠢恐○	拉 諷	○ ○○ 板	○洗 ○ 盞	○ 壟○	○ 整	○ 坦 亶	洸枉○管	○○○	喊○
用远	嚮○	○○○径	汶 汎	慢 ○○ ○	○先 ○ ○	任 龏○	唱 正	难 但 旦	○○○○	喭瞯艮	憾晏
傭○	鄉申	○春○经	○ 風	漫 篇扳 ○	刪先 ○ 戔	○ 龔○	昌 征	○ 怛 妲	○汪○官	○澗艱	○安

二　宋元以来江西方言舌齿音声母的演变

(一)尖团合流的时间

明清官话系韵书,如《韵略易通》、《五方元音》,精组细音与见系细音不混,并且没有腭化的迹象。清代《圆音正考》,据林庆勋(1998)考订,当编撰于1743年,明确记录了当时北方语音精组与见系声母腭化的现象。而与《圆音正考》同时期的江西临江方言韵书《辨字摘要》精组细音与见系细音同样不混,声母没有腭化。19世纪初的南昌童蒙识字课本《类字蒙求》直音中,出现了精组、见系细音互注以及知章组与精组见系细音互注的现象。说明至迟19世纪初,赣方言精组见系细音声母腭化现象已经产生,尖团合流的现象已经完成。

(二)舌齿音格局的历史层次与演变

关于舌齿音的格局,刘泽民利用数据库,对客赣方言105个方言点的舌齿音类型进行了详尽的统计,共分为A、B、C三类十种表现(详见刘泽民,2004:33～34),即:

A 知三章:知二庄精型

B 精$_{洪}$知章庄:精$_{细}$型

C 精庄知章$_{洪}$:精庄知章$_{细}$型

其中江西赣方言区A类有33县,B类有3县,C类有16县。A类又可细分为五种类型,

A1)tɕ,tɕʰ,ɕ:ts,tsʰ,s

A2)tɕ,tɕʰ,ɕ:t,tʰ,s

A3)tʃ,tʃʰ,ʃ:ts,tsʰ,s

A4)tʂ,tʂ^h,ʂ:ts,ts^h,s

A5)t,t^h,s:ts,ts^h,s

刘泽民通过平面比较推测,认为从时间上来看:A>(早于)B>C,其中A1>A2>A3>A4>A5。我们同意A1是舌齿音最早的格局类型,这一观点可以从历史文献上得到证明。《辨字摘要》音系反映,18世纪中叶临江方言舌齿音格局就是刘泽民所分析的A1型,而现代临江方言已经演变为A3型。

A、B、C三者之间的时间顺序,根据文献提供的语料,应当是A>C>B。以南昌方言为例(南昌方言刘泽民归入C类,不妥,当为B类),南昌方言就经历了A1→C→B的历史阶段。南昌方言舌齿音在近代的演变可以图示如下:

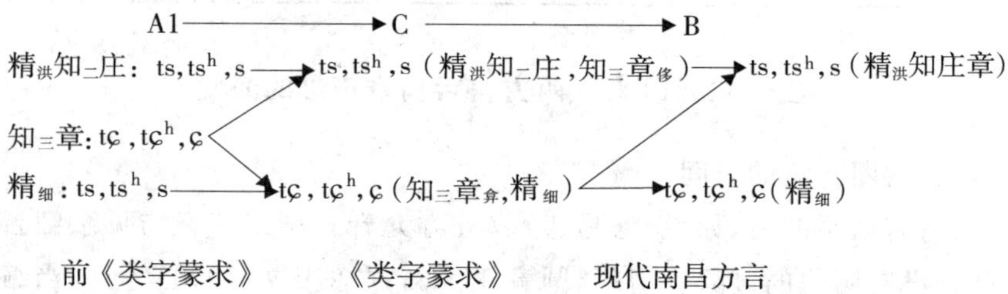

(三)舌齿音格局演变的原因——以高安话与南昌方言为例

临江方言的舌齿音格局在两个半世纪以前还是A1型,现代临江方言已经演变为A3型。从南昌方言与高安话知三章组声母的历史演变来看,它们都经历了由舌面音(即A1型)向舌尖音演变的过程,这一演变结果与临江方言完全不同。相同的语音内部结构向不同的方向演变,说明两个半世纪以来,这三个方言点的演变受到不同的外因影响。其中,南昌方言与高安话有着共同的演变规律,即都有向舌尖音演变的特点,说明高安方言与南昌方言舌齿音的演变受到同一外因的影响。

涂铨用来与国音进行比较的古遇摄三等、止摄、流摄三等、深摄入声、山臻摄合口三等、曾梗摄三等入声、通摄三等知章组字大都有三套读音(参见表6—1),例子出现于"声母的变动"和"声母韵母共同的变动"之"南音舌叶变齿头或舌头、舌前的例"中。其中"齿头"指舌尖前塞擦音、擦音ts、ts^h、s,"舌头"指舌尖前塞音t、t^h,"舌前"指舌面音tɕ、tɕ^h、ɕ。这三套读音实际上就是涂铨日常生活中使用的同一语音系统内部知章组字的三种异读。为便于讨论,我们暂时把这三套读音分别称为南音(声母读舌尖前塞擦音与擦音)、土话白读(声母读舌尖塞音)、土话文读(声母读舌面音)。高安方言中,南音除声母与土音不同外,韵母与土音基本一致。从下文举例中我们可以发现,南音韵母与土音一样有-m尾、-t尾和-p尾，从韵母的相似程度来看，与白读音的韵母更为接近，如（只引转写注音字母的国际音标）：

通摄三等：中tsuŋ南/tuŋ白/tɕ yŋ文，充tsʰ uŋ南/tʰ uŋ白/tɕʰ yŋ文；

深摄入声：汁tsï p南/tï p白/tɕ ip文；

流摄三等：肘tsʰ eu南/tʰ eu白/tɕʰ iu文，丑tsʰ eu南/tʰ eu白/tɕʰ iu文；

遇摄三等：朱tsu南/tu白/tɕ y文。

南音与白读音韵母的近似度，也反映了一种趋势，即南音逐渐排斥文读音，成为高安方言中的一种新的文读音。这种趋势体现在三方面：

1.《国音四种》知三章组字读音的不同，基本上以韵摄的弇侈为条件。弇音韵摄知三章组声母保留舌面音tɕ、tɕʰ、ɕ的读音，大都有三套读音，其中介音或主元音为y的，声母只读舌面音；侈音韵摄知三章组声母则只有舌尖前塞擦音、擦音ts、tsʰ、s与舌尖前塞音t、tʰ两套读音。

2.从弇音韵摄字在现代高安方言[①]中的读音来看，《国音四种》中有三套读音的知三章组字，声母为舌面音tɕ、tɕʰ、ɕ的读音在现代高安方言中已经消失；只读舌面音的知三章组字，现代高安方言声母多读舌尖前塞音，但少数仍读舌尖前塞擦音、擦音。如涂铿音中，谆韵章组字"准"音tɕ yn，"蠢"音tɕʰ yn，则"春"当音tɕʰ yn，今高安话"春"音tsʰ øn；止摄合口三等字"吹"，涂铿音tɕʰ y，今高安话音tsʰ ø。

3.谆韵、鱼虞韵以及止摄合口三等见系字，《国音四种》与知三章组字读音相同，声母同为舌面音。现代高安话中，这些见系字仍与知三章组字读音相同，但声母读舌尖音。如"菌"音tsʰ øn，"句"音tsø，"区"音tsʰ ø，这种演变无疑是受到知三章组字声母由舌面音演变为舌尖音的类化作用。

南昌方言的演变相对简单，《类字蒙求》知三章组声母基本上以弇侈为条件产生分化，侈音韵摄知三章组声母读舌尖前塞擦音、擦音，弇音韵摄读舌面音。但现代南昌方言中，弇音韵摄知三章组声母也已经基本上读舌尖前塞擦音、擦音了。

那么，高安方言与南昌方言知三章组声母由舌面音向舌尖音演变，是受到什么原因的影响呢？江西南康人邬荣治《赣方言考》(1936)"绪言"中提到："南方官音，读'之'为'资'，'痴'为'雌'，'尸'为'私'。"所反映的正是南方官音知三章组声母读舌尖塞擦音、擦音的现象。那么，高安方言与南昌方言知三章组声母由舌面音向舌尖音的演变是不是受到南方官话的

---

① 以下现代高安方言参考刘纶鑫(1999)《客赣方言比较研究》中的材料。

影响？或者说是南方官话语音在方言中的变体？这一问题还值得进一步研究。

与南昌方言不同的是，20 世纪 20 年代，高安方言知$_{三}$章组声母就存在舌尖前塞擦音ts、ts^h与塞音t、t^h两读的现象。那么这种知章组声母读舌尖前塞音t、t^h的现象是一种什么样的语音性质呢？下文我们来讨论这一问题。

(四)知$_{三}$章组声母①今读t、t^h的语音性质

知$_{三}$章组声母今读舌尖前塞音t、t^h的现象，在今江西赣方言区比较普遍，据陈昌仪(1997)调查，这种现象在江西赣方言区有 33 个方言点，31 个县。这些知$_{三}$章组声母今读舌尖前塞音t、t^h的现象可分为两类：一是仅少数知$_{三}$组字声母读舌尖塞音t、t^h，韵母读细音，而章组字声母一般没有读舌尖前塞音的现象，比如今莲花方言；二是知$_{三}$章组字声母都读舌尖塞音t、t^h，韵母读洪音，今赣方言知$_{三}$章组字声母读舌尖前塞音的，大部分属于这种情况。

对于这种语音现象的性质，学界大致有两种截然不同的看法：一是“上古音遗留说”，首创者为罗常培，大多数赣方言学者支持这一观点；另一种看法是“后起音变说”，有法国学者 sargart、日本学者平山久雄和大岛广美等，何大安则认为是受闽语的影响。

其中大岛广美认为：“如果知三、章先变成舌尖塞音，后来透母和定母变喉擦音的话，知三、章组声母应该随着端组一起变成喉擦音，而现在的情况恰恰不是。”(1996)我们同意这种看法，并补充一点证据。从语音事实来看，大部分赣方言中，知三章组字声母读t、t^h的，韵母都读洪音；而闽方言中知$_{三}$组字声母读t、t^h的，韵母都读细音；湘南、桂北土话中知$_{三}$组字声母读t、t^h的，韵母同样读细音。如②：

福建建瓯：蛛꜀ty，住tiu꜖，着tiɔ꜖，朝꜂tiau，肘꜂tiu，转꜂tyɪŋ，长꜂tiɔ ŋ

湖南东安花桥：猪tiə u^{33}，转tye^{35}，竹tiə u^{42}，着tiu^{42}，中tin^{55}～间，长tiũ^{55}，迟di^{13}，锤dy^{13}，沈din^{24}，直die^{42}，重din^{55}轻～，丈diũ^{55}

广西全州黄沙河：猪tio^{55}，迟di^{13}，沈 dĩn^{13}，侄di^{13}，直dio^{13}，竹tio^{35}，朝tio^{55}，澄 dĩn^{13}

李方桂认为，知组二等的演变规律是：上古tr，thr，dr，nr＞中古知ṭ，徹ṭh，澄ḍ，娘ṇ。(李方桂，2001：15)至于知组三等，李方桂认为，其介音r-后还有介音j-，则知组三等的演变当为：上古trj等＞中古知ṭj等。以上所举知$_{三}$组读如

① 章组字擦音在今赣方言中读为擦音[ɕ]或[s]，本节所讨论的知章组字，不包括擦音。

② 以下福建建瓯方言见《汉语方音字汇》，东安花桥材料参考了鲍厚星(1998)《东安土话研究》，广西全州黄沙河为笔者 2002 年实地调查，见李军(2005b)《桂北全州(黄沙河)土话音系特点》。

端组的方言，一直保留上古读塞音的语音特点，即上古trj-等＞现代ti-。因此上述福建建瓯、湖南东安、广西全州等地知$_{三}$组字读ti-、t^hi-的现象，可以看作古音的遗留。赣方言知三章组声母读t、t^h的现象，与这些方言中的知$_{三}$组读如端组的现象不是同一层面的读音。从历史文献来看，明袁子让《字学元元》卷八之“方语呼音之谬”指出：“江右或以朝为刁，以昼为丢去声，盖误知于端也。”这条记录反映了明代赣方言还保留有知$_{三}$组读如端组，韵母读细音的特点，今莲花方言知组字读音还保留这种特征。但这不能作为知三章组声母读t、t^h是古音保留的证据，相反，这一记录表明知三章组字声母读t、t^h，韵母读洪音的现象明代还没有出现，不然袁子让何以不加以记录。同样，身为江西人士的张位在《问奇集》之“各地乡音”中也没有类似记录。《翻切指掌》精组洪音、庄组、知组、章组声母有合流的特点，但刘孚周在比较的时候，并没有指出这些声母读音与官话有很大差异。如这些声母读同端组声母，刘氏应该会有所提示。19 世纪末的南丰方言是否与现代南丰方言一样精庄知章组洪音声母合流读t、t^h，令人怀疑。清奉新人郭师古《音学偶存》“字母切字图”中，古章组字“春”与“蠢”列在群母位，明确表明知三章组字声母读舌面音（见上文所列“字母切字图”）。而现代奉新方言中，知三章组声母读t、t^h，如“春”音꜀t^hən。再者，如果说知三章组字先读同端组细音，再读洪音，就不能解释为什么端组四等字在江西赣方言中仍读细音的现象。

那么知三章组声母读t、t^h的现象是什么时候出现的，它的演变途径如何？我们认为这种现象是非常后起的，不会早于明代。演变的动力来自知$_{三}$章组声母由舌面音tɕ、$tɕ^h$向舌尖音ts、ts^h演变的过程中，所产生的语音结构的内部调整，我们仍以高安方言作为个案进行分析。

20 世纪 20 年代涂铿所记录的高安方言中，知三章组声母的读音比较复杂，大致可分三种情况：

1. 止摄合口、遇摄、山摄合口、臻摄合口知$_{三}$章组字声母只有tɕ、$tɕ^h$一种读音，主元音或介音为y；

2. 止摄开口、遇摄部分字、流摄、深摄入声、山摄合口入声、曾梗摄入声、通摄知$_{三}$章组字声母有舌面音tɕ、$tɕ^h$、舌尖音t、t^h与ts、ts^h三种读音。主要特点是：读舌面音的，韵母还保留i-介音；读舌尖塞擦音与塞音的，韵母都读洪音；

3. 其余韵摄知三章组字声母都有t、t^h与ts、ts^h两读，韵母读洪音。

现代高安方言知$_{三}$章组字读音发生了变化：以上知三章组字声母有两读和三读的，现在只剩下t、t^h一种读音；只有tɕ、$tɕ^h$一种读音的，大部分已经读t、t^h，只有少部分读ts、ts^h。

下面，我们将涂铿所记录的 20 世纪初高安方言知$_{三}$章组字读音与其在现代高安话中的读音比较如下：

表6—2　20世纪初高安方言知$_{三}$章组字读音与现代高安话的比较

字	涂铿音	刘音①	字	涂铿音	刘音	字	涂铿音	刘音
除	tɕʰ y	tʰø^{2}	丑	tsʰeu/tʰeu/tɕʰ iu	抽tʰɛ u^{1}	真	tsen/ten	tøn^{1}
苎	tɕʰ y	tʰø^{5}	汁	tsï p/tï p/tɕ ip	tøl^{6}	缠	tsʰɛ n/tʰɛ n	tʰɛ n^{2}
柱	tɕʰ y	tʰø^{5}	执	tsï p/tï p/tɕ ip		折	tsɛ t/tɛ t	tɛ l^{1}
追	tɕ y		炙	tsï t/taʔ/tɕ it	只taʔ^{6}	琛	tsʰem/tʰem	沈tʰøn^{2}
吹	tɕʰ y	tsʰø^{1}	尺	tsʰï t/tʰat/tɕʰ it	tʰaʔ^{6}	枕	tsem/tem	针tøn^{1}
转	tɕ yon	ton^{3}	重	tsʰuŋ/tʰuŋ	tʰuŋ^{4}	谄	tsʰɛ n/tʰɛ n	占tɛ n^{4}
穿	tɕʰ yon	tʰon	冲	tsʰuŋ/tʰuŋ	tʰuŋ^{1}	折	tsɛ p/tɛ p	
准	tɕ yn	tøn^{3}	程	tsʰen/tʰaŋ	tʰøn$^{2}_{文}$/tsʰaŋ$^{3}_{白}$	超	tsʰɛ u/tʰɛ u	tʰɛ u^{1}
春	tɕʰ yn	tsʰøn^{1}	正	tsen/taŋ	taŋ～月/tøn～确	赵	tsʰɛ u/tʰɛ u	潮tʰɛ u^{2}
蜘	tsï/tï/tɕ i	知tø^{1}	张	tsoŋ/toŋ	tɔ ŋ^{1}	遮	tsa/ta	ta^{1}
痴	tsʰï/tʰï/tɕʰ i	齿tʰø^{3}	昌	tsʰoŋ/tʰoŋ	tʰɔ ŋ^{1}	扯	tsʰa/tʰa	tʰɛ^{3}
肘	tsʰeu/tʰeu/tɕʰ iu	昼tɛ u^{4}	陈	tsʰen/tʰen	tʰøn^{2}			

以上知$_{三}$章组字声母在涂铿音中只有 tɕ、tɕʰ 一读的，除“吹”tsʰø^{1}、“春”tsʰøn^{1}两字在今高安话中读舌尖前塞擦音外，其余字，如“柱”tʰø^{5}、“转”ton^{3}、“穿”tʰøn^{1}、“准”tøn^{3}均读舌尖塞音。知$_{三}$章组字声母在涂铿音中有两读或三读的，除个别字的白读保留舌尖前塞擦音的读音，其余字也都读舌尖前塞音。

前面我们按照一般的称呼，把知三章组字声母读t、tʰ的音称为白读，而把知三章组字声母读tɕ、tɕʰ 的音称为文读。事实上，从知三章组字的两读与三读现象可以看出，知三章组声母读舌面音的才是一种更早层次的读音。因为声母读tɕ、tɕʰ 的知$_{三}$章组字，韵母保留i-介音或y-介音。而声母读t、tʰ以及ts、tsʰ的知$_{三}$章组字，韵母都已经读洪音。

根据这些演变线索，结合以上我们所分析的赣方言舌齿音格局的演变，我们认为，高安方言语音晚近发生的一系列变化与舌齿音的格局变化密切相关。赣方言最早的舌齿音格局是A1型，即精庄知二ts、tsʰ、s：知三章tɕ、tɕʰ、ɕ型。晚近，南方方言发生了一次大的语音变化，即知三章组声母演变为舌尖音ts、tsʰ、s的现象，如苏州话（赵元任1956、丁邦新2000）、南昌方言（见上文分析）。高安话也受到了影响，知$_{三}$章组字声母以韵母的弇侈为条件，侈音首先向舌尖音ts、tsʰ、s演变，由于主元音开口度大，更容易丢失介音，韵母由细音演变为洪音，即tɕ i-、tɕʰ i-、ɕ i→ts-、tsʰ-、s-。这种演变打破了原有的舌齿音格局，出现了大量知三章组字与精庄知二组字同音的现象，于是知三章组舌尖塞擦音丢失擦音成分演变为舌尖前塞音t、tʰ，重新保持原有的舌齿音的格局。这一过程不是一蹴而就的，而是以由侈音韵摄向弇音韵摄不断扩散的

① “刘音”是指刘纶鑫（1999）《客赣方言比较研究》所记录的高安话。

方式逐渐推进的。侈音韵摄发生这种音变的时间最早；弇音韵摄则首先是开口韵知$_三$章组声母演变为舌尖前塞擦音，然后进一步演变为舌尖前塞音，并经历了一段时期的t、t^h与ts、ts^h两读，甚至ts、ts^h，t、t^h，tɕ、$tɕ^h$三读的叠置阶段，这就是《国音四种》所记录的情况；最后发生变化的是主元音或介音为y的知三章组字。至此，知三章组声母tɕ、$tɕ^h$的读音全部向ts、ts^h的读音演变，而ts、ts^h的读音又进一步演变为t、t^h。高安方言知三章组声母的演变过程图示如下：

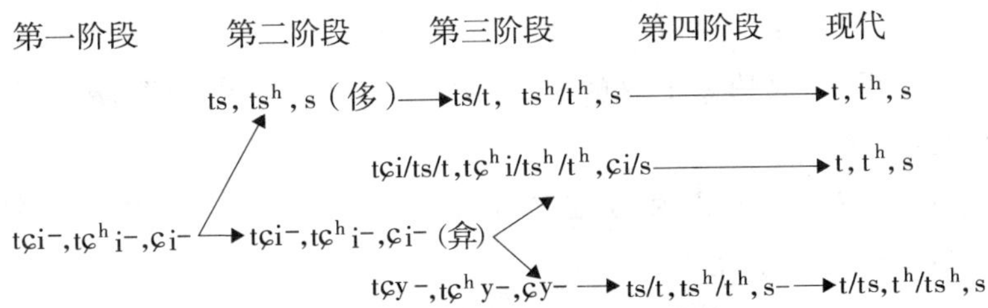

高安方言tɕ、$tɕ^h$ →ts、ts^h→t、t^h的演变，是知三章组声母读舌尖塞擦音以后，通过改变知三章组舌尖塞擦音声母为塞音，以调整方言内部舌齿音格局的方式来完成的。这种调整也可以通过改变精庄知二组舌尖塞擦音声母ts、ts^h为塞音t、t^h的方式来实现，如今江西崇仁等地，知三章组声母读ts、ts^h，而精庄知二组声母读t、t^h。甚至在侈音韵摄知三章组读舌尖音，与精庄知二组合流后，再以韵母洪细为条件进行调整，所有的洪音声母读舌尖塞音t、t^h，而细音声母仍读舌面音，比如今乐安、宜黄、南丰方言。

因此我们认为，赣方言知$_三$章组声母读t、t^h的现象，不是古音的遗留，而是晚近知三章组声母向舌尖音演变的过程中所产生的内部语音调整的结果。

（五）赣方言精庄知二合流的时间

现代赣方言中，无论哪一种舌齿音格局，精组洪音与庄组、知组二等总是同为一组，读音相同。上古音中，庄组声母与精组关系密切，黄侃提出的“照二归精”的观点得到学术界的普遍认可。李方桂《上古音研究》把庄组二、三等声母分别拟为tsr、ts^hr、dzr、sr和tsrj、ts^hrj、dzrj、srj。上古音知组与端组声母不分，钱大昕在《舌音类隔之说不可信》一文中提出的“古无舌上音”的观点已成定论。王力先生认为知徹澄母“乃是唐天宝年间由端透定分化出来的”。（1996：166）李方桂先生把知组二、三等分别拟为tr、t^hr、dr和trj、t^hrj、drj。从《切韵》音系一直到晚唐朱翱反切①所反映的音系中，精、庄、知、章四组声母一直不混。到了宋代，庄、知、章三组声母开始合流，如《七音略》

① 见王力《朱翱反切考》，《龙虫斋并雕文集》第三册，中华书局，1982年，212～256。

等切韵图中，庄章组合流为照组，《卢宗迈切韵法》[①]与朱熹反切[②]则反映了知、庄、章三组声母合流的特点。

江西文人的音释材料则反映，庄组、知二组并没有和章组合流，而是与精组洪音合流。我们仍以孙建元先生所研究的董衡《新唐书释音》和萧常《续后汉书音义》为例。根据孙建元先生“声类合并现象”部分举例，董衡音释知、章、庄三组字互注共有 53 例，其中知组与庄组互注 5 例，列举如下：

1. 盩张流切侧流切$_{37\sim 2}$，2. 笮侧伯切陟迫切$_{154\sim 1}$，3. 迮侧伯切陟格切$_{218\sim 7}$，4. 栅楚革切敕革切$_{163\sim 6,\ 215\sim 2}$

这 5 例中的庄组字(反切上字或被注字)全为二等字，知组字(被注字或反切上字)全为三等字。

章组与庄组互注仅“书、生互注”一例：釃所宜切式施切$_{224-14}$，除此一例外，章组字只与知组三等字互注。

萧常音注中，知庄章组互注共有 4 例，其中知章组互注 3 例，知组均为三等字；知组与庄组互注 1 例：戇陟降切侧降切$_{389\sim 4}$，系庄母三等字与知母二等字互注。

董衡音注庄组字不以章组字为切上字，而以知组三等字为切上字，说明知组字与庄组二等字声母比较接近。萧常反切以庄组三等字注知组二等字，说明庄组三等与知组二等读音相同，但例子太少。综合两家音注，我们认为，宋代江西地区庄组声母与章组声母有别；知组三等开始与章组合流，但与庄组声母更为接近。

庄组与精组声母关系密切，董衡音释有 5 例精组与庄组互注的例子(后两例见于孙建元 1997 韵母讨论部分)：岨集：壮所切音咀子与切$_{143\sim 8}$，搜所鸠切萧鸠切$_{24\sim 1}$，溲疏有切苏后切$_{221\sim 13}$，娵甾尤切子侯切$_{39\sim 3}$，(拃)掺姊末切侧柏切$_{221\sim 13}$，萧常音注中也有一例：眦士懈切紫戒切。

元代江西方言庄组字与精组字难以区分，周德清在《中原音韵正语作词起例》中就有以下 28 组用以正音的字：

江阳部：桑有雙，倉有窗，贓有粧，藏有床，磉有爽，葬有狀；

支思部：絲有師，死有史；

鱼模部：蘇有疏，粗有初，殂有雛，祖有阻，素有數，措有助；

皆来部：猜有差，災有齋，才有柴，采有揣，賽有曬；

① 见鲁国尧《〈卢宗迈切韵法〉述论》，《鲁国尧语言学论文集》，江苏教育出版社，2003 年，326～379。

② 见王力《朱熹反切考》，《龙虫斋并雕文集》第三册，中华书局，1982 年，257～338。

寒山部：殘有潺，蹔有盞，珊有山，散有疝；

尤侯部：溲有搜，走有𩨨，叟有獀，嗽有瘦，奏有皺。

以上28组字，每组字《中原音韵》韵部相同，但分属不同的小韵。从声母条件来看，字组前一字为精组字，后一字为庄组字；从韵母来源看，精组字都为一等韵字，庄组字有二等韵字，也有三等韵字。《中原音韵》各字组所列字既然分属不同的小韵，自然能够区别。周德清将这些字作为正音对象，一定是在他自己或他所熟知的方言中不能区分，因此才有必要加以正音辨似。联系宋代江西音释中精庄互注的现象，以及今高安话这些字均为同音字的特点，认为这些字组"是专为高安而设，大概没有什么不可以"。（宁继福，1990：84）

这说明，赣方言精庄组声母不分的现象宋元时期已客观存在。至于知组二等字，因为字少，还找不到更多的证据。不过，宋人音释知组声母多与庄组声母互注，似乎反映了知组二等与庄组的合流至迟宋代已经开始。知组三等因为有i-介音的影响，首先与章组合流，而知组二等因为受洪细两分语音演变规律的影响，并没有向章组演变，而是向庄组靠拢，从而与精组一等合流。

那么，赣方言精庄组声母在宋元时期就不分的原因是什么？刘镇发（2004）认为，东南、西北边陲无庄组，庄组声母是直接从tsr、ts^hr、dzr、sr演变而来，根本没有形成过二等和三等。江西属于他所说的南方边陲型。刘纶鑫也认为："把客赣方言中的精庄合一看作上古音的反映是不会有问题的。"（1999：285）这些观点可供参考。

三　其他声母的发展演变

（一）非组声母与晓匣母合口洪音声母相混的时间

18世纪临江方言韵书《辨字摘要》中，非组声母与晓匣母合口洪音不混。现代大部分江西赣方言区，这些声母已经相混，晓匣母合口洪音在今江西赣方言区多读唇齿擦音f声母开口洪音。

不过，江西赣方言区还有少数地区，如新建、余干等地，晓匣母合口洪音字与非组声母字读音并没有合流为唇齿擦音f声母开口洪音，而是合流为双唇擦音ɸ声母合口洪音。如余干"非挥"同音ɸui、"烦还"同音ɸuan、"坟魂"同音ɸun。这种非组声母与晓匣母合口洪音相混读ɸ的语音特征形成的年代，比非组声母与晓匣母合口洪音合流读f的时间要早，明代新建人张位《问奇集》中就有反映。

《问奇集》本以正音为主，因此对各地的方音很关注，其中有专节对各地乡音不正的现象进行记载，以说明方音与雅音之别。但行文中，张位无意透露了自己的方音特点。如《好雨诗切字例》中，张位以晓母合口韵字做非母的助纽字："发，方越切，方兄喧发"，"风，方中切，方兄喧风"①。"发"与"风"均为非母字，助纽字"兄喧"均为晓母合口韵字。晓母合口细音在今新建方言中已经腭化，明代见系声母应当还没有腭化，不然不可能作为非母的助纽字。以晓母合口细音作为非母字的助纽字，说明明代新建方言中，非组声母已经与晓组合口韵声母合流，后来与晓匣母合口洪音一起演变为双唇擦音ɸ声母，反映了赣方言非组声母与晓组合口洪音声母的另一种合流方式。

（二）疑母的演变方式

前面我们在讨论两百多年来临江方言演变特点的时候，对疑母的演变进行过讨论。疑母在两百多年前的临江方言中，无论洪细开合都保留舌根鼻音的读音。现代江西赣方言大部分地区的疑母开口洪音还保留为舌根鼻音声母，合口洪音演变为零声母，疑母细音演变为鼻音 ȵ 声母。现代高安方言中，疑母细音则已经全部演变为零声母，莲花方言也有这种现象。

高本汉对汉语方言疑母细音演变为零声母的现象进行过推测，他认为："在i，y的前头，声母失落以前是否有腭化作用，这是不大能决定的。照上文（Ⅰ）（今按，指有些方言中疑母细音读 ȵ 的现象）所研究的现象看起来，好像是可以的，例如宜ŋi＞ȵ i＞北京i。"（高本汉，2003：261）这种推测在赣方言中完全适用，因为赣方言大部分地区的疑母细音就是读 ȵ 的。泥母细音与日母在高安方言中也有读零声母的现象，它们很可能是在与疑母合流以后，一起丢失声母演变为零声母的。

从演变过程来看，疑母在江西赣方言中向零声母的演变也经历了非常明晰的逐变过程，合口洪音首先演变为零声母（见《辨字摘要》、《类字蒙求》直音），然后是开口洪音，最后是开口细音。即：

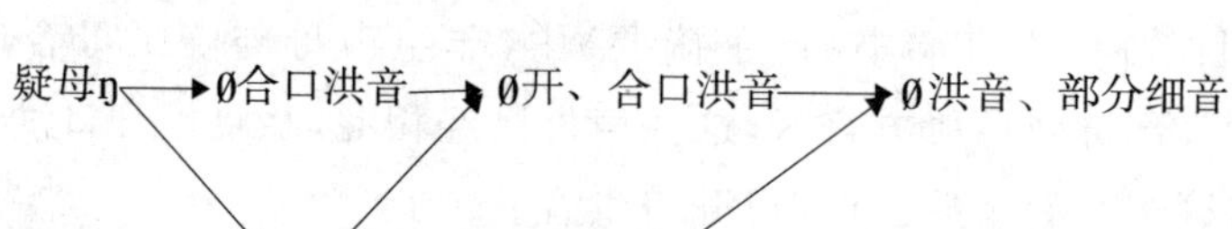

（三）泥、来母与日母的演变

赣方言泥母与来母的最大特点是"洪混细分"，从发音原理来看，洪音的主元音开口度大，泥母的鼻音特征容易丢失，从而演变为同发音部位的来母。宋人音释材料中没有发现泥母洪音读来母的现象，但周德清在《中原音

① 见《续修四库全书》255 册，第 173 页。

韵正语作词起例》中，把同韵的泥母洪音与来母字作为正音对象进行了比较，反映了高安方言或他熟知的方言中，泥母与来母洪音已经相混。如鱼模部“橹有弩”，韵母同为一等模韵，声母则“橹”为来母，“弩”为泥母。中原音不混，而他自己的方言可能已经相混，因而有必要加以辨正。

章太炎提出过“娘日二纽归泥说”，说明上古音中，泥母与日母关系密切。泥母(含娘母)四等俱全，而日母只有三等有字。赣方言泥母细音与日母多已合流，读 ȵ 声母。根据刘泽民统计，江西赣方言日母读为 ȵ 声母的有 41 个方言点。(详见刘泽民，2004：75～76)日母读 ȵ 的方言点，泥母细音一般也读 ȵ。高本汉根据现代汉语方言的表现，认为把中古的日母拟为 ȵʑ “似乎是惟一可能的说法”。(2003：345)王力先生《汉语史稿》同意这一观点，并认为：“nʑ(按，当为 ȵʑ)是一个破裂塞擦音。当破裂成分占优势的时候，摩擦成分消失，就成为今天客家方言和吴方言(白话)的 ɳ(‘人’ɳin)。”(1996：128)因此赣方言日母 ȵ 的读音可以看作一种比较早期的语音。这种现象在宋人音释中就有反映，南宋魏仲举《五百家注昌黎文集》中，就有好几例日母与泥母互注的音释①，如：

1. 貀$_{\text{女滑}}$汝滑$_{\text{172下}}$，2. 嚅$_{\text{人朱}}$女居切，又音如$_{\text{人诸339上}}$，3. 珥$_{\text{仍吏}}$乃吏$_{\text{382上}}$，4. 挐$_{\text{女加，人}}$余汝加，汝書$_{\text{388上}}$，5. 釀$_{\text{女亮}}$音讓$_{\text{人样52上}}$

《五百家注昌黎文集》中的音注材料有一部分选自宋建昌南城人(今江西南城人)童宗说《柳河东集音注》。由于《五百家注昌黎文集》的音注大都没有注明姓氏，而童书已佚，无以确认，只能作为旁证。但无独有偶，周德清《中原音韵正语作词起例》中，江阳部就以“让有酿”作为方音辨正的对象，说明江西赣方言日泥相混宋元以来就存在。

日母除 ȵ 的读音外，还有零声母与l的读音，并且同一方言点还同时具有三种读音，据刘泽民统计，这样的方言点共有 33 个。有些方言点只有l、Ø 两种读音，如永丰与高安。那么 Ø 与l哪一种是更早期的读音呢？我们认为 ȵ、l、Ø 三种读音的历史层次依次是 ȵ＞(早于)Ø＞l。仍以高安方言的历史演变来说明。

涂铿所记录的 20 世纪初高安方言中，日母就有了零声母与l声母的读音。读零声母的，韵母保留i-介音，读l声母的，韵母为开口洪音，如：

染iɛm/lɛm，肉iuʔ/lut，人in/len，

① 以下材料见南宋魏仲举《五百家注昌黎文集》，《四库全书》1074 册，举例首引被注字，右下角为被注字在《广韵》中的音韵地位，次引音注反切或直音以及音韵地位，最后为出处页码。参见李军《〈五百家注昌黎先生文集〉音释研究》，《中国音韵学·南昌 2008 国际学术研讨会论文集》，《江西人民出版社》2010 年。

穰loŋ，讓ioŋ，然lɛn，熱iɛt

这种语音特征和泥母细音一致，泥母细音字声母读零声母的，韵母读细音；声母读l的，韵母读洪音。如涂铿音中，“年”音iɛn，“撚”音lɛn，“濃”音yŋ又音luŋ。

根据以上读音特点，我们认为，读零声母的日母与泥母，都是在合流为ȵ母以后，声母脱落，演变为零声母的，与上文所分析的疑母由舌面鼻音演变为零声母的规律一致。

日母读为l声母很可能是受到强势方言官话的影响。日母字在明清官话中，韵母已经读洪音；赣方言中，日母字多读零声母细音。官话日母读音在赣方言区人们的听觉中与n近似，而赣方言n与l洪音相混，因此日母字在赣方言中就有了读l声母洪音的现象。疑母在赣方言中也有读ȵ声母的现象，但没有读l声母的异读，正是因为疑母读零声母与官话一致，没有受到外因的影响。

（四）高安书母和禅母读擦音h声母的性质

赣方言部分方言点知章组声母读舌根音k、k^h、h，如乐平、永丰等地。（刘纶鑫，1999：275）高安方言①则有部分书、禅母读h声母的现象，如：

书$hø^1$，鼠$hø^3$，薯$hø^2$，输$hø^1$，水$hø^3$，顺$høn^5$，叔$hø^4$

这些字有一个共同特点，即都来源于古合口三等韵。湖南醴陵方言中也有知三章组声母读k的现象，（参见蒋希文 1992）徐通锵先生分析认为，这是“由于y难以与tʂ配合发音，因而它或者使y变为 u……或者使它前面的tʂ声母变为k”。（徐通锵 2000：157）也就是说，这种知三章组声母读舌根音的现象是一种后起的变化。徐通锵先生没有说明擦音书母与禅母的情况，演变机制应该与塞擦音一致。那么赣方言书禅母读h是否后起的现象呢？有些赣方言学者持否定看法，如刘纶鑫先生认为，这种现象是上古音在赣方言中的遗留。（参见刘纶鑫 1999：275）并以此作为知三章组读t、t^h是上古音遗留的证据。

上文我们分析认为，赣方言知三章组声母读t、t^h是一种非常后起的现象。同样，高安方言书禅母读h声母也是一种非常后起的现象，并且不到一百年。何以见得？

下面我们把涂铿《国音四种》所记录的遇摄三等、止摄合口三等、臻摄合口三等、通摄合口三等知章组字读音，与其在现代高安方言的读音进行比较（其中“刘音”指刘纶鑫 1999 所记高安音）：

① 以下高安方言材料引自刘纶鑫(1999)《客赣方言比较研究》。

表 6—3　《国音四种》止遇摄合口三等读音与现代高安话比较

韵摄	涂铿音	刘音	韵摄	涂铿音	刘音
遇摄	除tɕʰ y	tʰø^{2}	臻摄	准tɕ yn	tøn^{3}
	柱tɕʰ y/ɕ y	tʰø^{5}		蠢tɕʰ yn	春tsʰøn^{1}
	书su/ɕ y	hø^{1}		顺 ɕ yn	høn^{5}
	竖tɕʰ y/ɕ y	树hø^{5}	通摄	中tɕ yŋ/tsuŋ/tuŋ	tuŋ^{1}
止摄	追tɕ y			充tɕʰ ‘yŋ/tsʰuŋ/tʰuŋ	铳thuŋ^{4}
	吹tɕʰ y	tsʰø^{1}		束 ɕ yʔ	叔suʔ^{6}/hø^{4}
	谁 ɕ y	水hø^{3}			
	垂tɕʰ y/ɕ y	睡hø^{5}			

通过将涂铿所记录的近百年前的高安话与现代高安方言进行比较，我们完全可以肯定，书禅母读h声母，绝对不是上古音的遗留，而是一种后起的语音变化，是由于韵母主元音的低化，即y→ø所引起的。

这种变化不仅局限在书禅母字，也涉及了晓母字。涂铿所记录的高安方言中，鱼虞韵知章组字与见系字读音一致，其中鱼虞韵书禅母与晓母字读音相同。当鱼虞韵书禅母字声母读h的时候，与其读音相同的鱼虞韵晓母字也发生了相同的音变。以“虚”、“许”二字为例，这两字涂铿没有与国音比较，当与国音读音相同，音 ɕ y；现代高安方言中，这两字除声调不同外，同音hø。而其他鱼虞韵见系字除韵母受到影响，由y演变为ø外，声母没有发生类似的变化。

第二节　宋元以来江西方言韵母特征讨论

本节主要以宋元江西文人诗、词、文用韵材料，以及明代江西医学家医籍歌括用韵材料为依据，对宋元以来江西文人作品中比较典型的特殊用韵现象进行讨论。并将其与江西赣方言历史文献所反映的语音特征，以及现代江西赣方言语音特征进行比较，对这些特殊用韵现象所反映的语音特征的性质、这些语音特征在江西不同历史时期、不同地域的分布特征进行分析，从而对宋元以来江西方言的韵母特征及其形成年代进行初步揭示。本节讨论的江西文人特殊用韵所反映的方言韵母特征，一般指在江西赣方言历史文献与现代江西赣方言普遍存在的方言特征，个别现代赣方言中找不到证据的韵母特征，也偶有涉及。宋元江西文人用韵所反映的其他方音特征，及其与同时期其他地区文人用韵所反映的方音特征的比较，拟另文讨论。诗、词、文用韵韵部系统采用鲁国尧先生所归纳的宋代通语十八部名称。

一　宋元以来江西方言阴声韵韵母特征讨论

(一)支鱼同韵

这里的“支”指宋代通语十八部之“支微部”(即止摄支脂之微韵、蟹摄合口一等灰韵以及三、四等韵),“鱼”指宋代通语十八部之“鱼模部”(即鱼虞模三韵及部分流摄唇音)。支鱼同韵现象是江西赣方言比较普遍的语音特征之一。那么这种方言特征在江西历史上表现如何?其表现特征、分布特征与现代江西赣方言有何异同?

从目前的考察来看,宋元时期江西方言支鱼同韵现象就已经非常普遍了。鲁国尧先生(1992a)对宋元江西地区198位词人,4500余首词的用韵情况进行过穷尽式的研究,发现“支微部”与“鱼模部”有36次通押现象,多集中在赣北与赣中地区。杜爱英(1998)对北宋江西地区230家诗人,21119首诗歌,计23562个韵段进行了研究,共发现了24次“支微部”与“鱼模部”通押现象。

我们对南宋时期江西348位诗人,10031首诗歌,12944个韵段进行了考察,共发现8次“支微部”与“鱼模部”通押现象;对《全宋文》江西籍161位文人,2727篇韵文,共计10372韵段进行考察,共钩稽了42例“支微部”与“鱼模部”通押的韵段,其中北宋时期27次,南宋时期15次。元代江西地区34位文人,10208首诗歌、605首韵文,计15192个韵段中,则发现了51例“支微部”与“鱼模部”通押的韵段。

将宋元时期江西诗文用韵中支鱼通押现象分地域按时段举例如下,举例根据入韵情况分为“支>鱼”(“支微部”字押入“鱼模部”)、“鱼>支”(“鱼模部”字押入“支微部”)以及“支=鱼”(“支微部”与“鱼模部”对等互押)三种情况:

1.吉州。宋元两代诗文用韵中,吉州地区共计有25例支鱼同韵现象,其中“支>鱼”5例,“鱼>支”7例,“支=鱼”13例,列举如下[①]:

“支>鱼”

宋代诗文

① 以下举例诗名右下角为诗歌出处页码,其中QSW表示出自《全宋文》,QSSB表示出自《全宋诗》北宋江西诗人,QSSN表示出自《全宋诗》南宋江西诗人,QYW表示出自《全元文》,SKQS表示出自《四库全书》,XXSK表示出自《续修四库全书》。后两个数字依次为韵段所在书册与页码。如罗椅《代兄苍崖祭大姊》$_{\text{QSW 345-25}}$表示该诗歌出处为《全宋文》第345册第25页。韵脚字仍用繁体字。其中北宋江西诗人用韵引用的是杜爱英《北宋江西诗人用韵研究》(1998年南京大学博士论文)。

庐陵欧阳修《袁州宜春县令赠太师中书令兼尚书令冀国公程公神道碑铭》QSW 35－234：武祖宇子禦，

庐陵罗椅《代兄苍崖祭大姊》QSW 345－25：書夫廬途車拏背閭湖枯符殊鬚乎裾如籲。

元代诗文

庐陵王礼《云在轩铭》SKQS1220－529：予史閭諸，

永丰刘鹗《赵贞常善斲琴》SKQS1206－322：禦著世趣樹遇，

永丰刘鹗《种柳》SKQS1206－324：路户舞此。

“鱼＞支”

宋代诗文

庐陵胡铨《靖州太守李承议墓志铭》QSW 196－145：子羽鬼死，

吉水文天祥《祭都承胡石壁文》QSW 359－235：舒纙龜奇，

吉水文天祥《告先太师墓文》QSW 359－242：誓事嗣雨士矣，

安福王庭珪《和欧阳叔向6[①]》QSSB25－16754：語子史。

元代诗文

庐陵赵文《麦熟》古体SKQS1295－101：乳已耳子字，

庐陵张昱《捕虎行》SKQS1222－515：虎子死，

庐陵刘将孙《与新仁大夫坐永业寺门信意成十诗7》SKQS1199－14：居之誰之為。

“支＝鱼”

宋代诗文

庐陵胡铨《龙图阁学士赠少傅赵公墓志铭》QSW 196－63：務事，

庐陵胡铨《龙图阁学士赠少傅赵公墓志铭》QSW 196－63：虞遺，

庐陵胡铨《龙图阁学士赠少傅赵公墓志铭》QSW 196－63：庾徙，

庐陵胡铨《世美兄墓志铭》QSW 196－157：書卑，

庐陵胡铨《世美兄墓志铭》QSW 196－157：徙虞，

庐陵罗椅《祭袁仲鲁》QSW 345－18：書詞，

庐陵欧阳守道《食箴》QSW 347－154：恥汝，

吉水文天祥《至福安第六十二》QSSN68－43093：子雨。

元代诗文

庐陵赵文《乐此堂记》QYW10－109：此處，

庐陵赵文《文昌阁记》QYW10－128：取此，

庐陵刘将孙《陇齐公墓志铭》SKQS1199－281：世緒，

① 右下角数字表示同一首诗(韵文)或一组诗(韵文)的韵段序号,下同。

永丰刘鹗《浮云道院诗二十二首[18]》SKQS1206－319：世趣，

永丰刘鹗《戏题婴儿图》SKQS1206－328：乳苦此子。

2. 饶州。宋元两代饶州诗文用韵中共有 39 例支鱼同韵现象，主要见于鄱阳文人用韵中，这些支鱼同韵的韵段列举如下：

“支＞鱼”

宋代诗文

浮梁金君卿七古《山古寺》QSSB7－4918：渡溆去路寺鲋覼字，

鄱阳彭汝砺七古《寄十二十四弟》QSSB16－10477：隅籲無魚壶詩珠，

鄱阳彭汝砺四言《路人有弃其子者因作是诗予时奉使湖外[2]》QSSB16－10488：知雛呼如，

德兴张扩五古《子温县丞侄》QSSB24－16046：士數具父次步遇紫事鋸聚趣付去豫句賦濩度富字慕仆柱蠹緒護阜處汙杜似，

德兴张扩七古《题长沙王祠[1]》QSSB24－16058：子楚五，

德兴汪藻七律《挽刑部王侍郎[2]》QSSB25－16542：知書閭初蜍，

德兴张根《宋故夫人甘氏墓志铭》QSW 133－103：女語婦並有母厚愧至，

乐平马延鸾《祭亡弟总干文》QSW 354－91：塗模俱虞嬉之諸魚，

鄱阳章甫《张德恭以诗当谒次韵》QSSN47－29087：居疏書誰。

元代诗文

鄱阳徐孜七古《双燕飞词》SKQS1476－382：此主宇，

鄱阳叶兰七古《东园老人种菜歌》SKQS1476－406：書車為，

鄱阳刘炳七古《宿黄州城下怀苏仙》SKQS1476－456：此雨處，

鄱阳刘炳七古《虞美人词》SKQS1476－462：虎父虜主死，

鄱阳刘炳《周伯宁》SKQS1476－485：古子舞浦，

鄱阳刘炳《章复斋》SKQS1476－486：閭府虎梓圃，

鄱阳刘炳七绝《苏小小歌》SKQS1476－432：遲啼去，

鄱阳刘炳七古《题磨崖碑后》SKQS1476－450：土鬼譜。

“鱼＞支”

宋代诗文

鄱阳彭汝砺《祭外舅宁公文》QSW 101－92：除時之，

鄱阳彭汝砺《久雨》QSSB16－10480：雨水恥死此，

德兴汪藻《赠左大中大夫致仕陈君墓志铭》QSW 157－347：僞否世至意輊試著愧誌，

德兴汪藻《祭太学同舍文》QSW 157－402：矣里臟恃歟洗，

鄱阳洪皓《代张遥郡祭妻韩氏文》QSW p179－249：地備慧濟饋意儷至逝歲歔

置恃繼弊志綴淚祭，

浮梁释了元杂言《戒杀文》QSSB12－8334：類二異計覬畏氣利記諱避機忌易僞地。

元代诗文

鄱阳徐瑞五古《松风》SKQS1476－367：死壘幾雨起止耳，

鄱阳徐瑞五古《癸未三月初七日泛舟》SKQS1476－367：溪之迷微居枝，

鄱阳叶兰五古《赠乡人孙友让》SKQS1476－400：女止市綺已死矣，

鄱阳叶兰长短句《乐九成养思堂》SKQS1476－410：慈兒垂悲師書時私虧麋饑之危依知，

鄱阳刘炳七古《送丁兼善还荆州》SKQS1476－457：戶次泗，

鄱阳刘炳七古《兰轩为丁彦鼎赋》SKQS1476－457：趣李水，

鄱阳刘炳七古《见月行》SKQS1476－461：戍死紫，

鄱阳刘炳长短句《汉之季衰故御史余公阙守舒城死节作》SKQS1476－464：書窺羆圍。

"支＝鱼"

宋代诗文

鄱阳洪遵《韩世忠克敌弓铭》QSW 219－174：主備，

乐平马延鸾《祭叔父南塘运干文》QSW 354－88：遺取，

乐平马延鸾《祖祭先兄提干文》QSW 354－91：遺取，

乐平马延鸾《祭亡弟总干文》QSW 354－91：嶇比，

鄱阳章甫《送障寺丞》QSSN47－29028：履句。

元代诗文

鄱阳徐瑞五古《次别江道可赠别古诗二首》SKQS1476－376：氣處謂去，

鄱阳叶懋五古《怀古二首今辰》SKQS1476－425：魚時，

鄱阳刘炳长短句《汉之季衰故御史余公阙守舒城死节作》SKQS1476－464：旗徐居時。

3. 洪州。宋元江西洪州(元龙兴)诗文支鱼同韵共计 21 例，以分宁黄庭坚与丰城王义山诗文居多。

"支＞鱼"

宋代诗文

分宁黄庭坚《和程德裕颂五首》QSW 107－352：虚餘知，

分宁黄庭坚《朝请郎知吉州毕公墓志铭》QSW 108－45：婿處女，

分宁黄庭坚《晁君成墓志铭》QSW 108－71：汚徙衢愚趨餘，

丰城徐鹿卿《郭府判书友于堂榜谢之以诗》QSSN59－36955：于墟初題餘。

元代诗文

丰城揭傒斯《杨隐君叔芳墓志铭》SKQS1208－279：子父土輔。

“鱼＞支”

宋代诗文

豫章释道璨《法眷祭师伯》QSW 349－437：薺厲施士逝器驥冼死語，

分宁黄庶五古《忆竹亭》QSSB8－5493：圍籬書笞歸芝詩基姿思輝枝髭差夷裨饑藜。

元代诗文

南昌释大䜣《约之箴》SKQS1204－627：肆委愈，

丰城王义山《挽山居刘侯官》SKQS1193－13：居悲思詩頤，

丰城王义山《瑞州重建西涧书院碑》SKQS1193－52：腴饑知，

丰城王义山《瑞州重建西涧书院碑》SKQS1193－52：誰飛居肥欺，

丰城王义山《郑氏义门铭》SKQS1193－56：睽居妻之怡而閭嗤為漓嘻齊，

丰城王义山《鸡鸣赋》SKQS1193－59：之雞為違期熹欷蘧遺迷馳岐欺思希幾時，

丰城王义山《胡母孺人刘氏墓志铭》SKQS1193－204：死子母。

“支＝鱼”

宋代诗文

丰城徐经孙《觉溪八景之罗阜朝云》QSSN59－37172：翠雨，

分宁黄庭坚《具茨颂》QSW 107－340：里雨，

豫章释道璨《湘绝岸祭父》QSW 349－410：趨詞。

元代诗文

丰城王义山《湖南宪台瑞芝颂》SKQS1193－57：徐威，

丰城王义山《赣州嘉禾颂》SKQS1193－59：思母，

丰城王义山《赣州嘉禾颂》SKQS1193－59：稌賜，

丰城王义山《赣州嘉禾颂》SKQS1193－59：予祈。

4.筠州。筠州（元瑞州）宋元诗文支鱼同韵共计11例，其中“支＞鱼”4例，“鱼＞支”6例，“支＝鱼”1例，以宋代诗文用韵为主。

“支＞鱼”

宋代诗文

宜丰德洪七古《李端叔诞辰》QSSB23－15168：雨飛處女，

宜丰德洪七古《玄沙宗一禅师真赞$_2$》QSSB23－15358：如途水珠驢，

宜丰德洪五古《十二月十六日》QSSB23－15060：去霧履路暮故祖吐腑古嫵具步露楚遇語暑慮輔古魯旅虎宇，

宜丰德洪五古《送觉海大师还庐陵省亲》QSSB23－15069：古故魯數渚懼履宇

處箸語暑顧去穀拊舞趣苦汝。

“鱼＞支”

宋代诗文

宜丰释惠洪《东坡居士赞》$_{\text{QSW 140-360}}$：基辭耳眉爲之夷知嬉馳姿取碑，

宜丰释惠洪《痴庵铭》$_{\text{QSW 140-283}}$：癡疑無之，

宜丰德洪七律《腊月十六夜读阎资钦提举诗一巨轴》$_{\text{QSSB23-15143}}$：西詩詞珠，

宜丰德洪七古《初入制院》$_{\text{QSSB23-15338}}$：意指語死，

宜丰德洪五古《东坡居士赞》$_{\text{QSSB23-15373}}$：基辭耳眉為這世夷知嬉馳極姿取碑。

元代诗文

高安元释圆至《双岭禅寺碑》$_{\text{SKQS1198-117}}$：居理表裏師實止。

“支＝鱼”

宜丰释惠洪《宝峰准禅师赞》$_{\text{QSW 140-352}}$：地序。

5.**抚州**。宋元抚州地区诗文用韵共有 11 例支鱼同韵现象。

“支＞鱼”

宋代诗文

临川王安石《虞部郎中晁君墓志铭》$_{\text{QSW 65-195}}$：壻孺五女，

临川谢逸《祭汪伯更教授文》$_{\text{QSW 133-280}}$：顧墓護訴錮惡古暑死俎素雨，

临川饶节五古《次韵应铨诗》$_{\text{QSSB22-14560}}$：寺屨去。

“鱼＞支”

宋代诗文

临川王安石《祭欧阳文忠公文》$_{\text{QSW 65-265}}$：期推悲微琦輝馳知嶇非衰危時湄欷依歸，

临川谢薖《寄李商老$_{9}$》$_{\text{QSSB24-15787}}$：語己子，

临川饶节七古《送傅仲默登第归麻姑$_{3}$》$_{\text{QSSB22-14540}}$：矣始旅起。

元代诗文

崇仁吴当七古《徐州赠同邸客》$_{\text{SKQS1217-279}}$：語裏指，

临川朱思本七古《代嗣天师题所藏九龙图》$_{\text{xxsk1323-625}}$：去繼氣。

“支＝鱼”

元代诗文

崇仁吴当四言《修省斋诗》$_{\text{SKQS1217-257}}$：豫二，

崇仁吴澄《贵池县尹致仕徐君墓碣铭》$_{\text{SKQS1197-819}}$：稀去，

崇仁吴澄《鹿外亭铭》$_{\text{SKQS1197-531}}$：虚外。

6.**建昌军**。宋元建昌军(路)诗文支鱼同韵现象共计 11 例，其中“支＞

鱼”4 例,“鱼＞支”3 例,“支＝鱼”4 例,列举如下：

“支＞鱼”

宋代诗文

南城傅自得《训畬堂赋》$_{QSW\ 323-178}$：宇戶顧吐著所護數鶩子主誤取，

南丰曾巩七律《简翁都官》$_{QSSB8-5571}$：琚廬璵書知，

南城吕南公五古《渠中水》$_{QSSB18-11804}$：水許苦土巨，

南丰赵崇嶓《田家》$_{QSSN60-38075}$：稌事汝古。

“鱼＞支”

宋代诗文

南城李觏《疑仙赋》$_{QSW\ 41-327}$：類異利已如，

南城李觏杂言《闵雨诗$_4$》$_{QSSB7-4307}$：黍起鬼。

元代诗文

南丰刘壎《养生赋》$_{SKQS1195-340}$：隊寐氣膩去矣。

“支＝鱼”

宋代诗文

南丰赵崇嶓《征妇怨》$_{QSSN60-38076}$：死去，

南城傅自得《训畬堂赋》$_{QSW\ 323-178}$：書歸。

元代诗文

南丰刘埙《为吾母祭舅文》$_{SKQS1195-466}$：死汝，

南丰刘埙《自祭舅文》$_{SKQS1195-466}$：父子。

7. 临江军。宋代临江军(路)诗文用韵支鱼同韵共发现 5 例,元代诗文用韵暂未发现。其中“支＞鱼”3 例,“鱼＞支”2 例,列举如下：

“支＞鱼”

新淦孔武仲《魏相谏伐匈奴颂》$_{QSW\ 100-329}$：夷臾奴，

新喻刘敞《奇羊赋》$_{QSW\ 59-8}$：如餘虛斯，

新喻刘敞七古《题浙西新学$_4$》$_{QSSB9-5778}$：鳧吳詩。

“鱼＞支”

新喻刘攽《不寐赋》$_{QSW\ 68-234}$：夷思知移臾，

新喻刘攽《王深甫哀辞》$_{QSW\ 69-269}$：之詩疑斯移知虧依悲離兒晦愈窺尼洟。

8. 南康军。宋代南康军诗文用韵中发现 2 例“鱼＞支”的韵段：

都昌曹彦约《尽心堂赋》$_{QSW\ 292-236}$：幃之餘彝，

都昌曹彦约《偶成》$_{QSSN51-32135}$：易議喜慮。

以上宋元江西文人诗文用韵“支鱼同韵”现象共计 125 例,分布于 8 个州军(路)。那么这种支鱼同韵现象与现代江西赣方言支鱼相混的语音特征有无对应关系？宋元以来江西支鱼同韵现象的分布特征，与现代江西赣方言区支鱼相混语音特征的分布规律有无一致性？下文我们以表格的形式分地域对宋元时期江西文人诗文中的支鱼通押现象与通押规律进行比较。比较分三种类型进行：(1)“鱼＞支”栏列与支微部相押的“鱼模部”字，(2)“支＞鱼”栏列与鱼模部相押的“支微部”字。(3)“支＝鱼”分别列对等相押的“支微部”与“鱼模部”字。所举例字右下角数目表该字入韵的次数。

表 6—4　支鱼通押韵字表

	鱼＞支		支＞鱼		支＝鱼			
	鱼		支		宋		元	
	宋	元	宋	元	支	鱼	支	鱼
饶州	除雨著与觑$_2$	书$_2$雨居户趣戍女	寺字诗知士次紫事似子知愧嬉谁	此$_2$死子为鬼梓迟	备遗$_2$比	主取$_2$岖	履气谓时旗时	句处去鱼徐居
抚州	岖旅语	语去	堳死寺				二稀外	豫去虚
建昌	如黍	去	子知水事		死旨	去书	死子	汝父
洪州	语书	愈居$_3$腴闾蘧母	知婿徙题	子	翠里	雨$_2$	威思赐祈词	徐母稌予趋
吉州	羽舒雨语	乳虎居	子眦	史世此	事遗徙$_2$卑词耻子	务虞$_2$庾书$_2$汝雨	此$_3$世$_2$子	处取绪趣乳苦
临江	臾愈		夷斯诗					
筠州	珠语取$_2$无	居	飞水履$_2$		地	序		
南康	余虑				归			

从支鱼通押的规律来看，(1)“鱼＞支”和“支＝鱼”韵段的“鱼模部”字，从声母特征来看有三种类型，即：见系，知章组与日母，精组与来母；从韵母来源来看，“鱼模部”字多为古遇摄三等字。虽有 3 例一等韵字(另有今读合口洪音的虞韵三等轻唇音字“无、务”，流摄字“母$_2$”)，但这些字均与止摄开口三等精庄组字互押。(2)“支＞鱼”和“支＝鱼”类型的韵段中，“支微部”字以古开口三等韵字居多，其中又以止摄开口三等精庄组字最多。德兴人张扩五古《子温县丞侄》最为典型，此韵段入韵字为“士數具父次步遇紫事鋸聚趣付去豫句賦濩度富字慕仆柱蠹緒護阜處汙杜似”，共 32 韵脚字，其中 26 字为“鱼模部”字，有古遇摄一等字，也有三等字；其余 6 字为“支微部”字，均来源于古止摄开口三等精庄组字。

从地域来看，“鱼＞支”和“支＞鱼”两种类型，赣北赣中都有。其中“鱼”韵精组见系字押入“支”韵的现象普遍见于赣北赣中。这种押韵特点在明代江西籍医家医籍歌括用韵中也比较普遍。如明代金溪人龚廷贤医籍歌括 2326 个韵段中，有 70 例支鱼通押的现象；南丰人李挺医籍歌括 1257 个韵段中，有 36 例支鱼通押的现象。龚廷贤医籍歌括中的 70 例支鱼通押韵段，就以“鱼＞支”的通押形式为主。入韵的鱼虞韵字①有：

鱼韵：咀$_{\text{精}}$疽$_{5\text{清}}$序$_{\text{邪}}$居$_{\text{見}}$去$_{7\text{溪}}$語$_{5\text{疑}}$虛$_{48}$許$_{2\text{曉}}$余$_{4\text{以}}$女$_{\text{娘}}$慮$_{\text{來}}$除$_{7\text{澄}}$處$_{\text{昌}}$舒$_{2\text{書}}$

虞韵：取$_{3\text{清}}$聚$_{7\text{從}}$須$_{2\text{心}}$雨$_{\text{于}}$愈$_{16}$榆$_{4}$萸臾$_{\text{以}}$愚$_{\text{疑}}$乳$_{2}$濡$_{2\text{日}}$疰$_{\text{章}}$疏$_{\text{生}}$

以《云林神彀》为例，举部分支鱼同韵的韵段如下（歌括名称后的数字为韵段顺序，如“真中风 2”表示所引为“真中风”部分的第 2 个韵段；歌括名称右下角数字为出处页码，下同。出处见“绪论”部分介绍）：

《真中风 2》$_{2}$：虚迷之；　　《伤寒 40》$_{27}$：语肺治；

《郁证 13》$_{55}$：细雨是；　　《积聚 7》$_{119}$：桂智聚；

《牙齿 10》$_{189}$：藜须奇；　　《咽喉 3》$_{196}$：臾齐危；

《小儿初生杂治 5》$_{287}$：尾细取；　　《痢疾 16》$_{80}$：痢制细去是记；

《翻胃 7》$_{96}$：虚滞气；　　《麻木 1》$_{153}$：虚肢滞；

《痔漏 12》$_{238}$：萸归泥宜；　　《痘疮 15》$_{309}$：虚齐脐危之。

现代赣方言止摄开口三等主元音多读i（精庄组字除外），鱼虞韵精组、见系字与止摄开口三等字同韵的现象比较普遍，以赣北与赣中的几个代表点为例②：

表 6—5　江西赣方言鱼虞韵精组见系字读音

	蛆	徐	绪	娶	须	车	去	虚	语	句	区	雨
波阳	tɕ^{h} i^{1}	tɕ^{h} i^{2}	tɕ^{h} i^{1}	tɕ^{h} i^{3}	ɕ i^{1}	tɕʉ^{1}	tɕ^{h} ie^{4}	ɕʉ^{1}	ȵʉ^{4}	tɕʉ^{4}	tɕʉ^{1}	ʉ^{3}
临川	tɕ^{h} iɛ^{1}	ɕ i^{2}	ɕ i^{5}	tɕ^{h} iɛ^{3}	ɕ i^{1}	tɕ i^{1}	tɕ^{h} iɛ^{4}	ɕ i^{1}	ȵ i^{4}	tɕ i^{4}	tɕ^{h} i^{1}	i^{3}
南丰	tɕ^{h} iɛ^{1}	t^{h} ɛ^{2}	ɕ y^{5}	tɕ^{h} y^{4}	ɕ y^{1}	tɕ iɛ^{1}	tɕ^{h} iɛ^{5}	ɕ y^{1}	ȵ y^{4}	tɕ y^{5}	tɕ^{h} y^{1}	y^{1}
南昌	tɕ^{h} i^{1}	ɕ i^{2}	ɕ i^{5}	tɕ hi^{4}	ɕ i^{2}		tɕ^{h} ie^{4}	ɕ i^{1}	ȵ i^{4}	tɕ i^{2}	tɕ^{h} i^{1}	i^{4}
永丰	ts^{h} ɛ^{1}	sɛ^{2}	sɛ^{4}	ts^{h} ɛ^{3}	sɛ^{1}	kʉ^{1}	tɕ^{h} iɛ^{2}	ɕ i^{1}	lɛ^{3}	tɕ i^{4}	tɕ^{h} i^{1}	i^{3}
上高	tɕ^{h} i^{1}	ɕ i^{2}	ɕ i^{4}	tɕ^{h} i^{3}	ɕ i^{1}	ki^{1}	ɕ iɛ^{2}	ɕ i^{1}	ȵ i^{3}	ki^{2}	k^{h} i^{1}	vi^{3}

宋元时期临川属抚州，南昌属洪州（元龙兴），上高属筠州（元瑞州），现代这些地区的鱼虞韵精组见系字韵母都读i，与止摄开口三等字韵母相同，与宋元诗文用韵所反映的情况大体一致。宋元属饶州的波阳方言（今改名鄱阳），只有鱼虞韵精组字与止摄开口三等字韵母相同；宋元属吉安的永丰方言，则只有鱼虞韵见系字与止摄开口三等字韵母相同；宋元属建昌的南丰方言，鱼虞韵精组见系字都不与止摄开口三等字主元音相同，但与止摄合口三等字同韵母，见下文讨论。从诗文用韵的情况来看，宋元时期，鄱阳地区鱼虞韵精组见系字与止摄字通押的情况较多，而建昌较少，吉安则以精组字居多。综合以上分析，我们认为，江西赣方言区鱼虞韵精组见系字与止摄字

① 例字后注明声类，数字为该韵字出现的次数，仅出现一次者不注，下同。

② 现代赣方言材料引自刘纶鑫（1999）《客赣方言比较研究》，下同。

同韵的特点，宋元以来就已经非常普遍，分布特点也与现代江西赣方言基本一致。

合口三等精组来母字读开口的现象在江西赣方言历史文献中表现非常突出，《辨字摘要》、《类字蒙求》以及《国音四种》都有反映。《类字蒙求》零声母合口三、四等读开口细音的现象，似乎反映了赣方言历史语音中也有过见系合口三、四等读开口细音的现象。宋元来源于古遇摄三等的“鱼模部”精组来母、见系字与来源于古止蟹摄三、四等字的“支微部”字相押，当是赣方言历史上这一方言特征表现形式之一。

“支＞鱼”通押现象也普遍出现于赣北与赣中地区。从声母条件来看，有止摄开口三等精庄组字，也有知章组字；但以止摄开口三等精庄组字为主。宋元江西诗文用韵中，“支＞鱼”的韵段中，来源于古止摄开口三等精庄组的“支微部”字与“鱼模部”字相押共计 33 韵段，39 字次，远高于其他声母字。上文我们已经指出，“鱼＞支”的韵段中，入韵的“鱼模部”字如为古遇摄一等字（含三等合口唇音），与其相押的“支微部”字，一般为古止摄开口三等精庄组字。

古止摄开口三等精庄组字与古遇摄字通押的现象，尤其值得我们注意。这一押韵方式在宋代其他地区诗文用韵中也有反映。其中宋代福建诗人用韵中，有 18 例止摄开口三等精庄组字押入鱼模部的现象，刘晓南先生认为，“支鱼这种通押的语音基础应当是止摄精庄组字在闽方言中读同鱼模部”。（刘晓南 1999：180）宋代吴棫《韵补》卷一“鱼”韵明确记载：“资，如今读叶鱼韵”，“词，如今读叶鱼韵。”卷三“语”韵则记载：“士……如今世俗所读而与举武为韵”，“使……如今读皆叶语韵。”

那么宋元江西地区的这种通押现象是不是受闽方言的影响？我们认为不是，而应当是南方方言受通语影响，形成的一种普遍性的方言特征。《中原音韵》明确记载，舌尖元音在元代北方语音中已经形成，其范围包括古止摄开口三等精、庄、章组日母字。而《古今韵会举要》舌尖元音仅包括止摄开口三等精庄组字，江西历史方言文献所记载的舌尖元音的范围与之一致。现代赣方言大部分区域舌尖元音的范围也与之一致。现代南昌方言舌尖元音虽然扩展到了止、蟹摄开口三等知章组字，但两百年前的南昌方言舌尖元音仍只包括止摄开口三等精庄组字。这种语音特征，应当是南北语音的区别性特征之一。

南方语音舌尖元音的形成很可能是受北方语音舌尖元音的影响而产生的。其读音当与中原语音有别，可能是通过改变止摄开口三等精庄字主元音的方式，模仿中原语音舌尖元音的发音而形成的，其结果是产生了与同为高元音的遇摄字同韵的现象。这种现象在今赣北鄱阳地区、赣中吉安地区均找不到语音依据，这些地区的止摄开口三等精庄组字韵母都读舌尖元音ʅ。只有今赣语宜春片中，止摄开口三等精庄组字与模韵字韵母同为u。《辨字摘要》中则透露了清代初期临江方言也有此方言特征的迹象。

“支>鱼”通押的韵段中，建昌南城人吕南公有一例止摄合口三等字“水”与鱼模部相押的现象。这种押韵现象是不是南城方言语音特征的反映呢？我们在明代南丰人李梃《医学入门》的医籍歌括中也发现了17例止摄合口三等与遇摄字通押的现象。涉及的字有：吹$_{2}$錐墜$_{4}$水$_{6}$髓胃桂髓，如：

(1)《杂病脉法·喘急》$_{231}$：水取愈補，

(2)《痰类·喘》$_{905}$：虚無吹粗余呼乎疏，

(3)《本草分类·治风门·苍耳子》$_{307}$：苦髓愈，

(4)《诸脉相兼主病·实》$_{183}$：吐墜住。

现代南丰方言中，部分止摄合口三等韵母读y，与鱼虞韵字韵母相同，如“吹”音$tɕ^{h}y^{1}$，“随”音$ɕy^{2}$，“锤”音$tɕ^{h}y^{3}$，“醉”音$tɕy^{5}$。这是江西赣方言支鱼同韵现象的另一种比较普遍的表现形式。可见这种止摄合口三等与遇摄同韵现象形成的年代，至少可以追溯到元明时期。

(二)尤宵同韵

尤宵同韵是指通语十八部“尤侯部”(古流摄尤侯幽三韵)与“萧豪部”(古效摄豪肴宵萧韵)在诗、词、文中的通押现象。宋元江西词人用韵中，共有35例(鲁国尧1992a)，北宋江西诗人用韵中，共有18例(杜爱英1998)，南宋江西诗人用韵中较少，仅发现3例；《全宋文》江西文人用韵较多，共计48例，其中北宋时期31例，南宋时期17例；元代诗文用韵中共发现了22例。这种现象在宋代汴洛诗人用韵中没有发现，宋代福建词人用韵中有16例(鲁国尧1989)，宋代福建诗人用韵中有9例(刘晓南1998)，南宋浙江词人用韵中有4例(胡运飙1987)。可见这种通押现象在东南地区比较普遍，但以江西地区表现最为突出。现分地域将宋元时期江西诗文用韵中的尤宵同韵现象列举如下：

1. 吉州28例

两宋诗文

庐陵欧阳修《代书寄尹十一兄杨十六王三》$_{QSSB6-3732}$：道草早隩鬧渺眺繞竈倒告笑纛兆照噭廟堠稾表掉浩擾曉操杳導，

庐陵欧阳修《观文殿大学士行兵部尚书西京留守赠司空兼侍中晏公神道碑铭》$_{QSW 35-247}$：首詔後，

庐陵欧阳修《蔡君山墓志铭》$_{QSW 35-302}$：少壽樞夭朽母，

庐陵欧阳修《尚书驾部员外郎致仕薛君墓志铭》QSW 35－366：壽有老走朽，

庐陵欧阳修《皇从侄卫州防御使遂国公墓志铭》QSW 35－397：修優褒幽，

庐陵欧阳修《祭尹子渐文》QSW 36－31：厚壽較，

庐陵欧阳修《袁州宜春县令赠太师中书令兼尚书令冀国公程公神道碑铭》QSW 35－234：侯苗周昭，

庐陵欧阳修《观文殿大学士行兵部尚书西京留守赠司空兼侍中晏公神道碑铭》QSW 35－247：舊考老，

庐陵欧阳修《太子太师致仕杜祁公墓志铭》QSW 35－336：母少老，

庐陵胡铨《靖州太守李承议墓志铭》QSW 196－145：道到考陋，

吉水杨万里《海鳅赋》QSW 237－16：艘流收樓毬周舟儔游，

吉水杨万里《罗元忠墓志铭》QSW 240－238：流秋莯，

吉水杨万里《祭卫大着母夫人文》QSW 240－359：救疚弔，

吉水杨万里《丞相太保魏国正献陈公墓志铭》QSW 240－164：祐道，

吉水杨万里《宋故彭遵道墓志铭》QSW 240－331：輳道，

刘过《为吴县尉俞灏商卿作排青轩上梁文》QSW 290－446：右後高，

庐陵罗椅《明堂赋》QSW 345－3：朝詔糾，

吉州安福王庭珪《和李巽伯少卿见怀$_1$》七古 QSSB25－16732：胄口手蹂九酒斗了剖，

吉州安福王庭珪《谢张钦夫机宜惠灵寿杖$_1$》七古 QSSB25－16738：了吼走，

吉州安福刘弇《真阳阻水》七律 QSSB18－12031：濤愁舟牛流，

吉水文天祥《生日和谢山长句》QSSN68－42963：口斗表。

元代诗文

庐陵刘诜五古《饮酒有何好》SKQS1195－215：消愁蕉侔求休，

庐陵刘诜《七古题盘古图》SKQS1195－250：繞少口，

庐陵刘诜七古《前采薇歌》SKQS1195－252：峭嘯瘦，

庐陵赵文古体《上之回》SKQS1295－87：道導後酒惱首壽，

吉水刘岳申《玉华宫碑》SKQS1204－265：母保，

永丰刘鹗《五古夜宿何家寨寨中止魏于二姓为婚姻》SKQS1206－329：窈藪杪否守久狗表遶厚口走鳥曉叟，

永丰刘鹗五古《题集贤大学士三首》SKQS1206－320：妙漏竇笑。

2. 洪州 24 例

两宋诗文

分宁黄庭坚《稽古斋》QSW 107－258：斗道，

分宁黄庭坚《李商老殖斋铭》QSW 107－264：茂穮薅，

分宁黄庭坚《虎胎冠銘》QSW 107－274：昭羞，

分宁黄庭坚《具茨颂》QSW 107－340：鐈狩，

分宁黄庭坚《具茨颂》QSW 107－340：酒考，

分宁黄庭坚《醇碧颂》QSW 107－345：蓼手，

分宁黄庭坚《王氏墓志铭》QSW 108－115：守巧九後咎，

豫章释道璨《倚林铭》QSW 349－376：照受，

豫章释道璨《祭宜仲和》QSW 349－413：夭壽，

豫章释道璨《祭庸越台康南翁》QSW 349－418：壽夭，

豫章释道璨《祭安危峰》QSW 349－420：授笑，

分宁黄庶杂言《送刘孟卿》QSSB8－5509：廖餷頭投由留濤愁收遊，

分宁黄庭坚《赣上食莲有感》QSSB17－11332：手枣，

分宁黄庭坚《赠王环中》QSSB17－11552：道帽吼道草，

分宁黄叔达七古《次浮塘驿》QSSB17－11747：醜照叫，

新建裘万顷《次许秀才韵二首》QSSN52－32375：了否手道。

元代诗文

龙兴富州丰城揭傒斯《送墨工潘生还临江》SKQS1208－195＊：詔妙後，

龙兴富州丰城揭傒斯《袁州宜春县逢溪山圣寿寺记》SKQS1208－251：構授右厩授厚造，

龙兴富州丰城揭傒斯《大元敕赐修堰碑》SKQS1208－257：弔笑厚，

龙兴富州丰城揭傒斯《大元敕赐正奉大夫江南湖道肃正北廉访使董公神道碑》SKQS1208－P271：留劉酬修造咎懋，

南昌释大䜣《元履箴为台郎高君作》SKQS1204－628：詔右，

南昌释大䜣《摩腾竺法兰赞》SKQS1204－629：照後咎，

南昌释大䜣《吊金留忠宪公文》SKQS1204－639：蛟刀周救仇尤勞游軥憂瘳招，

南昌释大䜣《祭颖侍者文》SKQS1204－639：受彀肖要奏仆囿茂秀疚咎侑。

3. 饶州 6 例

两宋诗文

余干李谨思《送易数梁生序》QSW 356－249：搜悠籌牛樓遒儔陬流侔飆留騮幽秋舟游頭浮休羞謀，

余干李谨思《题文丞相吟啸集》QSSN68－42927：勞刀旄麈豪飈號鼇騷舠遨逃毛曹，

鄱阳洪适《祭邓提举妻恭人文》QSW 214－55：秀繇，

乐平马延鸾《东平精舍十八阿罗汉尊者真赞》QSW 354－68：久老，

鄱阳彭汝砺四言《韩氏周宣王时为侯1》QSSB16－10491：侯周考，

鄱阳彭汝砺五古《和执中游山》QSSB16－10455：後右阜莠走叟口藪部醜臼槱叩垢首坳斗牖偶吼狗考苟綬厚母久後紐朽偶咎守授否負有友畝。

4. 抚州 18 例

两宋诗文用韵

临川王安石《广西转运使李君墓志铭》QSW 65－206：讎丘柔擾秋，

临川王安石《永安县太君蒋氏墓志铭》QSW 65－230：後廟，

临川王安石《祭曾博士易占文》QSW 65－259：後悼，

临川王安石《祭杜待制文》QSW 65－262：有老，

临川王安石《祭杜待制文》QSW 65－262：少久，

临川王安石《京东提点刑狱陆君墓志铭》QSW 65－139：朝州，

临川王安石《赠尚书刑部侍郎王公墓志铭》QSW 65－180：導守考後兆，

临川王安石《仙居县太君魏氏墓志铭》QSW 65－236：報後告效，

临川王安石《和吴冲卿鸦鸣树石屏》QSSB10－6522：手巧，

临川王安石《幽谷引》QSSB10－6502：漱笑，

临川饶节七古《赵元达妇不孕4》QSSB22－14542：否口表曉，

临川饶节七古《得交行赠王立之2》QSSB22－14548：口了笑，

临川謝邁《吴伯俞墓志铭》QSW 136－368：驕後樵，

临川谢邁七古《题顾凯之醉道士图2》QSSB24－15770：酒手笑。

元代诗文

崇仁吴澄《林夫人郑氏墓志铭》SKQS1197－699：壽壽孝，

崇仁吴澄《故居士刘子清墓碣铭》SKQS1197－746：鼇猱薅膏豪騷刀櫜旄綢勞褒高韜勞褒高韜陶艘毛嗷滔髦慆，

崇仁吴澄《故槐庭居士王君墓志铭》SKQS1197－753：耀朽孝教，

临川吴皋《寄钱本芳》五古SKQS1219－6：杪悄少厚後酎手久。

5. 建昌军 3 例

两宋诗文用韵

南城李觏《进士传君墓表》QSW 42－347：壽究謬幼道，

南丰曾巩《祭王益都官》QSW 58－298：肖交守，

南丰曾巩《祭曾泰博文》QSW 58－300：後悼。

6. 筠州（瑞州）1 例

两宋诗文用韵

新昌（宜丰）龚瑞《宋故奉议郎新差知邵武军邵武县事管勾学事管勾劝农公事蔡公墓志铭》QSW 141－127：夭壽久。

7. 临江 9 例

两宋诗文用韵

新喻刘敞《我战则克赋》$_{\text{QSW 59-12}}$：醜有道偶，

新喻刘敞《瑞木颂》$_{\text{QSW 59-370}}$：臭告有壽，

萧燧《祭吕祖谦文》$_{\text{QSW 212-175}}$：否考，

新喻刘敞杂言《屈原椵辞$_6$》$_{\text{QSSB9-5616}}$：鬥謬咎邁道取，

新喻刘敞杂言《屈原椵辞$_8$》$_{\text{QSSB9-5616}}$：主厚豫渡侮怒好，

新喻刘敞五古《陈郎中竹园》$_{\text{QSSB9-5635}}$：畝好島掃老。

元代诗文用韵

新喻邓雅五古《余居金川玉笥之间》$_{\text{SKQS1222-688}}$：苗鐃抽求，

新喻邓雅《七古题陶用大渊明归去来辞图》$_{\text{SKQS1222-693}}$：久斗鳥，

新喻梁寅五绝《赵伯友姜叔谦同游紫霄观见示佳咏因屑和》$_{\text{SKQS1222-P637}}$：驟笑。

此外，信州、南康各 1 例：

信州陈文蔚《傅县丞墓志铭》$_{\text{QSW 290～420}}$：收僚尤，

南康曹彥約《蕭景渊墓志铭》$_{\text{QSW 293～101}}$：後道。

以上尤宵同韵现象共计 91 例，分布于宋元江西 9 个州（路）。除临江新喻刘敞两首椵辞为仿古（古流摄、效摄、遇摄字通押，均为上古侯部字）外，其余 89 例当为江西方言现象的反映。我们仍以图表的方式，将以上“宵＞尤”中的古效摄字，以及“尤＞宵”中的古流摄字分类比较如下：

表 6—6　尤宵混押韵字表

	宵＞尤		尤＞宵		尤＝宵			
	宋	元	宋	元	宋		元	
					尤	宵	尤	宵
吉州	考老褒莯高涛艘较诏少弔了$_2$表	道导恼消杪表逘晓鸟	堠母陋旧纠	口瘦	侯䮷周祐	道$_2$昭苗	母漏窦	保妙笑
洪州	涛薅巧	造$_2$照肖要	吼后厚丑		斗羞狩酒手$_3$受寿$_2$授否	道考枣道昭矫蓼照夭$_2$笑了	右	诏
抚州	扰笑	孝杪梢少	候后$_2$口守	绸朽	口后$_2$有久州手漱否	老悼巧庙少朝笑表晓		
临江	道告	鸟	亩		否	考	抽求骤	苗饶笑
饶州	考$_2$飙		飕		秀久	老繇		
建昌	道		守		后	悼		
南康					后	道		
信州	僚							

从尤宵通押韵段中古流摄与效摄字来源看，效摄字四等字俱全，流摄则有一等字也有三等字，两摄字通押的范围很广，没有一定的规律。从其分布

范围来看，赣北、赣中都有分布，但以鄱阳湖流域、赣江流域以及抚河流域为主。现代江西赣方言中，尤宵同韵的现象普遍存在。下面我们将江西赣方言区几个代表点流摄与效摄字读音举例如下：

表 6—7　现代赣方言流摄与效摄字读音

	道	糟	罩	教	超	烧	鸟	叫	狗	厚	愁	旧
波阳	t^{h}au^1	tsau^1	tsau^4	kau^4	ts^{h}au^1	sau^1	ȵiau^3	tɕiau^4	kou^3	hou^1	ts^{h}ou^2	tɕ^{h}iu^5
临川	hau^5	tsau^1	tsau^4	kau^4	t^{h}ɛu^1	sɛu^1	ȵiɛu^1	tɕiɛu^4	kɛu^3	hɛu^1	ts^{h}ɛu^2	tɕ^{h}iu^5
南丰	hau^5	tau^4	tau^5	kau^5	t^{h}ɛu^1	sɛu^1	niau^4	tɕiau^5	kiɛu^4	hiɛu^1	tɕ^{h}iɛu^3	tɕ^{h}iu^5
南昌	t^{h}au^5	tsau^1	tsau^2	kau^2	ts^{h}ɛu^1	sɛu^1	ȵiɛu^4	tɕiɛu^2	kiɛu^4	hɛu^5	ts^{h}ɛu^3	tɕ^{h}iu^5
永丰	t^{h}au^4	tsau^1	tsau^2	kau^2	t^{h}iɑ^1	ɕiau^1	tiau	tɕiau^2	kiɑ^3	hiɑ^4	tɕ^{h}iɑ^2	tɕ^{h}iɤ^4
上高	t^{h}au^4	tsau^1	tsau^2	kau^2	t^{h}æu^1	ɕiæu^1	niɛu^3	tɕiɛu^2	tɕiæu^3	hæu^4	tɕ^{h}iæu^2	ɕiu^4

除赣北鄱阳地区外，其他地区均存在效摄和流摄同韵的现象，并且特征比较一致，都是效摄三、四等与流摄一等以及三等庄组字韵母主元音和韵尾相同。这一特点在 18 世纪临江方言韵书《辨字摘要》、19 世纪南昌方言《重订类字蒙求》直音，以及 20 世纪 20 年代的高安方言中普遍存在。

宋元江西文人诗文用韵所反映的尤宵通押现象，显然与现代赣方言尤宵同韵的现象还存在一定的差别。但宋元江西文人诗词文用韵中，尤宵通押数量如此之多，一定有其语音基础。根据各家构拟，中古效摄与流摄和现代汉语一样，韵尾同为u。宋代通语中，效摄与流摄字分属“豪宵部”与“侯尤部”，这两部的主元音在江西地区语音中可能相近，因此可以通押。如《中原音韵》效摄与流摄分属“萧豪”与“尤侯”部，但周德清却把流摄“剖”、“缶”、“茂”、“覆”四字归入了“萧豪”部。

那么，现代江西赣方言效摄三、四等与流摄一等以及三等庄组字同韵的特征是什么时候形成的呢？明代金溪人龚廷贤医籍歌括反映，这一特征至少在四百年前的赣方言中就已经存在。龚廷贤医籍歌括中，宵萧两韵与侯尤韵相押共有 24 个韵段，仍以《云林神彀》古流摄与效摄字通押为例：

《类中风 19》$_{15}$：蔻料妙；　　　　《泄泻 22》$_{86}$：蔻妙要；

《痔漏 8》$_{237}$：漏窍妙；　　　　《伤寒 39》$_{27}$：豆侯妙；

《脏毒下血 1》$_{145}$：後妙；　　　　《咳嗽 2》$_{302}$：要透妙；

《呃逆 8》$_{99}$：口了少；　　　　《吞酸 7》$_{104}$：口了；

《痫病 4》$_{158}$：朝饒焦標瘳；　　　　《口舌 2》$_{185}$：翘饒愁；

《消渴 5》$_{223}$：消瓢愁；　　　　《痔漏 3》$_{236}$：牛腰消；

《妊娠 13》$_{267}$：浮消；　　　　《伤食 3》$_{299}$：瘦妙豆候嚼；

《折伤 2》$_{339}$：硝頭愁。

从入韵字来看，流摄字以一等以及三等庄组字为主，其他声母字也有一些，而效摄字则均为三、四等字，入韵的效摄字列举如下：

宵韵：標表$_{\text{幫}}$瓢$_{\text{並}}$妙$_{\text{7明}}$療$_{\text{來}}$焦$_{\text{精}}$嚼$_{\text{從}}$消硝$_{\text{3心}}$朝$_{\text{知}}$饒$_{\text{日}}$翹$_{\text{群}}$要$_{\text{2}}$腰$_{\text{影}}$搖$_{\text{以}}$，

蕭韵：了$_{\text{2}}$料$_{\text{來}}$竅$_{\text{溪}}$。

效摄一、二等字绝不与流摄字通押。可见明代赣方言尤宵同韵的特点与现代赣方言已经基本一致。

(三)歌麻同韵，是仿古还是失落的方音

宋元江西诗文用韵中，“歌”(歌戈部)与“麻”(家车部)通押的现象为数不少。其中《全宋文》宋代江西地区文人作品中，“歌戈部”与“家车部”通押共计 24 次，北宋时期 14 次，南宋时期 10 次。《全宋诗》江西诗人用韵共 19 次，其中北宋 11 次，南宋 8 次。元代江西诗文用韵共 6 次。列举如下：

1.宋代诗文用韵

(1)吉州 17 例

庐陵胡铨《祭向运使文》$_{\text{QSW 196－187}}$：家娑何，

庐陵胡铨《龙图阁学士赠少傅赵公墓志铭》$_{\text{QSW 196－63}}$：者我，

庐陵胡铨《广东经略余公墓志铭》$_{\text{QSW 196－117}}$：下可，

庐陵胡铨《广东经略余公墓志铭》$_{\text{QSW 196－117}}$：下過赦可，

庐陵胡铨《王尚书墓铭》$_{\text{QSW 196－170}}$：馬可，

安福刘弇《元符南郊大礼赋》$_{\text{QSW 118－186}}$：牙華歌，

安福刘弇《宋欧阳文叟墓志铭》$_{\text{QSW 119－76}}$：何嬰瑳訶嗟呵哦軻阿多和那磨訛，

庐陵周必大《祭莫子齐舍人文》$_{\text{QSW 233－197}}$：和科蛇訶戈坡跎頗多歌峨屙荷河波訛他皤那磋羅沱，

庐陵周必大《邵阳郡丞周府君因墓志铭》$_{\text{QSW 233－78}}$：耶科遐嗟家多，

吉水杨万里《罗仲谋墓志铭》$_{\text{QSW 240－244}}$：遐多，

永丰曾丰《鸦鸣赋》$_{\text{QSW 277－179}}$：差鸦它，

庐陵欧阳修《读徂徕集》$_{\text{QSSB6－3604}}$：阿峩過磨多蠹何魔罹$_{\text{音羅}}$摩軻他戈麽峨坡禾靴那家蛇梭羅波鵝歌科皤頗訶譁嗟歌，

安福刘弇五古《送新淦余宰虞卿》$_{\text{QSSB18－11997}}$：蛇拕和娑波歌何過哦多摩阿，

吉水杨万里《夜泊平望二首》$_{\text{QSSN42－26489}}$：家多它，

吉水杨万里《初夏即事》$_{\text{QSSN42－26496}}$：佳和何多蓑，

吉水杨万里《酴醾》$_{\text{QSSN42－26338}}$：他家花斜佳，

吉水杨万里《送彭元忠县丞北归》$_{\text{QSSN42－26290}}$：沙陀家。

(2)抚州 4 例

临川王安石《翰林侍读学士知许州军州事梅公神道碑》$_{\text{QSW 65－97}}$：者何，

临川王安石《赠奉宁军节度使追封祁国公宗述墓志铭》$_{\text{QSW 65－223}}$：嘉多暇嗟，

临川王安礼《延福宫修盖神御上梁文》$_{QSW\,83-172}$：下化賀，

临川饶节七古《寄赵季成钤辖》$_{QSSB25-14553}$：沙多何。

(3)洪州 4 例

分宁黄庭坚《单卿夫人张氏墓志铭》$_{QSW\,108-116}$：嘉多，

分宁黄庭坚①《四月丁卯对雨》$_{QSSB17-11622}$：訛多和娑家何鵝莎駝窠裸蘿河波磨柯，

分宁黄庭坚《二十八宿歌赠无咎》$_{QSSB17-11493}$：禍我坐下，

分宁黄庭坚《溪上吟》$_{QSSB17-11447}$：娑蘿多磨蛾窠花波歌陀阿軻科過何。

(4)筠州 1 例

新昌(宜丰)龚瑞《宋故奉议郎新差知邵武军邵武县事管勾学事管勾劝农公事蔡公墓志铭》$_{QSW\,141-127}$：葩華娑。

(5)临江军 5 例

新喻刘敞《钟铭》$_{QSW\,59-369}$：和嘉，

新喻刘敞《翰林学士吴君前夫人赵氏墓志铭》$_{QSW\,60-11}$：家何，

新淦孔武仲五古《食蛤蜊呈马骏明叔》$_{QSSB15-10259}$：過何多荷波磨苛戈呵窠和拿娥沙梭螺酡峨家跎那河坡蛾科牙華佳嗟歌，

新喻孔平仲七古《阴山七骑$_1$》$_{QSSB16-10841}$：靴沙，

新喻孔平仲七律《愍囚》$_{QSSB16-10858}$：家它摩何。

(6)南康军 3 例

都昌曹彦约《黄氏夫人墓志铭》$_{QSW\,293-94}$：峨和家多波科河阿磨何，

都昌曹彦约《侄女曹氏墓志铭》$_{QSW\,293-95}$：瑕蛇何，

都昌曹彦约《祭刘仲明文》$_{QSW\,293-142}$：嘉何。

(7)建昌军 2 例

南城吕南公五古《寄济道》$_{QSSB18-11820}$：過大破貨蹉髻臥佐譒問舍剉惰堁座挫墸涴些和播裹唾軻餓磨課作奈賀稬纙輠拖，

余爽五排律《桐柏崇道观》$_{QSSB18-12398}$：家霞涯華紗葩車賒媧槎蛙科峨波和羅皤歌馬牙花邪。

(8)饶州 1 例

鄱阳姜夔《昔游诗》$_{QSSN51-32055}$：沙莎芽阿。

(9)信州 6 例

上饶陈文蔚《祭郑悦夫主簿文》$_{QSW\,290-425}$：家嗟峨華牙荷坡何和他沱阿遐，

---

① 据林亦《黄庭坚诗文用韵考》，黄庭坚诗文总共有 4 例歌麻通押现象，另一例不详。见刘晓南、张令吾《宋辽金用韵研究》，香港文化教育出版社有限公司，2002 年，第 502 页。

上饶陈文蔚《祭朱先生文》QSW 290－422：下舍臥謝，

贵溪桂锡孙《周君墓志铭》QSW 344－309：我下，

上饶陈文蔚《甲寅寒食日访徐子融同出游晚归志所历二十六韵》QSSN51－31920：華差霞賖花夸家沙涯斜葩嘉茶譁嗟遐訛瑕蛙丫媧邪加耶鴉蛇，

上饶陈文蔚《老人生旦》QSSN51－31916：華羅霞歌沙珂多賖何他科嘉家軻娑和花，

上饶陈文蔚《徐天锡归自玉山昌甫以三诗送之后二篇有及予与徐子融傅岩叟之意且托其转寄答其意以谢之》QSSN51－31926：多賖過磨。

2.元代诗文用韵

龙兴富州(丰城) 揭傒斯诗《长风沙夜泊》SKQS1208－158：沙嗟嗟何，

龙兴富州(丰城) 揭傒斯诗《京城闲居杂言八首》SKQS1208－158：霞峨遐家娥嘉，

龙兴富州(丰城) 揭傒斯诗《周待制致乐堂》SKQS1208－163：嘉遐河，

龙兴富州(丰城) 揭傒斯诗《题杨教授菊庄》SKQS1208－179：涯葩多霞阿過遐，

龙兴富州(丰城) 揭傒斯诗《幽忧赋》SKQS1208－297：歌阿羅加訛科瑕他何，

龙兴富州(丰城) 揭傒斯诗《祭赵供奉文》SKQS1208－300：和家。

部分古麻韵字与歌戈韵字上古音同为“歌”部。《诗经》古麻韵字与歌戈韵字押韵的次数较多,如《诗经·小雅·鱼丽》第一章“鲨、多”相押、第四章“多、嘉”相押。南北朝第一期的诗人用韵中,歌麻仍相通(参见王力《南北朝诗人用韵考》、《龙虫并雕斋文集》第一册,中华书局,1980 年第 1 版)。可以说,“歌麻同韵”于古有据。但与现代江西赣方言普遍存在的“支鱼同韵”以及“尤宵同韵”等现象不同,“歌麻同韵”现象在现代江西赣方言区难寻其迹象。因此研究宋代诗词文押韵的学者一般将“歌麻同韵”看作仿古现象。如杜爱英研究发现《全宋诗》北宋江西诗人用韵中,歌麻通押韵段共计 12 例,她怀疑为仿古现象,或“不能排除作者的偶然为之”(1998:27)。

那么,宋元诗文用韵中的“歌麻同韵”现象是江西文人偶然为之,还是仿古用韵,或是宋元时期江西文人方言特征的反映?“歌戈部”所辖古歌、戈韵,以及“家车部”所辖古麻韵,均为宽韵,偶然为之,于理不合。将江西诗文中数量如此之多的歌麻同韵现象处理为仿古现象,同样未免有点简单化。

首先,歌麻同韵的诗文数量多,而文人作品中的押韵仿古现象一般只是偶尔为之。比较典型的例子是古侵韵与覃韵,古侵韵与覃韵上古同属侵部。《诗经》古侵韵字多与覃韵押韵,后世文人时有模仿。如“南”字,《全宋文》有两次与侵韵字相押:

都昌冯去非《吴辅吴将军娄文侯张子布赞》QSW 334－82：南今心,

信州汪应辰《祭陈待制》QSW 215－289：音南心臨。

《诗经·邶风·燕燕》"南"与"心"押韵,汉代沈重协句"乃林反"。后世文人仿古,多以"南"与侵韵字相押,亦属于古有据,文人多乐用,但绝不滥用。《全宋文》歌鱼同韵 25 次,但"南"与侵韵字相押不过两次。

支韵上古半入歌部,亦于古有据,但文人用韵中绝少有支韵与歌韵相押现象。如说仿古,何以江西文人只热衷于歌麻相押,而不仿歌支相押?即使有仿古现象,诗人一般也会指出押韵依据,如以上所举欧阳修《读徂徕集》以"罹"入韵,与歌戈部相押,宋代语音不叶,故欧阳修自注"音罗"。而同一首诗中的古麻韵字,欧阳修却没有加注,可见欧阳修的语音中,"家车部"与"歌戈部"是可以叶韵的。

其次,歌麻同韵在江西文人用韵中使用范围广泛,有文韵,有诗韵。诗韵中,有古体诗,也有对用韵要求严格的律诗。从地域来看,歌麻同韵现象分布于九个州(军)。其中既有现属赣方言区的吉州等地文人作品,也有今属吴语的古信州地区文人作品。

因此,宋元江西文人用韵中的歌麻同韵现象仿古的可能性不大。

从与现代方言的比较来看,歌麻同韵现象在现代江西赣方言区虽难寻其迹象,但古信州地区,今赣东北吴语区古歌戈韵舌齿音与麻韵牙喉音韵母主元音仍同为o。

江西本吴头楚尾,从与同时期的江浙地区文人用韵的比较来看,江西文人歌麻同韵现象应当有其语音基础。歌麻同韵现象在《全宋文》江浙文人用韵中就达 22 例(周美庄 2011)。而宋元江浙诗人用韵中,这种通押现象则达到了 65 例(钱毅 2008)。"果摄在吴语的 77 个方言点中,41 个点(约占 53%)有读o的现象,可以说,吴语区果摄韵母读o是较普遍的现象。而对假摄来说,吴语 77 个主要方言点有近 65%的方言点韵母主要元音为o"。(同上)可以肯定,宋元江浙文人歌麻同韵现象应当是作者方音的反映。以此类推,宋元江西文人歌麻同韵现象应当也是方音的反映。也就是说,歌麻同韵很可能是宋代江西地区比较普遍的方言特点,但元明以后,这种方言特征逐渐消失,成为江西赣方言历史上失落的方言特征。因此,元代江西文人用韵中,已为数甚少,只在揭傒斯诗歌用韵中,出现了 6 例。而明代医籍歌括用韵中,歌、麻韵绝不相押。

(四)蟹摄与效摄一、二等分韵的问题

部分赣方言中,蟹摄有一、二等分韵的特点,如上高、东乡、黎川等地,蟹摄一等灰、咍韵主元音、韵尾为oi,二等韵主元音、韵尾为ai。宋元江西文人用韵中,蟹摄一、二等韵字通押,同为皆来部,分韵的特点反映不出来。元代《中原音韵》灰韵字已经归入支微部,与其他蟹摄一、二等字组成的皆来部主元音有别。

赣方言古蟹摄一、二等分韵的特点，反映的应当是口语中所保留的同摄一、二等韵主元音对立的特征。诗词文用韵遵守雅言的成分较多，因此没有反映出这种对立关系。但在通俗韵文中，这种一、二等分韵现象还是有所反映。如龚廷贤医籍歌括中，古蟹摄一、二等字的通押关系具有以下特点：灰韵除自押外，只与一等咍韵和泰韵相押，不与二等韵相押；咍、泰韵则兼与灰韵与二等韵相押。从入韵情况来看，咍、泰韵与灰韵互押的字有：

咍韵：垓見開溪災精來2來倍並；泰韵：大定

咍、泰两韵与二等字互押的字有：

咍韵：菜清；泰韵：帶端泰透大2定艾疑

从这些入韵字的情况来看，咍、泰韵见系字除疑母字“艾”外（“艾”字在今临川方言中音ŋɑi，与蟹摄二等字韵母相同，也许明代就已如此），不与二等韵字相叶。虽然韵段较少，但大致反映了蟹摄一、二等韵分韵的趋势。

《广韵》萧宵同用，而豪、肴独用，可见唐宋时期豪肴两韵主元音对立。宋元江西文人用韵中，效摄一、二等没有分韵的迹象。周德清《中原音韵》效摄二等唇音已经开始与一等合并，但还有少数一、二等字存在对立。如平声阴“褒帮豪：包胞苞帮肴”，平声阳“袍並豪：炮跑鞄匏咆庖並肴”；上声与去声也有类似的现象。虽然在“正语作词起例”中，有“包有褒”等四条，宁忌浮先生认为，这种“辨似是软弱无力的”，（1990：226）不过这种现象也许正好反映了周德清方言中，效摄一、二等韵还存在主元音的区别，现代高安话正是保留这种效摄一、二等韵主元音对立的方言。

二　宋元以来江西方言阳声韵韵母特征讨论

（一）-m、-n、-ŋ尾韵在宋元以来江西方言中的演变

现代江西赣方言阳声韵有一个比较显著的特点，即古臻、山摄-n尾，深、咸摄-m尾与曾、梗摄-ŋ尾合流为-n尾。不过，这种演变也不平衡，虽然大多数方言点-n、-ŋ尾已经不分，但少数方言点深、咸摄还保留-m尾，如今属抚广片的东乡、临川、黎川、南丰，今属南昌片的奉新。现代高安话-m尾韵已经演变为-n尾韵，但在20世纪初深、咸摄还保留-m尾。那么江西赣方言-m、-n、-ŋ尾合流发生在什么时代？这种不平衡的特点在宋元以来江西地区的表现如何？我们试图通过宋元时期江西文人用韵材料对这一问题进行探讨。下面我们以表格的形式，将宋元时期江西文人诗、词、文用韵中的-m尾韵“侵寻部”、“监廉部”，-n尾韵“寒先部”、“真文部”与-ŋ尾韵“庚青部”的混押情况归纳比较如下。表格按阳声韵的混押方式分为5栏，每栏以时代为序，分别列出北宋、南宋、元代三个时期不同地区文人阳声韵混押的情况以及数量（词韵参考了鲁国尧先生1992a的研究成果）。

表 6—8　宋元江西文人古m、n、ŋ尾韵混押情况

		南康	饶州	信州	抚州	建昌	江州	洪州	吉州	临江	筠州	袁州	小计
寒先—监廉	北宋		汪藻$_{1}$		晏殊$_{2}$ 晏几道$_{1}$ 谢逸$_{2}$ 王安石$_{1}$	曾肇$_{1}$		黄庭坚$_{4}$ 黄彦平$_{1}$	欧阳修$_{2}$ 刘弇$_{2}$ 王庭珪$_{1}$ 胡铨$_{5}$	杨无咎$_{3}$ 向子諲$_{4}$ 刘敞$_{1}$	惠洪$_{4}$		35
	南宋	曹彦约$_{1}$ 冯去非$_{1}$	姜夔$_{7}$ 李达可$_{1}$ 章甫$_{1}$ 马廷鸾$_{1}$	陈文蔚$_{1}$	杨泽民$_{4}$		王阮$_{1}$	石孝友$_{2}$ 舒邦佐$_{1}$ 赵善括$_{1}$	杨万里$_{18}$ 刘过$_{7}$ 刘子澄$_{1}$ 杨幼舆$_{1}$ 刘辰翁$_{2}$ 文天祥$_{2}$ 周必大$_{7}$ 王幼孙$_{1}$	赵师侠$_{11}$ 彭龟年$_{1}$		赵汝鐩$_{5}$	78
	元代		吴存$_{2}$		吴澄$_{1}$			揭傒斯$_{1}$ 释大䜣$_{2}$	刘岳申$_{1}$ 张昱$_{2}$ 刘诜$_{5}$ 刘将孙$_{7}$ 周巽$_{1}$ 王礼$_{1}$ 郭钰$_{3}$				26
小计		2	13	1	11	1	1	12	69	20	4	5	139
侵寻—真文	北宋		彭汝砺$_{1}$		晏几道$_{1}$	赵长卿$_{1}$		黄庭坚$_{1+2}$	胡铨$_{6}$	三孔$_{1}$ 刘敞$_{1}$			14
	南宋	冯去非$_{2}$	姜夔$_{1}$ 章甫$_{4}$ 余季芳$_{1}$	陈文蔚$_{2}$		黄棐$_{1}$		王阮$_{1}$ 裘万顷$_{1}$ 释道璨$_{1}$	杨万里$_{14}$ 刘过$_{1}$ 文天祥$_{2}$ 周必大$_{2}$	郭应祥$_{1}$ 彭龟年$_{1}$		赵汝鐩$_{3}$	38
	元代		黎廷瑞$_{2}$ 徐孜$_{1}$			刘埙$_{1}$ 黄大受$_{1}$		王义山$_{1}$ 释大䜣$_{2}$	刘诜$_{8}$ 刘将孙$_{8}$				24
小计		2	10	2	1	4		9	41	4		3	76
侵寻—庚青	北宋		彭汝砺$_{1}$		谢逸$_{1}$	赵长卿$_{4}$	李彭$_{1}$	黄庭坚$_{2}$	胡铨$_{4}$ 刘弇$_{1}$	三孔$_{3}$	德洪$_{3}$		20
	南宋		赵彦端$_{1}$ 陈元晋$_{1}$ 洪适$_{1}$			包恢$_{1}$		释道璨$_{1}$ 李义山$_{2}$	刘辰翁$_{2}$ 杨万里$_{12}$ 文天祥$_{1}$ 刘应子$_{1}$ 周必大$_{2}$ 刘过$_{1}$ 罗椅$_{1}$	赵师侠$_{3}$ 江万里$_{1}$		赵汝鐩$_{4}$	34
	元代		黎廷瑞$_{1}$ 刘炳$_{1}$					王义山$_{1}$ 释大䜣$_{1}$	张昱$_{1}$ 刘诜$_{9}$ 刘将孙$_{5}$ 周廷震$_{2}$ 郭钰$_{6}$				28

续表

		南康	饶州	信州	抚州	建昌	江州	洪州	吉州	临江	筠州	袁州	小计
小计			6		1	5	1	7	48	7	3	4	82
真文—庚青	北宋		彭汝砺$_{1}$		晏殊$_{1}$ 晏几道$_{4}$ 王安石$_{1}$	赵长卿$_{8}$ 吕南公$_{2}$	夏竦$_{4}$ 李彭$_{2}$	黄庭坚$_{7}$	欧阳修$_{7}$ 胡铨$_{3}$ 刘弇$_{1}$	杨无咎$_{3}$ 向子諲$_{3}$ 二刘$_{2}$ 三孔$_{2}$	德洪 12+5		68
	南宋	冯去非$_{6}$ 黄灏$_{1}$ 曹彦约$_{2}$	赵彦端$_{2}$ 姜夔$_{2}$ 章甫$_{1}$ 李思衍$_{1}$ 马廷鸾$_{4}$	徐元杰$_{4}$ 谢禹$_{1}$	杨泽民$_{2}$ 李商叟$_{1}$ 李涛$_{1}$ 曾极$_{1}$ 陈元晋$_{2}$ 吴镒$_{1}$	黄人杰$_{1}$ 黄大受$_{1}$ 邓有功$_{1}$ 吴汝弌$_{1}$ 包恢$_{1}$ 雷溧$_{1}$ 谌佑$_{1}$		袁去华$_{2}$ 石孝友$_{5}$ 舒邦佐$_{3}$ 于革$_{1}$ 裘万顷$_{5}$ 徐鹿卿$_{2}$ 徐经孙$_{1}$ 周应合$_{1}$	刘过$_{11}$ 刘辰翁$_{11}$ 杨万里$_{38}$ 周必大$_{49}$ 文天祥$_{14}$ 胡矩$_{1}$ 田父$_{1}$ 罗椅$_{3}$ 曾丰$_{1}$ 欧阳守道$_{1}$	郭应祥$_{3}$ 赵师侠$_{8}$ 彭龟年$_{5}$ 曾宏正$_{1}$	姚勉$_{2}$	赵汝鐩$_{4}$	211
	元代		黎廷瑞$_{1}$ 徐瑞$_{1}$ 叶懋$_{1}$ 刘炳$_{4}$		吴澄$_{3}$	刘埙$_{5}$		揭傒斯$_{3}$ 释大䜣$_{2}$	刘岳申$_{1}$ 张昱$_{7}$ 刘诜$_{9}$ 赵文$_{8}$ 刘将孙$_{26}$ 周巽$_{2}$ 刘鹗$_{2}$ 周廷震$_{7}$ 王礼$_{7}$ 郭钰$_{5}$				94
小计		8	18	5	17	22	6	32	215	27	19	4	373
侵寻—真文—庚青	北宋					赵长卿$_{3}$				二刘$_{1}$	德洪$_{2}$		6
	南宋		赵彦端$_{1}$ 姜夔$_{2}$			赵崇怿$_{1}$ 黄埒$_{1}$ 包恢$_{1}$	吴愈$_{1}$		刘过$_{1}$ 刘辰翁$_{1}$ 杨万里$_{3}$ 文天祥$_{1}$ 周必大$_{17}$ 罗椅$_{3}$ 文天祥$_{3}$ 王幼孙$_{1}$	赵师侠$_{5}$ 彭龟年$_{2}$	幸元龙$_{1}$	赵汝鐩$_{3}$	48
	元代		黎廷瑞$_{1}$ 徐瑞$_{1}$					王义山$_{1}$ 释大䜣$_{2}$	张昱$_{1}$ 刘诜$_{2}$ 赵文$_{1}$ 刘将孙$_{2}$ 王礼$_{1}$ 郭钰$_{3}$				15
小计			5			6	1	3	40	8	3	3	69

1."寒先"部与"监廉"部混押现象分地域与时段举例如下：

南康：(1)南宋都昌曹彦约《尽心堂赋》QSW 292-236：言變然見怨緣賢愆健繁寛殘冠塹元，

(2)南宋都昌冯去非《监安上门郑介夫赞》QSW 334-93：三談安寒顔難瀾慚甘；

饶州：(3)北宋德兴汪藻《祭族叔承议文》QSW 157-399：山三，

(4)南宋乐平马延鸾《祭叔父南塘运干文》QSW 354-88：憾潸，

(5)元鄱阳吴存五古《余穆如子自疆来访》SKQS1476-324：簞硯見弁綣泫傳電變；

信州：(6)南宋上饶陈文蔚《赠陈敬甫》QSSN51-31943：然髯添；

抚州：(7)北宋临川王安石《祭盛侍郎文》QSW 65-261：南暄，

(8)北宋临川谢逸七律《梅元省》QSSB22-14850：淺凡摻，

(9)元代崇仁吴澄五绝《题董元山水图》SKQS1197-852：天韂前；

建昌：(10)北宋南丰曾肇《代范枢密祭温公文》QSW 110-140：歛面；

江州：(11)南宋德安王阮《上巳日雁叉阻风呈宋彦起一首》QSSN50-31122：年三堪慚南；

洪州：(12)北宋分宁黄庭坚《木之彬彬》QSW 104-242：辨變見鉗，

(13)南宋靖安舒邦佐《偶书》QSSN47-29579：添前天，

(14)元龙兴释大䜣《吴江长桥铭》SKQS1204-601：南燕；

吉州：(15)北宋庐陵欧阳修《太子中舍王君墓志铭》QSW 35-317：遷還南，

(16)南宋庐陵周必大《宁都宰傅子渊荐邑士危正记颜求赞》QSW 232-174：煙賢川泉巖顔間，

(17)元庐陵刘将孙七古《题谭梅屋所藏杨妃上马图》SKQS1199-39：瞻連旋；

临江：(18)北宋新喻刘敞《皇侄故和州防御使历阳侯夫人安福县君王氏墓志铭》QSW 59-404：難嚴，

(19)南宋清江彭龟年《送张少卿知汉州用"汉"字韵》QSSN48-30138：嘆患犯汗難贊宧閈館貫翰按粲炭旰冠玩岸憚罕滿換散款漢判半幹；

筠州：(20)北宋宜丰释惠洪《王裕之求砚铭为作此》QSW 140-298：淵煙尖連轅川前顛，

(21)北宋宜丰释惠洪《堕庵铭》QSW 140-284：便玷染卷電建見賤辨戰靨焰怨；

袁州：(22)南宋宜春赵汝鐩《马上口占》QSSN55-34221：帘鞭，

(23)南宋宜春赵汝镃《八景歌》QSSN55-34210：嵐難。

2."侵寻"部与"真文"部,"侵寻"部与"庚青"部,"真文"部与"庚青"部以及"侵寻"、"真文"、"庚青"部混押现象分时段举例如下：

北宋

侵寻部与真文部

(1)洪州黄庭坚《祭外舅孙莘老文》$_{QSW108-171}$：親箴衾心音,

(2)新喻刘敞《汉右将军辛庆忌赞》$_{QSW59-373}$：軍臣心君；

侵寻部与庚青部

(3)筠州释惠(德)洪《潜庵源禅师真赞》$_{QSW140-347}$：林聽,

(4)吉州胡铨《广东经略余公墓志铭》$_{QSW196-117}$：禁命；

真文部与庚青部

(5)庐陵欧阳修《啄木辞》$_{QSW31-142}$：春萌欣仁,

(6)筠州释惠(德)洪《韩廉使奉御赞》$_{QSW140-363}$：靖柄聽整順命正韻；

侵寻部、真文部与庚青部

(7)筠州释惠(德)洪五古《怀忠子》$_{QSSB23-15107}$：井蚓枕聽梗頸命性并冷镜境頂,

(8)筠州释惠(德)洪《清商怨·一段文章》$_{QSC二-713}$：性韻寢信錦枕①；

南宋

侵寻部与真文部

(9)鄱阳章甫《送冯圆仲入蜀》$_{QSSN47-29028}$：人心霖,

(10)都昌冯去非《太师正肃公吴胜之赞》$_{QSW334-97}$：心深人,

(11)德兴余季芳《平园》$_{QSSN65-40853}$：春襟陰吟深,

(12)宜春赵汝鐩《送鲁卿之九江》$_{QSSN55-34249}$：襟根心尋吟,

(13)泰和刘过《思故人》$_{QSSN51-31821}$：雲甚寢錦人凜；

侵寻部与庚青部

(14)崇仁陈元晋《田间》$_{QSSN57-36028}$：塍深尋,

(15)吉水文天祥《赠涂内明》$_{QSSN68-42945}$：盲生生深,

(16)庐陵刘应子《游九锁二首》$_{QSSN61-38149}$：尋坰屏青醒,

(17)都昌江万里《祁阳绝句诗退风涛》$_{QSSN61-38123}$：清明沉,

(18)南城包恢《祭王实斋文》$_{QSW320-15}$：明深心；

真文部与庚青部

(19)吉水文天祥《宴交代寧国孟知府致语口号》$_{QSSN68-43119}$：驚鱗人新春,

① 见鲁国尧(1992a)《宋元江西词人用韵考》,右下角出处,QSC为《全宋词》简称,出处汉字数字为《全宋词》册数,阿拉伯数字为页码,下同。

(20)都昌曹彦约《中和后一日吴门阻雪距春分纔三日》QSSN51－32142：聲分雲勳，

(21)鄱阳章甫《叶子逸以惠山泉沦日铸新茶饷予与常郑卿》QSSN47－29055：泠真親，

(22)上饶徐元杰《挽前南剑添倅杨料院》QSSN60－37820：生人春真薪，

(23)袁州(宜春)赵汝鐩《八景歌》QSSN55－34210：緡纓輪鱗；

侵寻部、真文部与庚青部

(24)临川赵崇怿《金精歌》QSSN64－40353：塵春青人濦城吟陰尋涔林青精麟卿鳴，

(25)清江彭龟年《寿张京尹十首》QSSN48－30160：京伸人，

(26)袁州(宜春)赵汝鐩《妾薄命》QSSN55－34201：行秦音，

(27)庐陵周必大《祭谢昌国尚书文》QSW233－207：經吟榮心誠旌齡聲因情，

(28)庐陵罗椅《祭彭复雅》QSW345－18：雲精英林；

元代

侵寻部与真文部

(29)波阳黎廷瑞七绝《病目》SKQS1476－273：今巾琴，

(30)南丰刘埙《中大夫延平路宣相杏林公墓志铭》SKQS1195－419：稟尹品隕謹殯筍泯，

(31)丰城王义山《瑞州重建西涧书院碑》SKQS1193－52：心身人，

(32)庐陵刘诜七古《明妃曲》SKQS1195－252：人親金；

侵寻部与庚青部

(33)波阳黎廷瑞五律《船尾夜坐》SKQS1476－277：深吟心禽聲，

(34)丰城王义山七古《送丁真谅赴西涧山长》SKQS1193－20：琴行清，

(35)庐陵人刘诜七古《寒食行》SKQS1195－277：平情心；

真文部与庚青部

(36)波阳刘炳七古《题贾文彬耕乐图》SKQS1476－463：鎮興，

(37)抚州崇仁吴澄《崇厚堂铭》SKQS1197－534：楹冥塵，

(38)南丰刘埙《岳帝生辰祝文》SKQS1195－509：春辰新熏明因，

(39)庐陵赵文七古《伏虎岭残雪》SKQS1295－96：穩嶺本影醒拯景省；

侵寻部、真文部与庚青部

(40)波阳徐瑞五古《壬午清明拜先君墓下》SKQS1476－367：鳴春人榛青巾尋聞明，

(41)丰城王义山五古《题武冈向敏衡无加庄》SKQS1193－19：賁賓襟論纛孫困門貧文卿民尊存，

(42)吉水郭钰七古《送王葬师》$_{SKQS1219-164}$：頂盡枕。

宋元时期江西各地文人诗词文用韵-m尾韵、-n尾韵与-ŋ尾韵通押情况比较如下(an、am、en、em、eŋ分别表示“寒先”、“监廉”、“真文”、“侵寻”、“庚青”部)：

表6—9 宋元江西各地文人m尾韵、n尾韵与ŋ尾韵通押数量比较

	南康	饶州	信州	抚州	建昌	江州	洪州	吉州	临江	筠州	袁州	小计
an-am	2	13	1	11	1	1	12	69	20	4	5	139
en-em	2	10	2	1	4		9	41	4		3	76
eŋ-em		6		1	5	1	7	48	7	3	4	82
en-eŋ	8	18	5	17	22	6	32	215	27	19	4	373
en-em-eŋ		5			6	1	3	40	8	3	3	69

从宋元两代江西地区诗词文用韵的情况来看，真文部与庚青部相混的数量最多，北宋诗词文用韵68例，南宋诗词文用韵达到了211例，元代诗文中有94例；范围最广，从赣北的抚州、建昌、洪州，到赣中的临江、赣西筠州均有分布，而以赣中吉州最为显著。江西地区-n尾韵与-ŋ尾韵的混并现象当发生的最早。这同时也是南方方言比较普遍的现象，在宋代其他南方地区的诗词文用韵与音注材料中也都有反映。

侵寻与真文相混北宋就已经存在，元代逐渐增多，寒先与监廉部相混也具有同样的特点。但从数量上看，侵寻与真文、庚青相押的数量共达226次，监廉与寒先相押的次数只有139次。可能正如鲁国尧先生所说，这是因为“监廉部字少，而可作韵脚的字更少”(刘晓南等，2002：444)。

从年代来看，北宋时期，真文与庚青相混的范围较广，数量较多，-n尾与-ŋ尾相混的现象在当时江西地区应当已经存在。但-m尾韵与-n尾韵相混的数量还比较少，从地域来看多集中在鄱阳湖流域，赣江流域的洪州、临江、吉州与抚河流域。这些地区都属于江西的交通要冲与商贸中心，语音的演变相对要快。不过这一时期，-m尾韵与-n尾韵相混的现象还不显著，数量较少，整个北宋江西地区的诗词用韵中，仅出现88例，还没有形成规模。从南宋到元代，-m尾韵与-n尾韵相混的数量开始增多，范围开始集中。其中以吉州地区文人用韵所反映的-m尾韵与-n尾韵相混的特征最为明显，如“真文”与“侵寻”混押的数量，在元代吉州诗文用韵中就有36例。其次是洪州地区与饶州鄱阳地区，而抚州、筠州、建昌地区数量极少，只出现在少数文人用韵中。如元代抚州地区，除吴澄有一处绝句《题董元山水图》$_{SKQS1197-852}$叶“天髍前”外，吴皋、何中、吴当、朱思本均无-m尾韵与-n、-ŋ尾韵通押的现象；筠州地区傅若金、胡行简、邓雅、梁寅、范椁、圆至等人的诗文中，也没有-m尾韵与-n、-ŋ尾韵通押的现象。现代这些地区的部分方言点还保留-m尾韵与-n尾韵对立的特点。

那么，元代吉州地区文人用韵所反映的-m尾韵与-n尾韵相混的现象，是不是方言特点的反映呢？我们认为，这种大量的通押现象反映了元代吉州地区的方言中，-m尾韵已经与-n尾韵合流的特点。这种不同韵尾阳声韵通押的特点与现代吉安地区-m尾韵并入-n尾韵，曾摄与梗摄文读为-n尾的特征一致。我们以元代庐陵刘将孙的古体诗与韵文真文、庚青、侵寻、寒先、监廉部的通押情况为例来说明这一现象。

表 6—10　刘将孙诗文阳声韵用韵情况

	独用			通用				独用		通用
韵部	真文	侵寻	庚青	真文-侵寻	庚青-真文	庚青-侵寻	真文-侵寻-庚青	寒先	监廉	寒先-监廉
古体	15	5	16	4	16	3	2	33	0	2
韵文	9	5	9	4	8	0	0	21	2	5
小计	24	10	25	8	24	3	2	54	2	7
比例	61.5%			38.5%				85.7%	3.2%	11.1%

真文、侵寻、庚青独用只占总数的 61.5%，三部通押占了 38.5%，监廉部总共入韵 9 次，7 次与寒先部通押。

刘将孙是刘辰翁之子，承家学，词风“文情慷慨，格高骨健”。（朱彝尊）在刘辰翁的词韵中，已经多次出现了三种不同阳声韵尾的混押现象，刘将孙诗文用韵则有过之而无不及。这种不同韵尾的通押现象，应当是受他们自身方言的影响，反映了元代吉安地区-m尾韵已经消失，深咸摄-m尾、臻山摄-n尾、曾梗摄-ŋ尾等三种不同阳声韵韵尾合流的特征。方言对刘将孙诗文用韵的影响，在他的诗歌中也有所透露，《春日即景》$_{\text{SKQS1199}-63}$写到：“布谷子规啼暮春，春山蚕箔更清新；教人却恨南蛮舌，不似禽声字字真。”作为文人，刘将孙当然追求语音的雅正，但方音对他的影响实在太深，以至在教授学生、吟诗作赋时也会受到影响，故而发出了自己的“南蛮”之音不似“禽声”真的感慨。

周德清《中原音韵》“正语作词起例”中，举了大量的例子要求区分-m、-n、-ŋ三种不同的韵尾，说明当时的中原之音中，这三种不同韵尾的区分是非常严格的。而在他所熟知的方言中，已经出现了不能准确区分这三种韵尾的现象。其中要求区分真文与庚青应当是针对元代江西赣方言的普遍现象，而侵寻、真文，监咸、寒山，廉纤、先天等-m尾韵和-n尾韵的区别在他自己的方言以及当时大多数江西赣方言中还存在，周德清之所以把它们提出来进行区分，很大的可能是与他交从甚密的萧存存、罗宗信、曾玄隐等吉安人士的方言中，这些不同韵尾的韵已不能区分，所以有必要加以强调。

从宋元江西文人用韵情况来看，江西赣方言阳声韵的变化最初是从-n尾韵与-ŋ尾韵的合流开始，宋代就已经完成。-m尾韵与-n尾韵合流发生的时间相对较晚，最先发生在吉安地区。元代吉安地区这种合流现象已经非常普遍，但其他地区非常少见。

到了明代，从地域来看，-m尾韵与-n尾韵合流的现象不断扩散，如明代金溪人龚廷贤的医籍歌括用韵反映，当时的金溪方言中，-m尾韵与-n尾韵已经不分，而同时期的南丰人李梴的医籍歌括中-m尾韵与-n尾韵还是有区分的，见表6—11和表6—12。

表6—11　龚廷贤医籍歌括古m尾韵、n尾韵与ŋ尾韵的押韵情况

	独用					通用									独用		通用
韵摄	臻	深	曾	梗	曾梗	臻深	梗深	曾梗深	梗臻	曾臻	曾梗臻	曾臻深	梗臻深	曾梗深臻	山	咸	山咸
韵段	28	17	1	70	38	33	15	2	40	4	5	1	12	2	90	2	20
比例	57.5%					42.5%									80.4%	1.8%	17.8%

表6—12　李梴医籍歌括古m尾韵、n尾韵与ŋ尾韵的押韵情况

	独用					通用						独用		通用
韵摄	臻	深	曾	梗	曾梗	臻深	梗深	曾梗深	梗臻	曾深	梗臻深	山	咸	山咸
韵段	52	34	1	90	39	2	9	2	12	2	2	116	25	5
比例	88%					12%						79.6%	17%	3.4%

龚廷贤医籍歌括中，臻、深、曾、梗摄的通押比例占42.5%，说明这几摄字的韵尾已经混并，而李梴医籍歌括中，这几摄字的通押比例只占12%，韵尾当还保留区别。山咸两摄的通押比例，龚氏歌括占17.8%，而李氏歌括只占3.4%。从现代方言的表现来看，现代金溪方言与南丰方言同属赣语抚广片，东乡、临川、黎川、南丰等地还保留-m尾韵，而金溪等地-m尾韵已经消失，这种现象可以追溯到明代末年。

（二）宋元诗词文韵反映的梗摄文白两读现象

现代江西赣方言梗摄字普遍存在文白两读现象，即文读主元音一般为弇音i、e或ɛ，韵尾为n，与臻深摄合流；文读主元音一般为侈音a，韵尾为ŋ。宋元江西文人诗词文用韵所反映的“庚青部”与“真文部”、“侵寻部”相押，充分反映了江西赣方言曾梗摄文读与臻深摄同韵的特点。同样，宋元江西文人用韵中，梗摄字的白读现象也反映得非常明显，主要表现在“庚青部”与“江阳部”、“东钟部”相押的现象。其中《全宋文》江西文人用韵中“庚青部”与“江阳部”相叶共计19次，“庚青部”与“东钟部”通叶共计11次；《全宋诗》北宋诗歌用韵中，“庚青部”与“江阳部”通押6次，与“东钟部”通押5例（杜爱英1998：32～33）；《全宋诗》南宋诗歌用韵中，“庚青部”与“江阳部”通押8次，与“东钟部”通押10例。从范围来看，遍布江西各个地区，而以今江西赣方言区为主。以《全宋文》江西文人用韵为例论析如下：

1. 庚青部与江阳部

抚州 2 例

(1)临川王安石《节度推官陈君墓志铭》$_{QSW\ 65-158}$：明鄉，

(2)临川王安石《祭杜庆州杞文》$_{QSW\ 65-264}$：英明廷齡揚明庭誠生；

洪州 5 例

(3)分宁黄庭坚《大沩喆禅师真赞》$_{QSW\ 107-327}$：正病井甑定命淨淨藏，

(4)分宁黄庭坚《陈少张墓志铭》$_{QSW\ 108-77}$：行享聲，

(5)分宁黄庭坚《祭外舅孙莘老文》$_{QSW\ 108-171}$：經牆行，

(6)分宁黄庭坚《对青竹赋》$_{QSW\ 104-238}$：章當相烹，

(7)分宁黄庭坚《青阳希古墓志铭》$_{QSW\ 108-137}$：陽鄉藏方堂傷行羹蒼羊；

吉州 4 例

(8)庐陵胡铨《祭张魏公文》$_{QSW\ 196-186}$：行江，

(9)庐陵周必大《祭罗长卿文》$_{QSW\ 233-186}$：良箱行香霜生卿明鄉芳翔戕望漿觥傷兄情喪亡明評章涼滂忘誠觴，

(10)吉水杨万里《木樨花赋》$_{QSW\ 237-7}$：蕩往上映，

(11)吉水杨万里《曾叔谦哀辞》$_{QSW\ 240-346}$：陵廳親行舲荊泠星亭旌生英嶸尋聲宋圜林傾成繩徵營憎腥情；

建昌军 1 例

(12)南城吕南公《户铭》$_{QSW\ 109-319}$：明情祥；

临江军 2 例

(13)新喻刘攽《鸿庆宫三圣殿赋》$_{QSW\ 68-231}$：明唐，

(14)新喻刘敞《在陈赋》$_{QSW\ 59-6}$：亡狂兵；

饶州 3 例

(15)鄱阳彭汝砺《祭谢龙图文》$_{QSW\ 101-90}$：聲承朋芒，

(16)鄱阳洪适《祭王侍郎文》$_{QSW\ 214-47}$：王羊梁唐霜望章堂綱韁惶強藏慶洋航鄉量良岡祥黃行常蒼牆方郎康倉腸鋩嘗，

(17)乐平马廷鸾《祭亡弟总干文》$_{QSW\ 354-91}$：霜行彭傍；

筠州 1 例

(18)新昌(宜丰)姚勉《祭胡上舍宏甫文》$_{QSW\ 352-158}$：行庠；

信州 1 例

(19)贵溪桂锡孙《孙孝子祠记》$_{QSW\ 344-306}$：長張綱方光蒼忘揚生香嘗芳。

2. 庚青部与东钟部

洪州 5 例

(20)分宁黄庭坚《江氏家藏仁宗皇帝墨迹赞》$_{QSW\ 107-300}$:功明，

(21)分宁黄庭坚《华严小疏》$_{QSW\ 108-202}$:頌重動動頌聲，

(22)分宁黄庭坚《祭毕朝请文》$_{QSW\ 108-155}$:名庭平陵功，

(23)分宁黄庭坚《十九弟新妇李氏祭文》$_{QSW\ 108-177}$:凶興齡聲，

(24)丰城雷宜中《有宋承务郎致仕范君墓志铭》$_{QSW\ 352-323}$:平寧蒙經青泠興;

抚州 1 例

(25)临川王安石《赠右屯卫大将军世仍墓志铭》$_{QSW\ 65-224}$:明榮馮生;

吉州 1 例

(26)庐陵欧阳修《太子中舍王君墓志铭》$_{QSW\ 35-317}$:生中兄;

建昌军 1 例

(27)南丰曾肇《代范枢密祭温公文》$_{QSW\ 110-140}$:顒邦兄;

临江军 1 例

(28)新淦孔武仲《东坡居士画怪石赋》$_{QSW\ 100-156}$:聲嶸聽翁;

南康军 1 例

(29)都昌冯去非《太师丞相魏国忠献公张德远赞》$_{QSW\ 334-95}$:戎明;

信州 1 例

(30)弋阳谢禹《武安塔赋》$_{QSW\ 356-246}$:寧層平雲零齡纓豐清憑丁崩零聲騰憎。

从押韵特征来看，除(11)、(30)两例外，"真文部"、"侵寻部"没有与"东钟部"、"江阳部"相押的现象。且(11)、(30)两例都是在比较长的辞赋中"江阳部"、"东钟部"字偶与"庚青部"字相押，并掺入个别"真文部"字。而与"东钟部"、"江阳部"相押的"庚青部"字，多来源于古梗摄字，少有曾摄字。"庚青部"与"江阳部"相押的韵段中，只有第 3 例、第 15 例少数曾摄字入韵(可处理为抱韵现象，第 16 例"庆"偶入江阳部，可能为仿古押韵现象)。"庚青部"与"东钟部"相押的韵段中，亦仅有 4 韵段含古曾摄字。

从现代赣方言的语音特征来看，宕江摄(即"江阳"部)主元音一般为ɔ，古通摄(即"东钟"部)主元音一般为u，梗摄白读主元音为a，同为侈元音，且韵尾相同，故得通押。宋代诗词文用韵中，此类现象如此之多，分布如此之广，充分说明这些押韵现象绝非文人偶然为之，而是自身方言特征不自觉的反映。江西赣方言梗摄文白两读现象，至少可以追溯到两宋时代。

(三)山、咸摄一等重韵以及一、二等韵分韵的特征

现代赣方言大部分方言点还保留山咸摄一等重韵以及一、二等韵主元音对立的迹象，即山咸摄一等桓、覃韵与寒、谈韵舌齿音主元音对立，牙喉音合流；寒谈韵舌齿音与二等韵合流。桓、覃韵主元音以及寒、谈韵牙喉音主元音多为圆唇元音o或ɔ，与寒、谈韵舌齿音以及二等韵主元音a有别。这一特点在江西历史方言文献中反映得比较突出，临江方言韵书《辨字摘要》、南昌方言启蒙书《类字蒙求》直音、高安土音莫不如此，可以说这是江西赣方言比较突出的特征之一。

这些特征在宋元江西诗词文用韵中也有所透露，主要表现在宋元江西诗词文用韵中，古桓韵、覃韵多与“江阳部”及“东钟部”相押。如北宋江西诗韵中，据杜爱英研究，有8例“寒先部”与“江阳部”通押的现象，其中有7例为一等桓韵字，（杜爱英 1998：32）入韵字为“暖$_2$段伴$_2$斷$_2$紈”。《中原音韵》中，这些字均属“桓欢部”，与“江阳部”有别。不过现代大多数赣方言中，桓韵主元音与宕江摄相同或相似，都为舌面后圆唇元音，北宋诗韵反映的可能就是这种现象。这种押韵特征也出现在元代诗文用韵中，共两例，入韵字为桓韵与寒韵牙喉音，如：

1. 庐陵刘将孙《会心铭》$_{SKQS1199-255}$：斷廣，

2. 吉水刘岳申《大元郑公墓志铭》$_{SKQS1204-282}$：葬旱。

与桓韵一样，宋词中覃韵也有与“江阳部”通押的现象，如：

3. 庐陵欧阳修《渔家傲·近日门前》$_{一151}$：漲訪帳向悵萏浪障往，

4. 宜丰惠洪《西江月·入骨风流》$_{二713}$：香妝暗塘茫帳。

这种通押现象应当不是偶然的，而是有方言基础的。山咸摄一等重韵以及一、二等分韵现象，在宋元以来的江西方言中应当是客观存在的。明代龚廷贤医籍歌括反映得更为清楚。歌括除反映了山摄舒声韵具有洪细二分的特点外，一等重韵以及一、二等韵之间也有分立的趋势。具体表现在桓韵与其他山摄、咸摄韵的通押关系上，如《云林神彀》中，桓韵除“丸”字与山咸摄三、四等通押外，大多数情况下只与山摄与咸摄一等见系字通押。其他医籍歌括中也有这种特点，如《寿世保元》桓韵入韵6次，两次自押，三次与寒韵见系字互押，一次与仙先韵互押（入韵字为“丸”），《种杏仙方》中桓韵入韵两次，都与寒韵见组字互押，举例如下：

1.《寿·石钟乳》$_{61}$：捍算，

2.《寿·伤寒脉歌》$_{85}$：判緩汗，

3.《杏·瘟疫》$_{11}$：般幹看，

4.《杏·破伤风》$_{101}$：端安看。

龚廷贤医籍歌括中，这种一等重韵以及一、二等韵之间的分立，也表现在桓韵、寒韵牙喉音与宕江摄以及通摄的通押上，如：

5.《济·痉病》$_{28}$：胱張剛斷黄良，

6.《寿·小儿五脏主病脉歌心脉2》$_{553}$：寒當看，

7.《寿·神断秘诀11》$_{621}$：般終，

8.《推·掌面推法歌4》$_{全1100}$：看功，

9.《推·正面部位歌肝》$_{全1108}$：唐桓，

10.《推·脾胃门总括歌》$_{全1126}$：陽央幹滄安，

11.《云·眼目9》$_{193}$：黄攢訾，

12.《云·癲疝3》$_{218}$：胱安，

13.《云·驱风解毒散》$_{197}$：風攢功，

14.《云·伤寒13》$_{22}$：般攢湯，

15.《云·眼目9》$_{193}$：黄攢訾。

除与桓韵、寒韵见系字通叶之外，宕江摄字一般不与其他山摄字通押。这种押韵现象与宋元诗词文的押韵现象一样，反映了山咸摄一等重韵以及一、二等韵的分立迹象。

（四）弇侈同韵现象

1.臻深曾梗摄一、二等与山咸摄三、四等同韵现象

现代赣方言中，弇音韵摄，如臻深曾梗摄洪音韵母主元音往往与侈音韵摄山咸摄细音韵母主元音相同。颜森在总结赣方言的共同特点的时候提到："赣语的共同特点是……臻摄开口一等和梗摄开口二等（文读）字，许多地方主元音是ɛ（或相近的e、æ）。"（1986：21）现代大部分赣方言山咸摄细音的主元音也是ɛ，与臻曾梗摄洪音韵母主元音相同。前面我们介绍的清代临江话、南昌方言和民国初期的高安话都有这一特点。从文献材料反映的情况来看，这种现象在宋元诗词文用韵中就已初现端倪，明代医籍歌括用韵反映得比较明显，清代则有明确的记录了。

宋代诗文用韵，如：

（1）贵溪张继先七律《金丹诗四十八首32》$_{QSSB20-13523}$：生禪筌玄廛，

（2）建昌李山甫《三夏享元侯赋》$_{QSW51-359}$：宣先能天，

（3）丰城徐鹿卿《庐陵谭校正以自牧名其斋请予铭之》$_{QSW333-261}$：衡先；

宋元词韵，如：

（4）赵长卿《鹧鸪天·门外寒江》$_{三1803}$：前生燈眠，

（5）赵文《莺啼序初荷》$_{五3326}$：卷遠遍宴片婉扇見淺轉戀臉箭染肯晚；

元代诗文，如：

（6）南昌释大䜣《吉安路总管府吴侯去思之碑》$_{SKQS1204-269}$：騰原焉先，

(7)庐陵张昱《北山堂》SKQS1222－508：見面贈泛羨，

(8)庐陵张昱《送程希道回河南》SKQS1222－514：面贈見，

(9)庐陵张昱《寄河南卫镇抚赵克家叙旧》SKQS1222－517：省遠賤。

以上所举9例，山咸摄字多为三、四等字，而臻曾梗摄字都为一、二等韵字。这种押韵现象与现代赣方言特征若合符节，反映了弇侈同韵的现象在宋元时期就存在。并且吉州地区有两位文人（赵文与张昱）4例通押现象，张昱一人就有3例，不容忽视。

2.真文部与寒山部同韵现象

宋元江西文人诗词文用韵所反映的弇侈韵相混现象，最主要的还是“真文部”与“寒山部”的混押。如《全宋文》江西文人韵文用韵中，排除了元韵单独和魂、痕韵的通押现象外，“真文部”押入“寒先部”共35例，“寒先部”押入“真文部”共22例，“寒先”与“真文”对等互押22例，列举如下：

“真文部”押入“寒先部”：

(1)临川晏殊《中园赋》QSW 19－196：萱蘭鵑丹原昏聯妍喧蓀溫飧垣，

(2)分宁黄庭坚《苦笋赋》QSW 104－240：川人賢煙涎年，

(3)分宁黄庭坚《李元叔墓志铭》QSW 108－82：天年身孫然，

(4)庐陵欧阳修《薛质夫墓志铭》QSW 35－306：間傳賢存，

(5)庐陵欧阳修《翰林侍读学士右谏议大夫杨公墓志铭》QSW 35－315：人蕃聯年，

(6)庐陵欧阳修《赠太子太傅胡公墓志铭》QSW 35－375：溫言侃遠反，

(7)庐陵欧阳修《祭資政范公文》QSW 36－36：辨見恨奠，

(8)安福刘弇《代祭海神文》QSW 119－96：虔年愆民，

(9)龙泉（遂川）《邑侯赵公生祠政绩碑》QSW 158－116：泉佃懸宣原園昏，

(10)庐陵刘才卲《太硕人薛氏墓志铭》QSW 176－76：墳親言賢年全聯前阡，

(11)庐陵胡铨《祭向运使文》QSW 196－187：孫園溫傳冤天，

(12)南城李觏《進士傳君墓銘》QSW 42－332：官言然門，

(13)南城吕南公《临川王君墓志铭》QSW 109－347：安難諼年勤源文，

(14)新喻王钦若《冉雍字仲弓鲁人赠薛侯今进封下邳公赞》QSW 9－348：賢川禋泉，

(15)新喻刘攽《诋风穴赋》QSW 68－239：垠泉蓁昏燔存然偏頑蠻民，

(16)德兴汪藻《叶抗砚铭》QSW 157－269：淵言存，

(17)崇仁吴镒《义陵吊古赋》QSW 257－27：仙言存嘆安，

(18)丰城徐经孙《祭龙门碑文》QSW 334－157：焉潺淵門遷岏繙關還原安盤蟠翻先，

(19)丰城范宗己《宋故何夫人范氏墓志铭》$_{QSW\ 343-315}$：全專詵，

(20)豫章释道璨《自赞》二$_{QSW\ 349-387}$：禪呑泉，

(21)吉水杨万里《西塾铭》$_{QSW\ 239-363}$：淵言門，

(22)吉水杨万里《枢密兼参知政事权公墓志铭》$_{QSW\ 240-194}$：原窀元旃，

(23)吉水杨万里《孺人贺氏墓志铭》$_{QSW\ 240-290}$：編篇賢孫，

(24)吉水杨万里《夫人左氏墓志铭》$_{QSW\ 240-317}$：年孫全，

(25)吉水杨万里《祭叶夫人文》$_{QSWp\ 240-358}$：源門田蕃蘭萱，

(26)吉水杨万里《祭西和州太守陈师宋文》$_{QSW\ 240-366}$：安艱恩賢寬然年先昆天前騫溫垣轜原椽盆難奔綿魂存，

(27)永丰曾丰《力仁斋铭 》$_{QSW\ 278-48}$：門言顔，

(28)永丰曾丰《祭故丞相魏国文忠京公文》$_{QSW\ 278-101}$：盤芼漫元觀存墦寒，

(29)庐陵罗椅《浑天仪赋》$_{QSW\ 345-1}$：天丸原根旋，

(30)庐陵罗椅《祭曾子实》$_{QSW\ 345-17}$：園騫傳言魂泉年仙憐旃連絃，

(31)清江彭龟年《祭寺簿刘子澄文》$_{QSW\ 278-335}$：年昆難掀然顛援堅頑全前翩繁焉川攣還填漣，

(32)清江彭龟年《祭孟浩文》$_{QSW\ 278-337}$：昆屯溫門昏藩呑論源軒言轜論坤絆攑冤存釬轜原反魂翻湲，

(33)新喻萧逵《祭周文忠公文》$_{QSW\ 284-46}$：宣傳賢先編肩前存源偏泉天全焉騈琨言然連員躔聯翩旃園鉛煙年尊鞭巔論川漣憐娫門奔瞯，

(34)上饶陈文蔚《祭徐子融文》$_{QSW\ 290-426}$：年痊然堅冠全顛煙焉泉鞭魂，

(35)上饶陈文蔚《祭国维赵通判文》$_{QSW\ 290-429}$：孫門轜安文尊言肝先顔分泉；

"寒先部"押入"真文部"：

(1)临川晏殊《西掖植紫微赋》$_{QSW\ 19-203}$：園文人，

(2)分宁黄庭坚《寄老庵赋》$_{QSW\ 104-231}$：人鄰然新風斤，

(3)分宁黄庭坚《苏李画枯木道士赋》$_{QSW\ 104-235}$：山言秦然神申斤囷春，

(4)庐陵欧阳修《资政殿学士户部侍郎文正范公神道碑铭》$_{QSW\ 35-226}$：根完臣，

(5)庐陵欧阳修《袁州宜春县令赠太师中书令兼尚书令冀国公程公神道碑铭》$_{QSW\ 35-234}$：遷人聞昆，

(6)庐陵欧阳修《江宁府句容县令赠尚书兵部员外郎王公墓志铭》$_{QSW\ 35-296}$：人官門孫源蕃存，

(7)安福王庭珪《仁山五百罗汉赞》$_{QSW\ 158-271}$：尊奔昏園根門天緣聞恩，

(8)安福王庭珪《故彭夫人墓志铭》$_{QSW\ 158-308}$：門傳文然孫，

(9)庐陵刘才邵《刘端甫墓志铭》QSW 176－78：年身麈人瑨，

(10)庐陵胡铨《进斋铭》QSW 196－18：畛盡岸進，

(11)庐陵胡铨《贵州防御使阳曲伯张公墓志铭》QSW 196－114：人君還陵，

(12)新淦孔武仲《宋岳州平江县王文正公祠堂碑》QSW 100－336：民然莘人蟠神年，

(13)吉水杨万里《萧君国华墓志铭》QSW 240－286：根芬蘭，

(14)吉水杨万里《夫人张氏墓志铭》QSW 240－315：卷圳蓑稛，

(15)吉水杨万里《刘隐君墓志铭》QSW 240－333：齡文身鄰伸屯天人，

(16)永丰曾丰《震斋铭》QSW 278－44：震爈靭雋，

(17)吉水王子俊《祭周益公文》QSW 283－245：歡門勤，

(18)庐陵罗椅《祭姪亦泰文》QSW 345－31：堅玄紛申雲欣辛新淪文臻，

(19)清江彭龟年《训鉅箴》QSW 278－325：本根言端恩，

(20)鄱阳洪适《俞淑人墓志铭》QSW 214－43：顯振恨，

(21)上饶陈文蔚《致遂赋》QSW 290－294：困奮頓戰問悶怨願恨，

(22)上饶陈文蔚《祭江陵府粮料院傅材甫文》QSW 290－427：勤人纏昏屯墳辛；

"寒先部"与"真文部"对等相叶：

(1)分宁黄庭坚《刘明仲墨竹赋》QSW 104－244：辨論，

(2)分宁黄庭坚《王元之真赞》QSW 107－301：衎舜，

(3)分宁黄庭坚《玉泉长老不受承天衬因作颂》QSW 108－19：襯貫，

(4)庐陵欧阳修《忠武军节度使同中书门下平章事武恭王公神道碑铭》QSW 35－252：煩人，

(5)庐陵欧阳修《翰林侍读侍讲学士王公墓志铭》QSW 35－344：人延，

(6)庐陵欧阳修《翰林侍读侍讲学士王公墓志铭》QSW 35－344：賢臣孫年，

(7)庐陵欧阳修《资政殿大学士尚书左丞赠吏部尚书正肃吴公墓志铭》QSW 35－352：閫原，

(8)庐陵欧阳修《祭尹子渐文》QSW 36－31：存天，

(9)庐陵欧阳修《祭程相公文》QSW 36－35：完門，

(10)庐陵胡铨《龙图阁学士赠少傅赵公墓志铭》QSW 196－63：貧蠲，

(11)庐陵胡铨《广东经略余公墓志铭》QSW 196－117：亂遁，

(12)庐陵胡铨《从周弟墓志铭》QSW 196－130：人珍言原，

(13)新喻刘敞《朝散大夫殿中丞知汝州叶县骑都尉陈君墓志铭》QSW 60－9：怨存遷昆，

(14)豫章释道璨《砚铭》一QSW 349－370：潤源痕圓，

(15)吉水杨万里《宋故少师大观文左丞相鲁国王公神道碑》$_{QSW 240-122}$：坤安，

(16)吉水杨万里《祭朱侍讲文》$_{QSW 240-361}$：昆先，

(17)吉水杨万里《祭朱侍讲文》$_{QSW 240-361}$：聞肝，

(18)庐陵罗椅《祭蘧翁兄文》$_{QSW p345-22}$：宣聞，

(19)庐陵刘辰翁《祭师江丞相古心先生文》$_{QSW 355-271}$：孫泉，

(20)南城傅自得《秋花草虫赋》$_{QSW 323-174}$：勛轉，

(21)清江彭龟年《训鉅箴》$_{QSW 278-325}$：天狺，

(22)上饶徐元杰《谒颜鲁公祠文》$_{QSW 336-365}$：川存。

《全宋诗》北宋江西诗人用韵中，"真文部"押入"寒先部"共16例，"寒先部"押入"真文部"共28例(杜爱英1998:34)；宋元江西词韵中也有二部通押现象，但为数较少，共计13例(鲁国尧1992a)。鲁国尧先生认为词韵中两部相押现象是诗韵影响的余波，但宋代江西文韵"真文部"与"寒先部"的通押，排除了元韵与魂、痕韵相押的现象，用例为数不少。因此宋元江西诗文中，这种押韵现象除了受诗韵影响外，可能还有方言因素在里面。现代江西赣方言中，臻摄与山摄相混的现象普遍存在，上文指出，江西方言山摄三、四等主元音多为高元音ɛ或e，而臻摄一等主元音亦多为ɛ或e，如"吞、根"在余干、进贤、吉安等字分别读为tʰɛn、kɛn。因此宋元江西文人用韵出现如此多的两部相押现象，当不是偶然的，而是有宋代江西方言的成分，是宋代江西方音弇侈同韵现象的反映。

明代金溪人龚廷贤的医籍歌括中，这种现象多表现在臻摄一等与山咸摄三、四等通押。如《云林神彀》歌括中，臻摄开口一等有19例与山摄三、四等字相叶的现象，牵涉的字为"根$_7$，吞$_{12}$"两字，如：

(1)《云・带下7》$_{258}$：錢丸吞，

(2)《云・下疳6》$_{324}$：连根痓。

其他医籍歌括中也有此类现象，如：

(3)《寿・小儿五脏主病脉歌肺脉》$_{554}$：涎根，

(4)《杏・腋臭》$_{68}$：言傳根，

(5)《推・夜啼惊忤客歌》$_{全 1127}$：然煎根前牽。

第三节　入声韵在宋元以来江西方言中的演变

关于入声韵在宋代江西文人诗词用韵中的演变特点，鲁国尧先生(1992a)、杜爱英(1998)已经有了研究。这一部分我们主要通过元代江西诗文用韵所反映的入声韵的演变，以及和现代赣方言的比较，分析宋元以来江西方言入声韵的演变特点与分布特征。

一　入声韵在元代诗文用韵中的通押现象

现代保留入声韵的江西赣方言中，因为主元音不同，宕、江、通摄入声一般不与其他入声韵相涉。元代诗文用韵中，这三摄的入声韵一般也不与其他入声韵通押。因此这里讨论的入声韵在元代诗文用韵中的通押现象，主要包括咸、山、深、臻、曾、梗六摄入声韵，并且只讨论异摄通押现象，以此归纳入声韵在元代江西诗文用韵中所反映的规律性变化。

为方便起见，我们参考鲁国尧先生《宋元江西词人用韵研究》的方法，借用清代学者的术语，深、臻、曾、梗四摄的主元音为弇元音，以符号“e”表示，山咸两摄主元音为侈元音，用符号“a”表示。

下面我们仍以元代江西地区的行政区划为单位，归纳不同地区文人用韵中，入声韵尾的混押情况以及混押数量。

1. 弇音韵摄和侈音韵摄内部的混押

表 6—13　弇音韵摄和侈音韵摄内部的混押

	弇音混押				侈音混押
	ek—et	ek—ep	et—ep	ek—et—ep	at—ap
饶州	黎廷瑞$_1$徐瑞$_1$叶兰$_1$叶懋$_4$刘炳$_7$	徐瑞$_1$叶兰$_1$叶懋$_2$刘炳$_9$	徐孜$_1$叶懋$_2$	刘炳$_5$	叶兰$_1$叶懋$_1$刘炳$_3$
小计	35				5
抚州	朱思本$_1$吴皋$_2$何中$_3$				
小计	6				0
建昌	刘埙$_8$	刘埙$_1$			
小计	9				0
洪州	释大䜣$_5$揭傒斯$_6$	王义山$_1$			
小计	12				0
吉州	刘岳申$_2$张昱$_{10}$刘诜$_{11}$赵文$_3$刘将孙$_{13}$周巽$_1$刘鹗$_2$周廷震$_7$王礼$_8$郭钰$_5$	张昱$_2$刘诜$_5$刘将孙$_5$王礼$_2$郭钰$_6$	刘诜$_2$赵文$_1$刘将孙$_1$	张昱$_9$刘诜$_5$王礼$_1$郭钰$_7$	刘岳申$_1$刘诜$_2$刘将孙$_1$郭钰$_1$
小计	108				5
临江	范梈$_2$	邓雅$_1$			范梈$_2$梁寅$_1$
小计	3				3
筠州	0	0	0	0	0

以上通押现象，各地文人用韵各举一例：

ek—et

(1)鄱阳黎廷瑞《题孙云叔石泉亭》$_{SKQS1476-307}$：石室，

(2)临川何中七古《郝思温大字歌》$_{SKQS1205-567}$：筆力側柏壁易得擲，

(3)南丰刘埙《傅生墨铭》$_{SKQS1195-386}$：識漆，

(4)龙兴富州揭傒斯《李宫人琵琶引》$_{SKQS1208-165}$：日色息，

(5)庐陵刘诜七古《送邵有初之揚州》$_{SKQS1195-260}$：役日笛，

(6)清江范梈五律《至日行》$_{SKQS1208-110}$：質白；

ek—ep

(7)鄱阳叶兰七古《田家行》$_{SKQS1476-407}$：濕食客，

(8)南丰刘埙《观雨赋》$_{SKQS1195-340}$：集泣立癖，

(9)丰城王义山《赠点易娄君复》$_{SKQS1193-5}$：易極畫極白十，

(10)吉水郭钰七古《葵花叹》$_{SKQS1219-186}$：息邑識，

(11)新喻邓雅七古《恒德堂为邹母廖氏赋》$_{SKQS1222-698}$：立壁尺；

et—ep

(12)鄱阳叶懋七古《题李太白画像》$_{SKQS1476-426}$：筆瑟濕，

(13)庐陵刘诜七古《饮谷平李氏》$_{SKQS1195-255}$：室邑揖；

ek—et—ep

(14)鄱阳刘炳五古《别京邑之东阿》$_{SKQS1476-445}$：邑役急夕失，

(15)庐陵张昱五古《松涛轩》$_{SKQS1222-504}$：息石一日及；

at—ap

(16)鄱阳叶懋古乐府《滹沱河吟》$_{SKQS1476-419}$：節業，

(17)庐陵刘诜五古《春寒闲居五首》$_{SKQS1195-213}$：絕葉歇謁節，

(18)新喻人梁寅《采莲曲》$_{SKQS1222-633}$：葉折。

2.弇音韵摄与侈音韵摄之间的混押

表 6—14 弇音韵摄与侈音韵摄之间的混押

	et—at	ek—at	ek—et—at	et—ep—at	ek—et—ep—at	ek—at—ap	ek—ep—at	ek—ap
饶州		徐瑞$_1$ 徐孜$_2$ 叶懋$_1$ 刘炳$_7$	刘炳$_1$	叶懋$_1$				
小计	13							
抚州	吴皋$_3$ 何中$_1$	朱思本$_3$ 何中$_1$						
小计	8							
建昌								
小计	0							
江州	揭傒斯$_2$	王义山$_3$ 揭傒斯$_1$	揭傒斯$_3$					

续表

	et—at	ek—at	ek—et—at	et—ep—at	ek—et—ep—at	ek—at—ap	ek—ep—at	ek—ap
小计	9							
洪州			释大䜣1					
小计	1							
吉州	刘岳申1 刘诜2 周廷震1 郭钰1	刘岳申4 张昱4 刘诜12 赵文2 刘将孙2 周巽2 刘鹗1 王礼6 郭钰23	张昱2 刘诜1 刘将孙4 刘鹗1 周廷震1 王礼3 郭钰1		张昱2 刘诜2 刘将孙3 郭钰1	张昱4 刘诜2 刘将孙1 王礼1 郭钰4	郭钰2	刘将孙1 郭钰1
小计	98							
临江	傅若金2 邓雅1						范梈1	
小计	4							
筠州								
小计	0							

弃音韵摄与侈音韵摄之间的混押现象举例如下：

et—at

(1)临川何中五古《菊》SKQS1205－526：骨月，

(2)龙兴富州揭傒斯《平沙落雁》SKQS1208－152：闊沒，

(3)庐陵刘诜七古《明妃曲》SKQS1195－252：瑟咽絕，

(4)新喻傅若金七古《东溪行》SKQS1213－215：窟骨月；

ek—at

(5)鄱阳刘炳五古《听雨堂为安成周氏赋》SKQS1476－446：越絕隔滅哲熱，

(6)临川朱思本《金山歌》XXSK1323－622：客發滅，

(7)丰城王义山《赣州嘉禾颂》SKQS1193－59：德契，

(8)庐陵王礼《孙母高昌氏墓志铭》SKQS1220－371：節澤月滅；

ek—et—at

(9)鄱阳刘炳七古《题诸葛武侯庙》SKQS1476－454：咽國瑟，

(10)龙兴富州揭傒斯《熊英德哀辞》SKQS1208－188：發闥列魄闊樾秣側列月歇折惚筏帙泬，

(11)南昌释大䜣《祭徒弟宝满文》SKQS1204－642：釋力卒沒極克夕匐溺則寂息得昔物息食柏骨咽，

(12)庐陵王礼《霍山十二景・介山秋色》SKQS1220－473：節瑟惻；

et—ep—at

(13)鄱阳叶懋五古《感兴》SKQS1476—423：月熠述佛邑畢；

ek—et—ep—at

(14)庐陵刘将孙《祭萧龙岩文》SKQS1199—259：寂壁碧日咄執縶畫及色絕，

(15)吉水郭钰五古《十二月初三日大雪》SKQS1219—175：髮極力夕及術悅雪迹識昔適；

ek—at—ap

(16)吉水郭钰歌行《画山水歌赠杨彦正》SKQS1219—159：北得疊鐵葉；

ek—ep—at

(17)清江范梈五古《和胡掾》SKQS1208—71：夕節集昔役策積極碧；

ek—ap

(18)庐陵刘将孙七古《送五羊区善寂买书》SKQS1199—32：法敵客。

除不同韵尾的入声韵之间存在大量的通押现象之外，饶州（鄱阳）地区的诗文用韵中，还存在阴入通押的现象，这种押韵现象主要出现在元末明初鄱阳人刘炳的诗文用韵中，共计10例，列举如下：

(1)长短句《墨池谣简钱本初》SKQS1476—465：媚力，

(2)七古《求陆伯瞻作懒云庄图》SKQS1476—456：逝跡趣，

(3)七古《浔阳行》SKQS1476—453：笛縶涙，

(4)七古《澶州行》SKQS1476—454：食利議出，

(5)《歌风台赋》SKQS1476—470：廢視勢戲易餌志彘擲逝力計，

(6)《荆门赋》SKQS1476—473：瀝日戟邑擊磔息計卒息，

(7)《荆门赋》SKQS1476—473：昔忽力席噬一致，

(8)《端以善》SKQS1476—482：骨律轡惜，

(9)《方方壶》SKQS1476—484：壁汁濕憶隧，

(10)七古《送任侯赴京》SKQS1476—459：憩細織。

二　元代诗词文用韵所反映的入声韵在元代江西地区演变的不平衡

从表6—13、6—14所反映的情况来看，不同韵尾的入声韵的通押现象，在元代江西各地区是不平衡的。其中筠州不同韵尾的入声韵不存在通押现象，吉州、饶州（鄱阳）三种不同韵尾的入声韵之间，以及弇侈韵摄之间通押现象比较多，分别达到了53次、211次；抚州、洪州、临江次之，建昌则仅弇音韵摄存在通押现象。除不同地区的诗文多寡的差异之外，这种通押现象的不平衡，也反映了入声韵在元代江西地区演变的不平衡。

首先，这种不平衡表现在不同地区的诗文用韵中，不同韵摄的入声韵的通押程度存在差异。

古体诗与韵文用韵较近体诗自由，以方言入韵的情况较近体诗多。因此我们以刘将孙(吉州)、刘炳(鄱阳)、傅若金(临江)、揭傒斯(洪州)、吴澄(抚州)的古体诗与韵文入声韵的通押情况来说明这一特点。表6—15中,“弇”指弇音韵摄不同韵尾入声韵之间的混押;“侈”指侈音韵摄不同韵尾入声韵之间的混押。“弇侈”指弇音韵摄入声和侈音韵摄入声之间的混押。

表6—15 刘将孙等诗文入声韵通押比较

	独用					通用				小计
	ek	et	ep	at	ap	弇	侈	弇侈	阴入	
刘将孙	7	1	1	1	0	19	1	11	0	41
	24.4%					75.6%				
刘炳	10	1	0	3	0	21	3	8	10	56
	25%					57%			18%	
傅若金	21	9	3	6	1	0	0	2	0	42
	95.2%					4.8%				
揭傒斯	21	5	7	10	0	6	0	6	0	55
	78.2%					21.8%				
吴澄	17	10	2	9	1	0	0	0	0	39
	100%					0				

其中吉州人刘将孙的古体诗与韵文中,不同韵尾的入声韵之间以及弇侈韵摄之间混押的比例高达75.6%,鄱阳人刘炳的诗文中,这种混押现象和阴入混押的比例也达到了57%。这么高的比例当不是用韵宽泛所致,而是有方言的因素在里面。因为其他江西地区的诗文用韵所反映的弇侈韵摄入声韵混押的比例,远低于这两个地区文人的用韵。如临川人吴澄的古体诗与韵文用韵中,共39个入声韵段,但分别划然,了无相涉;新喻人傅若金的古体诗与韵文用韵中的42个入声韵段也仅有2例弇侈音混押的现象。

其次,元代诗文用韵所反映的入声韵演变的不平衡与现代江西赣方言入声韵分布的不平衡是一致的。现代大部分江西赣语区还保留入声韵尾,但又有不同的表现,主要有以下几种情况:

1. 除臻摄入声与曾梗摄入声合流为-t韵尾之外,还基本上保留中古三种不同的入声韵尾的区别,如赣语抚广片的大部分地区、南昌片的奉新、高安等地;

2. 宕江摄入声和梗摄入声的白读,保留-k尾或弱化为[-ʔ]尾,其他韵摄的入声韵和梗摄入声韵的文读音韵尾合流为-t尾,如修水、上高、宜黄、樟树、南昌等赣中地区;

3. 所有的入声韵尾都弱化,合并为-ʔ尾,如乐平、横峰、万载等地。

以上保留入声韵尾的地区,元代正属于洪州、抚州、临江、筠州、建昌等行政区。元代诗文用韵反映,这些地区的入声韵在元代的演变相对较慢。

现代方言中，这些地区的入声韵或基本保留入声韵尾的对立，或合流弱化为喉塞尾，入声韵的演变与元代诗文用韵所反映的情况大体一致。

入声韵在现代江西赣方言中的另一种表现形式是入声韵尾的消失。据蒋平等(2004)初步统计，这种现象在赣方言区有17个方言点，主要分布在江西中西部地区和江西北部，如江西中西部地区的吉安、吉水、峡江、泰和、永新、莲花、安福、萍乡、宁冈、分宜、新余等，江西北部的星子、波阳、湖口、武宁、瑞昌、澎泽等，分布大致与元代的吉州和饶州相当。可见，这些地区的入声韵在现代赣方言中的演变速度是最快的，这一特点和元代诗文用韵中入声韵的通押现象所反映的特征也基本一致。

三　元代江西地区入声韵分布的特征与性质

吉州与饶州(鄱阳)地区诗文用韵中，不同韵尾的入声韵之间的通押现象说明，-p、-t、-k三种不同入声韵尾在这些地区已经存在混并现象；而其他地区，这三种入声韵之间应当还保留对立格局。

那么，元代吉州和饶州(鄱阳)地区入声韵尾混并以后是保留韵尾，还是入声韵尾消失，只保留入声调呢？这就必须联系这些地区现代方言入声韵的特征来进行综合考察。今吉安和鄱阳等地古入声的调类分化情况如下①：

表6—16　吉安、鄱阳古入声韵调类分化

方言点	古入声		
	全清	次清	全浊
鄱阳	自成调类44		去声35
莲花	阴平44		去声22
吉安(市区)	阴平334		去声214
泰和	阴平44		去声22
永新	阴平35		去声55

现代方言反映，鄱阳与吉安大部分地区入声韵尾已经丢失，古入声按清浊产生分化，其中全浊入声与去声合流。

元代吉州地区的诗文中，虽然不同入声韵尾之间的通押现象非常普遍，但没有出现与阴声韵通押的现象，因此，入声韵尾当还存在。这种韵尾的性质有两种可能，一是与大部分保留入声的现代赣方言一样，山咸深臻曾梗摄的入声韵尾合流为-t尾；另一种可能是，这六摄的入声韵韵尾和通宕江摄入声一样，已经弱化为喉塞音-ʔ尾。我们认为，后一种可能性更大。

---

① 表6—16参考了蒋平、谢留文《古入声在赣、客方言中的演变》，《语言研究》2004年第4期。

因为在刘炳之前的鄱阳地区和吉安地区一样，不同韵尾的入声韵之间通押现象较多，并且没有阴入通押的现象，但出现了宕江摄入声与咸摄、曾梗摄入声通押的现象。如：

(1)叶兰七古《田家行》$_{SKQS1476-408}$：鴨答酌，

(2)叶懋五古《读陆宣公奏议》$_{SKQS1476-425}$：作赫臒學略阨爍愕策謌百澤冊獲落。

吉州地区的诗歌用韵中也存在类似的现象，如庐陵刘将孙的古体诗中，就有 3 例通、宕摄入声和其他韵摄入声韵通押的现象：

(1)五古《古兴呈签事王朋益》$_{SKQS1199-8}$：竹目出力，

(2)五古《与参议史文彬》$_{SKQS1199-13}$：識曲直續燭複獄足迹福，

(3)五古《狮子山》$_{SKQS1199-11}$：發拂約繫。

宕江通摄入声韵在大部分保留入声韵的现代赣方言中，韵尾已经弱化为喉塞音-ʔ尾。元代诗文用韵中出现的这些通押现象，说明入声韵尾在元代吉安以及元代初期的鄱阳地区已经合流并弱化为-ʔ尾，或有弱化的趋势。

到了元末明初之际，鄱阳地区入声韵尾应当已经消失，但自成一个调类。因为刘炳的诗文用韵中，出现了 10 例入声与去声通押的现象。这种通押现象反映了入声韵在这些地区的进一步演变，即丢失喉塞尾，由入声韵演变为入声调。元末明初，鄱阳与吉安地区的入声韵可能已经演化为只保留入声调的阶段，并开始进一步与阴声韵合流。

元代吉州地区与鄱阳地区的入声韵除合流并弱化为喉塞音-ʔ尾外，在音值方面也开始突破弇侈的局限。如吉州地区诗文用韵中，不同入声韵尾的弇音韵摄字通押的有 108 例，不同入声韵尾的侈音韵摄字通押的只有 5 例；而不同入声韵尾的弇侈韵摄混押的有 97 例。弇侈韵摄通押的比例几近所有入声韵通押的一半，这说明弇音韵摄的主元音与侈音韵摄的主元音开始混同。这一特点与现代鄱阳、吉安地区古入声韵韵母呈弇侈混并的特征一致。现代鄱阳、吉安地区古入声韵韵母主元音见表 6—17：

表 6—17　吉安、鄱阳等地古入声韵主元音比较表

	一等			二等			三、四等
	咸	山	宕江	咸	山	梗白读	咸山深臻曾
波阳（鄱阳）	o			ɔ		ɜ	iɜ 咸山 ie
莲花	o			a 咸山部分读同三、四等 ie			ie
吉安（市区）	o			a 咸山部分读同三、四等 iɛ			iɛ
永新	o			a 咸山部分读同三、四等 iɛ			iɛ
泰和	o			a			iɛ

现代鄱阳与吉安地区的赣方言中，咸山摄三、四等字的主元音与深臻曾梗摄主元音相同，甚至部分山咸摄二等字也与三、四等字主元音一致。这一特点与元代诗文用韵所反映的龠侈韵摄入声字的混押现象大体一致。

宋代通语入声韵的演变特点，刘青松先生有专文讨论。刘青松先生(1998)通过对《宋词纪事》与《宋诗纪事》中入声韵例的分析，总结了入声韵在宋元时期的四点特殊演变现象：(1)宕江合流，形成独立的韵类；(2)通摄内部的合用，自成部类；(3)曾梗合用，并吸纳臻山之三、四等；(4)深摄及咸摄三、四等混入梗摄三、四等。(1)(2)两点与元代江西吉州、鄱阳地区诗文用韵所反映的入声韵的演变特征一致，但(3)(4)两点所反映的入声韵的相混程度，远不如元代江西吉州与鄱阳地区的诗文用韵所反映的入声韵相混的程度深。与《古今韵会举要》所归纳的入声韵五大类相比，元代吉州与鄱阳地区亦与之不尽相同。主要表现在《古今韵会举要》所反映的入声韵龠侈不混，如《古今韵会举要》入声韵“吉、讫、栉、国、橘、聿、洫、黑、克”类，“格、虢、额”类与“厥、讦、怛、结、玦、戛、刮”类不混，而元代吉州与鄱阳地区的诗文用韵中，这些入声韵多已相混。江西地区诗文用韵反映，元代吉州与鄱阳地区入声韵的演变与宋元通语演变的大势基本一致，但又有自己的特色。江西赣方言入声韵演变的不平衡自宋元以来就客观存在，现代江西赣方言入声韵的分布格局元代已经基本定型。

第七章　余　论

宋代江西文人音注与元代《中原音韵》明确记载，江西赣方言全浊声母清化，平仄皆送气的特征宋代就已经发展成熟，元代则已经成为江西人士学习北方通语的语言障碍；庄组声母与精组一等声母合流等舌齿音格局宋元时期与现代赣方言基本一致。这些语音现象说明，江西赣方言至迟12世纪就已经发展成熟。其他江西赣方言历史文献所记载的、现代赣方言普遍存在的声母特点，宋元江西文人文献中也大都能找到证据。宋元时期虽然没有明确记载反映江西方言声母系统的文献资料，但宋人音注与《中原音韵》为我们研究江西赣方言声母特征的历史面貌与发展过程提供了真实可信的材料。这些材料与江西赣方言历史文献一起，成为我们了解江西赣方言声母系统发展演变规律，判断现代赣方言声母特征的性质与历史层次的重要依据，是研究赣方言历史语音，特别是声母系统历史发展非常重要的源头线索。

《辨字摘要》、《类字蒙求》等江西赣方言历史文献给我们全面展现了江西历史方言语音面貌，但由于其时代的局限性，这些材料不能给我们提供更早时期江西历史方言语音特征，特别是更早时期韵母系统语音特征的信息。诗词文用韵弥补了其缺陷，文人诗词文用韵材料虽然不能反映声母系统特点，但却是研究韵母系统非常重要的材料。从宋元江西文人诗词文用韵，明代医籍歌括用韵所反映的江西历史方言韵母系统的显著特征来看，宋元时期江西方言韵母特征已经与江西赣方言历史文献所反映的韵母特征、现代江西赣方言韵母特征基本一致。如支鱼同韵、侯宵同韵、弇侈相混、梗摄文白两读等现象，在宋元诗词文用韵中都有所反映，分布特征也与现代赣方言基本一致。这些韵母特征到了明代进一步发展成熟，与现代江西赣方言相去无几。

宋元江西文人诗词文用韵反映，江西赣方言阳声韵尾的合流最早从臻摄-n尾韵与曾梗摄-ŋ尾韵的合流开始，这一特点在宋代江西地区就已经比较普遍。而-m尾韵与-n尾韵的合流，宋元之际才发生。最先从吉安地区、鄱阳湖流域开始，元代吉安地区就已经完成。入声韵尾的演变也以吉安地区与鄱阳地区发展最快。这两个地区的入声韵，至迟元代就已经合流弱化为喉塞音尾，并且弇侈韵摄之间大量合并，而其他地区此时还保留入声韵尾的对立。这种演变的不平衡，与现代江西赣方言入声韵的分布特征一致。因为现代赣方言中，这两个地区的入声韵已经基本上与阴声韵合流；而其他地区的入声韵还大部分保留入声韵尾的对立，或合流弱化为喉塞尾。

宋元江西文人用韵以及明代医籍歌括用韵为我们了解与研究江西赣方言历史语音状况、发展演变过程提供了丰富的材料。宋元以来江西文人文献材料研究与江西赣方言历史文献研究，构成了我们研究江西赣方言历史语音非常重要的两个环节。二者互有优劣，又能弥补各自研究价值的缺陷。赣方言历史语音研究还需要在文献材料方面做进一步发掘，更需要在文献考证与历史比较相结合方面做更深入、更全面的探索。

参考文献

一　古籍类

(一)古代文献

《广韵》,[宋]陈彭年等,张氏泽存堂本,中国书店,1982。

《集韵》,[宋]丁度等,宋刻本,中华书局,2005。

《古今韵会举要》,[元]黄公绍 熊忠(著),宁忌浮整理,影印明嘉靖十五年秦钺、李舜臣刻,十七年刘储秀重修本。中华书局,2000。

《中原音韵》,[元]周德清,《中国古典戏曲论著集成》,中国戏剧出版社,1980。

《问奇集》,[明]张位,影印明万历刻本,《续修四库全书》第238册,上海古籍出版社。

《字学元元》,[明]袁子让,影印明万历三十一年(1603)刻本,《续修四库全书》第255册,上海古籍出版社。

《字汇》,[明]梅膺祚,影印万历四十三年(1615)刻本,《续修四库全书》第232册,233册,上海古籍出版社。

《正字通》,[明]张自烈编,[清]廖文英补,国际文化出版公司,1996。

《种杏仙方》4卷,[明]龚廷贤著,张镐京等校注,海南出版社,2000。

《万病回春》8卷,[明]龚廷贤著,李秀芹校注,中国中医药出版社,1998。

《云林神彀》4卷,[明]龚廷贤著,万历茅坤刻本。

《鲁府禁方》4卷,[明]龚廷贤著,田代华等校注,天津科学技术出版社,2000。

《寿世保元》11卷,[明]龚廷贤著,王均宁等校注,天津科学技术出版社,1999。

《龚廷贤医学全书》,[明]龚廷贤著,中国中医药出版社,1999。

《医学入门》八卷,[明]李梴著,田代华等校注,天津科学技术出版社,1999。

《辨字摘要》一卷,[清]饶应召,咸丰十年刻本。

《辨字摘要》不分卷,[清]饶应召,清刻本,两宜堂梓。

《辨字摘要》四卷,[清]饶应召,清光绪二十一年澹雅书局刻本。

《辨字摘要》四卷,[清]饶应召,清刻本,同文堂藏版。

《类字蒙求》,[清]燕果安,光绪元年刻本。

《重订〈类字蒙求〉》,[清]燕果安先生编,师竹斋主人重订,南昌广文书店刊行木刻本。

《音学秘书》,[清]涂谦,道光己丑年刻本。

《音学偶存》,[清]郭师古,同治十二年刻本。

《翻切指掌空谷传声》,[清]南丰无名氏,直方斋藏写本。

《江西通志》,光绪六年刻本。

(二)民国文献

《国音四种》,[民国]涂铿,稿本,20世纪20年代初。

《赣南方音考》,[民国]邬心谱,稿本, 江西省立第二师范学校丛刊之一。

《赣方言考》,[民国]邬心谱,稿本,民国二十五年(1936年)。

《江西省清江县志》,上海古籍出版社,1989。

二 主要参考书目

(一)著作类

鲍厚星 1998 《东安土话研究》,湖南教育出版社。

北京大学中国语言文学系语言学教研室编 2003《汉语方音字汇》(第二版重排本),语文出版社。

陈昌仪 1991 《赣方言概要》,江西教育出版社。

陈昌仪 2005《江西省方言志》,中国方志出版社。

邓晓华 1993 《人类文化语言学》,厦门大学出版社。

丁邦新 2000 《一百年前的苏州话》,上海教育出版社。

高本汉 2003 《中国音韵学研究》,商务印书馆。

耿振生 1992 《明清等韵学通论》,语文出版社。

何大安 2004 《规律与方向——变迁中的音韵结构》,北京大学出版社。

何耿镛 1984 《汉语方言研究小史》,山西人民出版社。

侯精一 2002 《现代汉语方言概论》,上海教育出版社。

黎锦熙 1963 《汉语规范化论丛》,文字改革出版社。

李方桂 2001 《上古音研究》,商务印书馆。

李新魁 2004《汉语等韵学》,中华书局。

李无未 2005 《音韵文献与音韵学史》,吉林文史出版社。

李无未,李红 2008 《宋元吉安方音研究》,中华书局。

林语堂 1994 《语言学论丛》,《林语堂名著全集》第十九卷,东北师范大学出版社。

刘纶鑫 1999 《客赣方言比较研究》,中国社会科学出版社。

刘晓南 1999 《宋代闽音考》,岳麓书社。

刘晓南,张令吾 2002 《宋辽金用韵研究》,香港文化教育出版社有限公司。

鲁国尧 2003 《鲁国尧语言学论文集》, 江苏教育出版社。

鲁国尧 2008 《语言学文集:考证、义理、辞章》,上海人民出版社。

陆志韦 1985 《古音说略》,《陆志韦语言学著作集(一)》,中华书局。

罗常培 1958 《临川音系》,科学出版社。

罗常培 1989 《语言与文化》,语文出版社。

罗常培 2004 《罗常培语言学论文集》,商务印书馆。

宁继福 1985 《中原音韵表稿》,吉林文史出版社。

邵荣芬 1982 《切韵研究》,中国社会科学出版社。

谭其骧　1987　《长水集》,人民出版社。

汤珍珠等　1997《宁波方言词典》,南京教育出版社。

万　波　2009　《赣方言声母的历史层次研究》,商务印书馆。

王　力　1996　《汉语史稿》,中华书局。

魏刚强　1998　《萍乡方言词典》,江苏教育出版社。

魏建功　1996　《古音系研究》,中华书局。

谢留文　2003　《客家方言语音研究》,中国社会科学出版社。

熊正辉　1995　《南昌方言词典》,江苏教育出版社。

徐通锵　2000　《语言论》,东北师范大学出版社。

许怀林　1998　《江西史稿》,江西高校出版社。

颜　森　1994　《黎川方言词典》,江苏教育出版社。

杨亦鸣　1992　《李氏音鉴音系研究》,陕西人民教育出版社。

叶宝奎　2001　《明清官话音系》,厦门大学出版社。

袁家骅　2001　《汉语方言概要》(第二版),语文出版社。

詹伯慧　1981　《现代汉语方言》,湖北人民出版社。

张玉来　1995　《韵略汇通音系研究》,山东教育出版社。

张玉来　1999　《韵略易通音系研究》,天津古籍出版社。

赵元任　1956　《现代吴语的研究》,科学出版社。

中国社会科学院,澳大利亚人文科学院　1987/1989　《中国语言地图集》,香港朗文出版有限公司。

周振鹤,游汝杰　1986　《方言与中国文化》,上海人民出版社。

周祖谟　2004　《问学集》,中华书局。

钟起煌主编,陈金凤著 2008《江西通史 4・隋唐五代卷》,江西人民出版社。

〔日〕平田昌司 1998《徽州方言研究》,好文出版。

(二)论文类

陈昌仪　1997　赣语止摄开口韵知章组字今读的历史层次,《南昌大学学报(人文社会科学版)》第 2 期。

陈立中　1996　古透定纽擦化现象与百越民族,《湘潭大学学报》第 3 期。

崔荣昌　1986　四川省西南官话以外的汉语方言,《方言》第 3 期。

丁声树,李荣 1956 汉语方言调查,《现代汉语规范问题学术会议文件汇编》,科学出版社。

杜爱英　1998　北宋江西诗人用韵研究,南京大学博士论文。

杜爱英　1997　清江三孔诗韵考,《古汉语研究》第 1 期。

杜爱英　1998　北宋诗僧德洪用韵考,《山东师大学报(哲学社会科学版)》第 1 期。

杜爱英　1998　杨万里诗韵考,《中国韵文学刊》第 2 期。

杜爱英　2001　新喻三刘古体诗韵所反映的方音现象,《语文研究》第 2 期。

杜爱英　2001　北宋江西诗韵字中的一字异读及该韵字在现代普通话中的读音,《徐州师大学报(哲学社会科学版)》第 3 期。

郭沈青　2008　陕南赣方言岛,《方言》第 1 期。

何大安　1987　论赣方言,《汉学研究》第 5 卷第 1 期。

胡运飙　1987　吴文英张炎等南宋浙江词人用韵考,《西南师范大学学报(哲学社会科学版)》第4期。

蒋　平,谢留文　2004　古入声在赣、客方言中的演变,《语言研究》第4期。

蒋希文　1992　湘赣语里中古知庄章三组声母的读音,《语言研究》第1期。

李　红　2002　元代吉安籍文人诗用韵中的阳声韵尾混叶问题,《古籍整理研究学刊》第4期。

李　军　2005a　韩醇《诂训柳先生文集》音释研究,《古汉语研究》第4期。

李　军　2005b　桂北全州(黄沙河)土话音系特点,《柳州师专学报》第1期。

李　军　2009　再论《韵法直图》的语音性质,《中国语文》第1期。

李　军　2010a　元代江西文人诗文用韵所反映的入声韵演变及其分布特征,《语言科学》第4期。

李　军　2010b　《五百家注昌黎先生文集》音释研究,《中国音韵学·南昌2008国际学术研讨会论文集》,江西人民出版社。

李　军　2011a　《切字捷要》所反映的明代"汉音",《古汉语研究》第2期。

李　军　2011b　再论《韵法直图》呼名来源及"混呼"的性质,《广西师范大学学报(哲学社会科学版)》第5期。

李　军　2012　客家方言研究先驱郧心普及《赣方言考》述略,《赣方言研究》(第二辑),中国社会科学出版社。

李　荣　1989　汉语方言的分区,《方言》第4期。

林　亦　1991　黄庭坚诗文用韵研究,《广西大学学报(哲学社会科学版)》第1期。

刘纶鑫　1999a　客赣方言史简论,《南昌大学学报(人文社会科学版)》第3期。

刘纶鑫,田志军　2003　客赣方言研究的回顾与展望,《南昌大学学报(人文社会科学版)》第2期。

刘青松　1998　宋元时期入声韵尾的消变,《广西师范大学学报(哲学社会科学版)》第2期。

刘晓南　1998　宋代福建诗人用韵所反映的十到十三世纪的闽方言的若干特点,《语言研究》第1期。

刘晓南　2002　朱熹诗经楚辞叶音中的闽音声母,《方言》第4期。

刘晓南　2005a　汉语历史方言语音研究的几个问题,《励耘学刊》第1辑。

刘晓南　2005b　《韵会》贳字母韵考论,《中国语文》第2期。

刘泽民　2004　客赣方言历史层次研究,上海师范大学博士论文。

刘镇发　2004　东南、西北边陲方言无庄组说,《音韵学论丛》,齐鲁书社。

鲁国尧　1989　宋代福建词人用韵考,《语言文字学术论文集》,知识出版社。

鲁国尧　1992a　宋元江西词人用韵考,《近代汉语研究》,商务印书馆。

鲁国尧　1992b　客、赣、通泰方言源于南朝通语说,《鲁国尧自选集》,河南教育出版社。

罗常培　1963　汉语方言研究小史,《罗常培语言学论文集》,中华书局。

宁忌浮　1990　《中原音韵》与高安方言,《陕西师大学报(哲学社会科学版)》第1期。

宁忌浮　2008　《类聚音韵》与十六世纪赣方言,《中国语言学》(第1辑),山东教育出版社。

钱　毅　2008　宋代江浙诗韵研究，扬州大学博士论文。

沙加尔(Laurent Sagart)　1988　"On Gan-Hakka".(论赣语与客家话)，《清华学报》第1期。

孙建元　1997　宋人音释研究，南京大学博士论文。

孙宜志　2002　江西赣方言中古精庄知章组声母的今读研究，《语言研究》第4期。

谭其骧　1987　晋永嘉丧乱后之民族迁徙，《长水集》(上)，人民出版社。

万西康　1989　古代透定二母在宜黄方言中的塞音擦化，《抚州师专学报》第1期。

王福堂　1998　关于客家话和赣方言的分合问题，《方言》第1期。

王　力　1980　南北朝诗人用韵考，《龙虫并雕斋文集》第一册，中华书局。

王　力　1982　朱熹反切考，《龙虫并雕斋文集》第三册，中华书局。

王　力　1982　朱翱反切考，《龙虫并雕斋文集》第三册，中华书局。

熊正辉　1982　南昌方言里曾摄三等读如一等的字，《方言》第3期。

许宝华　1997　中古全浊声母在现代方言里的演变，《汉语方言论集》，北京语言文化大学出版社。

许宝华，潘悟云　1985　不规则音变的潜语音条件，《语言研究》第1期。

许怀林　1984　江西历史人口状况的初探，《江西社会科学》第2期。

颜　森　1986　江西方言的分区(稿)，《方言》第1期。

颜　森　1995　江西方言研究的历史与现状，《江西师范大学学报(哲学社会科学版)》第1期。

叶宝奎　1998　谈清代汉语标准音《厦门大学学报(哲学社会科学版)》第3期。

曾晓渝　1991　试论《西儒耳目资》的语音基础及明代官话的标准音，《西南师范大学学报(哲学社会科学版)》第1期。

周静芳　1998　赣方言的形成与发展初论，《南昌大学学报(人文社会科学版)》第3期。

周美庄　2011　《全宋文》江浙文人用韵研究，南昌大学硕士论文

〔日〕大岛广美　1995　南丰音系，《中山大学学报(社会科学版)》，第3期。

〔日〕大岛广美　1996　赣语知三、章组声母，日本《中国语学》。

〔日〕古屋昭弘　1992　《正字通》和十七世纪的赣方音，《中国语文》第2期。

后　记

本书是在笔者博士论文的基础上修改而成。屈指一算，毕业已八年有余，而书稿至今才得以完成。个中原因，自然非懒即愚，而我兼而有之，思之赧然。愧对恩师教诲，好友厚望。得国家社科基金后期资助项目资助，拙稿能在享有盛誉的商务印书馆出版，确属幸甚。书中谬误之处，尚祈方家指正。

我本湖湘人，却饮赣江水，研究赣方言，是“缘”亦为“愿”。湖南、江西，血脉相连，老俵相称。老家族谱明确记载，先祖“于洪武年间自江西泰和县浣溪乡迁徙而至”。师范毕业后，任教于本县北部山区，听了三年和自己所说老湘语完全不同的“北面话”，以致多年来还能模仿其腔调。攻读硕士学位以后，才知道原来我听到的就是“洞绥片”赣方言，无怪乎第一次来南昌，发现南昌话居然和当年所听家乡“北面话”如此的相似。此“缘”也。

硕士毕业后，我考取了南京大学中文系博士。入学前一段时间，身体非常虚弱，有好友推荐了一部医籍，依法调制了一剂方药，居然好些年的毛病很快好转。从此迷上了医学古籍。而所看第一本医籍就是明代江西人龚廷贤的《云林神彀》，吸引我的不仅仅是医学知识，还有书中的歌括。其时以鲁国尧先生为首倡导的诗词用韵研究正开展得如火如荼，通过诗词用韵材料进行方言语音史研究方兴未艾。而龚廷贤医籍歌括所反映的方音特征非常明显，我能否以此为突破口，着力于江西赣方言历史语音研究？这一想法，得到了导师刘晓南教授的支持。学习之余，我系统搜集整理研究了龚廷贤的医籍歌括用韵材料，并在《语言研究》发表了第一篇真正意义上的学术论文——“从龚廷贤医籍歌括用韵看明代赣方言的若干特点”，这给了我莫大的鼓舞。但要完成一篇博士论文，仅凭为数有限的明清医籍歌括远远不够。宋元江西词韵鲁国尧先生已有深入系统的研究，北宋江西诗人用韵杜爱英老师已经完成了博士毕业论文。我要在江西赣方言历史语音研究方面有所创获，只有在文献材料方面有所突破。当时江西赣方言研究已逐渐引起了学术界的关注，研究成果丰硕，但历史语音研究成果非常缺乏。曾向好几位赣方言学者讨教，他们都认为江西赣方言历史文献很难搜寻，想要在文献方面突破，难度很大。但我固执地认为，有宋以来，江西文教鼎盛，人才辈出，只要搜寻，至少可以发现一两部方言文献材料。因此，攻读博士学位期间，几次到江西省图书馆以及各地级市图书馆搜集材料。风餐过，露宿过，但亦有所获。我居然搜寻到了好几部赣方言历史文献材料，有韵书、字书、等韵图，也有童蒙识字课本、注音字母材料等。我选取了其中几部比较重要的材料，结合元代江西文人诗文用韵材料研究，完成了15万余字的博士毕业论文"江西赣方言历史语音考论"，并顺利通过了答辩。这要感谢导师刘晓南教授不厌其烦的教导，鲁国尧先生青眼有加的教诲，李开老师一直以来的鼓励。

作为一篇博士论文，自然有许多不成熟的观点，有许多没有加以深入探讨的问题。毕业论文答辩会上，答辩委员会主席储泰松老师，以及鲁国尧先生、李开老师、顾黔老师、杨亦鸣老师等答辩委员都给予了许多非常好的建议与修改意见。毕业后的第一个心愿，就是进一步完善论文课题的写作，在江西赣方言历史文献考察与历史语音研究方面有所建树。因此，当翘盼已久的南昌大学伸来了迟到的橄榄枝时，我举家来到了老俵的红土地。此为遂"愿"也。

然而丰满的理想背后往往是现实的骨感。生活、工作的压力，再加之以本身的慵懒愚钝，我并没有如预期的那样一头扎进该课题的研究中。虽然一直没有间断对材料的搜集和论文的整理、修改，如又陆续搜寻到了江西南丰人士编撰的韵图《翻切指掌空谷传声》，指导学生系统研究了《全宋文》江西文人用韵材料，《全宋诗》南宋江西诗人用韵材料，并陆续在《方言》《语言科学》《民俗典籍文字研究》等刊物发表了系列赣方言历史语音研究的论文，但其间的研究兴趣又转入了明清等韵学尤其是《韵法直图》蓝本问题的研究方面，并承担了相关的国家社科基金项目。

非常幸运的是，本课题得到了国家社科基金后期资助，而后我又获得了前往美国马萨诸塞州大学访学一年的机会。在访学导师、著名语言学家沈钟伟教授的帮助、指导下，在美丽而静谧的阿默赫斯特小镇上，我将之前所搜集的文献材料重新进行了整理研究。没有了给自己疏懒的借口，终于在异国他乡完成了"江西赣方言历史文献与历史方音研究"的写作。

深知自己天资不颖，学力不逮，用功不勤，课题虽已完成，但并不完善，遑论完美，离当年立志在赣方言语音史研究方面有所建树的愿望还相去甚远。诚如导师刘晓南教授序中所言，学问永无止境。缘未尽，愿未了，自当继续前行。感谢前行道路上师友的帮助，亲人的包容，单位同事与领导的厚爱；感谢全国哲学社会科学规划办社科基金的资助；感谢商务印书馆编辑陈玉庆女士及相关人士付出的辛劳；感谢课题组成员陈昌芳、章江艳等同学在课题研究过程中付出的努力。

李军

2014 年 12 月 13 日